"大思政课"课程实践丛书

丛书顾问：王炳林　崔楚民

丛书主编：丁　云　刘志娇

大中小学思想政治教育一体化
教学设计精编
（一）

主　编：丁　云　刘志娇

知识产权出版社
全国百佳图书出版单位
—北京—

图书在版编目（CIP）数据

大中小学思想政治教育一体化教学设计精编．一 / 丁云，刘志娇主编．—北京：知识产权出版社，2024. 12. —（“大思政课”课程实践丛书）. — ISBN 978-7-5130-9681-2

Ⅰ. G641；G633.202

中国国家版本馆 CIP 数据核字第 2024D9686W 号

责任编辑：张　荣　　**责任校对：**王　岩
封面设计：张　欣　　**责任印制：**孙婷婷

大中小学思想政治教育一体化教学设计精编（一）

主　编：丁　云　刘志娇

出版发行：	知识产权出版社有限责任公司	网　　址：	http://www.ipph.cn
社　　址：	北京市海淀区气象路 50 号院	邮　　编：	100081
责编电话：	010-82000860 转 8109	责编邮箱：	107392336@qq.com
发行电话：	010-82000860 转 8101/8102	发行传真：	010-82000893/82005070/82000270
印　　刷：	北京建宏印刷有限公司	经　　销：	新华书店、各大网上书店及相关专业书店
开　　本：	787mm × 1092mm　1/16	印　　张：	25.75
版　　次：	2024 年 12 月第 1 版	印　　次：	2024 年 12 月第 1 次印刷
字　　数：	609 千字	定　　价：	128.00 元

ISBN 978-7-5130-9681-2

编委会

本册主编： 丁 云 刘志娇

副主编： 田 园 王 萌 王 赛 李晓平 常 婧

编 委：（按姓氏笔画排序）

马柏林 马蕴雅 邓红杰 艾 国 龙 英
史 敏 冯子珈 毕文静 刘 健 刘 硕
许 莉 孙 逊 李 珊 李东松 李永华
李志彬 李辰洋 杨 威 陈 冉 陈 艳
陈艳飞 林春秀 郑红梅 赵 曼 赵铭琪
赵聪聪 段秀英 侯小艳 姚郁卉 郭 琦
黄晓红 梁 瑶 曾亚姣

序 言

习近平总书记指出，“青少年思想政治教育是一个接续的过程，要针对青少年成长的不同阶段，有针对性地开展思想政治教育”。思政课是落实立德树人根本任务的关键课程。在小学、中学、大学循序渐进地上好思政课，是培养一代又一代社会主义建设者和接班人的重要保障，是贯彻党的教育方针、实现立德树人根本任务的必然路径。

党的十八大以来，以习近平同志为核心的党中央，对思想政治教育在新时代背景下提质增效提出了更高的要求，把思政教育一体化建设作为改革创新的重要方向，先后召开全国高校思想政治工作会议、全国教育大会、学校思想政治理论课教师座谈会等系列重要会议，并作出具体部署。2019 年 3 月 18 日，习近平总书记在学校思想政治理论课教师座谈会上提出：“要把统筹推进大中小学思政课一体化建设作为一项重要工程，推动思政课建设内涵式发展。”2020 年的“两会”期间，习近平总书记指出“‘大思政课’我们要善用之”。党的二十大报告指出，“完善思想政治工作体系，推进大中小学思想政治教育一体化建设”。从大中小学一体化德育到大中小学思政课一体化建设，从思政课程到课程思政，从思政课一体化到思政教育一体化，中央加强思想政治教育一体化的方向、思路及路径层层递进，为我们推进思想政治教育改革提供了根本遵循。

大中小学一体化办好思政课要坚持以人为本、因材施教、绵绵发力、循序渐进，在突出学段特色的基础之上，注重教学布局的有序衔接与逻辑展开。加强统一性，通过增进教学资源互通、教学经验互动，努力实现各学段教学的有机衔接。充分发挥整体育人效应，协作画好培养有自信、尊道德、讲奉献、重实干、求进取的时代新人的同心圆。必须遵循学生成长规律和教育规律，因时制宜、因材施教，科学设定各学段阶段目标，合理编排教学内容，循序渐进地统筹建立横向贯通、纵向衔接的大中小学思政课衔接机制。在课程目标方面，小学阶段重在启蒙道德情感，通过开设道德与法治课进行情感与思想教育，培养学生形成爱祖国、爱人民、爱劳动、爱科学、爱社会主义的道德情感认同；初中阶段侧重开展体验性教学，着力打牢学生对建设国家、建设家乡的思想意识基础；高中阶段开展常识教育，侧重提升学生的关于中华民族伟大复兴与建设社会主义现代化国家的核心政治素养；大学阶段通过开设各门思想政治理论课实现系统理论教育，侧重引导学生勇担强国建设、民族复兴的责任使命。教学目标的阶段化和教育过程的渐进化体现了思政课一体化建设的部分与整体、特殊性与一般性的辩证关系，有助于更好地实现总体目标和具体目标、知识能力和情感价值目标的有机结合。

推动大中小学思政课一体化建设是个系统工程，要求各学段教师之间、思政课与各类教育资源之间协同配合、形成合力。强化思政课教师队伍的一体化培养，在推动教学体系贯通、教师备课沟通、实践基地融通、教研科研联通等方面下足功夫，通过建立健全一体化集体备课机制、发挥思政课建设强校和高水平思政课专家示范带动作用等方式，强化不同学段和同学段不同课程教师之间的互动交流。健全家庭、学校、社会协同育人机制，整合校内外思想政治教育资源，增进教学资源互通、教学经验互动，促进思政小课堂和社会大课堂结合。拓展育人空间，形成协同育人格局，在共同促进学生知、信、行统一的过程中持续提升思政课一体化建设质效。

习近平总书记指出，"'大思政课'我们要善用之，一定要跟现实结合起来"。强调"思政课不仅应该在课堂上讲，也应该在社会生活中来讲"。新时代大中小学思政课一体化建设也要突出实践性，一方面要统筹用好大资源，深入挖掘、有效整合社会资源，特别是红色文化资源，不断增强思政课的思想性、亲和力与针对性。另一方面拓展构建大课堂，打开大中小学思政课课堂半径，形成覆盖课堂、校园、社会的"点线面"一体的思政大课堂，让学生们切实感受到习近平新时代中国特色社会主义思想在中华大地的生动实践，以"大思政课"改革促进大中小学一体化育人质量的提升。

为了推动大中小学思政课一体化工作落地落实，北京工业大学和北京市第十一中学、北京工业大学实验学校等单位组建教研共同体，比较早地在大中小思政课一体化建设方面进行创新探索，开展同课异构集体备课，教学研讨，共建教学案例库等，北京工业大学 2023 年入选教育部首批"大中小学思政课一体化共同体（北京）"成员单位。他们合作申报的一体化教学课例和主题活动案例于 2023 年、2024 年连续荣获北京市大中小学思政课一体化教学课例一等奖、北京市大中小学思想政治教育一体化主题活动案例征集一等奖。

该套"'大思政课'课程实践丛书"，是大中小学思政课教师手拉手集体备课的成果，也是推进大中小学思想政治教育一体化工作落地落实的有益尝试，可以为全国思想政治教育工作者提供参考。

王炳林

2024 年 12 月

目 录

专题一 伟大建党精神

一体化教学设计说明 …… 1
小学学段：听身边的党员故事　做忠诚爱党的孩子 …… 3
初中学段：肩负青春使命　做好党的助手和后备军 …… 9
高中学段：坚定道路自信　追寻党旗飘扬的方向 …… 14
大学学段：弘扬伟大建党精神　奋斗实现强国梦想 …… 19

专题二 井冈山精神

一体化教学设计说明 …… 28
小学学段：听星火燎原的故事 …… 31
课程思政：重温开辟革命新路的辉煌历史 …… 36
初中学段：寻路红色井冈　感悟伟大精神 …… 42
高中学段：探究井冈山精神的当代价值 …… 48
大学学段：用井冈山精神点燃新时代奋斗“星火” …… 54

专题三 长征精神

一体化教学设计说明 …… 65
小学学段：讲述长征故事　播撒红色种子 …… 67
初中学段：了解遵义会议　感受伟大转折 …… 72
高中学段：抉择革命道路　挺进伟大征程 …… 77
主题班会：信仰的力量　梦想的航标 …… 82
大学学段：践行长征精神　走好新长征路 …… 88

专题四　延安精神

一体化设计说明 …… 95
小学学段：云游博物馆　感悟延安魂 …… 98
初中学段：忆延安光辉　传红色火种 …… 105
课程思政：黄河大合唱　唱响延安情 …… 109
高中学段：品百年延安　颂百年大党 …… 115
大学学段：扬延安精神　汲信仰力量 …… 120

专题五　抗美援朝精神

一体化教学设计说明 …… 129
小学学段：那些志愿军战士的英雄故事 …… 131
初中学段：抗美援朝历史的丰厚营养 …… 136
主题班会：抗美援朝的精神高地 …… 142
高中学段：践行抗美援朝精神　坚定报国之志 …… 147
大学学段：传承抗美援朝精神　凝聚报国青春力量 …… 152

专题六　“两弹一星”精神

一体化教学设计说明 …… 161
小学学段：走近“两弹一星”背后的“星” …… 163
初中学段：“两弹一星”精神是怎么来的 …… 167
高中学段：学习“两弹一星”精神　铸就科技强国梦想 …… 173
大学学段：赓续“两弹一星”精神　担当时代发展重任 …… 178

专题七　雷锋精神

一体化教学设计说明 …… 185
小学学段：穿越时空的“雷锋叔叔” …… 188
初中学段：解读雷锋精神　积极奉献社会 …… 194
主题班会：认识真实的雷锋　争做雷锋式少年 …… 198
高中学段：用雷锋精神点亮志愿之光 …… 203
大学学段：弘扬雷锋精神　推进民族复兴 …… 208

专题八 塞罕坝精神

一体化教学设计说明 …… 216
小学学段：感受美丽的“绿色明珠” …… 219
初中学段：塞罕坝荒漠变绿洲的生态奇迹 …… 224
课程思政：从一棵树到一片“海” …… 229
高中学段：生态优先 守住绿水青山 …… 233
大学学段：弘扬塞罕坝精神 建设美丽中国 …… 237

专题九 改革开放精神

一体化教学设计说明 …… 244
小学学段：“画”出家乡新变化 …… 246
初中学段：探寻改革开放足迹 …… 250
课程思政：从浙江嘉兴看改革开放 …… 255
高中学段：改革实践这样走来 …… 264
大学学段：弘扬改革开放精神 凝聚民族复兴伟力 …… 270

专题十 载人航天精神

一体化教学设计说明 …… 279
小学学段：播种航天精神 童心筑梦太空 …… 281
初中学段：奔向星辰大海 少年志在太空 …… 287
主题班会：智识解码太空 青年挺膺担当 …… 292
高中学段：青年传承创新 助力造梦太空 …… 296
大学学段：弘扬航天精神 投身复兴伟业 …… 301

专题十一 劳模精神

一体化教学设计说明 …… 311
小学学段：讲述劳模故事 启蒙劳动意识 …… 313
初中学段：体验劳模事迹 感悟人生价值 …… 318
主题班会：讲好劳模故事 汲取榜样力量 …… 323
高中学段：青春对话劳模 点燃强国梦想 …… 329
大学学段：传承劳模精神 筑梦时代华章 …… 334

专题十二　脱贫攻坚精神

一体化教学设计说明 …… 343
小学学段：战胜贫困　让生活更美好 …… 345
初中学段：攻坚克难　精神点亮幸福之路 …… 351
高中学段：脱贫攻坚　党领导下的伟大胜利 …… 356
大学学段：践行脱贫攻坚精神　增强四个自信 …… 361

专题十三　科学家精神

一体化教学设计说明 …… 368
小学学段：走近科学家生活　点亮成长梦想 …… 371
初中学段：体悟科学家事迹　激发爱国热情 …… 376
课程思政：探究核物理现象　励志科技强国 …… 381
高中学段：聚焦科学家精神　树立正确价值观 …… 387
大学学段：践行科学家精神　蓄力民族复兴 …… 392

★ 专题一　伟大建党精神 ★

一体化教学设计说明

一、教学内容简介

习近平总书记在庆祝中国共产党成立 100 周年大会上的讲话中提出“伟大建党精神”的概念和基本内涵，党的二十大在大会的主题中明确强调“弘扬伟大建党精神”，本专题将围绕此主题进行大中小学一体化思政课教学实践探索。中国共产党百余年的奋斗史，是一代又一代中国共产党人顽强拼搏、不懈奋斗的历史。中国共产党弘扬伟大建党精神，构筑起中国共产党人精神谱系，为我们立党、兴党、强党提供了丰厚滋养。伟大建党精神是中国共产党的精神之源。学习党史就是要传承红色基因，赓续共产党人精神血脉，从红色精神谱系中立心铸魂。本专题围绕“伟大建党精神”进行一体化教学设计，认识和理解建党精神的内涵和价值，培养学生对中国共产党的情感认同、思想认同、理论认同、政治认同，增强“永远跟党走”的行动自觉。遵循学生成长规律，充分把握学生在不同学段的身心、思想和行为特点，以学段标准整合思政教育方法，并完成相应学段方法的贯彻落实，注重前后衔接贯通，建构适应并促进学生成长发展的思政教育方法体系，实现以学生为本的内容及方法层层递进，学段螺旋上升。

本专题的四个学段由北京工业大学牵头，由来自北京工业大学马克思主义学院、北京市第十一中学高中部及初中部、北京市第十一中学附属精忠街小学的四位思政课教师共同协作完成。

二、一体化教学目标与思路

（一）一体化教学目标

本专题围绕“伟大建党精神”这一主题，在小学、初中、高中、大学四个学段，在教学目标、教学内容、教学方法、课程资源、实践环节等方面分别依据本学段课标要求、教材和学生实际，重点讲清楚“伟大建党精神”的内涵以及对新时代奋斗者的实践伟力，激发青少年学生热爱党、跟党走的信心和决心。认识和理解建党精神的内涵和价值，培养学生对中国共产党的情感认同、思想认同、理论认同、政治认同，增强“永远跟党走”的行动自觉。争做堪当民族复兴重任的时代新人，在实现中华民族伟大复兴的时代洪流中踔厉奋发、勇毅前进。

（二）一体化教学思路

基于教学一体化的整体设计思路，一体化设计要关注大中小学四个学段学生的知识结构和认知特点，在教学内容、教学方法、教学方式等方面，体现循序渐进、螺旋式上升的特点；在教学中要充分利用现代信息化教学手段和平台，将问题导向贯通教学始终，并关注、总结、交流不同学段在知识讲解与情感导向方面的学习反馈，推动一体化设计的深度发展。探索设计不同学段可交汇融合的实践环节，有助于推动大中小学思政课一体化育人实效。

◆ 小学学段：注重道德启蒙，引导学生知晓并尊敬少先队队旗、共青团团旗和中国共产党党旗，了解“伟大建党精神”的具体表述，进而通过讲述身边熟悉的党员成长故事启蒙学生对优秀共产党员和中国共产党的初步认知和敬仰之情，具有“听党话跟党走”的美好愿望。

◆ 初中学段：注重打牢思想基础，帮助学生了解共青团是中国共产党的助手和后备军，通过知识竞赛、图表数据等方式让学生感知百年党史的道路选择、曲折历程及伟大成就，理解建党精神的作用，强化“听党话跟党走”的思想意识。

◆ 高中学段：注重政治认同，组织学生开展实践活动，结合寻访北京红色文化资源对中国共产党建党历史进行探究式学习，感悟建党精神的内涵，初步树立唯物史观，认同中国共产党的领导。

◆ 大学学段：注重使命担当，通过问题辨析，深入理解建党精神的理论内涵及作用，明确党建工程的方向，树立党的领导的理论自觉，以及在党的领导下为中华民族伟大复兴而奋斗的使命担当意识和行动自觉。

三、一体化教学结构图

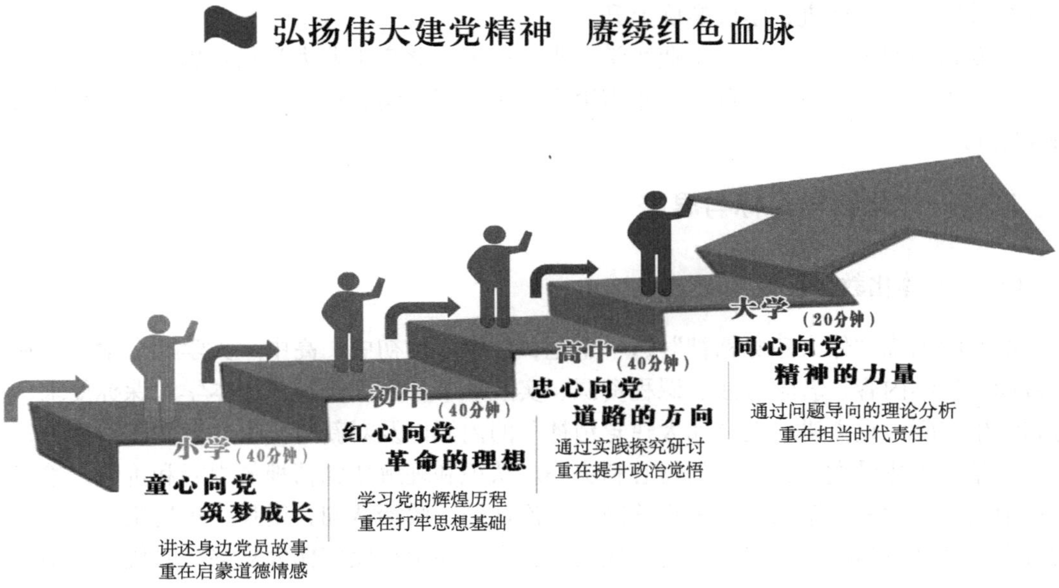

小学学段：听身边的党员故事　做忠诚爱党的孩子

基本信息表					
教师	李昱	学校	北京市第十一中学附属精忠街小学	学段	小学三年级
教科书版本及章节	《道德与法治》（三年级上册），人民教育出版社；第二单元 我们的学校				

一、学情分析

（一）教学内容分析

学生在二年级刚刚加入少先队，因此到三年级后，抓住本课教学契机，结合学校不同时代的校友、教师、学生的故事来学习、了解党史。了解身边优秀的少先队员、共青团员和共产党员。树立远大政治理想目标，从现在起争做优秀少先队员，初中后努力成为优秀共青团员，成人后争当优秀共产党员。

（二）学习者分析

学生由于年龄尚小，生活中对党的了解还不够深入，相关知识储备也很少，因此结合学生的年龄特点，主要通过讲故事、图片、视频的形式，带领学生学习、了解党史，初步了解党的相关知识。

二、教学目标

（1）让学生了解学校中优秀人物在不同时期的榜样故事。

（2）激发学生作为少先队员的光荣感，实现争做优秀少先队员的良好愿望。

（3）给学生从小埋下红色的种子，从现在起争做优秀少先队员，并向往成为优秀共青团员和优秀共产党员。

三、教学重点与难点

（一）教学重点

激发学生作为少先队员的光荣感，实现争做优秀少先队员的良好愿望。

（二）教学难点

给学生从小埋下红色的种子，从现在起争做优秀少先队员，并向往成为优秀共青团员和优秀共产党员。

四、教学活动设计

环节一：认识旗帜，了解“党、团、队”三级组织

1. 认识旗帜

出示旗帜：同学们，请看，这三面旗帜你们认识吗？（课堂PPT展示旗帜图片或实物）

① 这是中国共产党党旗。中国共产党党旗为旗面缀有金黄色党徽图案的红旗，而中国共产党党徽为镰刀和锤头组成的图案。其中，红色象征革命，黄色的锤子、镰刀代表工人和农民的劳动工具，象征着中国共产党是中国工人阶级的先锋队，代表着工人阶级和广大人民群众的根本利益。

② 这是中国共产主义青年团团旗。大家看，这里有一个黄色的圆圈环绕在黄色五角星的周围。你们知道这颗黄色五角星代表谁吗？这颗黄色五角星代表的就是中国共产党，黄色的圆圈就是中国的青年人，团旗象征中国青年一代紧密团结在中国共产党的周围。中国共产主义青年团是中国共产党领导的先进青年的群团组织。

③ 这是中国少年先锋队队旗。队旗中央的五角星代表中国共产党的领导，火炬象征光明，红旗象征革命胜利。队旗是少先队组织的标志，它寓意着：在中国共产党的领导下，向着光明的未来前进。中国少年先锋队是中国共产党领导下的少年组织。

2. 认识优秀的共产党员

在我们党的奋斗历程中，涌现出了许许多多优秀的共产党员。你能说出哪一位呢？

总结：一个个广为人知的名字，他们的形象在人民群众心中树起了一面旗帜，一座丰碑，一首永远吟唱不息的赞歌。

【活动意图说明】小学生对于少年先锋队队旗比较熟悉，部分同学认识党旗、团旗。本环节，学生根据旗帜图片和老师的介绍，认识党旗、团旗、队旗，初步了解中国共产主义青年团和少年先锋队都是由中国共产党领导的组织。初步建立对“党、团、队”三级组织的认识。

环节二：了解“精忠教育”校史

（1）热爱祖国，热爱中国共产党，这是一种最纯洁、最高尚、最强烈的感情！也是我们精忠街小学“精忠教育”特色要培养的情感。说到学校的“精忠教育”，你知道它的由来吗？

（2）我们学校建于1948年，有着悠久的历史，由“精忠岳飞庙”改建而成。校名至今保留“精忠”二字，就是为了传承岳飞精忠报国的精神。

【活动意图说明】从校史出发，了解学校“精忠教育”的特色，并激发学生传承精忠报国的精神。

环节三：讲述党员的故事

刚才大家说了那么多家喻户晓的共产党员，在精忠报国的精神传承之下，就在我们身

边，也涌现出许多优秀的共产党员。虽然生活的时代不同，具体的先进事迹不同，但有一点是共同的，那就是他们都具有为党和人民的事业无私奉献的精神和情怀。你们想了解这些咱们身边的党员故事吗？

1. 党员老校友的故事

大家请看这张老照片，照片中有四位小朋友，他们都戴着鲜艳的红领巾。这四位小朋友就是咱们精忠街小学的第一批少先队员。这名志愿军战士是杨庆久爷爷。（课堂 PPT 展示照片）

1952 年，志愿军战士杨庆久走进精忠街小学，为学生们做报告，当时摄影师拍下了这张珍贵的照片。照片中的这一位就是精忠街小学少先队员张淑芳，她听了报告后，暗下决心向志愿军叔叔杨庆久学习，好好学习，长大了报效祖国。她抱着这个信念，发愤图强，于 1959 考上了北京农业大学（现在的中国农业大学）。毕业后，她响应毛主席“到农村去，到边疆去，到祖国最需要的地方去！”的伟大号召，来到祖国的北部边疆内蒙古自治区，把青春及毕生的精力献给建设祖国北部边疆的伟大事业。她在内蒙古自治区农牧科学园艺研究所兢兢业业地工作了三十余年，踏踏实实地开展科学研究，用了十几年的时间，培育出适宜在内蒙古高寒地区栽培的葡萄品种“内蒙一号”，获得了“内蒙古自治区农牧业科学技术进步二等奖”。2021 年 3 月，张淑芳与阔别了 69 年的志愿军叔叔杨庆久再次相聚在了精忠街小学。当我们聆听白发苍苍的张淑芳奶奶讲述她的故事时，心潮澎湃，充满敬意。这就是我们精忠街小学身边的优秀共产党员，她是我们学习的榜样，是我们的骄傲。

今天老师也带来了张淑芳奶奶写给同学们的一封信，我们来聆听其中的一段，希望同学们能带着张奶奶的这份期盼茁壮成长。

2. 党员教师的故事

刚才老师讲的是我们学校党员老校友的故事，那么在我们的教师团队里，也有很多优秀的党员，这些人就是我们的党员教师。其中，有这样一位老师，你们认识吗？她在班主任岗位上兢兢业业地工作了 35 年，在这 35 年间，她带出了很多优秀的学生，她就是甘娜老师。看，你知道此时的甘老师正在干什么吗？甘老师正在朗读亭中读书，她在以自身行动，影响着孩子们，让孩子们爱上阅读。记得有一次甘老师血压高的时候，高压 160 多毫米汞柱，头晕目眩，她即使是坐着，也要坚持给学生上课。最近，老师们正在更换教学楼楼道橱窗的作品，看，甘老师趁着午休的时间，正在黏贴学生们的作品。

不是轰轰烈烈却是默默无闻，不是家喻户晓却是无私奉献，这就是我们身边的共产党员。

3. 党员家长的故事

在我们的家长队伍中，也有很多优秀的共产党员。大家看，这就是于淼阿姨，她是咱们精忠街小学的一代学子。1989 年，于淼阿姨在精忠街小学加入中国少年先锋队，长大后，她成为一名白衣天使，并且加入了中国共产党。现在，她的孩子也在咱们精忠街小学上学，她成为精忠街小学的一名学生家长。2020 年，新冠疫情暴发，武汉的疫情最为严重。于淼阿姨撇下正要升入小学的孩子，毅然奔赴武汉，与新冠病魔作斗争，救治病患，从死神手中抢救生命。我们来共同观看一段于淼阿姨的工作视频。

于淼阿姨对党忠诚，不负人民。这种精神值得我们尊敬！这就是我们身边的党员家长。

这些优秀党员心系祖国，传承伟大建党精神："坚持真理、坚守理想，践行初心、担当使命，不怕牺牲、英勇斗争，对党忠诚、不负人民。"他们以这样的精神鼓舞自己，无论身处怎样的环境，在怎样的岗位上，都能贡献出一份自己的力量。

【活动意图说明】伟大建党精神对于三年级的学生来说比较抽象，不易理解。通过身边的党员老校友、党员教师和学生家长的故事，引导学生更形象地理解、感受伟大建党精神，并激发学生的爱党情怀，树立为共产主义事业而奋斗的理想信念。

环节四：讲述团员的故事

1. 邱少云入团的故事

老师刚才讲述的是党员的故事。那么这里还有一位英雄人物，你们认识他吗？他就是中国人民志愿军"一级英雄"邱少云。谁能简单说说邱少云的故事。

大家都知道邱少云被烈火焚烧却纹丝不动，直至光荣牺牲，他用年轻的生命换取了整个战斗的胜利。而今天老师要给大家讲述的是邱少云入团的故事。

抗美援朝时期，战士邱少云递交了《入团申请书》，但是，当时的规定是：25岁以下的青年才可申请入团。连长程子英收到邱少云的《入团申请书》后，了解到邱少云已经超龄了，对于是否吸收邱少云入团拿不定主意，于是向上级边宝山反映了这一情况。

边宝山得知后，查看了邱少云的《入团申请书》，发现邱少云的年龄就超了几个月，认为邱少云的为人很实在，对程子英说，邱少云虽然年龄超了，但他要求入团的愿望很迫切，这样的青年吸收到团内能更好地发挥作用。

在战役前期，邱少云第二次递交了《入团申请书》。这次连长与团支委共同商量后，很快就批准了邱少云的入团申请，并在团支部大会上予以宣布。邱少云表示："我要在团支部的教育培养下，取得更大的进步，将来争取加入中国共产党，请组织上在这次战斗中看我的表现吧！"

接着，邱少云随部队执行潜伏任务。在潜伏过程中，敌人发射燃烧弹，邱少云的全身不幸被火焰引燃。为了不暴露目标，他被烈火焚烧，却始终趴在地上，纹丝不动，直至光荣牺牲，用年轻的生命换取了整个战斗的胜利。

邱少云牺牲后，被追认为"模范共青团员"和"中国共产党党员"，被追授"一级英雄"光荣称号。

2. 团员教师的故事

其实，在我们身边也有很多优秀的共青团员。大家请看，这些就是我们学校的团员教师，他们在干什么？

在开学前，为了防疫安全，团员教师们蹲在地上贴地标，一贴就是几个小时；天都黑了，但是这些团员教师还在耐心地为学生辅导课业；他们苦练本领，创造辉煌，收获了累累硕果……这就是我们身边的团员教师。他们爱岗敬业，勤奋进取，值得我们尊敬和学习。

【活动意图说明】学生对邱少云为保证战斗胜利而被烈火焚烧，直至牺牲的故事了解得比较多，但是对于他两次申请入团的事情了解较少。向学生讲述邱少云入团的故事以及身边团员教师的故事，在学生心中树立起优秀共青团员的光辉形象。

环节五：少先队员树立政治理想的故事

1. 雷锋的故事

同学们，雷锋故事你们熟悉吗？谁能简单说说。

1950 年，雷锋当上了儿童团团长，这年夏天，乡政府保送他免费读书，后来他加入了中国少年先锋队。

1957 年，雷锋光荣地加入了共青团。1959 年 8 月，他又来到条件艰苦的弓长岭焦化厂参加基础建设，曾带领伙伴们冒雨奋战，保住了 7200 袋水泥免受损失，当时的《辽阳日报》报道了他们的事迹。在鞍山和焦化厂工作期间，他曾 3 次被评为“先进工作者”，5 次被评为“标兵”，18 次被评为“红旗手”，并荣获“青年社会主义建设积极分子”的光荣称号。

1960 年 11 月，雷锋加入了中国共产党。他在入伍后表现突出，原沈阳军区《前线报》开辟了“向雷锋学习”的专栏。在不到三年的时间里，他荣立二等功一次、三等功两次，被评为“节约标兵”，荣获“模范共青团员”，出席过沈阳部队共青团代表会议。1961 年，雷锋晋升为班长，被选为抚顺市人民代表。

1962 年 8 月 15 日，雷锋同志不幸因公殉职。

2. 身边的优秀少先队员

再看看精忠街小学今天的少先队员们，他们敬英雄学英雄，时刻传递着正能量。看看前面这个大哥哥，你们认识吗？他是王廷淏。他不仅是我们学校优秀的少先队员，现在还是一名“天坛文化小使者”。王廷淏哥哥虽然是一位六年级的学生，但是他已经获得了很多的荣誉。还记得吗？前几天他还在升旗仪式上为我们介绍了“革命圣地”西柏坡。他就是我们身边的优秀少先队员。

3. 树立理想

同学们，还记得这一刻吗？（播放“入队宣誓”仪式视频）去年的 10 月 13 日，你们加入了少先队，成为一名少先队员，系上了鲜艳的红领巾，系上了我们的骄傲，也系上了前辈们的希望！

从这一刻起，我们就要树立怎样的理想呢？争做优秀的少先队员，像王廷淏哥哥那样，为少先队争光。步入中学后，努力加入共青团，成为一名光荣的共青团员。成年后，像甘娜老师那样、像于淼阿姨那样，加入中国共产党，成为一名光荣的共产党员。

同学们，你们知道吗？老师和同学们一样也有一个理想。我现在是一名光荣的共青团员，我正在以实际行动争取早日加入中国共产党，我也希望，优秀党员甘娜老师能做我的入党介绍人，大家看，这就是我向甘娜老师递交《入党申请书》时留下的照片。

同学们，让我们携起手来，一起努力，从现在开始，迈出追逐理想的第一步。

【活动意图说明】抓住学生入队的契机，激发学生成为优秀少先队员，树立加入中国共产党、长大后报效祖国的远大理想。

五、板书设计

1. 童心向党　筑梦理想（略）。
2. 中国共产党党旗（略）。
3. 中国共产主义青年团团旗（略）。
4. 中国少年先锋队队旗（略）。

六、课后作业

请学生查阅资料，寻找一位优秀的少先队员作为自己的榜样，说一说自己如何努力向榜样学习。

七、特色教学资源

本节课，挖掘了校史资源以及家长、学校、社会资源，向学生介绍了在不同时期、不同时代背景下学校中的榜样故事，让学生在了解党史的同时，也更加了解自己的学校，体现了家、校、社共育。生动的故事丰富了学生的情感体验，激发起学生内心的波澜，触动了学生的思考，激活了学生的思维，学生内心也产生了强烈的认同感。

八、教学反思

教育是强国之基，从小学到大学，从稚气孩童到翩翩少年，是一个漫长的过程。习近平总书记在中国共产党第二十次全国代表大会的报告中指出："青年强，则国家强。当代中国青年生逢其时，施展才干的舞台无比广阔，实现梦想的前景无比光明。全党要把青年工作作为战略性工作来抓，用党的科学理论武装青年，用党的初心使命感召青年，做青年朋友的知心人、青年工作的热心人、青年群众的引路人。"

本节课重在启蒙刚刚加入少年先锋队的少年们，结合他们的年龄特点，初步了解党史，感受伟大建党精神，引导他们系好人生"第一粒扣子"，培养学生爱党爱国的情感。本节课的最后环节，学生们说出了自己的理想与志向：好好学习，天天向上，报效祖国；将来加入共青团、加入中国共产党，为祖国的繁荣富强贡献自己的力量！

本节课在时间把控上不够恰当，应该给学生提供更多的时间和机会说出自己的想法，相信那样做会使本节课取得更好的效果。

"守好一段渠，种好责任田。"新时代对教育者明确提出了立德树人的要求，在今后的教育教学工作中，应更加注重融入育人目标，体现课堂价值，培养学生道德情感，引导学生形成正确的世界观、人生观、价值观，培养学生成为社会主义的合格建设者和可靠接班人。

初中学段：肩负青春使命　做好党的助手和后备军

基本信息表					
教师	曾亚姣	学校	北京市第十一中学	学段	初中三年级
教科书版本及章节	1.《道德与法治》（八年级上册），人民教育出版社；第三单元 承担社会责任；第四单元 维护国家利益。 2.《道德与法治》（八年级下册），人民教育出版社；第一单元 坚持宪法至上；第三单元 人民当家作主。 3.《道德与法治》（九年级上册），人民教育出版社；第三单元 文明与家园				

一、学情分析

（一）教学内容分析

本节复习课整合了部编版《道德与法治》八年级上册关于共青团、劳动的内容，八年级下册关于共产党和我国政治和经济制度的内容，以及九年级上册关于党员力量的内容。本课的设计中共有四个环节。环节一：导入新课。以共青团知识小问答进行导入，在认识共青团和共产党的关系中进入具体内容的学习。环节二：亮出“中国名片”。通过呈现北京大兴国际机场、中国高铁、扶贫攻坚等事例，感受中国共产党带领中国人民取得的重大成就。环节三：揭秘“中国名片”。分析中国共产党带领中国人民取得成就背后的原因（制度优势、中国共产党的性质、宗旨、指导思想、共产党员的先锋模范作用、广大人民群众的积极劳动与奉献）。环节四：共造“中国名片”。通过前三个环节的铺垫，引导学生认同中国共产党的领导，树立听党话、跟党走的决心，具体落实到当下的学习生活中，鼓励学生积极加入共青团，在实践中勇担社会责任。

（二）学习者分析

1. 知识基础

学生在《道德与法治》八年级上册中学习过共青团和劳动的相关内容，在八年级下册学习过党的相关基础理论和人民当家作主的制度安排，在九年级上册学习过改革开放、精神家园（党员的力量）等相关内容，因此学生能够基本掌握理论，不足之处在于对这些理论理解得不够深刻，知识模块衔接不紧密，对内容缺乏系统的理解。

2. 能力基础

在初中三年的学习过程中，学生已经具备了理论联系实际的能力，在一定程度上能够将自己的所见所闻、所思所想与学科内容相结合，能够从多个角度出发对问题进行深入认识。

3. 学生兴趣与发展要求

在初三学生群体中，有部分学生在初二时就已经加入了中国共产主义青年团，在入团之前接受过共青团的相关培训，对共青团有一些初步的了解与认识，但是对共青团和共产党的关系，认识得还不够。本课旨在引导学生从本质上领会中国共产党的伟大之处，要在实践中勇担社会责任，做好党的助手和后备军。

二、教学目标

在体悟中国共产党领导人民取得伟大胜利的实践中，树立政治认同，明确中国共产党的领导核心地位，充分认识中国共产党的领导是中国特色社会主义最本质的特征，中国特色社会主义制度的最大优势是中国共产党领导，我们坚决拥护中国共产党的领导，永远跟党走。在共造“中国名片”的活动中，提升对自己、家庭、集体、社会、国家和人类的认识，培养担当精神和参与能力，增强责任意识。

通过亮出“中国名片”这一教学环节，了解中国共产党的历史和革命传统、了解中国共产党在革命、建设、改革开放和中国特色社会主义新时代的伟大成就，汲取党史、新中国史、改革开放史、社会主义发展史所蕴含的精神力量，热爱伟大祖国、中华民族、中华文化、中国共产党和中国特色社会主义，为自己是中国人而自豪，积极争做共青团员，坚定跟党走的决心，增强政治认同。

通过揭秘“中国名片”这一教学环节，结合人民当家作主的制度安排、抗疫故事的相关材料及榜样等5条视频，从不同角度出发，分析为什么在中国共产党的领导之下能够取得重大奇迹，进而提高运用知识的能力和解决问题的能力。

通过共造“中国名片”这一教学环节，以实现中华民族伟大复兴为己任，增强做中国人的志气、骨气和底气，不负时代，不负韶华，不辜负党和人民的殷切期望，主动承担起对家庭、学校和社会的责任，增强主人翁意识，大力弘扬和践行集体主义精神。

三、教学重点与难点

（1）重点：把握中国共产党伟大建党精神，感受中国共产党的伟大力量。

（2）难点：积极争做共青团员，坚定听党话、跟党走的决心。

四、教学方法与手段

讲授法、情境教学法、讨论式教学法。

五、教学特色

本节课使用多媒体方式进行呈现，有图片、文本及视频等多种类型材料。环节的设置注重凸显重要理论，力求在吸引学生注意力的同时，引导其思维跟随逻辑的脉络，加深学生对伟大建党精神的深层次理解。

六、教学活动设计

环节一：共青团知识知多少

思考一：展示共青团团旗图片，团旗象征着什么？

思考二：关于共青团这一群团组织，你了解多少？

思考三：少先队、共青团、中国共产党的关系是什么？

学生回答：中国共产主义青年团团旗旗面为红色，象征革命胜利；左上角缀黄色五角星，周围环绕黄色圆圈，象征中国青年一代紧密团结在中国共产党周围。共青团的组成成员是年龄在14周岁以上，28周岁以下的中国青年；团歌是《光荣啊，中国共青团》；性质是中国共产党领导的先进青年的群团组织，是中国共产党的助手和后备军。

教师讲解：中国共产主义青年团是中国共产党领导的先进青年的群团组织，是广大青年在实践中学习中国特色社会主义和共产主义的学校，是中国共产党的助手和后备军。共青团中央委员会受党中央委员会领导。共青团的地方各级组织受同级党的委员会领导，同时受共青团上级组织领导。

习近平总书记指出，在实现中华民族伟大复兴的征程上，中国共产党是先锋队，共青团是突击队，少先队是预备队。入队、入团、入党，是青年追求政治进步的“人生三部曲”。

【活动意图说明】本环节通过回顾共青团的团章、团旗和团歌等内容，从学生即将或已经成为共青团员的角度出发，在激发学生学习兴趣的同时，注重引导学生关注团组织和党组织的关系，进而引出本课主题，也为接下来的学习奠定情感基础。

环节二：亮出“中国名片”

中国共产党是中国工人阶级的先锋队，是中国人民和中华民族的先锋队，是中国特色社会主义事业的领导核心，代表中国先进生产力的发展要求，代表中国先进文化的前进方向，代表中国最广大人民根本利益。在中国共产党的领导下，中国人民创造了一个又一个的奇迹。中国新能源、中国桥梁、中国航天、中国交通……一个个都打上了“中国标记”的基础设施、科技成果、行业成就，正在不断为人们生活品质的提升、为中国经济的腾飞打下坚实的基础，并成为“中国的国家名片”，以铿锵的脚步迈向世界。

思考一：回顾百年党史，你所知道的党史历史大事件有哪些？

思考二：联系实际，说说你知道的“中国名片”有哪些？

展示教学图片：北京大兴国际机场、乡村振兴的数据、中国高铁……

学生回答：中国共产党的成立、中华人民共和国的成立、“三大改造”、改革开放、新时代……

中国高铁、北京大兴国际机场、乡村振兴取得的成就……

教师讲解：在中国共产党的领导之下，在新中国成立七十多年的发展中，中国人民创造了经济发展奇迹和社会长期稳定的奇迹。中国共产党带领国家和中华民族实现了从站起来到富起来再到强起来的伟大飞跃。

【活动意图说明】通过回顾党史，引导学生从历史的角度了解中国共产党的形成与发展。通过联系时事，引用具体的案例引导学生感受在中国共产党的领下国家取得的伟大成就，增强学生的政治认同。从历史和现实的角度感受中国共产党领导的丰功伟绩。

环节三：揭秘“中国名片

在中国共产党的英明领导下，我国取得了举世瞩目的伟大成就，接下来我们一起进入探究，揭秘“中国名片”背后的“密码”。

材料一：发展全过程人民民主，保障人民当家作主（新华社）

健全人民当家作主制度体系，扩大人民有序政治参与，保证人民依法实行民主选举、民主协商、民主决策、民主管理、民主监督，发挥人民群众积极性、主动性和创造性，巩固和发展生动活泼、安定团结的政治局面。

（1）加强人民当家作主制度保障。拓展民主渠道，丰富民主形式，确保人民依法通过各种途径和形式管理国家事务，管理经济和文化事业，管理社会事务。支持和保证人民通过人民代表大会行使国家权力，健全吸纳民意、汇集民智工作机制，建设好基层立法联系点。

（2）全面发展协商民主。坚持和完善中国共产党领导的多党合作和政治协商制度，完善人民政协民主监督和委员联系界别群众制度机制。

（3）积极发展基层民主。完善基层直接民主制度体系和工作体系。完善办事公开制度，拓宽基层各类群体有序参与基层治理渠道，保障人民依法管理基层公共事务和公益事业。

材料二：同舟共济战“疫”记（新华网）

材料三：视频《榜样5》（共产党员网）。“榜样”代表人物是来自各个岗位上的优秀共产党员和先进基层党组织。他们是白衣战士、人民解放军、公安民警、基层干部、社区工作者、志愿者，他们都有一个共同的名字：共产党员。

思考一：为什么中国共产党能够取得一个又一个奇迹，能够亮出一张张亮丽的“名片”？

思考二：为什么共产党人总能战胜一个又一个不可能战胜的困难，完成一个又一个不可能完成的任务？

学生分组进行讨论：我国现有的一系列制度是取得成就的重要制度保障；在取得成就的过程中无数人民群众也在无私奉献；共产党员始终坚持革命理想信念，一切以人民为中心，践行以爱国主义为核心的民族精神和舍身忘我的革命精神。

教师讲解：中国共产党在百年发展过程中，结合具体的国情形成了一系列制度，为中国的发展提供了制度保障。共产党自身有其先进性，始终把人民放在最重要的位置，一切从人民出发，始终坚持全心全意为人民服务。在共产党的带领下，各行各业的人民积极配合，在自己的岗位上默默付出。无数党员同志发挥自己的先锋模范作用。正是在伟大建党精神（坚持真理、坚守理想，践行初心、担当使命，不怕牺牲、英勇斗争，对党忠诚、不负人民）的助推下，人们有了舍生忘死的勇气和人生奋斗的方向；有了社会变得公平正义、和谐美好的信心；有了国家实现繁荣昌盛、民族振兴、人民幸福的决心。

【活动意图说明】本部分通过三个材料的呈现，引导学生揭秘“中国名片”背后的“密码”。材料一：发展全过程人民民主，保障人民当家作主，从制度出发了解取得成就的制度原因；材料二：《同舟共济战“疫”记——中国抗击新冠疫情全纪实》从抗疫过程中不同领域人们的奉献出发，理解中国精神的磅礴力量，中国速度离不开广大人民的无私奉献；材料三：《榜样5》的播放，从微观角度来认识中国共产党的伟大，在此过程中培养学生的政治认同和责任担当，激发学生向榜样学习的意愿及热情。

环节四：共造“中国名片”

思考：简要谈谈青少年该如何践行自己的使命和担当？

学生回答：青少年应勇担时代责任，积极加入中国共产主义青年团，永远爱党、信党，坚定跟党走。不能怕难怕苦，不能怕跌倒怕吃亏，任何逃避祖国和时代赋予的伟大责任的思想和行为，都应受到摒弃。树立远大理想，把个人理想和中国梦紧密联系起来，努力学习，积极实践。把家国情怀落实到具体行动中，在担当中作为，在磨砺中成长，在实干中推动国家和社会不断向前发展。

教师讲解：习近平总书记在纪念五四运动100周年大会上的重要讲话中指出，新时代中国青年要担当时代责任。时代呼唤担当，民族振兴是青年的责任。青年一代有理想、有担当，国家就有前途，民族就有希望。青年是国家的未来，国家的进步刻录着青年的足迹、凝结着青年的奉献。今天的中国已经全面建成了小康社会，实现了第一个百年奋斗目标，开启了全面社会主义现代化建设的新征程。一代人有一代人的长征，一代人有一代人的使命。国家的前途，民族的命运，人民的幸福，是当代中国青年必须和必将承担的重任。

【活动意图说明】本部分是引导学生思考并认同祖国的未来和希望在青少年，青少年学生该如何为党和国家努力奋斗。在此基础上引导学生树立责任意识，把个人理想和国家民族的命运结合起来，坚定跟党走的决心。

七、作业与拓展学习设计

开展校园党史文化宣传活动，设计一些党史主题的相关活动，营造浓厚的校园党史学习文化氛围。这一作业设计既是对课上内容的延展，从而引导学生继续深入思考，又能带动更多的学生参与到党史学习中来。

参考资料

中共中央宣传部理论局．中国制度面对面［M］. 北京：学习出版社，2020.

高中学段：坚定道路自信　追寻党旗飘扬的方向

基本信息表					
教师	马蕴雅	学校	北京市第十一中学	学段	高中一年级
教科书版本及章节	思想政治必修 1《中国特色社会主义》，人民教育出版社，2020 年 7 月第 2 版				

一、学情分析

（一）教学内容分析

党的二十大报告中明确指出："马克思主义是我们立党立国、兴党兴国的根本指导思想。实践告诉我们，中国共产党为什么能，中国特色社会主义为什么好，归根到底是马克思主义行，是中国化时代化的马克思主义行。拥有马克思主义科学理论指导是我们党坚定信仰信念、把握历史主动的根本所在。""中国共产党人深刻认识到，只有把马克思主义基本原理同中国具体实际相结合、同中华优秀传统文化相结合，坚持运用辩证唯物主义和历史唯物主义，才能正确回答时代和实践提出的重大问题，才能始终保持马克思主义的蓬勃生机和旺盛活力。"

高中思想政治必修 1《中国特色社会主义》以坚持和发展中国特色社会主义为主线，立足中国历史和国情，遵循人类社会发展规律，探讨实现中华民族伟大复兴。教学主题在于弄懂中国特色社会主义是什么以及为什么要坚持，而要说明中国特色社会主义是怎么来的，则需要结合中国历史和国情理解中国历史和人民为什么选择马克思主义这一问题。结合教材第二课只有社会主义才能救中国的相关内容，从历史的逻辑分析中国近代社会在各种探索失败的时候，新文化运动、十月革命、五四运动对马克思主义在中国传播带来的可能性和必然性。从理论逻辑分析马克思主义的革命性、科学性和实践性，引导学生综合认识中国历史和人民选择马克思主义是正确的选择，增强"四个自信"，树立理想信念。

第二课只有社会主义才能救中国，具有承上启下的作用，学生已完成第一课有关社会基本规律、科学社会主义的理论与实践相关内容的学习，能够初步运用历史唯物主义思维分析问题，有助于在本课中利用第一课所学知识分析中国近代社会出现的矛盾和问题。本课内容的学习为在下一课中理解中国特色社会主义在中国的发展做好铺垫。通过论证马克思主义在中国是真理性的选择，坚定坚持和发展中国特色社会主义是道路自信。

（二）学习者分析

1. 知识基础

从已有知识上看，高一学生具有一定的知识储备，在初中阶段和新闻媒体上已经接触过五四运动、十月革命等历史事件。

2. 能力基础

从认知特点上看，高一学生对该部分学习内容非常感兴趣，但是缺乏理性和深度，面对现状善于做横向比较，容易看到我国发展的不足，但分析问题比较片面，不善于用历史的眼光、辩证的思维分析问题。

3. 发展要求

从发展目标上看，通过学习，学生对中国历史和人民为什么选择马克思主义进行系统的认识，更加深刻地理解中国的道路选择，增强“四个自信”。

二、教学目标

通过“一百多年前，旧中国需要新出路”环节，学生结合近代中国国情，综合分析近代中国人民的各种尝试和斗争失败的原因，探求近代中国社会性质的变化和中国人民的历史任务，有意识地运用唯物史观思考和分析问题。

通过“一百多年前，新道路要有新觉醒”环节，学生感受先进知识分子在实践中发现和坚持真理的过程，理解马克思主义传入中国的时代可能性、实践可行性和与工人阶级结合的必要性，感受坚持真理，坚守理想的伟大建党精神，认同中国历史和人民选择马克思主义道路的正确性，增强“四个自信”。

通过“一百多年后，中国走进新时代”环节，分析马克思主义中国化时代化的成就，认同中国道路选择的正确性，通过完成与李大钊跨越时空的对话，明晰共产党人的初心和使命，树立青春理想。学生在学习中明晰责任和担当，增强民族自信心与自豪感，坚定道路自信，提升政治意识，树立家国理想。

三、教学重点与难点

（一）教学重点：马克思主义为什么是中国历史和人民的必然选择

根据教材内容分析和学习者分析，理解马克思主义为什么是中国历史和人民的必然选择对理解中国共产党的伟大建党精神具有重要作用，有助于帮助学生从历史逻辑理解中国共产党为什么是历史和人民的必然选择，有助于学生增强“四个自信”。马克思主义理论深度较强，学生需要对马克思主义的基本理论本身具有一定的系统认识，明确马克思主义是科学的世界观和方法论，才能更好地理解中国历史和人民选择马克思主义的正确性，才能更好地认同中国的道路选择。此外，该年龄段的学生具有对现象的认识能力，但缺乏对现象更加深刻地思考，需要在思维水平上得到更加系统化的提升，才能综合思考马克思主义为什么是中国历史和人民正确的选择。基于以上分析将马克思主义为什么是中国历史和人民的必然选择确定为本课的教学重点。

（二）教学难点：马克思主义为什么是中国历史和人民的正确选择

根据教材内容分析和学习者分析，理解马克思主义为什么是中国历史和人民的正确选择对理解中国共产党的建党精神具有重要作用，有助于帮助学生从历史逻辑理解中国共产党为什么是历史和人民的必然选择，有助于学生增强“四个自信”。基于以上分析将马克思主义为什么是中国历史和人民正确选择确定为本课的教学难点。

四、教学方法与手段

资源：通过展示《薪火相传——东城区党史游学地图》，播放《东城区党史游学地图》宣传视频，让学生在课堂中寻访一个个革命活动旧址，帮助学生更好地理解所学内容，增强学习主动性和积极性。

技术手段：利用 PPT、视频等技术，通过声音和影像的真实感，使学生具象化地体会所学内容。

五、教学特色

（1）展现高中学段思政课学科型活动课程的特性。实现思想政治课理论性与实践性相结合，价值性与知识性相结合。通过利用《东城区党史游学地图》开展课堂线上寻访活动，贴近学生生活，激发学生的学习兴趣，增强教学内容的真实性和可信性，有利于学生在体验中更深刻地理解中国历史和人民为什么选择和坚持马克思主义，从而认同中国制度、中国道路选择，增强“四个自信”，树立正确的价值观与世界观，坚定做社会主义的合格建设者和可靠接班人。

（2）做到与初中学段“红心向党 革命的理想”与大学学段“同心向党 精神的力量”有效衔接。在大、中、小一体化设计上，从中国共产党组织发展角度阐述伟大建党精神形成、发展与重要体现，承接小学从少先队组织作为切入点，初中从共青团组织作为切入点，本教学设计从党旗飘扬的方向层面追寻中国共产党追求真理之路，阐释中国共产党组织的成立。本课力求做到对小初学段的深化与发展，为大学学段深刻描述建党精神做好知识上、思想上的准备。

（3）本课教学内容涉及的历史时间线跨度较大，内容较为繁杂，力求能够做到主线清晰，主题突出，但实际操作中在突破重点内容的过程中仍存在教师解释过多、时间把握不够准确和进度拖沓等问题，需要在接下来的教学设计上在原有基础上精简材料选择，让问题设计更加具有张力，在提升学生思维水平的同时，提高课堂的实效性。

六、教学活动设计

环节一：导入新课

教师活动：展示 1900 年八国联军侵占北京时在天安门前列队的照片，以及 2021 年庆祝中国共产党成立 100 周年庆典在天安门广场举行的照片。连续向学生提出问题：对比两张照片你有怎样的感受？ 100 多年后，中国为什么能实现从跌倒到走向强大？

学生活动：对比图片，分享感受，思考中国从跌倒到走向强大的原因是什么。

【活动意图说明】使学生产生对祖国发展和强大的自豪感，激发学生探究中国发展道路的兴趣。

环节二：以问导思　激发主体
一百多年前，旧中国需要新出路

教师活动：展示1840—1919年从洋务运动到辛亥革命中国各阶级救国探索道路的思维导图。向学生提出问题：分析1840—1919年近代中国救亡图存的道路失败的原因？总结1840—1919年近代中国救亡图存道路失败的原因，你认为应该找到一条怎样的道路才能够实现中国的救亡图存？

学生活动：搜集资料，结合中国近代社会背景，理解中国社会性质发生了根本变化，中国面对两个历史任务，旧的救国道路没有能够解决中国的政治危机和文化危机，需要探索一条适合中国的救国“新”路，明确旧的探索失败使新的探索转向马克思主义具有必然现实性。

【活动意图说明】引导学生了解近代中国国情，综合分析近代中国人民的各种尝试和斗争失败的原因，探求近代中国社会性质的变化和中国人民的历史任务，有意识地运用唯物史观思考和分析问题。

环节三：创设情境　合作探究
一百多年前，新道路要有新觉醒

教师活动：展示东城区2021年发布的《薪火传承——东城区党史游学地图》及5条推荐线路图，并引领学生寻访第一条“觉醒年代”线路。分别探究新文化运动、五四运动和十月革命、中国共产党的成立与马克思主义在中国的传播的关系。

教师活动一：引导学生探究新文化运动与马克思主义在中国传播的关系。播放视频、展示选自陈独秀《新青年》创刊号《敬告青年》的文字材料：“自主的而非奴隶的”“进步的而非保守的”“进取的而非隐退的”“世界的而非锁国的”“实利的而非虚文的”“科学的而非想象的”。引领学生寻访《新青年》北京编辑部旧址。根据材料提出两个问题：陈独秀为青年提出的6条标准对苦苦寻找中国出路的青年发挥了怎样的作用？《新青年》杂志的传播在当时的中国发挥了怎样的作用？

学生活动一：学生通过《新青年》北京编辑部视频材料开展线上“云寻访”活动，阅读相关材料并思考问题。明确新文化运动发挥了思想启蒙的作用，理解马克思主义在中国传播的时代可能性。

教师活动二：引导学生探究五四运动和十月革命与马克思主义在中国的传播的关系。教师展示《新青年》杂志封面的演变并提出问题：比较1915—1920年《新青年》封面的变化，分析封面的变化如何反映了先进知识分子思想发生的变化？结合时代背景分析中国先进知识分子出现思想变化的原因？播放视频，展示图片和文字材料，引领学生寻访北大红楼、寻访亢慕义斋，并向学生提出问题：五四运动和十月革命对中国先进知识分子发生思想上的转变发挥了怎样的作用？阅读亢慕义斋墙壁上对联的内容，你体会到中国共产党人身上具有怎样的精神品质？

学生活动二：学生通过北大红楼、亢慕义斋图片和视频，进行北大红楼、亢慕义斋线上“云寻访”，阅读相关材料并思考问题。明确五四运动、十月革命对马克思主义在中国传播的意义，理解工人阶级与马克思主义结合的必要性和马克思主义的实践可行性。体会中国先进知识分子在实践中追求和发展真理的历程，感受中国共产党人身上具有的坚持真理、坚守理想的精神品质。

教师活动三：引导学生探究中国共产党的成立与马克思主义在中国传播的关系。教师向学生提供中央党史和文献研究院《中国共产党的一百年》的节选材料“1920 年秋至 1921 年春，上海、武汉、长沙等八个城市与日本、法国相继成立中国共产党早期组织……从 1920 年 9 月起，《新青年》公开宣传马克思主义，各地成员还利用公开发行的报刊宣传马克思主义……1921 年 7 月，中国共产党第一次全国代表大会宣告了中国共产党正式成立。”提出问题：结合材料，指出中国共产党建立具备了哪些条件？展示中国共产党党旗的图片并提出问题：看到中国共产党党旗，你会想到什么？

学生活动三：学生阅读材料，思考问题。了解中国共产党成立的组织条件与思想条件，用历史的眼光看待中国共产党的成立。了解中国共产党党旗的内涵，理解党旗对于中国共产党党员的引领与激励作用。

【活动意图说明】通过“一百多年前，新道路要有新觉醒”环节，学生感受先进知识分子在实践中发现和坚持真理的过程，理解马克思主义传入中国的时代可能性、实践可行性和与工人阶级结合的必要性，感受坚持真理、坚守理想的伟大建党精神，认同中国历史和人民选择马克思主义道路的正确性，增强“四个自信”。

环节四：情感体验　感悟升华
一百多年后，中国走进新时代

教师活动一：教师小结在中国近代史上，中国人民对“举什么旗，走什么路”的问题进行了不断地探索，从洋务运动、戊戌变法到辛亥革命走“走西方的路”，中国共产党成立以后又经历了“走俄国人的路”到“走自己的路”的过程。提出问题：中国共产党人走的是一条怎样的“自己的路”？“走自己的路”给中国带来了哪些发展成就？

学生活动一：学生通过梳理马克思主义中国化时代化伟大成就，理解中国共产党在实践中检验和发展真理，从中国实践层面理解马克思主义的开放性，感受马克思主义的力量，理解中国为什么选择马克思主义是正确的选择。

教师活动二：播放《觉醒时代》中与李大钊相关的片段，引导学生完成《时间的答卷》。100 多年前，27 岁的李大钊书写了《青春中华》，在他临刑前，恍若看到了如今繁荣富强的中国，他既欣喜于中国未来的辉煌，又遗憾于不能亲眼所见新世界的到来，请你将今天的中国说给李大钊烈士听。

李大钊先生，我想对您说：

你是这样的人________________________；

100 多年前，在中华民族危亡之际，以您为代表的中国先进知识分子探索救亡图存的________________________道路；

100 多年后的今天，如您所愿，社会主义没有辜负中国________________。

作为新时代的青年，我将向您学习____，

希望未来的中国成为____。

请您放心，______________!

学生活动二：学生观看视频片段，了解李大钊的人生理想，运用本节课所学内容完成与李大钊烈士跨越时空的对话，深化对中国和人民选择马克思主义道路的认识，体悟中国共产党坚持真理、坚守理想的精神，传承中国共产党人的初心与使命。

教师活动三：教师概括总结中国历史和人民选择坚持马克思主义的过程，阐述中国共产党伟大建党精神的内涵和意义。鼓励新时代青年人承担历史任务，树立道路自信，做社会主义的合格建设者和可靠接班人。

学生活动三：学生聆听总结，进一步理解伟大建党精神坚持真理、坚守理想的内涵，认同中国道路，增强肩负责任使命的意识。

【活动意图说明】通过分析马克思主义中国化时代化的成绩，感受中国道路的正确性，通过完成与李大钊跨越时空的对话，明晰中国共产党人的初心和使命，树立青春理想。深刻理解中国历史和人民选择和坚持马克思主义真理过程中所形成和发展的伟大建党精神。学生在学习中明晰责任和担当，增强民族自信心与自豪感，坚定道路自信，提升政治意识，树立家国理想。

七、作业与拓展学习设计

作业一：试通过网络、书籍、博物馆等资源，查找相关资料，在解读材料的基础上，选取一个角度，谈一谈你认为马克思主义为什么一定要实现中国化时代化。要求：撰写一篇1000字以内的小论文，逻辑合理，论证充分，一周以后上交。

作业二：以学习小组为单位，在《薪火相传——东城区党史游学地图》中任选一条路线，利用周末时间进行实地寻访，每个小组提交一篇《寻访报告》并在课上进行报告展示。要求：小组进行分工合作，设计《寻访报告》的结构，撰写一篇不少于1000字的报告，逻辑合理，论证充分，本节课结束后的第三周上交。

大学学段：弘扬伟大建党精神　奋斗实现强国梦想

基本信息表					
教师	常婧	学校	北京工业大学	学段	本科一年级
课程	习近平新时代中国特色社会主义思想概论				
教科书版本及章节	《习近平新时代中国特色社会主义思想概论》，高等教育出版社、人民出版社，2023年版；第三章 坚持党的全面领导，第十七章 全面从严治党				

一、学情分析

（一）教学内容分析

本专题围绕“弘扬伟大建党精神，奋斗实现强国梦想”这个主题，从“伟大建党精神贯穿百年史诗”“伟大党建工程开启新的篇章”“传承精神力量实现强国梦想”三个方面展开，旨在帮助学生理解精神伟力对建党实践具有巨大的推动作用，感悟精神、学习精神，更要弘扬精神、传承精神。

第一部分讲述伟大建党精神是中国共产党的精神之源，以建党求什么、立党为什么、兴党凭什么、强党靠什么为主题，一一对应建党精神的四个方面内涵。从革命时期的陈延年、陈乔年、杨靖宇、陈树湘、刘志海烈士，到建设时期的钱学森、焦裕禄、廖俊波，再到新时代的钟南山、黄文秀等先进事迹为例证，论述伟大建党精神激励一代又一代中国共产党人创造了伟大史诗。

第二部分阐述党的建设与党的自我革命的内涵、意义。是由于党从成立之日起就有伟大自我革命的自觉与勇气，才使全党时刻刀刃向内、刮骨疗毒，全面从严治党永远在路上。深入推进新时代党的建设新的伟大工程，健全全面从严治党体系，才能全面推进党的自我净化、自我完善、自我革新、自我提高，使我们党坚守初心使命，始终成为中国特色社会主义事业的坚强领导核心。

第三部分讲解伟大建党精神和党勇于自我革命的精神特质，在新时代、新征程上，转化成为以中国式现代化全面推进中华民族伟大复兴的力量源泉，伟大梦想吹响了新时代青年的“集结号”，以历代青年奋斗者为榜样，新时代的青年大学生党员要点燃奋斗激情，为实现全面建成社会主义现代化强国的伟大梦想贡献力量！

（二）学习者分析

1. 知识基础

习近平总书记在庆祝建党100周年大会上的讲话中提出“伟大建党精神”的深刻内涵，党的二十大在主题中明确提出“弘扬伟大建党精神”的要求。大学生对建党精神的命题比较熟悉，但关于建党精神的内涵、起源、作用等具体内容却知之甚少。相关知识储备还停留在纲要课和概论课前期的课程内容中，结合中学阶段的党史基础，对建党精神有一定的感性认识，缺乏系统性、规范性的把握。

2. 能力基础

当前的授课学生普遍为“00后”大学生，作为新世纪成长起来的一代，他们熟悉中国特色社会主义理论和实践，具备一定的思想基础，具有一定的思想自觉。同时，他们思想活跃、反应灵敏，关注现实问题，尤其是社会热点问题。擅于运用互联网、新媒体，信息来源广泛，具备国际视野，有较强的批判思维能力，课堂参与意愿和自我表现欲望较高。具体表现有：第一，当代大学生自我意识强、思维敏捷，善于运用新技术手段获取知识和信息。第二，与此同时，当代大学生的学习和阅读习惯表现出很强的网络依赖性，知识和信息获取途径和效果有碎片化、零散性等特征，系统而深入的理论学习和独立思考能力较弱，面对复杂现实问题和舆论信息的辨别能力和分析能力较弱。第三，当代中国社会处于快速发展的阶段，生活节奏加快，大学生面临的微观层面的具体职业教育、应用型实践、实习机会较多，而在社会实践层面将理论与调研相结合的机会相对较少，理论联系实际、知行合一、分析问题和解决问题的能力有待加强。

3. 学生需求

除了对本课程的知识需求之外，大学生对入党和继续深造的需求较高，特别是通过本课程的学习具备一定的政治素养，参与时政热点的分析与讨论，对提高政治理论修养和尽快向党组织靠拢提供条件。当然，本专题内容相对比较全面系统，不是特指某一具体的时间段或者某个历史事件的相关精神，而是贯穿百年党史的长时间周期，因此学习时难度相对较大。党的建设领域理论性比较强，对史论结合的要求比较高，学生在建党精神与党建这个新时代新的伟大工程之间的理论结合点上可能面临认知困难；对于党建理论对新时代新征程上全面建成社会主义现代化强国的使命任务有什么重大意义这个问题也需要进一步加深理解。

二、教学目标

（一）认知目标

从百余年党史的历程中体会到中国共产党的伟大、光荣、正确是由怎样的精神力量所驱动，领会伟大建党精神的内涵是如何提炼概括出来的；在新时代新征程上，坚定不移全面从严治党、深入推进新时代党的建设新的伟大工程有何重要意义，如何更好地坚持党的全面领导；如何传承和弘扬伟大建党精神、赓续红色血脉，才能更好实现以中国式现代化全面推进中华民族伟大复兴。

（二）能力目标

帮助大学生注重问题意识、探究精神、历史思维、比较视野的培养，提升理论联系实际、分析问题、解决问题的能力，培养主动思考、注重实践、知行合一的态度和习惯。

（三）理论目标

学习党史党建理论的基本知识，弘扬伟大建党精神，赓续红色血脉，理解建党精神的伟力如何加强党的全面领导，团结带领人民将伟大建党精神转化为中华民族复兴伟业奉献力量的精神动力。

三、教学重点与难点

（一）教学重点

本专题围绕“弘扬伟大建党精神”这个主题，首先，在百年党史征程中寻找伟大建党精神的内涵和实质；其次，探究伟大建党精神如何形成并推进新时代党的建设新的伟大工程；最后，阐述弘扬和传承伟大建党精神对全面推进中华民族伟大复兴有何重要意义，引导学生感悟精神伟力、点燃奋斗青春。

本专题的教学重点是围绕伟大建党精神，借助党的百年奋斗历程，为学生还原百年党史中的鲜活面孔，中国共产党人如何通过浴血奋战实现民族独立和解放，以及改革开放新时期和新时代以来的奋斗人物。号召青年大学生以领袖为榜样，以身边的奋斗者为目标，学习他们的奋斗精神，不负时代、不负韶华，立志报国，实现梦想。

（二）教学难点

第一，伟大建党精神与坚持党的全面领导的逻辑关系是一个教学难点。伟大建党精神包含四个方面内容：建党求什么——坚持真理、坚守理想；立党为什么——践行初心、担当使命；兴党凭什么——不怕牺牲、英勇斗争；强党靠什么——对党忠诚、不负人民。伟大建党精神激励一代又一代共产党人为民族独立和解放不懈奋斗，团结和领导中国人民取得历史成就，这是中国特色社会主义最本质的特征，也是中国之治的最大优势和根本前提。学习和弘扬伟大建党精神，有助于学生进一步理解坚持党的领导的历史必然性。

第二,百年来，党以伟大自我革命推动伟大社会革命，伟大建党精神与党的自我革命之间的逻辑关系，这是另一个教学难点。弘扬伟大建党精神必须持续推进党的自我革命。党的自我革命旨在加强纯洁性、提升战斗力，拥有刮骨疗毒、壮士断腕的勇气推进党完成自身的新陈代谢，促进政党肌体的健康。新时代党的建设新的伟大工程需要以新的精神状态来持续推进，才能使百年大党永葆生机活力。这个新的精神状态的核心就是伟大建党精神。伟大建党精神推进党的伟大自我革命，在新时代新征程进一步锻造成为坚强的领导核心，完成长期执政的大党强党的历史使命，团结带领人民以中国式现代化全面推进中华民族伟大复兴。伟大建党精神对伟大党建工程的引领作用和激励作用，建构二者的逻辑关系，从而形成青年人树立对伟大的中国共产党的坚定信仰和中华民族伟大复兴的强大信心，强化大学生奋力实现中国梦的责任感和使命感。

四、教学方法与手段

充分发挥学生的主体地位，从伟大建党精神的引入开始，每一步都通过引导、分析、互动提问等手段促使学生沿着设计好的逻辑链条自己思考得出每一步的重要结论。对于课程开始提出的问题，在结束时给予点睛式的回答，并借此将本节课的内容进行拓展和升华。讲授过程中还穿插历史分析法、理论分析法、逻辑分析法等教学方法。

（一）多媒体课件

以图片为主，动画和高亮文字为辅，通过连贯而明确的动画设计，突出显示重要过程与核心结论，吸引学生的注意力，诱导其思维跟随逻辑的脉络，加深学生对先进党员事迹的感性认识和情感触动。

（二）板书

以简要的知识点勾勒出本节课的逻辑分析流程。使学生能够从整体上掌握本节内容。

（三）课堂讨论

通过伟大建党精神四个层面的突出案例讨论，引导学生进入沉浸式的体验中，体会伟大建党精神在不同的历史阶段有哪些生动的体现，通过卓越党员人物事迹来引导学生加深对精神的力量的理解，加深后续党建工程在新时代的重要性的记忆和认识。

五、教学活动设计

【视频播放】回顾习近平总书记在《庆祝中国共产党成立一百周年大会上的讲话》，提出“伟大建党精神”的概念。通过回顾庆祝中国共产党成立一百周年大会，将学生的注意力集中到隆重而庄严的庆祝现场。配合展示庆祝大会的现场图片，播放习近平总书记重要讲话原声。

【视频播放】回顾中国共产党第二十次全国代表大会现场，播放习近平总书记重要讲话原声。强调党的二十大的大会主题：高举中国特色社会主义伟大旗帜，全面贯彻习近平新时代中国特色社会主义思想，弘扬伟大建党精神，自信自强、守正创新，踔厉奋发、勇毅前行，为全面建设社会主义现代化国家、全面推进中华民族伟大复兴而团结奋斗。

【教师提问】这两次大会的片段同时提到了哪个核心概念？

【学生回答】同时提到“伟大建党精神”。

【教学意图】通过两个讲话片段引导学生思考并关注本次课的主题——伟大建党精神。思考从百年庆祝大会第一次提出这个概念，到党的二十大将“伟大建党精神”写入大会主题，意味着伟大建党精神在百年党史和新时代新征程上具有怎样的重要意义，在中国共产党人的精神谱系中居于何种重要地位。概述本课时两大部分内容安排，并配合展示教学目录。

【教学用时】5 分钟。

第一部分　伟大建党精神的科学内涵

2021 年 7 月 1 日，习近平总书记在天安门广场发表重要讲话，精辟概括了伟大建党精神的深刻内涵：“一百年前，中国共产党的先驱们创建了中国共产党，形成了坚持真理、坚守理想，践行初心、担当使命，不怕牺牲、英勇斗争，对党忠诚、不负人民的伟大建党精神，这是中国共产党的精神之源。”伟大建党精神，激励一代又一代共产党人，创造了一个又一个彪炳史册的人间奇迹。2022 年 10 月 16 日，中国共产党第二十次全国代表大会在北京隆重召开，党的二十大报告中开篇点明大会主题：高举中国特色社会主义伟大旗帜，全面贯彻习近平新时代中国特色社会主义思想，弘扬伟大建党精神，自信自强、守正创新，踔厉奋发、勇毅前行，为全面建设社会主义现代化国家、全面推进中华民族伟大复兴而团结奋斗。

第一，坚持真理、坚守理想。

通过方志敏、杨靖宇、钱学森、黄文秀等不同时代的共产党人舍生忘死投入党的伟大事业的事迹，论证中国共产党人坚持真理、坚守理想的铮铮铁骨。旨在以图片和背景介绍相结合的方式，一幕幕呈现人物及其事迹，造成影音呈现的感受，让学生沉浸在教师的讲述中。

真理无言，大道沧桑。这就是中国共产党人的求真之路，这就是中国人民的求索之路。“中国共产党为什么能，中国特色社会主义为什么好，归根到底是因为马克思主义行！”习近平总书记的重要论断，让真理之光与理想之光交相辉映，照亮一个民族的历史天空。这是奋斗者的终极追寻。

第二，践行初心、担当使命。

中国共产党立党为什么？为人民谋幸福、为民族谋复兴、为世界谋大同。初心易得，始终难守。中国共产党人却将这份质朴的初心牢牢守住了一个世纪，并将永远守护下去。

1925 年，毛泽东为《政治周报》“创刊号”撰写发刊理由：“为什么要革命？为了使中华民族得到解放，为了实现人民的统治，为了使人民得到经济的幸福。”2021 年 7 月 1 日，习近平总书记在庆祝中国共产党成立 100 周年大会上强调：“中国共产党一经诞生，就把为中国人民谋幸福、为中华民族谋复兴确立为自己的初心使命。”这是共产党人的初心，历经百年传承至今。讲述周恩来、陈乔年、焦裕禄、廖俊波、钟南山等优秀共产党员践行初心、担当使命的历史事件，旨在以图片与背景介绍相结合的方式，一幕幕呈现人物及其事迹，造成影音呈现的感受，让学生沉浸在教师的讲述中。

践行初心，担当使命。“莽莽神州，已倒之狂澜待挽；茫茫华夏，中流之砥柱伊谁？”这是奋斗者的心灵叩问。今天的中国人，可以自信地“平视这个世界了”。我们从未如此接近人民幸福、民族复兴的历史夙愿。

第三，不怕牺牲、英勇斗争。

中国共产党兴党凭什么？凭不怕牺牲、英勇斗争的大无畏精神。中国奇迹、中国道路，并没有什么外人觊觎、窥探的独门秘籍，我们依靠的是血肉之躯，依托的是人民力量。

毛泽东曾说过：“从古以来，中国没有一个集团，像共产党一样，不惜牺牲一切，牺牲多少人，干这样的大事。”“中国共产党和中国人民并没有被吓倒，被征服，被杀绝。他们从地下爬起来，揩干净身上的血迹，掩埋好同伴的尸首，他们又继续战斗了。”

习近平总书记指出：“世界上没有哪个党像我们这样，遭遇过如此多的艰难险阻，经历过如此多的生死考验，付出过如此多的惨烈牺牲。”据不完全统计，从 1921 年至 1949 年，全国牺牲的有名可查的革命烈士就达 370 多万人。在脱贫攻坚斗争中，1800 多名同志将生命定格在了脱贫攻坚征程上。

讲述陈树湘、陈延年等烈士为国捐躯的英勇事迹，提炼不怕牺牲、英勇斗争的伟大精神，旨在以图片和背景介绍相结合的方式，一幕幕呈现人物及其事迹，造成影音呈现的感受，让学生沉浸在教师的讲述中。百年党史，是一部感天动地的英雄凯歌。伟大精神化作伟大进军，伟大牺牲换来古老民族的涅槃重生。

第四，对党忠诚、不负人民。

中国共产党强党靠什么？对党忠诚、不负人民。这是源于纪律的要求，更因为信仰的塑造。习近平总书记深刻指出：“如果没有对党忠诚作为政治上的‘定海神针’，就很可能在各种考验面前败下阵来。”

以串讲事迹的方式展示中国共产党人的忠诚不屈。以图片和背景介绍相结合的方式，一幕幕呈现人物及其事迹，造成影音呈现的感受，让学生沉浸在教师的讲述中。回首党的百年奋斗，伟大建党精神的内涵生动而丰富，精神的火种历经百年依旧熊熊燃烧。

【教学意图】分四点依次讲解伟大建党精神内涵。旨在引导学生通过一代又一代优秀共产党人的事迹领会伟大建党精神实质。展示每一部分的具体人物、时代背景及其光辉事迹。

【教学用时】 30 分钟。

第二部分　新时代新征程弘扬伟大建党精神与党的自我革命

分三点依次讲解如何在新时代弘扬伟大建党精神与党的自我革命。

第一，党的自我革命是伟大建党精神的内在要求。

坚持真理、坚守理想，是伟大建党精神的第一层内涵，也是党自我革命的精神根基。我们党从思想上不断持续推进自我革命，是马克思主义普遍真理的要求。自我革命首先要在思想上革命，不断接近和追求客观世界的真理，与时俱进推进马克思主义中国化。马克思主义是党推进自我革命的理论基础和思想武器，拥有马克思主义理论指导是党的自我革命取得一个又一个重大胜利的根本前提。自我革命是对思想的净化、精神的洗礼、灵魂的涤荡。伟大建党精神要求我们坚守科学的理想信念，在理想信念的灯塔面前不断推进自我革命，将坚定理想信念当成思想建设的头等大事，积极预防和医治“软骨病”，认真修炼共产党人的“心学”，确保全党在理想信念上坚如磐石。

第二，党的自我革命是弘扬伟大建党精神的根本途径。

自我革命是中国共产党的鲜明品格。毛泽东曾经用打扫房子来比喻我们党的事业要经常主动革新。习近平总书记在“七一”重要讲话中指出：“勇于自我革命是中国共产党区别于其他政党的显著标志。”

党的自我革命是具体的、实践的，是弘扬伟大建党精神的根本途径。党政军民学，东西南北中，党是领导一切的。办好中国的事情，关键在于党的领导。历史和实践充分证明，只有坚持党的全面领导，发挥党的领导作用，才能协调各方，凝聚团结一心的磅礴力量。只有在坚持和加强党的全面领导中不断提高党的执政能力和领导水平，持续推进自我革命，把党锻造成坚不可摧的领导核心，才能在党和人民的事业发展中不断弘扬伟大建党精神，创造新的历史伟业。

引导学生认识到党在历史重要关头每一次自我革命都将党转危为机，让党化险为夷，更团结统一，更有战斗力凝聚力，因此党的自我革命精神是打牢精神之基的关键。配合展示自我革命的意义以及如何自我革命，呼应习近平总书记重要讲话中涉及的党无私无畏的革命精神。

第三，伟大建党精神通过党的不断自我革命得到丰富升华。

伟大建党精神是与时俱进、不断在实践中丰富升华的精神体系。全面从严治党永远在路上，党的自我革命永远在路上。我们党以伟大建党精神为引领，在不断推进的自我革命中建设党、磨炼党，践行伟大建党精神，丰富升华伟大建党精神的内涵和实质，在新时代新征程的奋斗事业中彰显伟大建党精神的光辉。

【教学意图】 分三点依次讲解，引导学生理解伟大建党精神对党的建设伟大工程的推进作用和互促关系。

【教学用时】 30 分钟。

第三部分　“同心向党”——传承精神的力量

习近平总书记常常寄语勉励青年，也特别重视青年人的成长。领袖的青年时代在黄土高原书写下奋斗者的诗篇，更是不负时代、不负韶华的典范。梁家河插队的七年，青年习近平创下了知青“三最”：年龄最小、去的地方最苦、插队时间最长。那是苦其心志、劳其筋骨的七年，也是苦干实干的七年。

是什么支撑着青年时期的艰苦奋斗？除了不负时代、不负韶华的奋斗精神，将有志者集结起来的，更是不负人民的至高承诺。每年的“感动中国年度人物”，有跨世纪的卓越科学家、有战斗英雄、有航天英模、有体育健儿、有仁心医者、有媒体新秀、有脱贫先锋。他们靠什么感动了我们？我想，奋斗者的光芒最亮丽的就是为党、为国、为人民的底色。我们集结在一起，为的不是“小我”的成就，而是民族的梦想。立鸿鹄之志，志因何而立？只有为人民利益、为民族梦想而立，才能高入凌云、才能深深扎根。

学习伟大建党精神、推进党的建设伟大工程，落实在青年人的行动上，就是要继承好、传承好这份百年基业，立志强国有我。配合讲解总书记对青年人的重视和寄语，强调青年大学生在具备独立思考能力之后信仰更加理性和坚定，传承百年建党精神。

【教学意图】分三点依次讲解，从习近平总书记的七年知青岁月开始讲起，到当代中华儿女的鸿鹄之志、报国爱党之情，再落脚到青年学生的使命担当。引导学生理解伟大建党精神并不仅仅创造了百年辉煌，而且依然对未来具有强烈的感召作用，青年学生要赓续红色血脉，传承奋斗精神。

【教学用时】20 分钟。

第四部分　课程总结及思考探究

总结回溯一百年来中国共产党以伟大建党精神带领中国人民找到救亡图存的中国道路，站在新征程的起点，党的建设更应以伟大建党精神为指引深入持续推进，才能实现中华民族伟大复兴的千秋伟业。总结部分将回顾伟大建党精神在百年史诗中的巨大力量，并展望未来党建工程的良好局面，将学生的爱国热情烘托到高潮。用动画的方式配合展示百年求索的艰辛，以新的姿态开始新的征程，让学生对中国特色社会主义的光明前景充满信心。

【教学意图】分三部分依次讲解，从习近平总书记的七年知青岁月开始讲起，到当代中华儿女的鸿鹄之志、报国爱党之情，再落脚到青年学生的使命担当。引导学生理解伟大建党精神并不仅仅创造了百年辉煌，而且依然对未来具有强烈的感召作用，青年学生要赓续红色血脉，传承奋斗精神。

【教学用时】5 分钟。

六、课后作业

请结合所学和社会实践，以小组为单位参观学习体现伟大建党精神的教育基地，并组织参观学习和课堂展示。

参考文献

[1] 中共中央文献编辑委员会．习近平著作选读：第一卷[M]．北京：人民出版社，

2023.

[2] 中共中央文献编辑委员会．习近平著作选读：第二卷 [M]．北京：人民出版社，2023.

[3] 中共中央宣传部．习近平新时代中国特色社会主义思想学习纲要 [M]．北京：学习出版社、人民出版社，2023.

[4] 中共中央党史和文献研究院、中央学习贯彻习近平新时代中国特色社会主义思想主题教育领导办公室．习近平新时代中国特色社会主义思想专题摘编 [M]．北京：中央文献出版社、党建读物出版社，2023.

[5] 习近平．高举中国特色社会主义伟大旗帜　为全面建设社会主义现代化国家而团结奋斗——在中国共产党第二十次全国代表大会上的报告 [M]．北京：人民出版社，2022.

[6] 新华通讯社．习近平总书记在庆祝中国共产党成立 100 周年大会上重要讲话精神述评 [M]．北京：新华出版社，2021.

★ 专题二　井冈山精神 ★

一体化教学设计说明

一、教学内容简介

一座山，辉映历史；一种精神，照耀未来。井冈山是中国革命的摇篮。1927 年 10 月，毛泽东同志率领湘赣边界秋收起义的工农革命军，进军井冈山，开始创建以宁冈为中心的井冈山农村革命根据地。翌年 4 月，朱德等率领南昌起义、湘南起义的余部到达井冈山，与毛泽东领导的秋收起义部队会师，井冈山红色政权和革命力量得到加强。井冈山革命根据地的创建，点燃了中国革命的星星之火，开辟了“农村包围城市、武装夺取政权”的革命新道路，成为中国革命不断走向胜利的光辉起点。2016 年 2 月，习近平总书记在江西考察时指出：“今天，我们要结合新的时代条件，坚持坚定执着追理想、实事求是闯新路、艰苦奋斗攻难关、依靠群众求胜利，让井冈山精神放射出新的时代光芒。”井冈山精神是伟大建党精神的继承、延续与体现，是中国共产党人精神谱系的重要组成部分，是必须代代相传的“传家宝”。本专题将结合大、中、小各学段特点，落实“完整人格”教育理念，围绕井冈山精神进行教学内容和教学环节的一体化设计，融合小学道德与法治课、初高中历史课、大学中国近现代史纲要课，致力于落实立德树人根本任务，推进思政课程与课程思政的同向同行，实现小、初、高、大学育人的一体化衔接。

二、一体化教学目标与思路

（一）一体化教学目标

本专题围绕“井冈山精神”这一重要学习专题，在小学、初中、高中、大学四个学段，在教学目标、教学内容、教学方法、课程资源、实践环节等方面分别依据本学段课标要求、教材和学生实际，重点讲清楚井冈山精神的科学内涵、重要意义与传承路径，激发不同学段的学生理解并铭记革命前辈们在艰苦卓绝的斗争中培育起来的革命精神和优良传统，激发学生对革命先辈的敬仰、对中国共产党伟大精神在情感、政治、践行方面的深度认同，并转化为在前进道路上战胜各种困难风险、不断夺取新胜利的强大精神力量，激发学生争做堪当中华民族复兴重任的时代新人的使命担当。

（二）一体化教学思路

基于教学一体化的整体设计思路，一体化设计要关注大中（高、初）小学四个学段学生的知识结构和认识特点，观照思政课与历史课的同向同行，在教学内容、教学方法、教学方式等方面，体现循序渐进、螺旋式上升的特点；在教学中要充分利用现代信息化教学手段和平台，将问题导向贯通教学始终，并关注、总结、交流不同学段在知识讲解、能力培养与价值导向方面的学习反馈，推动一体化设计的深度发展。具体而言，小学阶段注重感知启蒙，通过讲述经典历史故事，帮助学生了解历史梗概，启发学生感悟井冈山精神品质；初中阶段注重体验了解，通过讲述主要历史事件，帮助学生把握历史脉络，引导学生初步体悟井冈山精神的内涵；高中阶段注重领会认同，通过分析丰富翔实的历史文献资料，帮助学生探究井冈山精神形成的实践基础，增强对井冈山道路及井冈山精神的政治认同和情感认同；大学阶段注重系统掌握，帮助学生树立历史思维，深入理解井冈山精神的科学内涵和价值意蕴，激发学生争做时代新人的精神状态与使命担当。

◆ 小学学段：围绕“听星火燎原的故事”这一主题，采用历史事实与历史故事相结合的方式，从南昌起义、井冈山会师、井冈山时期的革命故事几个方面讲述井冈山革命道路的开辟，引导学生了解南昌起义与八一建军节，井冈山会师以及井冈山革命根据地的开辟等历史事实；通过学习、讲述井冈山时期的历史故事，知道以毛泽东为代表的中国共产党人以实事求是、艰苦奋斗、不畏困难的精神，开辟了井冈山革命道路，这条正确道路引领中国革命走向了胜利。

本学段教学的重点在于，引导学生认识南昌起义与中国共产党创建革命军队之间的关系，知道在南昌起义等以城市为中心开展的武装斗争相继失败后，以毛泽东为代表的中国共产党人总结历史经验教训，开辟了符合中国国情的革命道路，也让学生感悟伟大的井冈山精神。本学段教学难点在于，学生生活的时代离历史事实较远，学生的知识储备尚不丰富，很难真正理解井冈山革命道路以及井冈山精神的内涵，也难以在实际生活中继承和发扬井冈山精神。学生如果有机会体会当时的生活，聆听当时亲历者讲述的故事，那么印象会更深刻。教师应进一步挖掘相关的资源，帮助学生更好地学习、理解本课知识。

◆ 初中学段：本学段教学设计将由历史课与道德与法治课共同呈现。在历史学科方面，以“重温开辟革命新路的辉煌历史”为主题，通过“重走革命道路——从南昌起义到井冈山革命根据地的创立”和“感悟革命精神——井冈山精神”两个板块的探究性学习，让学生知道南昌起义、八七会议、秋收起义、井冈山会师等主要历史事件，并在把握历史脉络的基础上，引导学生认识中国共产党创建人民军队和农村革命根据地的意义，分析中国共产党选择井冈山道路的原因，感悟井冈山精神的内涵，从而更好地继承革命传统，培养优良作风。在道法学科方面，以“寻路红色井冈　感悟伟大精神”为主题，通过丰富的史料、案例、活动，与学生互动，让学生具体认识“农村包围城市、武装夺取政权”是中国共产党人在实践中得来的，在历史中形成的；深入理解井冈山精神是取得中国革命成功的根本经验与精神密码；提高运用历史材料分析、解释历史问题的能力，增强深入事物本质、揭示内在规律的抽象思维能力。

本学段的教学重点为，让学生较为全面地认识开辟革命新道路的伟大历史实践，了解井冈山精神的内涵，感悟精神力量，树立家国情怀。本学段教学难点在于，要帮助学生初步学会在具体时空条件下考察历史事件，提高运用历史材料分析、解释历史问题的能力，以及将井冈山伟大精神与学生实际相结合的有效引导与落地。

◆ 高中学段：经历了初中阶段的学习，学生对于井冈山精神在形成过程中的具体史实有了一定的了解，知道井冈山精神的形成在经历了南昌起义、八七会议、秋收起义等一系列的实践后，中国共产党带领中国革命走出了新道路。这个道路在形成过程中凝聚了深刻的精神内涵。高中阶段的学生具备了一定的历史素养，已经拥有运用史料解决历史问题的能力，本学段围绕“探究井冈山精神的当代价值”这一主题，通过文献史料以及地图等史料，帮助学生理解井冈山精神在革命年代以及和平年代的时代价值，通过体悟井冈山精神，培养学生的家国情怀。

本学段教学重点在于，帮助学生认识中国共产党开辟革命新道路是在不断探索的过程中才成功的，既有现实原因，也有一定的经验支撑，还有共产党人所体现出来的伟大精神作为精神动力。本学段的教学难点在于，要引导学生认识井冈山精神对于新民主主义革命的胜利所具有的重要历史意义，同时在新时代也具有重大的现实意义。

◆ 大学学段：本学段围绕“用井冈山精神点燃新时代奋斗‘星火’”这一主题，史论结合，从“如何深刻认识井冈山精神的科学内涵”“如何正确理解井冈山精神的历史地位与时代价值”“新时代大学生应如何传承与弘扬井冈山精神”三个环环相扣的问题展开讲授，引导学生全面了解孕育、丰富、发展井冈山精神的伟大革命实践，深入理解井冈山精神“坚定执着追理想、实事求是闯新路、艰苦奋斗攻难关、依靠群众求胜利”的科学内涵和价值意蕴，进而思考中国共产党带领人民取得伟大胜利的根本经验与精神密码，探索弘扬井冈山精神的实践路径，激发学生传承红色基因、弘扬伟大精神、为中华民族复兴而踔厉奋发的精神状态与使命担当。

本学段的教学重点在于，从实践探索与理论创新两方面讲清楚以毛泽东、朱德为代表的中国共产党人，创立、巩固和发展井冈山革命根据地的伟大实践与重大贡献，进而深入理解井冈山精神孕育、发展、完善的历史背景；讲清楚井冈山精神的科学内涵和价值意蕴，进而探索中国共产党带领人民取得伟大胜利的根本经验与精神密码。本学段的教学难点体现为：教师要对历史史料与发展脉络足够清晰，避免历史事件繁杂、主线不突出的问题；教师要深入了解高中学段的教材及教学内容，调研学生的知识储备情况，避免课程讲解浮于表面，不能引发学生新的思考；但受时空所限，集体前往井冈山调研学习有一定难度。

三、一体化教学结构图

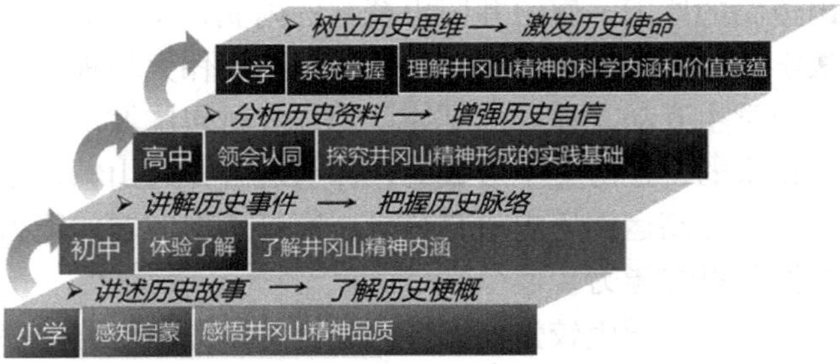

小学学段：听星火燎原的故事

基本信息表						
教师	于平	学校	北京市第十一中学附属定安里小学	学段	小学五年级
教科书版本及章节	统编版《道德与法治》（五年级下册），人民教育出版社；第三单元 百年追梦 复兴中华，第 9 课 中国有了共产党				

一、学情分析

（一）教学内容分析

《新时代爱国主义教育实施纲要》指出，新时代爱国主义教育要面向全体人民、聚焦青少年，广泛开展党史、新中国史、改革开放史和社会主义发展史和社会主义发展史教育。要继承革命传统，弘扬革命精神，传承红色基因。本教学设计匹配《道德与法治》（五年级下册）第三单元第 9 课中国有了共产党的第 2 课时“星星之火 可以燎原”一课，这是继建党之后的另一个大事件——建军。

本课聚焦南昌起义、井冈山革命根据地的创建情况，引导学生认识南昌起义斗争相继失败后，以毛泽东为代表的中国共产党人总结经验教训，开创了符合基本国情的革命道路。同时，也要让学生学习伟大的井冈山精神。

（二）学习者分析

1. 知识基础

学生经过五年的学习，对于南昌起义、井冈山革命根据地的故事有了一定的了解，通过学科学习、学校的德育教育活动，对于一些基本事实有了了解，但对于南昌起义的经过、意义，井冈山革命根据地开辟过程以及革命根据地的发展还不了解，对于井冈山精神的内涵和意义有着初步的认知，但没有形成整体的理解和认知，需要通过本节课学习帮助学生整体把握这一历史事件。

2. 能力基础

五年级学生通过五年的学习，已初步具备了一定的学习方法和学习能力，能通过书籍、网络、博物馆、询问家长等途径查找相关资料，能通过小组合作、分享交流学习本节课内容。但本课教材中涉及革命历史内容，这些对于五年级的学生来说年代久远，不容易理解南昌起义以及井冈山道路的意义，因此只有充分利用博物馆资源，通过学生主动查找资料、自主探究和汇报，才能提高学生学习的积极性，帮助学生更好地理解井冈山精神并传承革命精神。

3. 学生兴趣与发展要求

课前，教师通过钉钉问卷进行了学情调研，数据显示：学生对于南昌起义、井冈山会师有所了解但不够深入，但对于井冈山时期的革命故事都很感兴趣，有进一步探索的意愿，基于此，制定了本节课的教学目标和教学重点、难点。

二、教学目标

（1）通过合作探究，知道南昌起义、秋收起义和井冈山会师的相关史实，以及井冈山根据地建设时期的革命故事，了解开辟井冈山道路的意义。

（2）通过分享井冈山时期的革命故事，体会红军不畏挫折、艰苦奋斗的精神，传承井冈山精神。

（3）结合自身的学习和生活，继承和发扬井冈山精神。

三、教学重点与难点

（一）教学重点

了解井冈山道路的开辟及其意义，学习并继承井冈山精神。

（二）教学难点

了解井冈山道路的开辟及其意义，学习并继承井冈山精神。

四、教学方法与手段

观察法、讨论法、小组汇报。

五、教学特色

本课充分发挥博物馆资源在教学中的作用，以博物馆贯穿始终，将零碎的知识串联起来。从而使本节课线索清楚，学生在情境中进行学习，有学习的兴趣，并且课后作业继续利用博物馆资源，让博物馆资源活起来。

六、教学活动设计

环节一：揭示主题　导入课题

（1）教师出示军事博物馆前图片，以人民军队创建历史导入课题。

（2）出示课题，学生质疑，提出课题希望解决的问题。

星星之火指的是什么？

这句话是什么意思？

星星之火是怎么燎原的呢？

【活动意图说明】以军博图片导入，拉近学习与学生生活的距离。以学生问题为导向，开展本节课学习，把学生作为学习的主体。

环节二：学习新课　层层深入

1. 南昌起义　点燃星火——学习南昌起义事由及其意义

（1）油画导入。

① 教师出示油画《南昌起义》局部图（大旅社、炮、红巾）。

② 提问：请猜想一下，这些联系在一起会发生什么事情？

③ 引出南昌起义。

（2）南昌起义烽火起。

① 借助教材：第 61 页“活动园”关于南昌起义的内容和学生课前了解到的资料，进行南昌起义内容的学习。在学习提示下进行本环节学习。

② 小组学习：学生分享有关南昌起义和八一建军节的故事，了解南昌起义的经过、意义。

学习提示：

① 阅读第 61 页活动园的内容，结合查阅的资料，说一说南昌起义的故事和八一建军节的由来。

② 观察油画、结合查阅的资料说一说南昌起义的意义。

（3）以军博讲解再忆经过，感受南昌起义重大意义。

播放军博讲解员对于南昌起义意义的讲解，进一步感知南昌起义的意义。

教师总结：南昌起义是中国共产党独立承担领导中国革命责任的开始，也是中国共产党独立领导武装斗争、创建人民军队的开始。革命星火，由此点燃。

【活动意图说明】利用博物馆图画资源、讲解资源拉近教学内容与学生的距离。课前引导学生通过线上线下方式走进博物馆，使学生熟悉革命历史；通过讲述革命故事，感受南昌起义的意义。

2. 井冈山会师　凝聚星火

导语：出示油画《秋收起义》。

（1）秋收起义受阻 确定革命方向。

教师以油画《秋收起义》作为学习抓手，让学生认真观察油画中的人物、队伍组成、旗帜等，初步感受秋收起义，并借助学习资料，通过小组学习、讨论、汇报，了解秋收起义的经过，以及由秋收起义引发的中国革命道路的转变。

（2）审时度势 转战井冈山。

结合学习视频进一步了解以毛泽东为代表的中国共产党人的历史抉择，初步感知革命道路的转变，感受党的正确领导。

（3）井冈山会师 凝聚星火。

① 借助油画《井冈山会师》导入该部分学习。让学生通过观察图片（人物、神情、旗帜）初步感受井冈山会师带给中国革命的生机。

② 再次观察油画，从油画中看革命史。以小组为单位完成《学习任务单》。

（4）通过对比《南昌起义》和《井冈山会师》两幅油画，感受中国革命道路由城市转向农村。

1）学习提示。

① 小组合作，先在组内讨论，然后完成表格。

② 汇报时声音洪亮，表达清楚。

2）《学习单》。

对比：环境（城市、农村）、衣着（国民党军装、自己的服装）、旗帜（国民党旗帜、工农革命军旗帜、党旗）、人员（革命军、农民——红军）、神情（坚定希望——对革命胜利充满期待，喜悦——革命力量壮大）

3）学生汇报小组学习成果。

通过对比发现，根据国情，中国革命从攻打（城市）转向（农村）建立根据地，感受到中国共产党（实事求是、勇于创新、从实际出发）的精神。

4）教师总结。

通过汇报我们发现，中国共产党从实际出发，实事求是，由城市转向农村，开创了井冈山革命根据地。探索了一条农村包围城市、武装夺取政权的革命道路。井冈山会师后，两军合编为中国工农革命军第四军，后改称“中国工农红军第四军”，简称“红四军”。

红军革命武装力量不断壮大，井冈山革命根据地得以扩大。“农村包围城市、武装夺取政权”的井冈山道路在实践中发展。

【活动意图说明】以三幅油画入手，通过观察、对比、分析，帮助学生理解中国革命从城市向农村的转变，初步建立对“农村包围城市、武装夺取政权”革命道路的理解。

3. 井冈山岁月　星火燎原——井冈山根据地的发展

（1）八角楼上。

① 出示图片《八角楼上》，学生讲述毛泽东在八角楼的故事，感受一代伟人的革命精神。教师相机借助视频资源，丰富学生对毛泽东关于“工农武装割据”革命思想的认识。

② 出示毛泽东的光辉著作《中国的红色政权为什么能够存在？》《井冈山的斗争》《星星之火 可以燎原》中的关于武装割据的内容，帮助学生进一步理解工农武装割据的思想，以及在它的指引下，中国革命“农村包围城市、武装夺取政权”的正确道路。

（2）井冈山革命根据地的发展——艰苦奋斗攻难关。

借助教材第62页“活动园”的内容，让学生分享井冈山故事以及在故事中的收获、感受，体会以中国共产党为首的井冈山军民艰苦奋斗建设根据地的革命精神。

（3）教师总结。

在井冈山时期发生了许许多多感人至深的故事，在井冈山博物馆、军事博物馆陈列的油灯、盐罐、水桶，一幅幅油画，都无不诉说着这段光辉的革命岁月，希望同学们走进博物馆，探寻革命足迹，感受革命精神。正是井冈山时期这种艰苦奋斗、依靠群众、实事求是以及坚定的革命信念，井冈山革命根据地才得以发展和壮大。井冈山也被誉为革命的“摇篮”。

教师进一步补充习近平总书记关于井冈山精神的资料，帮助学生理解井冈山精神。

【活动意图说明】通过井冈山故事的分享会使学生在喜闻乐见的形式中，对井冈山革命斗争时期中国共产党领导下的军民奋斗史有一定的了解，同时以学生课前查阅资料为主自由分享，让学生走进学习内容，成为课堂主人。

环节三：总结提升 涵养品德

（1）对比思考：教师通过井冈山根据地建立初期和根据地壮大发展的对比，让学生形象感知中国革命力量从星星之火发展成燎原之势。并启发学生思考：什么原因促使星火燎原。

（2）学生交流分享：说说自己的认识和思考。

（3）教师补充资料：借助军博讲解员的讲解进一步总结井冈山精神。帮助学生理解星火燎原的原因，借助军博讲解员的讲解进一步总结井冈山精神。

正是因为中国共产党对革命胜利的必胜信念、实事求是的革命态度以及艰苦奋斗的精神，还有团结群众的路线，形成了伟大的井冈山精神。在井冈山精神指引下，革命根据地不断发展壮大，到 1930 年，红军游击战争在全国 20 多个地区展开，形成了湘鄂西、鄂豫皖等多个革命根据地，中国共产党在革命烈火中继续前行，领导中国共产党人走上一条新的革命道路，这些也足以让星星之火成燎原之势。

（4）追问：师生讨论在新时期是否还需要发扬井冈山精神？引导学生结合个人成长、国家发展、民族复兴的角度畅谈自己的认识，以及如何从实际出发，传承井冈山精神。

学生结合实际说一说：

生：学习历史，铭记历史。从历史中学习革命精神。

生：好好学习，掌握本领。我参加了足球社团，女足精神让我很感动，坚强的意志力、必胜的信念能够让我们在学习道路上获得成功。

生：我对科技感兴趣。参加了“机器人社团”。我要努力学习，将来能够为国家的航天、科技发展做出贡献。

生：奥运会赛场上奥运健儿勇于拼搏、努力向上的精神，也是井冈山精神的延续。我们要把这种“不服输”的精神用在学习中，不怕困难，勇于挑战。

七、课堂总结

习近平总书记指出：“中国共产党立志于中华民族千秋伟业，百年恰是风华正茂！”在中国共产党百年华诞之际，回望井冈山精神，汲取前行的力量，具有特别重要的意义。始终承载人民的重托、民族的希望，始终保持永不懈怠的精神状态和一往无前的奋斗姿态，我们党必将永立时代潮头、永葆生机活力，不断引领中华民族复兴航船乘风破浪、扬帆远航。

作为新时代的小学生，要传承红色基因，坚定理想信念，沿着革命先辈开辟的革命道路，继续前行，将包括井冈山精神在内的革命精神发扬光大！童心向党，薪火相传，践行时代使命！

【活动意图说明】提炼井冈山精神，结合学生实际引发学生思考，在新时期如何继承和发扬井冈山精神，明确时代责任，加深爱国情感。

八、板书设计

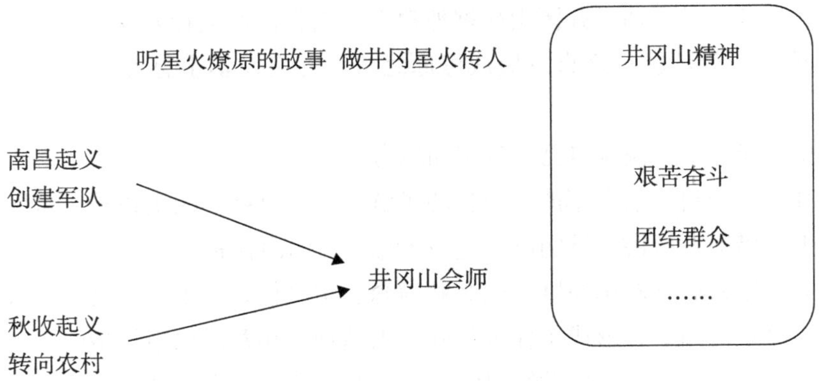

九、作业设计

教师列出“线上云游”的博物馆网址，鼓励学生课下继续走进博物馆，补充完善《学习单》，了解更多的革命故事，分享自己的感受。并设置任务：找一找红 13 号水壶、《借谷证》的故事，发扬革命精神，做红色精神宣讲员，并在实际行动中传承下去。

课程思政：重温开辟革命新路的辉煌历史

基本信息表					
教师	张杰卿	学校	北京市第十一中学	学段	初中二年级
教科书版本及章节	统编版《中国历史》（八年级上册），人民教育出版社；第五单元 从国共合作到国共对立，第 16 课 毛泽东开辟井冈山道路				

一、学情分析

（一）教学内容分析

本课是统编版教材由人民教育出版社出版的《中国历史》（八年级上册）第五单元从国共合作到国共对立的第 16 课毛泽东开辟井冈山道路。

本课共涉及三个子目。第一子目“南昌起义”，中国共产党吸取大革命失败的教训，开始走上独立掌握革命武装力量的道路。第二子目“秋收起义与井冈山会师”，中国共产党逐渐将革命重心放在偏僻的农村，开辟出一条“农村包围城市、武装夺取政权”的道路。第三子目“工农武装割据”，中国共产党在各革命根据地通过建立人民政权，开辟了“星星之火，可以燎原”的革命道路。

基于以上内容和学生认知逻辑，教师将本课学习内容重新整合成两个大板块。第一板块为：重走革命道路——从南昌起义到井冈山革命根据地的创立；第二板块为：感悟革命精神——井冈山精神。

（二）学习者分析

1. 知识基础

在学习本课内容前，学生已经熟练地掌握了从鸦片战争到第一次国共合作的基本史实，了解中国近代史是中华民族对外反抗列强侵略、对内反对封建专制统治的历史。结合本校学生已经参观过中国共产党历史展览馆的背景，学生在实践中对本课涉及的南昌起义、八七会议、秋收起义等基本史实有了初步的认识，但这种认识大多是碎片化的，需要教师进行整合。同时，学生对于中国共产党人为何选择井冈山道路，以及什么是井冈山精神等内容较陌生，这些是本课需要突破的难点。

2. 能力基础

经过初一一年系统性的历史学习，学生已经掌握了一定的历史基础知识、合作技巧，并且具备了自主探究学习的能力。但此阶段学生的抽象思维能力、读图能力、对历史事件的分析能力还需要进一步培养。特别是本课需要学生理解“井冈山道路”这一抽象的历史概念，了解井冈山道路是以毛泽东为代表的共产党人找到的一条符合中国国情的革命的道路，是毛泽东把马列主义普遍原理与中国革命具体实践相结合的道路，是中国革命唯一正确的道路。

3. 发展要求

达到课标要求的学业要求后，重点培养学生的家国情怀，让学生增强热爱家乡、热爱祖国的情感，铸牢中华民族共同体意识，成为具有国际视野、有理想、有担当的青年。

二、教学目标

（1）以中国现、当代美术作品和影视资料，创设时空情景，让学生了解国共第一次合作失败后，特别是在南昌起义之后，中国共产党进行的革命探索，提升阅读、观察和理解的能力，初步学会在具体时空条件下考察历史事物。

（2）根据史料探究中国共产党开辟井冈山道路的原因，提升重证据的历史意识，逐步提高运用历史材料分析、解释历史问题的能力。

（3）通过了解井冈山精神的内涵，坚定中国特色社会主义道路自信、理论自信、制度自信、文化自信，继承和弘扬以爱国主义为核心的民族精神和以改革创新为核心的时代精神，涵养家国情怀。

三、教学重点与难点

（一）教学重点

国共第一次合作失败后，了解中国共产党所做的革命探索和道路选择。学习重点对应的是教学内容的第一板块中的“重走革命道路——从南昌起义到井冈山革命根据地的创立”。为突破教学重点，在此部分运用跨学科主题学习方法，结合现当代美术作品及影视作品，让学生了解南昌起义、八七会议、秋收起义、毛泽东和朱德井冈山会师等基本史实，认识中国共产党创建人民军队和农村革命根据地的意义。

（二）教学难点

分析中国共产党选择井冈山革命道路的原因，知道井冈山精神的内涵。学习难点对应的是教学内容的第二板块中的“感悟革命精神——井冈山精神”。为突破学习难点，采用研读史料的方法，让学生认识中国共产党选择井冈山道路的原因，感悟井冈山精神的内涵，继承革命传统，培养优良作风。

四、教学方法与手段

首先，为让学生全面了解国共第一次合作失败后，中国共产党所做的革命探索和道路选择，采用了两个方法策略。

方法一：美术和影视作品中看历史。借助现当代美术作品及影视作品，营造穿越时空的学习情境，带领学生重走共产党人从南昌起义到创建井冈山根据地的革命探索，激发学生的学习兴趣，增强历史想象，产生情感共鸣。

方法二：结合史料想问题。透过美术及影视作品，结合相关史料，从细节处发现问题，引发思考探究，考察历史发展进程。

其次，为深入探究中国共产党选择井冈山革命道路的原因，同样采用了两个方法策略。

方法一：提供丰富多样的学习资源，选用不同类型材料，紧紧围绕核心问题，层层递进，增强学生的感性认识，引导学生学会发现问题、分析问题、解决问题。

方法二：自主探究与合作探究相结合。自主探究提升学生对历史的分析理解能力。合作探究调动学习氛围，在观点的分享与交锋中生成新知识。

五、教学特色

（1）采用观看美术和影视作品进行跨学科主题学习。以美术作品《南昌起义》《八七会议》《秋收起义》《井冈山会师》和影视作品《建党伟业》为切入点，结合相关史料，为学生搭建时空情境，让学生直观感受历史发展进程。

（2）课后作业设置“作业小超市”，给学生提供自主选择的空间，达到举一反三的目的，让学生通过主动学习和探究的方式初步掌握历史学习方法。

六、教学活动设计

环节一：导入新课

教师带领学生共同观看节选自电影《建党伟业》中的一个片段，并介绍此片段的历史背景是国共第一次合作失败。追问：在电影片段中，中国共产党在经历合作失败后，面对着什么样的困难？他们进行了怎样的探索？又取得了什么成就？通过连环式问题的提出，来调动学生学习的主动性和积极性，进而引出本课的主题，即“敢闯新路——井冈山道路的开辟”。

【活动意图说明】以电影片段引入，创设情境，有利于调动学生的有意注意，激发学生的学习兴趣；同时简介电影，让学生认识到电影也是刻画生活、记录时代的艺术表现形式。

环节二：重走革命道路——从南昌起义到井冈山革命根据地的创立

（一）武装反抗国民党反动派的第一枪——南昌起义

教师出示图片，即由国家博物馆藏1959年黎冰鸿绘制的《南昌起义》油画，并向学生介绍参加南昌起义的主要人物（如贺龙、叶挺、朱德等），特别是图画中正在讲话的周恩来。让学生试着展开想象，将周恩来要讲的话表述出来。并结合课本和实践经历，利用小组合作的方式让学生绘制南昌起义的介绍卡，并在介绍卡中归纳概括南昌起义的时间、地点、参与人和经过。

研读《论南昌起义的历史意义和建军精神的基本内涵》："面对国民党反动派的屠刀，在有人犹豫不定、有人左右观望、有人迷茫绝望的形势下，我们的党、我们的军队、我们的革命先辈以忠诚的理想信仰、坚定无畏的政治勇气，敢为人先的先锋精神、勇于担当的革命胆略，在革命的危急关头当机立断，挺身而出，担当起历史的担当，打响了第一枪。"并出示学生在中国共产党历史展览馆中所拍摄的南昌起义第一支枪等图片，结合已有知识引导学生归纳南昌起义的历史意义和现实价值。

【活动意图说明】美术作品是不同时代的产物，反映不同时代的内容。特别是优秀的美术作品可以让观众直观地感受历史上的重大事件、人物情感、社会百态和时代变迁。观看黎冰鸿的美术作品《南昌起义》，让学生分析作品中人物的神态，锻炼学生从细节处解读图片信息的能力。此外，通过小组合作探究，了解南昌起义的历史意义和现实价值，提升多种材料的阅读、分析能力和解决具体问题的能力，并为下面内容的引出做铺垫。

（二）政权是由枪杆子中取得——八七会议

教师展示由中国人民革命军事博物馆藏2000年沈尧伊绘制的《八七会议》油画图片。简单解读在这次会议中毛泽东睿智地提出了"政权是由枪杆子中取得"的著名论断。会后，根据"八七会议"的精神，1927年9月，中共中央派毛泽东以中央特派员的身份到湖南组织领导湘赣边秋收起义。

接着带领学生品读毛泽东的《西江月·秋收起义》："军叫工农革命，旗号镰刀斧头。匡庐一带不停留，要向潇湘直进。地主重重压迫，农民个个同仇。秋收时节暮云愁，霹雳一声暴动。"并结合课本，请学生描述秋收起义的具体经过。阅读陈旭麓撰写的《近代中国的新陈代谢》一书："执着于城市，在那个时候是非常自然的。因为中国共产党人的面前只有一个榜样，这就是已经成功的俄国革命，而俄国革命正是从城市开始，并在城市首先胜利的。然而效仿俄国人成功的经验并没有在中国取得成功。"学习1928年10月毛泽东同志撰写的《中国的红色政权为什么能够存在》："军阀间的分裂和战争，削弱了白色政权的统治势力。因此，小地方红色政权得以乘时产生出来。但军阀之间的战争不是每天不停的。每当一省或几省之间的白色政权有一个暂时稳定的时候，那一省的统治阶级或几省的统治阶级必然联合起来用尽力量来消灭这个红色政权。在为建立和坚持红色政权所必需的各种条件尚不完备的地方，便有被敌人推倒的危险。”这两段材料促使大家思考。小组讨论秋收起义失败的原因，并让学生思考下一步中国共产党该往何处去。

教师出示课本中南昌起义、秋收起义和井冈山会师的地图，依据地图和时空定位的方法，讲解秋收起义失败后，起义军在湖南浏阳文家市举行会议，讨论进军方向问题，并在此次会议上采纳了毛泽东的意见，决定到敌人统治力量薄弱的农村去。而后在向山区进军的途中，在三湾毛泽东进行了著名的“三湾改编”，从组织上确立了党对军队的领导。

【活动意图说明】首先，用美术作品《八七会议》展开此部分的学习，更好地体现跨学科主题学习方法，从而培养学生多角度、跨阶段地审视问题，加深对问题的认识，强化解决问题的能力。

其次，让学生通过史料研读和合作探究的方法，感悟大革命失败后，中国共产党革命道路的选择是历史和现实的选择，从而突破本课的难点，即“中国共产党为什么选择井冈山革命道路”，一条“符合中国国情的、农村包围城市，武装夺取政权”的道路。

最后，利用地图讲解从八七会议到秋收起义再到三湾改编的史实，培养学生的时空观，同时也为下面学习内容做铺垫。

（三）第一个农村革命根据地——井冈山革命根据地

让学生思考，在确定了进军方向后，毛泽东为何选择将井冈山开辟为中国第一个农村革命根据地呢？相比其他地区，井冈山有哪些优势呢？教师重点引导学生关注井冈山地区的地理位置、敌人力量、群众基础等。

展示1957年王式廓创作的《井冈山会师》油画图片。简单解读该绘画作品反映了1928年4月，朱德、陈毅率领南昌起义的部分军队和湘南的工农武装，与毛泽东率领的工农革命军在井冈山会师。两军会师后，合编为中国工农革命军第四军，不久改称为“中国工农红军第四军”。引导学生思考毛泽东和朱德在井冈山会师有什么意义？

【活动意图说明】让学生在课程学习过程中，了解中国共产党人进行的革命探索，知道这一条井冈山道路是历史和现实的选择，这一条农村包围城市的道路是引领中国民主革命走向胜利的道路。

环节三：感悟革命精神——井冈山精神

在教师的引导下，师生共同研读改编自陈旭麓撰写的《近代中国的新陈代谢》：“毛泽东是在革命时期的一系列著作中最早阐发了国情和革命，说明了马克思主义的一般和个别、普遍与具体。半殖民地半封建的中国存在着经济不平衡和政治不平衡的问题，而这不仅为革命割据提供了物质基础，也为处于统治阶级矛盾间隙的农村成为革命首先胜利的地方提供了可能。中国共产党领导的新式农民战争更具有强韧的生命力和深厚的社会基础。这无一不例外地让中国农民最终从苦难中挣脱出来。”师生共同学习毛泽东同志撰写的《井冈山的斗争》：“现在是豪绅阶级统治还没有破裂的时期，环边界而‘进剿’的敌军，尚有十余团之多。但若我们于现金问题能继续找得出路（粮食衣服已不成大问题），则凭借边界的基础，对付此数敌人，甚至更多的敌人，均有办法……为红军计，欲求扩大，只有在有群众基础的井冈山四周即宁冈、永新、酃县、遂川四县，利用湘赣两敌利害不一致，四面防守，无法集中的情况，和敌人作长期的斗争。”让学生自主分析中国共产党选择井冈山革命道路的原因，最终突破教学难点。

出示《习近平总书记关于井冈山精神的重要论述摘录》，明确向学生阐述井冈山精神的内涵是：胸怀理想，坚定信念；实事求是，勇闯新路；艰苦奋斗，敢于胜利；依靠群众，无私奉献。

最后以党的二十大报告做总结：实践告诉我们，中国共产党为什么能，中国特色社会主义为什么好，归根到底是马克思主义行，是中国化时代化的马克思主义行。拥有马克思主义科学理论指导是我们党坚定信仰信念、把握历史主动的根本所在。相信在中国共产党的领导下，我们一定能以中国式现代化的发展模式全面推进中华民族伟大复兴。

【活动意图说明】通过史料探究，提升重证据的历史意识，逐步提高运用历史材料分析、解释历史问题的能力。特别是要透过史料，让学生了解中国共产党为什么要开辟以井冈山为代表的农村革命根据地、走农村包围城市道路，井冈山精神的实质内涵是什么。最后升华本课主题，让学生坚定中国特色社会主义道路自信、理论自信、制度自信、文化自信，继承和弘扬以爱国主义为核心的民族精神和以改革创新为核心的时代精神，涵养家国情怀。

七、作业设计

必做：绘制本节课思维导图。

选做：作业小超市——任选其一完成即可。

作业一：我是小记者

开展口述史的学习活动，对社会中的百岁老人进行访谈，从他们口中了解以井冈山精神为代表的红色精神，并形成口述报告（通过访谈的形式，让学生深入了解井冈山精神，坚定“四个自信”中的“道路自信”）。

作业二：阅读红色经典

搜索并阅读这一时期伟人诗词或重要文章，如毛泽东《中国的红色政权为什么能够存在》《星星之火，可以燎原》《井冈山的斗争》等。（通过研究一手史料，增强学生对历史大概念的认识）。

参考文献

[1] 习近平．高举中国特色社会主义伟大旗帜　为全面建设社会主义现代化国家而团结奋斗 [N]. 人民日报，2022-10-17（2）.

[2] 习近平．习近平总书记关于井冈山精神的重要论述摘录 [N]. 学习时报，2021-10-04（5）.

[3] 蒋建龙．东固根据地与毛泽东下山开创井冈山道路新局面 [J]. 中国井冈山干部学院学报，2023（1）.

[4] 赵东琳．认识革命新路　涵养家国情怀——“毛泽东开辟井冈山道路”的教学分析与设计 [J]. 中学历史参考，2021（21）.

[5] 姚亚平．论南昌起义的历史意义和建军精神的基本内涵［J］．苏区研究，2023（2）．
[6] 陈旭麓．近代中国社会的新陈代谢［M］．上海：上海人民出版社，2006．

初中学段：寻路红色井冈　感悟伟大精神

基本信息表					
教师	宋卫	学校	北京工业大学实验学校	学段	初中三年级
教科书版本及章节	统编版《道德与法治》（九年级上册），人民教育出版社；第三单元 文明与家园，第 5 课 守望精神家园，第 2 框题 高扬民族精神				

一、学情分析

（一）教学内容分析

“寻路红色井冈　感悟伟大精神”是统编人教版《道德与法治》（九年级上册），第三单元文明与家园第 5 课守望精神家园，第 2 框题高扬民族精神的教学内容。

本课的教学主旨是，正如习近平总书记在党的二十大报告所指出的：“弘扬以伟大建党精神为源头的中国共产党人精神谱系，用好红色资源，深入开展社会主义核心价值观宣传教育，深化爱国主义、集体主义、社会主义教育，着力培养担当民族复兴大任的时代新人。”要对初中学生进行高扬民族精神的教育。

井冈山精神作为中国共产党人精神谱系的重要组成部分，是我们中华民族宝贵的精神财富，也是上好“大思政课”的鲜活素材、融通理论与实践的有效媒介。适时开展“井冈山精神”教育，不仅是在彰显中国共产党人的信仰底色，更是为大中小学生的“思政课”注入了精神动力。

“井冈山精神”所蕴含的“敢创新路、艰苦奋斗、坚定信念、实事求是、勇于胜利、依靠群众”的精神，对涉世不深、缺乏历练的在校学生来说，是必须要经受的生活锻炼和进行日常的熏陶，才有可能形成的精神品格和力量。

（二）学习者分析

1．知识基础

毛泽东同志的《西江月·井冈山》这首词，已经在小学四年级学过，这为学生了解井冈山的历史背景及其重要性，增进对祖国热爱的感情打下了基础。“毛泽东开辟井冈山道路”这一课，是《中国历史》（八年级上册，人教版）第五单元第 16 课。通过这一课的学习，明白了中国共产党人在实践中开辟了农村包围城市的革命道路，知晓了以毛泽东为代表的中国共产党人创造的井冈山精神。这为“高扬民族精神”的学习，提供了知识准备和学习路径。有了以上两课对井冈山的感性认识，把“井冈山精神”安排在九年级“守望精神家园”一课中“高扬民族精神”章节里学习，可谓是水到渠成、瓜熟蒂落。

2. 能力基础

初中学生已经具备了一定元认知能力，懂得认知策略、元认知策略、资源管理策略，开始调控自己认知水平。这为“井冈山精神”的探究式学习，甚至是精神的形成、信仰的坚定提供了可能和条件。

3. 学生兴趣与发展要求

初中学生渴望独立、富于理想的心理特点，也支持他们对探究性学习和对理想信念的追求。本课不仅提供了近代史对中国共产党人开辟新路的探究，而且将历史以再现的方式让学生放飞自己的情愫，最大程度地将学生代入历史，领会共产党人“巍巍中华、舍我其谁”的豪迈和气概。

二、教学目标

对照《义务教育道德与法治课程标准（2022 年版）》要求，为进行“井冈山精神”主题教育，确定以下目标。

1. 认知目标

具体认识“农村包围城市、武装夺取政权”是中国共产党人在实践中得来的，在历史中形成的；深入理解井冈山精神“敢创新路、艰苦奋斗、坚定信念、实事求是、勇于胜利、依靠群众”是取得中国革命成功的根本经验与精神密码。

2. 能力目标

在议题学习过程中，提高运用历史材料分析、解释历史问题的能力，增强深入事物本质、揭示内在规律的抽象思维能力。

3. 情感与价值目标

在全面探究“井冈山精神”凝聚过程的基础上，认同“农村包围城市、武装夺取政权”道路，相信“井冈山精神的历史意义与时代价值”，进而主动探求“中国共产党为什么能、马克思主义为什么行、中国特色社会主义为什么好”背后的意蕴。

三、教学重点与难点

（一）教学重点

领会“井冈山精神”的科学内涵和现实意义，在中华民族伟大复兴的新征程中，敢于啃硬骨头，敢于涉险滩，善于化解难题，夺取新时代中国特色社会主义伟大胜利。

（二）教学难点

“思政课”的难点是除了知行脱节，就是言而不信。本课在完整、准确理解“井冈山精神”科学内涵的基础上，领会“井冈山精神”的时代价值。即：一是在生活上遇到困难时，不要轻易放弃，要勇敢面对；二是在学习上遇到困难时，要学会解决问题。

四、教学方法与手段

遵循思政课自身“学、思、践、悟”进阶的学科特点，本课教学主要以任务型驱动、具象化感知、议题式教学、沉浸式体验的脉络来展开。

任务型活动：按照“游学”的教学理念，分“坚定执着追理想、实事求是闯新路、艰苦奋斗攻难关、依靠群众求胜利”四个任务来学习。

具象化感知：通过感知中国共产党人创建根据地的若干历史事件，在给定的条件支持下，来归纳、得出“井冈山精神”的具体内涵。

议题式教学：针对9年级学生特点，按照“趣学”“易学”“利学”的要求，把“井冈山精神”内涵分主题（不同内涵）进行学习。

沉浸式体验：将“井冈山精神”内涵放在历史情境中，通过“标图、阅读、议题”来体会“井冈山精神”的意蕴。

五、教学特色

“以事说理”“以史为镜”，是本课教学最显著的特色。

（1）“以事说理”就是以我们党开辟革命新路为依托，以中国共产党人的历史事实作为感知对象，以学习“任务链”来驱动学生，由浅入深、由表及里展开学习。

（2）“以史为镜”就是以中国共产党历史事实为学习材料，以议题式学习为形式，以“知—认—信—行”为路径，一步一步领会井冈山精神的科学内涵。

六、教学活动设计

环节一：新课导入

20世纪20年代，中国南方的气候非常恶劣。人们旅（居）游远没有今天人们热衷的旅游那种（惬意）的感觉。当时，有两段“旅程”特别引人瞩目、载入史册。

一段旅程是：从江西南昌南下，途经瑞金一直到广东潮安、汕头一带，后北折向西辗转来到湖南南部宜章，再从湘南转移，来到湘赣边界，井冈山（下）宁冈砻市。

另一段旅程是：从湖南长沙南下，来到（湘南），经过永新县的三湾村，再经资兴县的龙溪洞，又从湘南的桂东、汝城返回江西砻市，折回井冈山，到达罗霄山脉中段井冈山下的宁冈砻市。

两段旅程曲折，行进路线蜿蜒。这里蕴藏着两者在砻市的相会，这就是历史上著名的“（朱毛）井冈山胜利会师”。

孩子们，你们走过这条旅游线路吗？如果还没走过，那真的应该好好走一走！

【活动意图说明】创设情境，让学生带着好奇和期待，走进井冈山革命根据地。

环节二：课程展开

（一）铺开教学地图——重走革命道路

大家可以打开2023年部编版《中国历史》课本第79页，请看南昌起义、秋收起义和井冈山会师示意图。

1. 在地图上标注

南昌、长沙、三湾、井冈山、瑞金，湘赣分界线。

2. 设问

你知道以上地点都发生过什么历史事件？

南昌起义、秋收起义、三湾改编、井冈山会师——建立革命根据地。

3. 教师总结

这是一次战略转移；

这是一次历史选择；

这是一条苦难辉煌的道路；

这是一个惊天动地的创举。

【活动意图说明】（1）通过地图“标注”，激活对“南昌起义”“秋收起义”“三湾改编”“井冈山会师”的回忆。

（2）在标注过程中，产生“由先到后”线路的印象，领悟“从城市转向农村”的特别用意。

（二）学唱革命歌曲——寻宝“艰苦奋斗”

1. 阅读资料

民歌《红米饭南瓜汤》的歌词（后来成为《毛委员和我们在一起》歌词）：

红米饭，南瓜汤，秋茄子，味道香，餐餐吃得精打光。干稻草，软又黄，金丝被儿盖身上，不怕北风和大雪，暖暖和和入梦乡。

2. 归纳并解释民歌背后的故事

在井冈山斗争的艰苦岁月里，尽管衣单、粮匮，但毛泽东等老一辈无产阶级革命家和人民大众在一起，艰苦创业，生死与共，再大的困难也能克服。面对国民党反动派的持续军事进攻和残酷的经济封锁，红军“从军长到伙夫，一律吃五分钱的伙食”；为解决食盐缺乏的困难，广大军民把房屋老墙上的土取下来熬硝盐；为安定群众生活，根据地军民白手起家，先后创办起军械厂、红军棉被厂、印刷厂……

3. 教师总结

这是红军走出“重围”的密码，也是“井冈山精神”的基石。艰苦奋斗历来是中华民族的传统美德，更是我们党的优良传统和政治本色。

【活动意图说明】用“民歌”这种方式，宣讲红军艰苦奋斗的本色，意在还原当时红军生活的艰苦，蕴含了艰苦奋斗是精神上的“钙片”。

（三）重读光辉著作——坚定理想信念

1. 毛泽东主席诗词

西江月·井冈山

山下旌旗在望，
山头鼓角相闻。
敌军围困万千重，

我自岿然不动。
早已森严壁垒，
更加众志成城。
黄洋界上炮声隆，
报道敌军宵遁。

这是小学语文四年级的一篇课文。谁能说一说背后的故事？

（1）教学预设。

1928 年 8 月 3 日，湘赣两省国民党军队趁我红军主力远去湘南、根据地兵力不足之际，组织了四个团分两路进攻黄洋界哨口，企图占领井冈山。红四军 31 团以不足两个连的兵力击退了敌人四次冲锋后，在只有三发炮弹，前两发又没有炸响的情况下，用第三发炮弹命中山下敌人指挥部，敌人在慌乱中连夜退逃，红军终于取得了“黄洋界保卫战”的胜利。正在返回井冈山途中的毛泽东闻讯，写下了《西江月 · 井冈山》这首词。

（2）教师总结。

“敌军围困万千重，我自岿然不动。”这是何等强大的政治定力、战略定力，其力量的根源，正是无比坚定的理想信念。

2. 八角楼的故事

在井冈山茅坪村，有一栋土砖结构的两层小楼，楼上有一个八角形天窗，当地群众称之为“八角楼”。谁知道发生在这座小楼的故事？

（1）教学预设。

在面对南昌起义结果、秋收起义受挫的情况下，面对敌人的军事进攻和经济封锁，有人悲观失望，有人不辞而别，有人叛变投敌，有人提出“红旗到底能打多久”……毛泽东同志根据当时的形势，写下了《中国的红色政权为什么能够存在？》《井冈山的斗争》两篇光辉著作。

这是对红军和红色政权的前途与命运作出的有力的论证。回答了一些人“红旗到底能打多久”的疑问，止退了左右摇摆等谣言的不良影响，坚定了共产党人的革命信念，极大地鼓舞了红军战士跟党走的士气。

（2）教师总结。

历史告诉我们，是井冈山红色根据地的创立，点燃起了“工农武装割据”的星星之火。

请大家打开 2023 年部编版《中国历史》八年级上册第 81 页，看一下 1929—1932 年农村革命根据地分布示意图，看一看这一段时间都有哪些根据地？是不是有“军民共筑根据地，华夏神州遍红旗”的感受啊！

【活动意图说明】这一设计，是想引入“信念”的学习，感受“信念”的力量。用伟人的著作来解读“坚定信念”，设计理念就是“引人入胜”。一是再现真实的历史；二是发挥名人的效应；三是激发探究的兴趣。

（四）打开“奇迹盒子”——感受人民力量

在井冈山斗争时期，国民党反动派对井冈山进行了多次“进剿”和“会剿”。1928 年

8月，国民党反动派的四个团向井冈山进犯，在根据地群众的帮助下，红军以不足300人的兵力击退近6000名敌人的进攻，创下以少胜多的奇迹。“力量对比如此悬殊，红军为什么能够赢得这场战斗？”这是太多人的疑问，有太多人在寻找答案。

“答案就在于党和红军始终与人民群众同甘共苦，充分发动群众，筑成了一道不可战胜的铜墙铁壁。”事实胜于雄辩，真理存于实践。

这里，请阅读以下历史事件：

1.“三大纪律六项注意”

（1）三大纪律是：第一，行动听指挥；第二，不拿工人农民一点东西；第三，打土豪要归公。

（2）六项注意是：（一）上门板；（二）捆铺草；（三）说话和气；（四）买卖公平；（五）借东西要还；（六）损坏东西要赔。

后来，“六项注意”又增加“洗澡避女人”和“不搜俘虏腰包”两项内容，从而发展成“三大纪律八项注意”。

“三大纪律八项注意”的提出，对革命军队的建设，对正确处理军队内部关系，特别是军民之间的关系，对团结人民和瓦解敌军，都起了重要的作用。

2.《井冈山土地法》

“打土豪，分田地”，在湘赣边界开展了轰轰烈烈的土地革命运动，制定出中国共产党第一部土地法——《井冈山土地法》，大力造福群众。

3. 教师总结

扩大武装、支援前线；发展生产、保障军需民食，井冈山的群众成为红军最有力的依靠。

【活动意图说明】通过对中国共产党“三大纪律六项注意”自我约束式治军和“打土豪，分田地”的《井冈山土地法》为民着想的情怀，来揭示中国共产党的力量来源，在中学生心中植入“依靠群众，相信群众”的红色种子。

环节三：本课小结

逝去的是硝烟，留下的是精神。

我们把“敢创新路、艰苦奋斗、坚定信念、实事求是、勇于胜利、依靠群众”定义为“井冈山精神”。在当年的井冈山革命根据地，军民靠红米饭、南瓜汤同心奋斗，巩固和扩大了革命根据地。进入新时代，当时“人口不满两千，产谷不过万担”的井冈山，如今已发展成为美丽的生态旅游山城，获得“国家生态文明建设示范市”“‘绿水青山就是金山银山’实践创新基地”等称号。

【活动意图说明】强化“井冈山精神”不仅是解决当时革命道路何去何从的问题的“法宝”，而且还对新时代建设中国特色社会主义具有时代意义。

七、作业设计

（1）简述“井冈山精神”的时代意义。

① 学习上遇到困难，不要轻易放弃，要勇敢面对；② 生活上遇到困难，要换一个角

度思考来解决问题；③ 思想上遇到困难，要有“奋勇向前，敢想敢做”的信心。

（2）设计一份“‘寻路井冈山，感恩共产党’红色主题游”的文案。

参考文献

[1] 中国中共党史学会 . 中国共产党历史系列辞典 [M]. 北京：中共党史出版社、党建读物出版社，2019.

[2] 习近平 . 高举中国特色社会主义伟大旗帜 为全面建设社会主义现代化国家而团结奋斗——在中国共产党第二十次全国代表大会上的报告 [M]. 北京：人民出版社，2022.

[3] 习近平 . 论中国共产党历史 [M]. 北京：中央文献出版社，2021.

[4] 让井冈山精神放射出新的时代光芒 [N]. 人民日报，2022-11-25（9）.

高中学段：探究井冈山精神的当代价值

基本信息表					
教师	王晓华	学校	北京市第十一中学	学段	高中一年级
教科书版本及章节	《中外历史纲要》（上），人民教育出版社，2020 年 7 月第 1 版；第 22 课第 2 框工农武装割据开辟革命新道路				

一、学情分析

（一）教学内容分析

“井冈山精神”是人教版《中外历史纲要》（上）第 22 课第 2 框题。本框题的内容是“工农武装割据开辟革命新道路”。

（二）学习者分析

1. 知识基础

高中阶段的学生已经了解了南京国民政府统治的基本史实，认识到国民政府已经无法领导中国革命的胜利，中国共产党汲取国民革命失败的经验教训，根据中国国情探索新道路，在井冈山建立根据地，探索出工农武装割据的新道路，带领中国革命走向胜利。

2. 能力基础

本课学习对象为高一年级上学期的学生，他们思维活跃，抽象思维逐步发展，初步具备历史知识的概括、历史相关知识的比较、分析的能力，能够在教师引导组织下，通过问题引领的方式进行小组交流、协作讨论等活动，但自主学习探究和自主提出问题的能力还比较差，需要教师不断地指导与培养。

3. 发展要求

基于学情，本课拟采用创设情境创设法，引导学生分析史料，从史实到史论，层层深入，帮助学生理解中国共产党开辟革命新道路的意义，同时对“井冈山精神”产生进一步的认同。

二、教学目标

能够认识到中国共产党的领导对中国革命的重要性，理解“工农武装割据”与“农村包围城市”革命道路是中国共产党将马克思主义基本原理与中国革命实践相结合的产物。学习中国共产党革命道路的探索过程，分析井冈山道路开辟的历史原因。但由于学生对井冈山精神等价值性知识缺乏深层次的认知，所以需要创设情境锻炼学生历史解释的素养，认识井冈山道路是中国革命的正确道路。形成对中华民族精神的认同感，认识到中华民族复兴需要秉持坚定执着的理想、实事求是的智慧、艰苦奋斗的决心，继承并发扬革命先辈的精神，建设新的时代。

三、教学重点与难点

（一）教学重点

中国共产党开辟革命新道路是在不断探索的过程中探索成功的，既有现实原因也有一定的经验支撑，井冈山精神是在多角度、多层次的背景下形成的，并且给予了井冈山精神丰富的内涵。

（二）教学难点

井冈山精神是时代的产物，是先辈们在艰苦的革命背景下形成的，井冈山精神对于新民主主义革命的胜利具有重要的时代价值，同时在新时代也有重要意义，因此体悟井冈山精神的时代意义是本课的难点。

四、教学方法与手段

（一）教学方法

讲授法、情景教学法、小组合作探究法、史料研习法、问题探究法。

（二）教学手段

利用多媒体教学。

五、教学特色

课堂导入运用时政新内容，拉近历史与知识之间的联系。运用问题引领以情境创设的方式，潜移默化地训练学生的历史逻辑思维能力。

六、教学活动设计

环节一：导入新课

井冈山是中国革命的摇篮。井冈山时期留给我们最为宝贵的财富，就是跨越时空的井冈山精神。今天，我们要结合新的时代条件，坚持坚定执着追理想、实事求是闯新路、艰苦奋斗攻难关、依靠群众求胜利，让井冈山精神放射出新的时代光芒。

——2016 年 2 月，习近平在江西看望慰问广大干部群众时的讲话 ①

井冈山是中国新民主主义革命时期的摇篮，中国共产党在井冈山建立了第一个农村革命根据地，开辟了正确的革命道路，为中国革命的胜利指明了方向。接下来就让我们一起追寻先辈们的步伐，体悟井冈山精神。

【活动意图说明】运用习近平总书记的系列讲话，直接点题，同时理解井冈山精神的时代意义。

环节二：讲授新课——井冈山精神形成的历史背景

教师：国民大革命失败后，中国共产党在内忧外患背景下挣扎成长起来。接下来，就让我们与中国共产党一道开辟属于自己的革命新道路，在革命新道路出现之前的社会历史背景是怎样的。

设问：同学们阅读教材，梳理出在国民大革命后中国共产党对新道路有哪些探索？通过时间轴的方式呈现出来。

学生：

【活动意图说明】通过时间轴的设置，培养学生时空观的建立。

教师：井冈山革命道路的开辟并不是一帆风顺的，从 1927 年 8 月 1 日的南昌起义打响了武装反抗国民党反动派的第一枪，到八七会议毛泽东强调“枪杆子里面出政权”，主张武装反抗国民党，并于 1927 年 9 月进行秋收起义。可以看出，共产党探索出的革命方式是武装斗争。秋收起义原计划攻打城市长沙，但是遭遇失败，因此毛泽东提出应该去“乡下”，也就是农村。中国共产党出现了新的思考和定位，出现了以农村为中心据点的想法，即农村包围城市的思想。此时，共产党找到了正确的革命重心：农村。通过时间轴的方式大家已经了解了井冈山革命道路开辟的概况，接下来让我们剖析井冈山道路开辟的原因有哪些。

设问：阅读材料，小组合作探究井冈山道路开辟的原因？（可以从经济、群众基础、政治环境、地理位置以及理论来源角度进行探讨。）

材料一：（井冈）山上的茨坪、大小五井等都有水田和村庄，周围各县的农业经济可供部队筹措给养。

材料二：湘赣边界是交通阻塞的农业区域，居民几乎都是农民。这里的土地，大多在地主手里。向地主租种土地的农民，每年要把收获量的一半以上缴给

① 新华社．习近平春节前夕赴江西看望慰问广大干部群众 [EB/OL].（2016-02-03）[2022-06-16]. http://www.xinhuanet.com/politics/2016-02/03/c_1117985511.htm.

地主，还要受其他种种压迫和剥削。

材料三：（军阀）正在不断进行彼此间你死我活的争夺战，使他们无力顾及当时还被他们轻视的工农武装割据。

材料四：国民大革命失败后，南昌起义失败，共产党人认识到掌握武装力量的重要性，向敌人薄弱的山区进攻，到1932年，在农村建立了众多革命根据地，为土地革命的胜利提供了政治基础。

材料五：十月革命后，马克思主义传入中国，推动中国共产党的成立，以毛泽东为代表的老一辈无产阶级革命家创造性地把马克思主义运用于中国革命的具体实践，并以井冈山斗争作为最初的探索，探索出了一条特色的革命道路，即"农村包围城市，武装夺取政权"的革命道路。

——金冲及《二十世纪中国史纲》①

学生：① 经济：小农经济为主，自给自足，农民普遍贫困，同时受到地主的压迫和剥削。② 群众基础：农民深受压迫，革命愿望强烈。③ 政治环境：军阀的混战，无暇顾及共产党的发展。④ 地理位置：通过两幅地图的对比，看出革命割据势力主要在于几省交界，国民党统治力量相对薄弱。⑤ 理论来源：马克思主义是井冈山精神形成的理论来源。

小结：大家理解了井冈山道路建立的历史背景，既有实践基础，也受到经济、群众基础、政治环境、地理位置的限制，还有先进政党的领导。那它的具体内涵是什么，我们一起来总结一下，井冈山道路即工农武装割据新道路，它是指在中国共产党的领导下，以武装斗争为主要形式，以土地革命为主要内容，以农村根据地为主要依托，开展革命斗争，建立红色政权。

【活动意图说明】通过生生合作的方式解决教学中的重、难点问题，体现了学生在课堂学习中的主体地位，有利于激发学生学习的兴趣和主动性，培养学生的合作能力和史料解析能力。

环节三：讲授新课——井冈山精神形成的内涵

教师：新道路在共产党人无畏艰险、不断探索下终于被"踏"出了新路的轨迹。探索出了一条具有中国特色的、具有共产党特色的路，也使农民获得了实惠，赢得了广大老百姓的支持。共产党在井冈山开展了历时两年零四个月的战斗，并进行了建党、建军、建政等一系列伟大的革命实践活动，揭开了中国革命史的新篇章。在这个过程中，中国共产党人用生命和鲜血凝聚成了宝贵的井冈山精神，井冈山精神的形成也有着深厚的理论支撑，科学的马克思主义理论为其产生提供了理论引导。那么，井冈山精神的具体内涵是什么，让我们一起来体悟一下。

设问：阅读材料，概括井冈山精神的具体内涵。

材料：部队利用井冈山地利、人和的优势，在这里创建了中共党史上第一个农村革命根据地，开辟了一条独特的、崭新的路线，还创造性地开发了游击战

---

① 金冲及. 二十世纪中国史纲 [M]. 北京：社会科学文献出版社，2009.

术，这些都是共产党人坚持实事求是的结果。

在井冈山开展革命时期，共产党人也是始终坚持与人民群众并肩作战，一起战胜艰难险阻。正是在当地人民群众的帮助和鼓励下，革命才能继续进行下去。在井冈山开展战斗的两年零四个月里，革命战士的生活、战斗条件非常艰苦……在如此艰苦的条件下，要想巩固和发展革命根据地，就必须依靠当地群众。

面对这样的情形，毛泽东同志立即发表了自己的意见，充分坚定了战士们的革命信念。他写的《星星之火，可以燎原》充分体现了中国共产党早期领导人对中国革命的坚定信念。

——常清桃《井冈山精神的内涵及其时代价值探析》①

学生：井冈山精神的具体内涵是实事求是、敢闯新路；依靠群众、艰苦奋斗；坚定信念，矢志不渝。

【活动意图说明】结合材料进行主题探讨，培养学生论从史出、历史解释的核心素养。增强自豪感，感受井冈山精神，提升家国情怀素养。

环节四：讲授新课——井冈山精神的价值

教师：在漫长的革命岁月中，井冈山精神为我们指引了正确的方向。在和平年代，井冈山精神则是中华民族攻坚克难、迎接挑战的信心之源。新时代，井冈山精神依然指引着每一位共产党人不断前进。

（一）革命岁月中井冈山精神的价值

教师：阅读材料，说明井冈山精神在革命岁月中的价值。

材料一："分了田和地，穷人笑哈哈。跟着毛委员，工农坐天下。"

——井冈山歌谣

材料二：工农大众推翻剥削阶级的旧政权后，建立起自己当家作主的工农民主政权。《遂川工农兵政府临时政纲》规定："工人、农民、士兵和其他贫民，都有参与政治的权利"。

——中共中央党史研究室《中国共产党历史》②

学生：井冈山精神团结了群众，巩固了工农政权，推动了新民主主义革命的胜利。

（二）和平岁月中井冈山精神的价值

设问：阅读材料，说明井冈山精神在和平岁月中的价值。

材料：井冈山革命道路的开辟和坚持对于中国革命的胜利是多么的重要。中国特色社会主义道路是我们党在改革开放新时期开创的，这是我们党坚持实事求是思想路线的结果，是中华民族从站起来到富起来，再到强起来都必须走的发展道路。现在我们正处于新的历史起点，共产党人要继续秉承实事求是的作风，走

① 常清桃 . 井冈山精神的内涵及其时代价值探析 [J]. 时代报告，2022（6）.

② 中共中央党史研究室 . 中国共产党历史 [M]. 北京：中共党史出版社，2010.

符合中国实际的道路，坚定道路自信。

早在井冈山革命时期，我们党率领的军队就始终与人民群众同呼吸、共命运，为人民群众送去土地。进入新时代，党中央依然非常重视人民群众的力量，提出了以人民为中心的发展思想，要求党员真正把人民群众装在心中。

伟大的井冈山精神在革命、建设、改革时期给中国人民带来无穷力量，新时代，井冈山精神坚定信仰的初心之光、努力拼搏的奋斗之光、实事求是的思想之光依然闪耀，指引着新时代共产党人继续秉承初心，不断前进。

——常清桃《井冈山精神的内涵及其时代价值探析》①

学生：井冈山精神是新时代坚持改革创新的精神动力，井冈山精神是新时代坚持道路自信的思想基础，井冈山精神是新时代重视人民力量的思想源泉，井冈山精神是新时代坚定理想信念的精神支撑。

小结：井冈山精神在革命战争年代成为中国共产党带领中国人民取得革命胜利的力量源泉，在和平年代成为共产党率领亿万人民进行社会主义建设的指路明灯，是中华民族精神的力量源泉。

【活动意图说明】提升学生的家国情怀，责任担当意识，引发学生共鸣，深刻体悟井冈山精神的时代性。

环节五：课堂小结

井冈山精神就是一种伟大的革命精神，是在特殊的时代背景下产生的，有着丰富的科学内涵，值得继承和弘扬。进入新时代，井冈山精神仍然富含重要的时代价值，为我们应对新的国内外考验，实现中华民族伟大复兴提供了巨大的精神动力。

【活动意图说明】升华本课主题，井冈山精神就在我们身边，对新时代中国特色社会主义的建设仍然具有时代作用。

七、作业设计

材料：从1928年7月领导发动平江起义，到1934年10月率领红三军团参加二万五千里长征，在长达7年的时间里，彭德怀指挥千军万马，在毛泽东、朱德的直接领导下，在创建湘、鄂、赣、闽根据地的革命实践中，以艰苦卓绝的斗争，粉碎了蒋介石一次又一次的“进剿”“会剿”和“围剿”，积累了丰富的革命斗争经验，造就了卓越的组织领导能力与军事指挥才能，为湘鄂赣革命根据地的开创，为坚守井冈山、推动湘赣革命根据地创建和保卫扩大赣南、闽西革命根据地，尤其是为中央革命根据地的开创与巩固发挥了重要作用……1934年1月彭德怀被补选为中共中央第六届候补中央委员，成为中央苏区主要领导成员。

——摘编自魏清源《略论彭德怀在湘、鄂、赣、闽根据地创建中的重要作用》②

① 常清桃．井冈山精神的内涵及其时代价值探析［J］．时代报告，2022（6）．

② 魏清源．略论彭德怀在湘、鄂、赣、闽根据地创建中的重要作用［J］．中国井冈山干部学院学报，2010（1）．

（1）根据材料和所学知识，概述彭德怀在土地革命时期的贡献。

（2）根据材料和所学知识，概括彭德怀在土地革命时期的实践中所体现的精神。

【示例】① 贡献：领导平江起义，创建红五军团；参与创建湘鄂赣及巩固中央等革命根据地斗争，多次粉碎国民党的“围剿”；开展土地革命及根据地建设，践行农村包围城市、武装夺取政权的革命道路；成为中央苏区主要领导成员；参与和领导二万五千里长征，推进中共的战略转移。

② 精神：实事求是、敢闯新路；坚定信念、矢志不渝；依靠群众，艰苦奋斗；与时俱进，把握大局。

参考文献

[1] 习近平 . 决胜全面建成小康社会　夺取新时代中国特色社会主义伟大胜利：在中国共产党第十九次全国代表大会上的报告 [M]. 北京：人民出版社，2017.

[2] 刘兰芳 . 弘扬井冈山精神 传承好红色文化 [J]. 党建，2018（3）.

[3] 梁彩花 . 论井冈山精神的社会价值 [J]. 经济与社会发展，2006（5）.

[4] 肖莉 . 发扬井冈山精神，坚守共产党人的担当和使命 [J]. 青海党的生活，2020（11）.

大学学段：用井冈山精神点燃新时代奋斗“星火”

基本信息表					
教师	李晓平	学校	北京工业大学	学段	本科一年级
课程	中国近现代史纲要				
教科书版本及章节	《中国近现代史纲要》（2023 年版），高等教育出版社；第五章 中国革命的新道路，第一节 中国共产党对革命新道路的探索				

一、学情分析

（一）教学内容分析

本专题围绕“用井冈山精神点燃新时代奋斗‘星火’”这一主题，史论结合，从“如何深刻认识井冈山精神的科学内涵”“如何正确理解井冈山精神的历史地位与时代价值”“新时代大学生应如何传承与弘扬井冈山精神”三个方面展开讲授，旨在帮助学生深入理解井冈山精神形成的历史条件、科学内涵、价值意蕴，探寻传承、弘扬井冈山精神的实践路径，激发学生的使命担当。

第一部分，以习近平总书记 2016 年在江西考察工作时的讲话为基准，围绕“如何深刻认识井冈山精神的科学内涵”，聚焦“坚定执着追理想、实事求是闯新路、艰苦奋斗攻难关、依靠群众求胜利”，借助客观、生动、具体、翔实的史料、案例，运用史论结合的方法，旨在为同学们讲清楚“灵魂”“精髓”“基石”“法宝”等四个形象化关键词背后的历史逻辑和理论逻辑；讲清楚井冈山斗争的伟大实践孕育了伟大的井冈山精神；讲清楚跨越时空的井冈山精神丰富、深刻的科学内涵。

第二部分，围绕"井冈山精神的历史地位与时代价值"，帮助学生领会井冈山精神是探寻和开辟中国革命新道路过程中形成的伟大革命精神，"对中国革命道路的探索和抉择、对中国共产党和人民军队的成长具有关键意义"；领会井冈山精神是马克思主义中国化的思想结晶，是毛泽东思想初步形成时期的重要精神成果；领会井冈山精神是中国共产党人精神谱系的重要组成部分，中国革命的胜利离不开井冈山精神，中华民族伟大复兴同样离不开井冈山精神。教师在帮助学生运用唯物史观与中共党史相结合的学习和思考过程中，旨在讲清楚井冈山精神为什么是党在井冈山时期留给我们最为宝贵的精神财富，深化学生对井冈山精神在中国革命、党的建设、军队建设、民族复兴等方面重要价值的深刻理解。

第三部分，围绕"新时代大学生应如何传承与弘扬井冈山精神"，以理论与实践相结合的思路为指引，在树立崇高理想与坚定信念、不断解放思想开拓进取、永葆艰苦奋斗的优良作风、站稳人民立场、讲好井冈山故事等五个维度，引导学生深入思考传承与弘扬井冈山精神的实践路径，引导学生在课下以小组形式开展调研活动，调研报告在课堂上进行分享、展示。帮助学生通过实践，进一步深刻领会井冈山精神的深刻内涵，由此激发学生在传承红色基因、弘扬伟大精神、在全面建设社会主义现代化国家新征程中的责任担当和主体意识。

第四部分，课程总结及思考探究。对本节课进行回顾总结，帮助同学们再次看到，以毛泽东、朱德为代表的中国共产党人，在创立、巩固和发展井冈山革命根据地的斗争中，孕育、丰富、发展了伟大的井冈山精神。井冈山精神的主要内涵，即"坚定执着追理想、实事求是闯新路、艰苦奋斗攻难关、依靠群众求胜利"。井冈山精神的诞生既是伟大建党精神的接续传承，又是中国革命走向胜利的起点，具有开创性和奠基性，井冈山精神是探寻和开辟中国革命新道路过程中形成的伟大革命精神；是马克思主义中国化的思想结晶，是毛泽东思想初步形成时期的重要精神成果；是中国共产党人精神谱系的重要组成部分。当代大学生应传承并弘扬伟大的井冈山精神，将红色基因传下去，将历史使命担起来。

（二）学习者分析

1. 知识基础

关于井冈山精神的科学内涵及价值意蕴，当代大学生从基础教育阶段开始一直有所学习，有一定的了解，尤其是在中国共产党建党百年之际，随着党史学习教育不断走深走实，绝大多数学生对于百年党史的认识更加广泛与深刻。同时，从"中国近现代史纲要"课程内容的系统性、深刻性维度来看，学生对深刻认识近现代中国社会发展和革命、建设、改革的历史进程及其规律，深刻领会历史和人民的"四个选择"，深刻领会"中国共产党为什么能、马克思主义为什么行、中国特色社会主义为什么好"等方面，还需要结合时代特点、学生特点进行进一步深化、提升，并在理论学习基础上转化为价值引领。

2. 能力基础

授课对象属于"00 后"，这一代学生成长环境与历史背景决定了他们具有以下鲜明特点：第一，自我意识强、思维敏捷，善于运用新技术手段获取知识和信息；第二，学习和阅读习惯表现出较强的网络依赖性，知识和信息获取能力强，但获取途径和效果有碎片化、零散性等特征，系统而深入的理论学习和独立思考能力较弱，面对复杂现实问题和舆论信息的辨别能力和分析能力较弱。

3. 学习效度

北京工业大学学生整体素养较高，北京籍学生较多，虽然理工科学生占大多数，但并不影响他们对理论学习的热爱与求知。总体而言，学生对理论学习较有兴趣，但问题导向、践行力度相对缺乏。表现在大部分学生还停留在为学理论而学理论的阶段，死记硬背居多，缺乏学习的问题导向，更难于将所学内容与自身联系贯通起来。例如，讲到革命新道路的探索时，很多学生感觉离自己所处的时代太遥远，认为时代已大不相同，老师讲的革命历程只是当作故事听听而已，对青年所肩负的历史使命尚不清晰，未能结合自身实际深刻领会井冈山精神与自我成长、新时代青年与民族复兴伟大梦想的契合。

4. 发展要求

基于以上情况，在教学中要注意：第一，充分了解当代大学生，尤其是北京籍大学生的兴趣范围和思维特点，借助学生关注的相关案例作为导入，提升学生的学习兴趣；第二，在知识讲解层面，要注意高校思政课与基础教育阶段在内容上的衔接性和理论深度递进性相统一；第三，在大学的教学目标中，要更注重能力培养和提升，引导学生进行主动性思考，在思考中学会辨别、整理、重组信息，分析问题和解决问题；第四，学习和思考过程最终要落脚到大学生思想政治素质培养与使命担当上，实现价值引领。

二、教学目标

1. 认知目标

运用马克思主义唯物史观，坚持史论结合，引导学生全面了解孕育、丰富、发展井冈山精神的伟大革命实践，深入理解井冈山精神“坚定执着追理想、实事求是闯新路、艰苦奋斗攻难关、依靠群众求胜利”的科学内涵和价值意蕴，进而探索中国共产党带领人民取得伟大胜利的根本经验与精神密码。

2. 能力目标

以问题导向激活学生自主探究学习的方式方法，帮助大学生注重问题意识、探究精神、历史思维、比较视野的培养，提升理论联系实际、分析问题、解决问题的能力，培养主动思考、注重实践、知行合一的态度和习惯。

3. 情感与价值目标

引导当代大学生全面认识井冈山精神的历史地位与时代价值，在学习和实践中坚定理想信念，坚定“四个自信”，传承优良品质，坚定人民立场，志存高远，脚踏实地，汲取奋进力量，激发当代大学生的历史责任感和自豪感，积极主动投身全面建设社会主义现代化国家新征程中。正如习近平总书记于 2022 年 4 月 25 日在中国人民大学考察时的讲话中提出的：“希望广大青年用脚步丈量祖国大地，用眼睛发现中国精神，用耳朵倾听人民呼声，用内心感应时代脉搏，把对祖国血浓于水、与人民同呼吸共命运的情感贯穿学业全过程、融会在事业追求中。”

三、教学重点与难点

（一）教学重点

一是从实践探索与理论创新两方面讲清楚以毛泽东、朱德为代表的中国共产党人，创立、巩固和发展井冈山革命根据地的伟大实践与重大贡献，进而深入理解井冈山精神孕育、发展、完善的历史背景。二是讲清楚井冈山精神“坚定执着追理想、实事求是闯新路、艰苦奋斗攻难关、依靠群众求胜利”的科学内涵和价值意蕴，进而探索中国共产党带领人民取得伟大胜利的根本经验与精神密码。

（二）教学难点

第一，在创立、巩固和发展井冈山革命根据地的伟大实践与重大贡献时，教师要对史料与发展脉络足够清晰，避免历史事件繁杂、主线不突出的问题。第二，在备课过程中，需要教师深入了解高中学段的教材及教学内容，调研学生的知识储备情况，避免课程讲解浮于表面，不能引发学生新的思考。第三，井冈山精神的孕育地是极好的现场教学资源，鼓励学生在自行调研的同时，通过学校“青马班”等平台前往井冈山研学，将有助于同学们对井冈山精神内涵的进一步理解与升华，有助于激发同学们的使命担当，但受时空所限，大规模前往异地调研学习有一定难度。

四、教学方法与手段

（1）采用教师讲授与学生研讨相结合的互动式教学方法。

（2）运用 PPT、微视频等多媒体教学形式，辅之以日新学堂、班级微信群等媒介做课堂延展，开展课堂教学与课下调研、研讨、分享相结合的教学模式。

（3）利用板书、日新学堂课程主页中的章节、课程资料等相关模块、强调知识点及其逻辑结构，帮助学生对本专题内容的整体把握。

（4）结合实践环节，引导学生赴井冈山红色研学，开展相关调研活动，在实践中深入领会井冈山精神的价值意蕴。

五、教学活动设计

【课程导入】1929 年春天的一天，正在莫斯科伏龙芝军事学院学习的刘伯承看到了两本从国内传来的油印小册子，上面刊载了毛泽东于 1928 年 10 月为湘赣边区党的第二次代表大会所写的《决议》和毛泽东于同年 11 月写给中共中央的报告。刘伯承看完之后激动不已。他拿着这两本小册子，兴冲冲地来找左权和屈武。他一边念着文章，一边深有感慨地说：“我真想现在就回国，上井冈山和毛泽东、朱德一起去战斗！”在半殖民地半封建的中国，红色政权居然能在白色恐怖的隙缝中生存下来，这确实是伟大的创造，是东方的奇迹，是中国革命的希望之光，这也是井冈山精神放射出来的光芒！这两本小册子，就是毛泽东同志在井冈山的八角楼一根灯芯的油灯下写出的，大家所熟悉的《中国的红色政权为什么能够存在？》和《井冈山的斗争》。

1927年大革命失败后，中国革命形势急转直下，中国共产党面临被敌人瓦解甚至消灭的严重危机。此时，要不要坚持革命，怎样坚持革命，是中国共产党亟须解决的两个根本性问题。以毛泽东为代表的中国共产党人，勇敢地高举起革命的旗帜，在湘赣边界秋收起义受到挫折后，毅然引兵井冈，到农村去创建革命根据地，点燃了中国革命的星星之火，开辟了“农村包围城市、武装夺取政权”的中国革命新道路，培育和形成了伟大的井冈山精神，如何深刻认识井冈山精神的科学内涵与价值意蕴？如何正确理解井冈山精神的历史地位与时代价值？新时代大学生应如何传承与弘扬井冈山精神呢？

【教学意图】通过历史故事引导学生思考，介绍历史背景，引导学生带着问题进入专题学习。

【教学用时】5分钟。

第一部分　如何深刻认识井冈山精神的科学内涵

习近平总书记指出：“井冈山是中国革命的摇篮。井冈山时期留给我们最为宝贵的财富，就是跨越时空的井冈山精神。今天，我们要结合新的时代条件，坚持坚定执着追理想、实事求是闯新路、艰苦奋斗攻难关、依靠群众求胜利，让井冈山精神放射出新的时代光芒。”井冈山精神是中国共产党领导中国人民在开辟井冈山革命根据地，探寻革命新道路，推进党的建设、人民军队建设和土地革命斗争中培育和形成的伟大革命精神，它传承着中国共产党人的初心和使命，延续着伟大建党精神蕴含的红色基因，深刻昭示着中国革命的历史必然性和规律性。

1. 井冈山精神的灵魂——坚定执着追理想

对马克思主义的坚定信仰，对社会主义和共产主义的坚定信念，是井冈山精神的灵魂，也是共产党人的精神支柱。大革命失败之后，面对南昌起义失败、秋收起义受挫，面对“红旗到底能打多久”的迷茫和质疑，有人悲观失望，有人不辞而别，有人叛变投敌，井冈山的革命斗争靠什么燃起了“工农武装割据”的星星之火？靠的就是坚定的共产党人始终坚定对马克思主义的信仰，坚定对社会主义和共产主义、对中国革命光明未来的信念和不懈追求。

从毛泽东率领秋收起义余部，满怀革命必胜的信念奔向井冈，播下了革命的最初火种；到朱德领导的南昌起义余部和湘南起义农军，历经千辛万苦，转战湘粤赣边境、与毛泽东率领的秋收起义部队实现了伟大的“朱毛会师”；到彭德怀抱着“对毛润之的敬仰”“以井冈山为旗帜”，冲破重重艰难险阻，率领红军一部800余人，在1928年12月10日，与朱毛红军主力胜利会师于宁冈新城，到“井冈山革命根据地是毛委员、朱军长领导的红四军建立起来的，他是中国革命的一盏明灯”。正是这面旗帜、这盏明灯，指引着、照耀着无数革命英雄奔上井冈山。从无数名校大学生、黄埔军校的军事才俊奔向井冈，到指战员脖子上的红色“牺牲带”，再到遂川县苏维埃政府文件《共产主义者须知》中的“不畏难、不怕死、不爱钱、为共产主义而牺牲”的铿锵誓言，无不表明他们为了崇高理想而献身的决心。井冈山时期，有近5万余人牺牲，平均每天近60人献出生命，其中有名有姓被镌刻在纪念碑上的就有15744人。面对敌人多次围剿、军民悲观情绪蔓延的情况，1928—1930年，毛泽东始终坚持崇高的革命理想和革命必胜的信念，先后撰写了《中国的红色政权为什么能够存在？》《井冈山的斗争》《星星之火 可以燎原》等文章，揭示了中国革命战争的必然趋势和客观规律，多次回答了“红旗到底打得多久”的疑问，极大地鼓舞了我军民坚持斗争的信心，明确了中国革命的方向和目标。正如毛泽东在《星星之火 可以燎原》中写的：“它是站在海岸遥望海中已经看得见桅杆尖头了的一只航船，它是立于高山之巅远看东方已见光芒四射喷薄欲出的一轮朝日，它是躁动于母腹中的快要成熟了的一个婴儿。”正是以毛泽东同志为代表的中国共产党人，始终坚定毕生的信念，井冈山的革命星火才能在艰难困苦的环境中，燃遍全国，走向胜利。

2. 井冈山精神的核心——实事求是闯新路

通过习近平讲过的党史故事——《八角楼的灯光》，导入教学内容。2016年2月2日，习近平总书记在井冈山革命烈士陵园参观八角楼旧址群时，曾满怀深情地说：“井冈山道路，是马克思主义中国化的经典之作，从这里革命才走向成功。”实事求是是马克思主义的根本观点和精髓，也是井冈山精神的核心。在创建井冈山革命根据地的过程中，毛泽东等中国共产党人始终坚持实事求是，深入实际、深入群众，对湘赣边界的实际情况进行调查研究，写下了著名的《宁冈调查》和《永新调查》。正是基于实事求是的态度和精神，毛泽东带领我们党冲破了教条主义的束缚，创造性地提出“以农村为中心”的革命道路思想，提出了“思想建党”“党指挥枪”“支部建在连上”“官兵平等”等建党建军思想，提出了“三大纪律、八项注意”和红军的“三大任务”以及红军作战的“十六字诀”。在武装斗争、土地革命、根据地建设等方面进行了一系列实践探索，成功地闯出了一条中国特色的革命道路——井冈山道路。正如邓小平同志所说：“中国革命为什么能取得胜利？就是以毛泽东同志为首的中国共产党人，独立思考，把马列主义的普遍原理同中国的具体情况相结合，找到了适合中国情况的革命道路、形式和方法。”

3. 井冈山精神的基石——艰苦奋斗攻难关

艰苦奋斗是我们党的政治本色和优良传统，也是井冈山精神的基石。当年，井冈山条件十分艰苦，高山和丘陵占全境总面积的85%，红军的作战行军、发动群众、建党建政、休养生息，无一离得开山区。连绵不尽的群山和崎岖蜿蜒的小道，率先向红军指战员发起了挑战。经济落后，生活艰苦，更锤炼着每一个共产党员和红军战士的信仰、胆略、毅力。加上国民党军队反复进攻和严密封锁，军民面临的处境极为困难。如何在缺衣少药的处境下坚持斗争，采取什么办法来克服困难，共渡难关，这是党和红军面临的除军事斗争之外的又一个重大考验。然而，艰苦的生活并没有吓倒这些聚集到井冈山的忠诚的共产主义战士。相反，他们却高扬革命的乐观主义精神，唱出了至今都感人心扉的歌谣：“红米饭南瓜汤，秋茄子味好香，餐餐吃的精打光；干稻草又软又黄，金丝被儿盖身上，不怕北风和大雪，暖暖和和入梦乡。”红军官兵采取了多种措施战胜困难。毛泽东按规定可以在晚上点三根灯芯，但他只点一根灯芯，就是在一根灯芯的照耀下，他写出了《中国的红色政权为什么能够存在？》《井冈山的斗争》等光辉著作。朱德同志也率先垂范，亲自挑粮上山，用自己的模范行为带动军民同心前进。为了解决穿衣问题、医疗问题、食盐奇缺等困难，井冈山军民自力更生、艰苦创业，办起了被服厂、军械所、印刷厂、造币厂、小井红军医院以及红色圩场等，凭着“干革命就不要怕吃苦”的乐观主义革命精神，战胜了一个又一个困难，使革命根据地一天一天扩大。

4. 井冈山精神的重要法宝——依靠群众求胜利

依靠群众求胜利，是井冈山精神的重要法宝。把千百万人民群众组织和团结在自己的周围，自觉地为千百万劳动人民的利益而奋斗，与人民群众保持最密切的联系，这是中国共产党人特有的政治优势，也是在任何艰难困苦面前始终立于不败之地的根本保证。对于这一点，在我们党成立之初就有了明确的认识。井冈山斗争时期，在艰难困苦的战争环境下，党和红军之所以能够取得一个个胜利，使根据地在四周白色恐怖之中生存发展，其根本原因就是以毛泽东同志为代表的中国共产党人，始终依靠群众、相信群众，真心实意地为群众谋利益，与人民群众建立起鱼水情深的血肉联系。井冈山斗争时期，党和红军一开始就把“做群众工作”作为红军的三大任务之一。《红军第四军司令部布告》中明确宣称：“红军宗旨，民权革命。”“革命成功尽在民众。”毛泽东在论述小块红色政权为什么能够存在时，把“有很好的群众”作为第一位的因素。在阐述以宁冈为中心的罗霄山脉中段最利于武装割据时，也把“有经营了一年多的群众基础”作为首要条件。毛泽东身穿单衣，却将自己的棉衣送给房东谢槐福，朱德将食盐送给老人与群众，军民“有盐同咸、无盐同淡”，陈毅带领红军战士帮助群众收稻谷、干农活……党和红军真心实意为人民群众谋利益，人民群众就以自己的热血保卫党和红色政权。也正是因为我们的党和军队始终和人民站在一起，始终将党的目标和人民群众的利益结合起来，才激励军民一心，有盐同咸、无盐同淡，同甘共苦，勇往直前，取得了一个又一个的胜利。黄洋界保卫战，红军以不足一个营的兵力，依靠群众打退敌军四个团的经典战例就是依靠群众取得胜利的最生动诠释。

5. 本部分小结

在风雨如磐、血雨腥风的岁月里，在中国革命危急的紧要关头，以毛泽东、朱德等同志为主要代表的中国共产党人将马克思主义基本原理与中国革命具体实际相结合，先后引兵井冈山，点燃了中国革命的星星之火，创建了第一块农村革命根据地，开辟了“农村包围城市，武装夺取政权”的革命道路，开启了中国革命走向胜利的光辉征程。井冈山光辉的斗争实践，生动诠释了“中国的红色政权为什么能够存在”，其所开辟的井冈山道路、所孕育的井冈山精神，指引着中国革命一步步迈向胜利，为我们党积累了宝贵的精神财富。

【教学意图】贯通、强化学生在大学之前学段的知识储备，聚焦中国近现代史纲要课程教学目标，史论结合，帮助学生深刻、全面把握精神内涵，把握何以为“灵魂”“精髓”“基石”“法宝”的历史逻辑和理论逻辑。

【教学设计】此部分重在运用客观、生动、具体、翔实的史料、案例，运用史论结合的方法，讲清楚井冈山精神四部分主要内涵，同时运用视频与文本相结合的方式，增强课程的吸引力与感染力。该部分要加强课堂互动，鼓励学生讲故事、讲案例，教师注重引导和提炼。

【教学用时】40 分钟。

第二部分　如何正确理解井冈山精神的历史地位与时代价值

习近平总书记指出："井冈山是革命的山、战斗的山，也是英雄的山、光荣的山。"①井冈山精神的诞生既是伟大建党精神的接续传承，又是中国革命走向胜利的起点，具有开创性和奠基性，中国革命沿着井冈山道路走向胜利过程中所形成的各种革命精神，同井冈山精神都是一脉相承的，共同构成了中国共产党人伟大的精神谱系。井冈山精神是马克思主义中国化伟大实践的思想结晶，是中国共产党人伟大精神谱系的重要组成部分。中国革命的胜利离不开井冈山精神，中华民族伟大复兴同样离不开井冈山精神。

1. 井冈山精神是探寻和开辟中国革命新道路过程中形成的伟大革命精神

在中国这样一个有着特殊历史条件的国家，要走一条怎样的革命道路才能取得成功？这是马克思主义发展史上前所未有的难题。以毛泽东为代表的中国共产党人，在井冈山进行了一系列的实践探索和理论创新。他们运用马克思主义基本原理，立足井冈山斗争的实际，创造性地提出了"工农武装割据"的思想，成为复兴中国革命的伟大旗帜。在这面旗帜的召唤下，井冈山成为聚集中国革命力量的主阵地和大本营，各地革命力量像"激流归大海"一样汇聚在井冈山。习近平总书记指出："井冈山是中国革命的摇篮，井冈山斗争的伟大实践，对中国革命道路的探索和抉择、对中国共产党和人民军队的成长具有关键意义。"②以毛泽东为代表的中国共产党人，在井冈山走出了一条在敌人统治力量相对薄弱的农村建立革命根据地，积蓄和发展革命力量，最后夺取全国政权的道路。这是中国革命胜利的唯一正确道路——井冈山道路。井冈山精神，就是在探寻和开辟中国革命新道路过程中形成的伟大革命精神。

2. 井冈山精神是马克思主义中国化的思想结晶，是毛泽东思想初步形成时期的重要精神成果

马克思主义是人类认识世界、改造世界的唯一正确的历史观和方法论，它为人们揭示了社会发展的一般规律。然而，诞生于 19 世纪的马克思主义并没有为各个时代、各个国家的工人阶级和先进政党提供革命斗争的现成答案。各国的革命者必须把马克思主义同本国的具体实际相结合，才能使马克思主义在本国发挥作用。中国是半殖民地半封建社会，这样一个国家如何进行革命，马克思主义经典著作没有相关论述，国际共产主义运动没有现成经验，只能依靠中国共产党人自己探索。从 20 世纪 20 年代后期到 30 年代前期，中国共产党人因为不能把马克思主义与中国革命实际正确结合，不能做到实事求是，产生了把马克思主义教条化、把共产国际的指示和俄国革命经验神圣化，这一错误倾向几乎使中国革命陷入绝境。中国革命面对生死存亡，道路问题成为首要问题。"城市中心论"的失败和井冈山的成功实践表明，中国革命要靠中国同志了解中国情况，马克思主义要与中国革命具体实际相结合。毛泽东把马克思主义基本原理应用于井冈山斗争的伟大实践中，提出了一系列关于建党建军的新思想、新论断，丰富了马克思主义理论，实现了马克思主义中国化的伟大开篇。井冈山精神就是在马克思主义中国化的进程中形成的精神形态，是毛

① "习总书记赴江西慰问"漫评：回望井冈山，决胜新征程［EB/OL］.（2016-02-04）［2022-06-16］. http://www.xinhuanet.com/politics/2016-02/04/c_128702908.htm.

② 习近平 . 论中国共产党历史［M］. 北京：中央文献出版社，2021：112.

泽东思想形成时期的重要思想结晶。

3. 井冈山精神是中国共产党人精神谱系的重要组成部分

中国共产党是在中华民族内忧外患、社会危机空前深重的背景下创建的。中国共产党在伟大建党精神的引领下，在不同历史时期形成的革命精神，既有独立的形态，又有互通的源流关系。井冈山道路的开辟，标志着中国革命走上了前所未有并符合中国国情的崭新的道路，井冈山精神也成为中国共产党人革命精神谱系中的重要一环。中国革命沿着井冈山道路走向胜利过程中所形成的各种精神，如苏区精神、长征精神、延安精神、西柏坡精神等，同井冈山精神有着一脉相承的联系。这些伟大革命精神产生的时代背景和历史条件不同，因而具有不同的时代特征和内涵。但其中所蕴含的坚定的共产主义信仰、艰苦奋斗的政治本色、实事求是的思想路线、为民服务的宗旨情怀等，都是一脉相承的。正如习近平总书记强调指出的，结合新的时代条件弘扬井冈山精神，要结合党的建设工作实际，“同弘扬长征精神、延安精神、西柏坡精神统一起来”。

4. 本部分小结

百年征程，初心不改。在中国共产党带领人民踏上第二个百年奋斗目标的漫漫征程中，重温井冈山精神，信仰的光辉、求实的态度、奋斗的史诗、人民的伟力，跨越时空、历久弥坚。

【教学意图】立足于“井冈山精神的历史地位与时代价值”，在帮助学生运用唯物史观与中共党史相结合的学习和思考过程中，深化学生对井冈山精神在中国革命、党的建设、军队建设、民族复兴等方面重要价值的深刻理解。

【教学设计】此部分以教师讲授为主，依然着重史论结合，将学生在高中政治、历史课程知识、大学“中国近现代史纲要”“形势与政策”“四史”等课程中的相关内容“激活”“串联”，运用唯物史观深化学生对井冈山精神的历史地位及时代价值的理解和体会。

【教学用时】25 分钟。

第三部分　新时代大学生应如何传承与弘扬井冈山精神

1. 新时代大学生弘扬井冈山精神，就要树立崇高理想与坚定信念

要把践行中国特色社会主义共同理想和坚定共产主义远大理想统一起来，补足“精神之钙”，筑牢信仰之基，挺起精神脊梁，不断增强做中国人的志气、骨气和底气。

2. 新时代大学生弘扬井冈山精神，就要不断解放思想、实事求是、开拓进取

要牢牢立足于中国自身的历史、现实、需要，积极借鉴人类文明发展的一切优秀成果，以开阔的胸襟和眼界思考问题，善于用改革的思路和办法解决学习、成长中的各种问题，不能因循守旧、畏葸不前，不能虎头蛇尾、半途而废。

3. 新时代大学生弘扬井冈山精神，就要永葆艰苦奋斗的优良作风

新时代大学生不必餐餐“红米饭、南瓜汤”，也无须日日“日着草鞋、夜打灯笼”，但我们党的光荣传统和优良作风永远不能丢。特别是面对国内外日益复杂的形势，一定要增强忧患意识，做到三个“务必”，做好应对各种艰难困苦局面的准备，努力在敢于攻坚克难、勇于斗争中赢得主动，在不懈奋斗中书写青春。

4. 新时代大学生弘扬井冈山精神，就要坚持唯物史观，站稳人民立场

要刻苦学习、夯实基础，把个人“小我”融入人民幸福、祖国富强、民族复兴的“大我”，在干事创业中提高为人民谋幸福、为民族谋复兴的本领与才干。

5. 新时代大学生弘扬井冈山精神，就要认真学习中共党史，共同讲好“井冈山故事”

6. 本部分小结

新征程上，我们要结合新的时代条件继续弘扬井冈山精神，“不唱高调，不讲空话，实打实做”，始终承载人民的重托、民族的希望，以永不懈怠的精神状态劈波斩浪、勇往直前！

【**教学意图**】围绕新时代青年应如何继承与弘扬井冈山精神，从五个方面启发学生思考，激励学生以井冈山精神为引领，传承好红色基因，不负党和人民的重托，为中华民族复兴大业贡献青春力量。

【**教学设计**】该部分除了史论结合，也注重理论与实践相结合。通过毛秉华、毛浩夫爷孙接续讲好“井冈山故事”的案例，引导学生在该课程的实践环节通过调研、研学等形式深入理解“弘扬井冈山精神”的实践路径，并鼓励学生把调研成果和心得进行分享和交流。

【**教学用时**】15 分钟。

第四部分　课程总结及思考探究

国民革命失败后，以毛泽东同志、朱德同志为代表的老一辈无产阶级革命家，在南昌起义和秋收起义遭到严重挫折的情况下，审时度势，率领工农革命军进军井冈山。在这里，他们创建了中国第一个农村革命根据地；在这里，他们点燃了工农武装割据的星星之火；在这里，他们开辟了一条农村包围城市、武装夺取政权的正确革命道路，井冈山成为中国革命的摇篮。而在巩固和发展井冈山革命根据地的斗争中，井冈山精神得以形成并不断丰富和发展。其主要内涵，即“坚定执着追理想、实事求是闯新路、艰苦奋斗攻难关、依靠群众求胜利”。

“井冈山是革命的山、战斗的山，也是英雄的山、光荣的山。井冈山精神的诞生既是伟大建党精神的接续传承，又是中国革命走向胜利的起点，具有开创性和奠基性，井冈山精神是探寻和开辟中国革命新道路过程中形成的伟大革命精神；是马克思主义中国化的思想结晶，是毛泽东思想初步形成时期的重要精神成果；是中国共产党人精神谱系的重要组成部分。

90 多年过去了，历史虽已渐行渐远，但是井冈山精神却犹如一面鲜红的旗帜，飘扬在革命岁月里，飘扬在井冈山山间，飘扬在我们每个人心中。跨越时空的井冈山精神必将永放光芒。今天仍然是奋斗者的时代，书写新的辉煌业绩，离不开我们新时代的奋斗者。正所谓：“雄关漫道真如铁，而今迈步从头越。从头越，苍山如海，残阳如血。”

【**教学用时**】5 分钟。

六、课后作业

请结合所学和社会实践，以小组为单位讲述一个充分体现弘扬井冈山精神的小故事，录制成 Vlog，并组织课堂展示活动。

参考文献

[1] 习近平．高举中国特色社会主义伟大旗帜 为全面建设社会主义现代化国家而团结奋斗——在中国共产党第二十次全国代表大会上的报告[M]. 北京：人民出版社，2022.

[2] 习近平．习近平谈治国理政：第一卷[M]. 北京：外文出版社，2018.

[3] 习近平．习近平谈治国理政：第二卷[M]. 北京：外文出版社，2017.

[4] 习近平．习近平谈治国理政：第三卷[M]. 北京：外文出版社，2020.

[5] 习近平．习近平谈治国理政：第四卷[M]. 北京：外文出版社，2022.

[6] 习近平．论中国共产党历史[M]. 北京：中央文献出版社，2021.

[7] 习近平．习近平总书记在庆祝中国共产党成立 100 周年大会上重要讲话[M]. 北京：新华出版社，2021.

[8] 新华社．习近平春节前夕赴江西看望慰问广大干部群众[EB/OL].（2016-02-03）[2021-10-20]. http://www.xinhuanet.com/politics/2016-02/03/c_1117985511.htm.

★ 专题三　长征精神 ★

一体化教学设计说明

一、教学内容简介

2016年10月21日，习近平总书记在纪念红军长征胜利80周年大会上的讲话中指出："伟大长征精神，就是把全国人民和中华民族的根本利益看得高于一切，坚定革命的理想和信念，坚信正义事业必然胜利的精神；就是为了救国救民，不怕任何艰难险阻，不惜付出一切的牺牲精神；就是坚持独立自主、实事求是，一切从实际出发的精神；就是顾全大局、严守纪律、紧密团结的精神；就是紧紧依靠人民群众，同人民群众生死相依、患难与共、艰苦奋斗的精神。"这是对长征精神的高度概括和充分阐释，是新时代传承和弘扬长征精神、走好新时代的长征路的内在要求。长征精神作为中国共产党人精神谱系的重要组成部分，深入挖掘长征精神的科学内涵，充分认识长征精神的时代价值，努力讲好红军长征的中国革命故事，是大、中、小学思政课一体化育人体系内的中心主题之一。

本专题结合大、中、小各学段特点，围绕弘扬长征精神的教学内容和教学环节进行一体化设计，培养时代新人传承红色基因，弘扬长征精神，在新的伟大征程中，担负起历史使命，成长为合格的社会主义接班人。

二、一体化教学目标与思路

（一）一体化教学目标

本专题围绕"长征精神"这一学习专题，在小学、初中、高中、大学四个学段，在教学目标、教学内容、教学方法、课程资源、实践环节等方面分别依据本学段课标要求、教材和学生实际，分别阐明以下三个层次的内容：生动呈现长征历史事件、英雄人物和感人故事；清晰诠释长征精神的科学内涵、革命信念和历史意义；挖掘和创新长征精神的时代价值、精神支撑和未来观照。以期培养出的时代新人，能够坚持民族国家利益至上，对民族、国家具有高度的责任与担当，成为有担当、有奉献、有本领的社会主义事业接班人。

（二）一体化教学思路

基于教学一体化的整体设计思路，一体化设计要关注大、中（初中、高中）、小学四个学段学生的知识结构和认识特点，在教学内容、教学方法、教学方式等方面，体现循序渐进、螺旋式上升的特点；在教学中要充分利用现代信息化教学手段和平台，将问题导向贯通教学始终，并关注、总结、交流不同学段在知识讲解与情感导向方面的学习反馈，推动一体化设计的深度发展。探索设计不同学段可交汇融合的实践环节，有助于推动大、中、小学思政课一体化育人实效。

◆ 小学学段：小学五年级前，对长征故事片段，相关诗文有所涉及。在语文学习中，学习了有关长征的故事、诗文，对于长征精神有初步的认知。在学校的德育活动中，特别是在“建党百年系列主题教育”活动中，学生通过聆听党员教师“思政小课堂”、参加升旗仪式、班队会、参与主题教育等，对于长征精神也有所了解。从知识的系统性角度来看，在五年级设有专门课时，提升学生对长征这一历史事件形成整体的理解和感知，学生掌握了长征精神的历史事件、人物、行动等结构性载体，对长征精神形成初步情感体验。

◆ 初中学段：初中本课以长征的历史进程为中心，讲述清楚为何要长征、如何进行长征以及获得长征胜利这一伟大历史进程，重点讲述遵义会议。通过对进程的讲述，让学生了解、体会革命先烈不畏艰难、艰苦奋斗、勇于献身、追求崇高理想的革命英雄主义精神，加深对长征精神的认识和理解。激发学生热爱中国共产党，热爱人民军队，热爱特色社会主义中国的崇高感情。在这一阶段中，学生对长征精神的体验性情感，转化为了理性情感。在此基础上，学生具备了中国特色社会主义道路和对共产主义远大理想的信仰。

◆ 高中学段：该阶段的学生已经初步具备历史比较、分析的能力。在对长征故事有一定了解的情况下，对伟大长征精神具有一定理性情感的基础上，感悟长征精神在当代的时代价值，认识中国共产党代表最广大人民的根本利益并为之不懈奋斗的历程，提升家国情怀素养。这就要求，教师在教学活动设计中注意培养学生历史思维和能力的衔接，从直观、鲜活、有趣、动情的角度出发，通过巧妙的设计达到历史思维的升华，从而引导学生潜移默化地落实历史学科核心素养，为将来大学更深层次的学习打好基础。

◆ 大学学段：大学生充分理解到，伟大长征精神具有重要的现实指导意义，为实现中华民族伟大复兴的中国梦提供了精神支撑、为增强民族凝聚力提供了精神利器、为推进全面从严治党提供了深刻启迪。理解和把握住伟大长征精神熔铸于马克思主义理论的精髓要义中，沉淀于中国共产党的科学领导中，在中国共产党人精神谱系中具有重要地位与作用。伟大长征精神是中国共产党精神谱系的重要一环，它植根于中华优秀传统文化沃土中；熔铸于马克思主义理论的精髓要义中；沉淀于中国共产党的科学领导中。

三、一体化教学结构图

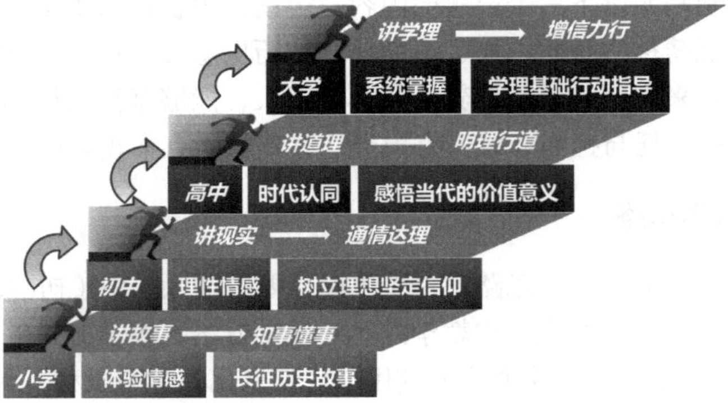

小学学段：讲述长征故事　播撒红色种子

基本信息表					
教师	于平	学校	北京市第十一中学附属定安里小学	学段	小学五年级
教科书版本及章节	统编版《道德与法治》（五年级下册），人民教育出版社；第三单元 百年追梦 复兴中华，第 9 课 中国有了共产党				

一、学情分析

（一）教学内容分析

“红军不怕远征难”取自统编版教材《道德与法治》（五年级下册）第三单元百年追梦复兴中华第 9 课中国有了共产党的第 3 课时。本课聚焦“中国共产党的成立”“井冈山道路的开辟”“红军长征”三件重要的历史事件，引导学生在资料分析、感悟交流中理解红船精神、井冈山精神和长征精神的价值内涵。

“红军不怕远征难”主要介绍了长征的原因、经过和历史意义。旨在让学生了解长征这一中国革命史上的奇迹和壮举，知道遵义会议的重要意义，通过讲述长征中感人的故事感悟长征精神，懂得在新时代要继承伟大的长征精神。

（二）学习者分析

1. 知识基础

学生经过五年的学习，对于长征并不陌生，语文学习中学习了有关长征的故事、诗文，对于长征精神有初步的认知；同时，在学校的德育活动中，开展了“建党百年系列主题教育”，学生通过聆听党员教师“思政小课堂”、参加升旗仪式、班队会、参与主题教育等，对于长征精神并不陌生，对长征故事也有一定的了解。但从知识的角度看，学生对长征这一历史事件并没有形成整体的理解和感知，还需要通过本课的学习，对长征有整体的认识。

2. 能力基础

五年级的学生已初步具备一定的学习方法和学习能力，对党的革命历史有基本了解，但不够深入。通过课前向家长了解、语文学科的学习，学生基本知道长征这一历史事件，但对长征的原因、具体经过和意义缺乏深入的理解。对长征精神的具体内涵以及如何继承长征精神需要通过本节课的学习进一步了解和深入。因此，本节课不仅是对革命历史事件的学习，更重要的是培养学生的爱党爱国情怀，汲取长征精神的力量，在学生和生活中用实际行动继承长征精神。

3. 学生兴趣与发展要求

五年级的学生具备一定的自主学习能力，愿意进行在主题学习下的自主探索探究学习。基于此，在本课学习中，教师充分利用“长征路线图”，采用情景再现的方式让学生“重走长征路”，激发学习兴趣。学生在探究活动中，将课下搜集的资料分享、归纳、总结、提升，形成对长征精神的完整认知，进而帮助学生形成党史学习的方法，增强学习的兴趣。

二、教学目标

（1）通过合作探究，知道长征的原因、经过和重要意义；知道遵义会议的重要意义。

（2）通过小组合作、汇报交流，学习长征途中的感人故事，体会红军不怕牺牲、百折不挠、浴血奋战、勇往直前的长征精神，在自主探究中感悟长征精神。

（3）通过分享交流，理解并继承长征精神的价值内涵。

三、教学重点与难点

（一）教学重点

知道长征的原因、经过和重要意义；知道遵义会议的重要意义。

（二）教学难点

理解并继承长征精神的价值内涵。

四、教学方法与手段

观察法、讨论法、小组汇报。

五、教学特色

本课充分发挥学生自主探究的作用。以学生为主体，通过“长征路线图”、自主查找、分小组汇报长征途中的革命故事，从而体会长征精神的含义。创设情境，让学生在情境中进行学习，有学习的兴趣，并且课后作业继续进行自主探究，深化对长征精神的理解。

六、教学活动设计

环节一：播放视频　导入课题

导入课题：教师播放影片《长征》（1996年版）、毛泽东书写《七律·长征》和“三军会师”的场景。

出示课题：学生质疑，提出课题希望解决的问题。

（1）长征是什么时候开始的？

（2）为什么进行长征？

（3）长征有多艰苦？

（4）长征途中有哪些故事？

【活动意图说明】以影片片段导入，激发学生的学习兴趣。以学生问题为导向，开展本节课学习，让学生成为学习的主体。

环节二：学习新课　感悟精神

（一）战略转移、伟大决策——学习长征的原因

1. 复习旧知、理解原因

（1）出示上节课学习的革命根据地分布图，引导学生认识到革命根据地的不断发展壮大，引起国民党反动派的忌惮，从而理解国民党发动“围剿”革命根据地的历史事实，教师出示红军五次反“围剿”对比表，从时间、双方兵力、战术和结果进行对比分析。

（2）学生对比分析红军五次反“围剿”，发现红军第五次反“围剿”由于军事策略原因而失败，从而理解红军长征的原因。

2. 学习诗句，整体感受长征

教师出示阅读材料——毛泽东同志的《七律·长征》，学生大声朗读诗句，说一说通过诗句感受到的长征是什么样的，整体感受红军长征经历的艰难险阻以及长征的伟大气魄。

【活动意图说明】利用地图唤醒旧知；通过表格对比，让学生直观理解红军长征的原因；借助诗句整体理解，感受长征，为学生深入学习奠定基础。

（二）追寻长征足迹、感悟长征精神

1. 导语

出示“活动园”的内容，红军长征途中经历了哪些艰难险阻？红军又为什么“不怕”？长征胜利的“密码”又是什么？让我们跟随红军长征足迹，探秘历史瞬间。

2. 小组学习

（1）课前。

学生分小组查找关于红军长征的资料，从四个方面讲述红军长征。根据“长征路线图”追寻长征印记。

（2）学习提示。

① 小组内观察“长征路线图”，找一找长征经过的地区，并在图中标画出来。

② 小组合作：先在组内交流查阅的资料。选出小组代表，汇报本组成果。汇报时，做到声音洪亮、表达清楚。

③ 学生汇报小组学习成果。

长征环境

① 学生发现长征经过了14个地区，从“环境”来汇报。主要介绍红军长征途中经过的夹金山、松潘草地。

② 分享交流：学生通过采访家中老人，播放采访视频，讲述爬雪山、过草地艰苦场景，从中体会环境之艰苦，感悟红军战士不怕困难的长征精神。

长征战役

① 小组学生结合红军“长征路线图”，以“战役”为线索讲述长征。

从瑞金出发，突破四道防火线，重点讲述湘江之战，通过视频片段让学生感受战争之惨烈。

② 小组成员讲述巧渡金沙江故事，感受红军战士英勇无畏的革命精神。

强渡大渡河讲述：十七勇士在作战中的英雄壮举。

飞夺泸定桥：结合语文课文的学习和视频片段，感受红军战士不怕牺牲的精神。

③ 教师补充：根据统计，“平均每 300 米就有一名红军牺牲”“红军将士同敌人进行了 600 余次战役、战斗，跨越近百条江河，攀越 40 余座高山险峰，其中海拔 4000 米以上的雪山就有 20 余座……”这一连串惊心动魄的数字，尽显长征历时之长、规模之大、行程之难、环境之险恶、战斗之惨烈。

学生感悟到红军不怕牺牲、浴血奋战的长征精神。

长征人物

① 学生以长征中的“人物”为线索，结合“长征地图”汇报学习成果。

出示小报：“断肠师长”陈树湘牺牲时的画面，讲述他宁死不屈的革命英雄主义精神。

出示小报：张思德“尝百草”，讲述他不怕牺牲，处处想着别人的可贵品质。

② 结合课本内容，讲述刘伯承与少数民族地区首领小叶丹“彝海结盟”的故事，感受红军尊重少数民族风俗习惯，执行党的民族政策。

出示小报：讲述“半条被子”的故事，感受红军遵守纪律，军民鱼水情。

③ 教师补充：红军长征从开始的损失惨重，到后来的经历艰难险阻，最终取得成功，跟党的正确领导密不可分。

长征物件

学生出示在军事博物馆里找到的藏品——锈迹斑斑的鱼钩、草鞋、半截皮带、铸铜雕塑“艰难岁月”，学生讲解藏品背后的故事，感受红军战士不怕困难、百折不挠的长征精神。

3. 教师小结

通过以上小组同学的汇报，跟随红军长征足迹，我们仿佛又回到了那个艰苦的战争岁月，但是我们的红军战士不怕苦难、不怕牺牲、百折不挠、浴血奋战、勇往直前，伟大的长征精神，凝聚着中国共产党为实现崇高理想而卓绝奋斗的坚定信念，凝聚着人民军队不断走向胜利的坚强意志，凝聚着中华民族不懈奋斗、自强不息的伟大品格。

【活动意图说明】以“长征线路图”为线索，通过小组汇报，从环境、战役、人物、物件四个方面分享汇报学习成果，追寻红军长征足迹，感悟长征精神内涵。小组汇报采用多种形式，利用家长、博物馆等资源，贴近学生生活，以学生为主体进行学习，深刻体会伟大的长征精神。

（三）解密历史档案、寻找长征“密码”

教师过渡：长征从 1934 年 10 月开始，历经两年多在陕北会师，宣告长征的胜利，大家想一想长征胜利的原因有哪些？

1. 遵义会议

（1）出示《学习单》，结合课本第 63 页的内容，了解遵义会议的内容及其意义，完成表格填写，说一说你对遵义会议的理解。

“遵义会议”历史档案	
时间	
地点	
内容	
意义	确立了以（　　　）为主要代表的马克思主义正确路线在（　　　　）的领导地位，中国革命从此开始走上胜利之路。
感悟	从中感受到（　　　　　　）的正确领导是中国革命取得胜利的关键。

（2）学生完成表格填写，感受党的正确领导是红军长征胜利的前提条件和重要保障。

2. 解密长征“密码”

（1）学生观察学习单上的一串数字，根据本节课学习的内容，解密长征胜利的“密码”。

解密长征密码	
193410193501146002025000	
我的解密	

（2）师生共同“解密”。

一是：“193410”指长征开始的时间是1934年10月。

二是：“193501”指遵义会议召开的时间是1935年1月，这是我党历史上生死攸关的转折点。

三是：“14”指长征经过了14个地区。

四是：“600”指长征途中经历了600余次战斗。

五是：“20”指长征途中红军翻越了近20座高山。

六是：“25000”指长征途中红军战士走过了二万五千里路程。

【活动意图说明】通过完成《学习单》，带领学生思考长征胜利的原因。帮助学生理解中国共产党的正确领导是红军长征胜利的前提条件、重要保障。利用解密形式激发学生的学习兴趣，带着兴趣回顾本课知识。

环节三：总结提升　涵养品德

（1）学生再次观察“长征地图”，教师带领学生回忆长征大事件及其背后的长征精神，理解教材中毛泽东同志的论述：“长征是历史纪录上的第一次，长征是宣言书，长征是宣传队，长征是播种机。”长征宣告了国民党围追堵截的破产，实现了红军的战略大转移，在沿途播下了革命的种子。

（2）学生交流，分享感受。结合本课所学说一说自己的理解。

教师点拨：出示习近平总书记关于“长征精神”的阐述：“长征是一次理想信念的伟大远征。崇高的理想，坚定的信念，永远是中国共产党人的政治灵魂。中国共产党从成立之日起，就把共产主义确立为远大理想，始终团结带领中国人民朝着这个伟大理想前行。党和红军几经挫折而不断奋起，历尽苦难而淬火成钢，归根到底在于心中的远大理想和革命信念始终坚定执着，始终闪耀着火热的光芒。”①

（3）板书总结：借助板书进一步总结长征精神及长征的伟大意义。

（4）师生讨论：在新时期是否还需要发扬长征精神？引导学生结合个人成长、国家发展、民族复兴的角度畅谈自己的认识，以及如何从实际出发，传承长征精神。

学生结合生活学习，发表自己的观点：在学习中遇到困难时，要发扬不怕困难的长征精神，向难题挑战，能静心读书，向老师、同学请教，克服困难。

参加学校体育社团活动时，有跌倒，有受伤，或者比赛时没有取得好成绩，这时候就要发扬勇往直前的长征精神。

在生活中遇到心情低落、不如意的事情时，要勇敢面对，保持乐观的心态，积极迎接挑战。

树立远大理想，好好学习，掌握本领，为国家建设出力。

……

七、课堂总结

播放习近平总书记在纪念红军长征胜利 80 周年大会上的发言，并配以新时代长征精神的光影流动图。牢记习近平总书记的教导——“长征精神，代代相传。”

出示习近平总书记在纪念红军长征胜利 80 周年大会上的讲话：

> 每一代人有每一代人的长征路，每一代人都要走好自己的长征路。今天，我们这一代人的长征，就是要实现“两个一百年”奋斗目标、实现中华民族伟大复兴的中国梦。②

提炼长征精神，结合学生实际引发学生思考，在新时期如何继承和发扬长征精神，明确时代责任，加深爱国情感。

八、作业设计

向家人讲述今天学习的红军长征故事，鼓励学生课下继续通过采访家人、走进博物馆等，了解更多的红军长征中的感人故事，分享自己的感受。做红色精神宣讲员，并在实际行动中传承下去。

初中学段：了解遵义会议　感受伟大转折

基本信息表					
教师	詹希玉	学校	北京工业大学实验学校	学段	初中二年级
教科书版本及章节	《中国历史》（八年级上册），人民教育出版社，2017 年 7 月第 1 版；第 17 课 中国工农红军长征				

① 习近平：在纪念红军长征胜利 80 周年大会上的讲话 [EB/OL].（2016-10-21）[2021-11-08]. http://www.xinhuanet.com/politics/2016-10/21/c_1119765804.htm.

② 习近平：在纪念红军长征胜利 80 周年大会上的讲话 [EB/OL].（2016-10-21）[2023-06-27]. https://news.cnr.cn/native/gd/20161021/t20161021_523213075_1.shtml.

一、学情分析

（一）教学内容分析

人教版《中国历史》八年级上册第17课内容为《中国工农红军长征》。本课以中国工农红军长征为中心点，讲述了为何要长征、如何进行长征以及获得长征胜利这一伟大历史进程，重点讲述遵义会议。中国共产党领导工农红军的长征胜利在新民主主义革命的历史进程中具有承上启下的作用，是生死攸关的转折点，它具有浓厚的现实意义和强大的育人功能，是重要的爱国、爱党教育素材。因此，本课在中国近现代史教学中具有重要的历史意义。通过学习本课内容让学生了解、体会革命先烈们不畏艰难、艰苦奋斗、勇于献身、追求崇高理想的革命英雄主义精神，加深对长征精神的认识和理解。激发学生热爱中国共产党，热爱人民军队，热爱特色社会主义中国的崇高感情。

（二）学习者分析

1. 知识基础

中国共产党的伟大革命精神跨越时代，永不过时。在小学阶段，学生已经在语文课上了解了中国工农红军长征的相关历史知识，接受过爱国教育，但仍需进一步培养，教学活动设计中应注重史实的进一步讲解，引导学生阅读相关史料，强化论从史出观点的培养。经过七年级一年的历史学习，学生对初中历史已经有了深入了解，掌握了一定的学习历史的方法。在本学期的新课学习中，学生已经掌握了第一次国共合作破裂、中国共产党通过南昌起义打响了武装反抗国民党反动统治的第一枪、井冈山革命根据地的创建以及革命根据地陆续以星火燎原之势的建立与发展等有关革命知识。在此基础上继续探究红军第五次反“围剿”失败后，不得不离开革命根据地，被迫进行战略转移开始长征的史实。课前可以要求学生收看一些影视作品、文学作品等相关资料，对长征的历史有更深入的认识，体会先烈们不畏艰难、艰苦奋斗、勇于献身、追求崇高理想的革命英雄主义精神，加深对长征精神的正确理解与判断。

2. 能力基础

由于距离革命战争年代久远，让现代学生在小学阶段就理解长征精神是一件不容易的事，因此需要通过小学、中学、大学一体化学习才能实现这一终极目标。经过一年的初中历史学习，学生已经初步具备了一定的自学探究、小组合作等能力。相信在教师的引导与激励之下，学生是有能力解决学习中遇到的问题的。同时通过创设情境的方式，充分让学生展示自我的学习成果，能使课堂成为学生展示自我的平台，提高学生的学习兴趣，培养合作意识，激发他们的爱国情怀。八年级学生正处于青春期，更容易与革命先辈们共情。红军在长征中的经历苦难可以带给他们强烈的震撼，也能帮助学生树立艰苦奋斗的精神。

3. 学生兴趣与发展要求

长征精神是爱国精神、奉献精神的集中体现，是红军用意志、品质和勇气谱写的人类奇迹，是中国共产党带领中国人民为追求真理和光明而不懈努力的伟大史诗。伟大的长征精神，作为中国共产党人红色基因和精神谱系的重要组成部分，已经成为社会主义核心价值观的重要组成部分。因此，在教学活动设计中，要引导学生逐渐领悟到心中有信仰，脚下有力量，焕发出初中学生心中钢铁般的意志，帮助学生浇筑信仰的基座，引导学生做共产主义远大理想和中国特色社会主义道路的坚定信仰者、忠实践行者，培养家国情怀。

二、教学目标

（1）依据教材内容，结合地图和图片，学生能够简述长征背景、路线以及在红军长征过程中发生的主要历史事件。强调历史核心素养中的时空观点，强化“论从史出”的学习方法。

（2）合作探究对历史材料进行分析，学生通过学习探究能够总结归纳出红军取得最终胜利的原因。分析遵义会议的内容并理解遵义会议的意义。培养学生史料实证和历史解释的能力。

（3）通过整节课的学习，引导学生感受红军长征的革命精神，培养学生拥护中国共产党、热爱人民军队，激发爱国情怀，培养家国情怀。

三、教学重点与难点

（一）教学重点

遵义会议的重大意义。2021 年 9 月，党中央批准了中央宣传部梳理的第一批纳入中国共产党人精神谱系的伟大精神，以坚定信念、坚持真理、独立自主、团结统一为基本内涵的“遵义会议精神”被纳入精神谱系之中。遵义会议是中国共产党历史上一次具有伟大转折意义的重要会议，是中国工农红军长征的重要组成部分。遵义会议后，在毛泽东同志的正确领导下，坚持实事求是，一切从实际出发，把马克思主义基本原理同中国具体实际情况相结合，独立自主地解决中国革命的重大问题，从此中国共产党领导的中国革命逐渐走向胜利。因此在有关“遵义会议”的学习过程中，就是培养学生掌握理论联系实际的学习方法以及积极追求真理、求真务实的良好品质的过程，也是润泽学生坚强意志的心灵旅程。

（二）教学难点

长征精神的理解。八年级学生生于 21 世纪，他们生活条件优越、物质条件丰厚，几乎没有苦难生活的经历，让学生对红军长征的艰难做到真正的共情是一件比较困难的事。感受伟大的长征精神，将长征精神落实到学生自身的日常生活和学习生活之中是有一定难度的，因此需要尽量创设情境，拉近历史与现实的距离，从而引发学生共情。

四、教学方法与手段

（1）采用教师讲授、启发式提问和材料分析，与学生相互合作探究相结合的互动式自主探究等教学方法。

（2）运用 PPT、使用视频播放等多媒体教学形式。

（3）利用板书进行本节重要知识点的文字提示，直观解析。

五、教学特色

（1）关照学生小学段在语文学科学到的知识和目前的认知程度，在教学内容、教学方法、教学方式等方面，体现循序渐进、螺旋式上升的特点。

（2）案例说明与视频教学共用，提升学生认知理解的感受度；问题导向贯穿教学始终，激发学生兴趣点和思考力。

（3）师生互动，生生互动，小组讨论，增强学生学习的趣味性和延展性，培养学生自主探究问题的能力与信心。

六、教学活动设计

环节一：导入新课

出示1929—1932年农村革命根据地分布示意图，回忆中国共产党开辟井冈山道路经过并提出问题。

（1）通过示意图，你能够获得什么信息？

（2）如果蒋介石看到这幅地图会有什么心情，有可能展开什么行动？

学生进行思考并回答问题：

（1）星火燎原（温故知新）。

（2）愤怒、采取“围剿”行动等，引发思考。

【活动意图说明】本环节发挥学生在课堂教学中的主体作用，培养学生多思多想的能力，调动学生学习的积极性。

环节二：红军长征的背景

教师出示：中央根据地五次反“围剿”敌我力量对比表。分析前四次反“围剿”为什么能够取胜？第五次反“围剿”为什么失败？

将毛泽东的游击战方针与博古、李德的指挥方针进行对比，最后指出“左”倾错误的含义。名词解释：“左”倾。

【活动意图说明】学生在此环节研读表格，观察国民党五次围剿和红军五次反“围剿”的异同，并能得出结论。学生能通过此环节的设计认识到红军进行长征的原因是由于博古、李德等人“左”倾错误的指挥，最终红军第五次反“围剿”失败，进行战略转移。培养学生“论从史出”的观念。

环节三：红军长征的经过

活动1：展示地图，由学生自主归纳总结长征路线

教师展示“中国工农红军长征示意图”，学生结合教材、研读教材，提炼关键词，对长征路线进行自主梳理，小组合作完成。教师可借助视频资源创设情境，在PPT中进行最终梳理。

【活动意图说明】通过史料、视频等多媒体手段创设情境，让学生产生共情，激发学生学习动力和好奇心，培养学生自主梳理能力和研读教材进行总结的能力，强调“时空观念”。同时，通过学生对长征路上的重点事件进行梳理，也为感知长征精神做好铺垫。

活动 2：遵义会议

在红军长征途中，1935 年 1 月，红军强渡乌江，打下了遵义城，在遵义休整了 12 天，党中央召开了遵义会议，这就是召开遵义会议的背景。教师出示遵义会议表格，学生结合教材梳理遵义会议召开的时间、地点、内容和意义等重要内容。学生填写完成表格后，教师总结归纳，强调重点词，分析遵义会议的历史意义。

教师设问：①遵义会议的召开有何历史意义？②为什么遵义会议是党历史上生死攸关的转折点？

【活动意图说明】学生通过研读教材进行推论，培养学生“论从史出”的历史学习观念，发挥学生在课堂中的学习主体地位。在教师的不断发问下，促进学生自主思考，理解遵义会议是党的历史上生死攸关的转折点，突破教学重点。

环节四：红军长征的意义、红军长征精神

教师出示材料，结合教材出示红军长征的事迹相关材料：四路红军部队长征途中共转战 14 个省份，走遍了大半个中国。其中，中央红军经过了 10 多个少数民族聚居和杂居区，渡过的主要江河有 22 条，翻越的主要大山有 20 座，其中有 5 座是终年盖雪的，攻占县城 100 余座。为消灭长征中的红军，蒋介石调集了国民党中央军、粤军、湘军、桂军、黔军、滇军、川军、东北军、西北军、马家军及少数民族中反动头人武装等 10 多支部队、合计数十万大军，千方百计进行围追堵截。长征中，红军平均每天行军 37 公里。在中央红军 368 天的行军途中，15 个整天在打大决战，平均每天都有一次遭遇战。在 1955 年中国人民解放军首次授衔的将帅中，中将以上的共 254 人，其中有 222 人参加过长征。长征是历史纪录上的第一次，长征是宣言书，长征是宣传队，长征是播种机，长征是以我们胜利，敌人的失败的结果而告结束的。最后出示毛泽东同志的词作《七律·长征》。

【活动意图说明】学生通过材料并结合本节课所学，感受长征不易，总结长征意义，感悟长征精神。激发学生热爱中国共产党、热爱中国人民解放军、热爱社会主义祖国的崇高情感。

环节五：课堂总结

中国共产党的先驱们创建了中国共产党，形成了坚持真理、坚守理想，践行初心、担当使命，不怕牺牲、英勇斗争，对党忠诚、不负人民的伟大精神。中国共产党在长期的奋斗中，构建起中国共产党人精神谱系，锤炼出鲜明的政治品格。历史川流不息，精神代代相传。我们要继续弘扬光荣传统，永远把党的精神传承下去，发扬光大！

七、作业设计

搜集或结合课上所学的有关长征故事，选取其中印象最为深刻的故事给家人或朋友讲一讲，并录制视频。（时长 3 ～ 5 分钟）。

高中学段：抉择革命道路　挺进伟大征程

基本信息表					
教师	王杨	学校	北京市第十一中学	学段	高中一年级
教科书版本及章节	必修《中外历史纲要》（上册），人民教育出版社，2019年8月第1版；第七单元 中国共产党成立与新民主主义革命兴起第22课				

一、学情分析

（一）教学内容分析

"中国共产党开辟革命新道路与红军长征"是人教版必修《中外历史纲要》上册第22课第2～3子目。本子目的内容是工农武装割据开辟革命新道路和红军长征，讲述了中国共产党走工农武装割据道路的原因、意义，以及红军长征的原因、伟大意义，开辟革命新道路的历程。本课内容上接第21课国民大革命后国、共两党走向对峙，面对国民党的专制统治，中国共产党作出了符合国情的历史抉择；下接抗日战争的开始，在新民主主义革命的进程中占有重要地位，是中国特色革命道路的起点。学完本课有助于学生了解和体会中国共产党根据国情探索革命新道路的艰辛和伟大的长征精神，感悟长征精神在当代的时代价值，认识中国共产党代表最广大人民的根本利益并为之不懈奋斗的历程，提升家国情怀素养。

（二）学习者分析

1. 知识基础

本课学习对象为高一年级上学期的学生，他们经过初中阶段的历史学习，对本课的学习有了一定的知识基础，对长征故事也颇感兴趣，但对于本课中涉及的重要知识点较为生疏，例如，对中国革命新道路开辟的意义以及长征精神的理解，仍然存在一些问题。

2. 能力基础

该阶段的学生已经初步具备历史比较、分析的能力，形成了主动学习的意识，能够在教师的组织下进行小组交流、协作讨论等活动，但自主学习探究的能力还比较差，需要教师不断地指导与培养。

3. 发展要求

在教学活动设计中，注意培养学生历史思维和能力的衔接，从直观、鲜活、有趣、动情的角度出发，通过巧妙的设计达到历史思维的升华，从而引导学生潜移默化地落实历史学科核心素养，为将来大学阶段更深层次的学习打好基础。

二、教学目标

（一）唯物史观

通过了解中国共产党根据国情探索革命新道路的艰辛和伟大的长征精神，学生形成中国共产党为了挽救中国革命一切从实际出发、实事求是正确的历史认识。

（二）时空观念

通过时间排序、识别地图，学生能够说出红军长征的路线和过程，增强时空观念。

（三）史料实证

通过史料分析和小组合作探究，学生能够得出中国共产党走工农武装割据道路的原因、意义，以及红军长征的原因、伟大意义，提高“史料实证”意识，知道“论从史出”，史论结合。

（四）历史解释

以史料和教材为依据，对本课内容进行理性分析和客观评判，学生能够揭示其表象背后的深层因果关系，培养学生辨证分析历史问题的能力。

（五）家国情怀

通过观看视频、阅读材料、观察图片等，学生了解和体会中国共产党根据国情探索革命新道路的艰辛和伟大的长征精神，感悟长征精神在当代的时代价值，认识中国共产党代表最广大人民的根本利益并为之不懈奋斗的历程，提升家国情怀素养。

三、教学重点与难点

（一）教学重点

（1）“工农武装割据”道路的含义、原因和意义。
（2）红军长征的历程、遵义会议及长征的伟大意义。

（二）教学难点

（1）中国共产党开辟革命新道路的意义。
（2）领会长征精神。

四、教学方法与手段

（一）教学方法

讲授法、问题教学法、多媒体教学法、材料分析法、图示法、小组合作探究，如：通过简明、生动的口头语言向学生传授知识；通过材料分析、解释、推论，引导学生分析和认识问题。依据多种形式的史料，创设情境并且提出问题，学生通过解决问题从而掌握历史知识、形成能力、提升素养。

（二）教学手段

（1）自主学习法，如：学生自主阅读材料，从各种史料中获取历史信息，发现问题，进行史料实证与历史解释，自我感悟，建构新知。

（2）合作探究法，如：任务驱动，激发学生的问题意识，如“长征的历史意义与如何继承伟大的长征精神”，让学生敢问善思，乐于探究，在活动中探究理解，探究后提炼观点。

五、教学特色

充分发挥学生学习的积极性与自主性，坚持教师主导，学生主体，以学案导学，问题驱动，学生小组合作学习，抓住面对国民党的专制统治，中国共产党探索出了符合国情的历史抉择（以农村包围城市、武装夺取政权的道路），并进行了伟大的长征，在历史的抉择中找到正确的道路这条线索，引导学生深刻反思和感悟长征精神在当代的时代价值，增强文化自信与家国情怀素养。

六、教学活动设计

环节一：导入新课

材料一：据不完全统计，至4月15日，共产党员和革命群众被杀300多人，被捕500多人，失踪5000多人。上海总工会委员长汪寿华在4月9日就被秘密杀害了。中共江苏省委领导人陈延年、赵世炎等在“四一二”后相继被杀害。

——王桧林主编《中国现代史》

材料二：展示南昌起义、八七会议、秋收起义的图片。

【设问】同学们，通过以上材料和图片，我们可以得出什么结论？

学生：不难看出，国民革命失败后，中国共产党认识到掌握武装力量的重要性，通过武装斗争的方式反抗国民党的统治，与国民党形成对峙局面，开启了探索革命新道路的伟大征程。

【活动意图说明】用材料和图片学习，引起学生兴趣与思考，便于学生了解本课的学习要点和培养“史料实证”的意识。

环节二：抉择

1. 开辟革命新道路

材料：

起义名称	起义目标	结局
南昌起义	城市南昌发动起义	遭敌人围攻而失败
秋收起义	进攻中心城市长沙	受挫
广州起义	攻占中心城市广州	敌我力量悬殊，起义失败

执着于城市，在那个时候是非常自然的。因为中国共产党人的面前只有一个榜样，这就是已经成功的俄国革命，而俄国革命正是从城市，并在城市首先胜利的。然而效仿俄国人成功的经验并没有在中国取得成功。

——陈旭麓《近代中国的新陈代谢》

【设问】从表格中我们可以发现起义目标有何特点？其原因何在？

学生：目标是夺取大城市。先夺取城市，然后再控制农村。应该是想学习法国的巴黎公社运动和俄国的十月革命，以城市为中心。

【活动意图说明】学生自主学习总结，培养信息归纳、独立思考的能力。

教师：一系列的革命活动均以失败告终，因此中国共产党当时面临一个难以规避的问题，即党的工作重心应该设在城市还是设在农村？困则思变，因此在攻打长沙失败后，毛泽东同志于 1927 年 10 月到达井冈山，进行武装斗争、土地革命，建立红色政权，创建了第一个农村革命根据地。中国革命的工作重心从城市转向农村。这是在严峻形势下党作出的艰难抉择。

【设问】结合教材归纳中国共产党在农村的革命实践活动？结果如何？

学生分别阅读关于武装斗争、土地革命、根据地建设等内容，并简要绘制思维导图。

【活动意图说明】学生自主构建思维导图，有利于厘清知识逻辑。

过渡：随着革命根据地的蓬勃发展，中国革命力量逐步壮大，专制独裁的国民党蒋介石对革命根据地发动了连续多次的“围剿”行动。面临危急的局势，那么中国共产党又该如何抉择呢？

2. 红军长征

（1）背景。

材料：毛泽东谈到了“左”倾机会主义路线造成的危害：“政治上既犯错误，军事上势必犯错误。没有好久，洋教条来了。他们是主张打大城市的，还有什么御敌于国门……结果就把根据地送掉。”

——刘统《长征：历尽艰辛的求生之路》

【设问】结合教材，说明红军长征的根本原因是什么？直接原因是什么？

学生：根本原因是“左”倾思想在党中央占据统治地位，博古、李德等人执行王明“左”倾教条主义路线。直接原因是红军第五次反“围剿”失败。

【活动意图说明】通过材料展示，学生理解长征的原因，培养史料解读能力，形成历史解释。

（2）过程。

【设问】请同学们依据图片和“红军长征地图”，简要说明红军长征的过程。

展示：1934 年 10 月红军开始长征（初期受挫）、1935 年 1 月遵义会议（历史转折）、1936 年 10 月主力会师（长征胜利）图片和“红军长征地图”。

学生：概括红军长征过程。

【活动意图说明】通过图片以及时间点展示，学生从宏观上理解长征的过程。

【设问】结合教材及以上内容，谈谈为什么说遵义会议是中国共产党历史上一个生死攸关的转折点？

学生：

挽救了党
挽救了红军　　初期失利 ➡ 最终胜利
挽救了中国革命

【活动意图说明】通过问题设置，学生理解遵义会议的伟大意义，落实“历史解释”的核心素养。

（3）意义。

材料一：长征不是一般意义上的行军……是一场险象环生、危在旦夕的战斗……长征却使毛泽东及其共产党人赢得了中国。

——美国作家哈里森·李尔兹伯

材料二：长征是历史纪录上的第一次，长征是宣言书，长征是宣传队，长征是播种机。……长征一完结，新局面就开始。

——毛泽东《论反对日本帝国主义的策略》

【设问】结合教材，根据材料，概括红军长征的伟大意义。

学生：长征粉碎了国民党军队的“围剿”，使中国革命转危为安。——转折点

长征播下了革命种子，铸就了伟大的长征精神。——播种机

长征胜利，革命新局面就开始了。——新开始

【活动意图说明】有助于学生感受长征的漫长与艰辛，培养提取关键信息和归纳概括的能力。

环节三：自信

过渡：中国革命新道路的开创历经千辛万苦，是马克思主义普遍原理与中国革命具体实际相结合的光辉典范，独立自主，实事求是、农村包围城市等创造性地发展了马克思列宁主义关于革命的理论，揭示了中国革命的规律，指导中国革命取得了最终胜利。这就是伟大的中国共产党领导人民在中国革命的一次次危急时刻，作出的一次又一次正确的抉择，所以我们要坚定我们的道路自信，永远听党话，跟党走！

【设问】我们刚才提到了长征精神，依据所学阅读以下材料，大家谈谈是什么支撑着这些年轻的红军战士浴血奋战走过漫漫征程？你认为长征精神的内涵有哪些？

材料：数字里的长征

长征路上，红军平均每天就有一次遭遇战；长征路上，红军两年里一共只休息了44天；长征路上，红军每日平均行军37公里；长征路上，红军每一公里就有三四位红军战士献出生命；长征路上，红军共爬过18条山脉，其中5条山脉终年积雪；长征路上，红军渡过24条河流，经过11个省，共计约两万五千里。

学生：不怕牺牲、勇往直前的大无畏精神；众志成城、团结互助的协作精神；坚定理想、充满信心的革命乐观主义精神；百折不挠、排除万难的革命英雄主义精神。

教师组织大家齐读长征精神的基本内涵：

伟大长征精神，就是把全国人民和中华民族的根本利益看得高于一切，坚定革命的理想和信念，坚信正义事业必然胜利的精神；就是为了救国救民，不怕任

何艰难险阻，不惜付出一切牺牲的精神；就是坚持独立自主、实事求是，一切从实际出发的精神；就是顾全大局、严守纪律、紧密团结的精神；就是紧紧依靠人民群众，同人民群众生死相依、患难与共、艰苦奋斗的精神。

——2016 年 10 月 21 日，习近平在纪念红军长征胜利 80 周年大会上的讲话

【活动意图说明】引导学生历史联系实际，感悟长征精神，走好自身长征路，培养家国情怀。

教师：习近平总书记作出了明确的论断，所以我们要坚定文化自信，铭记长征精神，走好自己的长征路。今天，我们这一代人的长征，就是要实现中华民族伟大复兴的中国梦。

【设问】如何走好新时代长征路？今天学习这一课，你得到的启示是什么？

学生：（小组发言）

教师：在新时代，长征精神是旗帜，是火种，是号角，只有牢记历史使命，继承和发扬长征精神，才能早日实现中华民族伟大复兴的中国梦，把我国建成富强、民主、文明、和谐、美丽的社会主义现代化强国。同学们，听党话，跟党走，让我们努力拼搏，为实现中华民族伟大复兴的中国梦而奋勇前进！

【活动意图说明】引发学生思考，体会长征精神的时代价值，前后照应，升华本课主题，提升学生的家国情怀和责任担当意识，引发学生共鸣。

七、作业设计

请同学们以“继承长征精神，赓续红色血脉，走好我们的长征路”为主题，撰写一篇历史小论文，700 字左右。

参考文献

[1] 习近平．在纪念红军长征胜利 80 周年大会上的讲话 [N]. 人民日报，2016-10-22（2）.

[2]《中国军事百科全书》编审室．中国大百科全书·军事 [M]. 北京：中国大百科出版社，2007.

[3] 习近平．用新时代中国特色社会主义思想铸魂育人 贯彻党的教育方针落实立德树人根本任务 [N]. 人民日报，2019-03-19（1）.

[4] 孙伟．红军长征与长征精神 [EB/OL].（2016-10-25）[2021-05-20]http://theory.people.com.cn/n1/2016/1025/c40537-288050089.html.

主题班会：信仰的力量　梦想的航标

基本信息表					
教师	张乔怡	学校	北京市第十一中学	学段	高中一年级
班会	主题班会				

一、学情分析

（一）教学内容分析

本节课所涉及的教学内容主要是“长征精神”。毛泽东提出，长征是“宣言书”“宣传队”和“播种机”。长征不仅是军事行动和政治理想，更是人类不朽的精神锻造，开辟了党和红军创造历史的精神航道。2016 年 10 月 21 日，习近平总书记在《纪念红军长征胜利 80 周年大会上的讲话》中指出：“伟大长征精神，就是把全国人民和中华民族的根本利益看得高于一切，坚定革命的理想和信念，坚信正义事业必然胜利的精神；就是为了救国救民，不怕任何艰难险阻，不惜付出一切牺牲的精神；就是坚持独立自主、实事求是，一切从实际出发的精神；就是顾全大局、严守纪律、紧密团结的精神；就是紧紧依靠人民群众，同人民群众生死相依、患难与共、艰苦奋斗的精神。”

（二）学习者分析

1. 知识基础

学生在初、高中的历史政治课程中学习过有关长征的历史背景知识和长征的意义及作用，在语文课上也渗透过长征精神，对长征精神有一定了解。

2. 能力基础

高一学生正处于“三观”形成的关键时期，对事情有自己的看法，能够接受社会上各种声音，但看待问题容易片面和偏激，需要教师引导。

3. 发展要求

在日渐浮躁的社会中，沉稳坚韧的品质尤显珍贵，社会提倡“工匠精神”也正是基于此。新时代的学生自身具备了好奇和探索的品质，但同时也需要培养其不畏艰险、顾全大局等优秀精神。

二、教学目标

1. 认知目标

通过分享背景资料，了解长征精神的内涵和意义，认识到当今社会对长征精神的呼唤。

2. 情感目标

通过诵读诗歌、交流感想，感受长征精神代代相传、与时俱进的生命力，自觉接过历史的“接力棒”，认同、继承并发扬长征精神。

3. 行为目标

通过合作探究分析案例，纠正自己的不良行为，在日常生活中自觉践行长征精神，提升个人思想觉悟。

三、教学方法与手段

提问法、讨论法、讲授法、合作探究法。

四、教学特色

本次班会充分调动学生的积极性，培养学生自主学习的能力，每一个教学环节都提倡学生的主动参与。从学生已经学习过的知识入手，启发引导学生进行思考，并通过创设情境等手段，借用学生现实生活中的场景，创设问题情景，提出真问题，解决真困惑，加深学生理解，有效地将长征精神与生活实际相联系，达到学以致用的目的。

五、教学活动设计

环节一：回顾历史往昔，概括长征精神

首先，教师利用 PPT 展示一张“红军长征线路图”，图中标明了几个重要的地点，请同学们结合所学和查阅的资料，为大家分享在这些重要的地点，红军都克服了怎样的困难。

学生 1：我想请大家跟我一起来到“湘江”。湘江战役是关系中央红军生死存亡的一战。1934 年 11 月 27 日—12 月 1 日，中央红军在湘江上游与国民党军苦战五昼夜，最终突破了国民党军队的第四道封锁线，粉碎了蒋介石围歼中央红军于湘江以东的企图。但是，中央红军也为此付出了极为惨重的代价。红军部队指战员和中央机关人员由长征出发时的 8 万多人锐减至 3 万余人。

学生 2：我来说说“四渡赤水”“巧渡金沙江”“飞夺泸定桥”的故事。“四渡赤水”是一次决定性运动战战役。1935 年 1 月 19 日—3 月 22 日，毛泽东同志指挥红军与敌人周旋，创造了以弱胜强的奇迹，摆脱了敌人的围追堵截，中央红军从此改变了被动挨打的局面。1935 年 5 月，红军挺进金沙江，先遣部队控制了皎平渡两岸的渡口。5 月 3 日—5 月 9 日，红军主力过江。红九军团在南渡乌江以后奉命牵制敌人部分兵力，确保红军主力平安渡江。5 月 21 日，中央红军从冕宁泸沽地区分左、右两路北进。5 月 25 日，红一团一营二连 17 名勇士，强行渡过大渡河杀出一条生路，为红军沿大渡河两岸北上夹击泸定桥守敌创造了有利条件。

学生 3：还有“飞夺泸定桥”和“爬雪山”“过草地”这些我们耳熟能详的故事。1935 年 5 月 29 日，中央红军先头部队沿大渡河右岸北上，红 4 团 22 名突击队员沿着枪林弹雨和火墙密布的铁索夺下桥头，并与左岸部队合围占领了泸定城。中央红军主力随后从泸定桥上越过天险大渡河。1935 年 6 月 8 日，中央红军突破敌人芦山、宝兴防线，随后翻越了长征路上第一座大雪山——夹金山。6 月 12 日，中央红军先头部队终于翻过几座大雪山，在北进途中与红四方面军先头部队胜利会师。1935 年 8 月 21 日，红军开始过草地。红军队列分左、右两路，平行前进。草地环境恶劣，在此牺牲的红军将士达万人以上。

学生 4：那我说说延安和会宁这两个地点发生的事吧。1935 年 10 月 19 日，毛泽东同志率领中央红军到达陕北延安的吴起镇，与陕北红军会师。结束了艰苦卓绝、举世震惊的二万五千里长征，创造了人类历史上史无前例的英雄壮举和战争奇迹。1936 年 10 月 9 日，中国工农红军第一、二、四方面军在甘肃会宁胜利会师，标志着红军长征彻底胜利，

中国革命重心成功地从南方长江流域胜利转移到西北黄河流域。会宁会师成为中国革命走向胜利的转折点，是革命力量的大汇合，是革命团结的象征，是抗日民族统一战线形成的基础，是长征史上的丰碑。

通过大家的分享，我们更加全面地了解了长征的历程，非常感谢以上这些同学。那么下面，请大家继续思考，通过长征当中发生的这些重要历史事件，我们可以概括出哪些长征精神呢？请大家讨论后得出答案。

学生 5：我认为长征精神的内涵包括坚忍不拔、顽强不屈、自强不息等。

那么接下来，请我们班级导师组中历史老师为我们补充长征精神的内涵。

历史老师：习近平总书记指出，“伟大长征精神，就是把全国人民和中华民族的根本利益看得高于一切，坚定革命的理想和信念，坚信正义事业必然胜利的精神；就是为了救国救民，不怕任何艰难险阻，不惜付出一切牺牲的精神；就是坚持独立自主、实事求是，一切从实际出发的精神；就是顾全大局、严守纪律、紧密团结的精神；就是紧紧依靠人民群众，同人民群众生死相依、患难与共、艰苦奋斗的精神”。进一步说，伟大的长征精神是中国共产党人及其领导的人民军队革命风范的生动反映；是中华民族自强不息的民族品格的集中展示；是以爱国主义为核心的民族精神的最高体现。

【活动意图说明】这一活动达成了认知目标，学生通过分享自己查阅的资料和已经学过的历史知识，回忆并串联整个长征过程当中发生的重要事件，这也是为后面环节——“体悟精神”做准备。学生只有在充分了解长征发生的历史过程后，才能更好地概括出长征精神，以至于继承和发扬长征精神。通过历史老师的概括和补充，同学们也将认识提升到了新的高度，更加深刻地了解长征精神的内涵。同时，经过这一环节的热身，学生们探索长征精神的热情也被激发出来，这也更有利于后面环节的展开。

环节二：歌颂英烈前辈，感悟长征精神

长征精神感动着一代又一代的有志青年，人们纷纷用自己的笔墨和歌喉记录下自己受到的震撼和感染，就比如我们现在 PPT 上展示的这幅画作名叫《长征》，是一帧文学性、艺术性与时代意义相结合的精品佳作。在画面上，一支红军队伍沿着狭窄曲折的山路从左往右横越，它结构规整，笔墨精严，气象万千，景物横向展现，层峦叠嶂，如犬牙交错，参差错落，雄奇壮丽，展现了红军战士不畏艰险、奋勇向前的昂扬斗志。我们的同学也准备了长征诗歌朗诵表演，下面就请欣赏我们各组同学带来的诗朗诵《忆秦娥·娄山关》《七律·长征》《清平乐·六盘山》以及《沁园春·雪》。

请我们各组参加诗歌朗诵的同学说一说，你在朗诵诗歌时带着怎样的情绪，你是如何理解这首诗的。

学生 1：《忆秦娥·娄山关》这首词上、下阕的强烈对比，恰恰反映了作者的乐观主义精神和作为一代伟人指挥若定的气魄。这首词的篇幅虽短，但雄奇悲壮，气势如虹，仅寥寥数笔，就勾勒出一幅雄浑壮阔的“冬夜行军图”，表现了作者面对失利和困难从容不迫的气度和胸怀。

学生 2：红军过五岭、越乌蒙、渡金沙、强渡大渡河，从敌人的重围中杀出一条血路，自然令人欣喜。红军又翻岷山，进陕北，胜利大会师已为时不远，战略大转移的目的

已基本实现，与前面的种种喜悦相比，它自然更胜一筹。

学生 3：《清平乐·六盘山》这首词回顾了万里长征的行程，表达了红军战士们勇往直前的钢铁意志和抗战必胜的坚定信念。这是一首在战斗中前进的胜利曲，是一篇振奋人心、激扬斗志的宣言书。时至今日，我们同样可以在这首作品中体味出当年革命斗争的艰辛以及人民领袖的宏大气概。

学生 4："今朝"的风流人物不负历史的使命，超越于历史上的英雄人物，具有更卓越的才能，并且必将创造空前伟大的业绩，是诗人坚定的信念和远大的抱负。词中那震撼千古的结语，发出了超越历史的宣言，道出了改造世界的壮志。那一刻思接千载，那一刻洞悉未来，那一刻豪情万丈，那一刻傲视古今。

长征是一次淬炼信念、检验真理、唤醒民众、开创新局的伟大远征和革命壮举，是中国共产党及其领导的工农红军创造的人间奇迹和历史丰碑。从大家的激昂的朗诵中，我也感受到了同学们对长征精神的理解和感悟。这样的奇迹却是由和我们一样的血肉之躯造就的，我们伟大的革命先烈！

【活动意图说明】通过鉴赏绘画作品和诗歌朗诵，使学生们更加深入地了解了长征精神，学生通过亲自朗诵和观看表演，体会到长征精神的内涵，达成情感目标。有了深刻的理解自然会生发继承和发扬长征精神的愿望，进而引入第三个环节，启发学生思考如何在新时代发扬长征精神。

环节三：对比今昔岁月，发扬长征精神

展现在我们面前的是一条通往民族复兴的光辉之路。历史从不等待犹豫者、懈怠者和畏难者，一代人有一代人的长征路。我们这一代人要走的新时代的长征路，"就是要实现'两个一百年'奋斗目标、实现中华民族伟大复兴的中国梦"。

新时代的长征路接续已经走过的长征路，踏上新时代的新起点，承载民族复兴的历史使命，通向全面小康、通向社会主义现代化强国、通向中华民族伟大复兴，并将贯通未来新的长征路，通向更远大的梦想。走好新时代的长征路，是我们这一代人的使命，更是我们这一代人的荣光。

请大家分组讨论以下几个问题，结合你所理解的长征精神，看看如何作出正确的解释。

材料一：作为冬奥会的志愿者，很多人经常忙碌到深夜才能回宿舍休息，他们的工作可能非常枯燥，一句话可能在一天之内要重复上万次，但是他们每时每刻都保持着灿烂的微笑，不曾发出一句抱怨。

小组一：冬奥会是展示我国形象的重要赛事，冬奥会的志愿者们积极履行自己的责任和义务，严格遵守规定，努力为运动员们打造安心舒适的赛事体验。正是因为在他们的心中，个人利益被放到了集体利益之后，国家的利益永远优先于自己的利益，我们的冬奥会才能取得重大的成功，赢得国际友人不绝于口的夸赞。长征途中大家凝心聚力，即使自己挨饿也要照顾同行的战友，这才是高贵的精神。树立我国和谐友善的国际形象需要我们每个人贡献自己的全部力量，这也体现了长征精神中顾全大局、严守纪律、紧密团结的精神内涵。

材料二：2019 年 5 月 16 日，华为公司被美国商务部无端纳入“实体名单”以来，在大量产业技术要素不可持续获得的情况下，华为公司始终致力于遵守适用的法律法规，履行与客户、供应商的契约义务，艰难地生存并努力向前发展。

小组二：我们应始终坚持独立自主、实事求是，一切从实际出发的长征精神看待华为的处境。作为一家中国企业，华为脚踏实地的精神促使其逐渐壮大，成为拥有大量用户的企业。我们知道，美国现在在半导体行业确实领先中国很多，这也是中国为数不多，与欧美差距较大的行业之一。但是，华为咬牙坚持，最终在国际市场占有了一席之地。当它遭到美国无端的制裁和封锁时，所表现出的不卑不亢，正是由于它对独立自主和实事求是精神的坚守，它知道它背后是十四亿中国人民的鼎力支持。相信华为会在患难与共、艰苦奋斗的长征精神的指引下，开发出属于我们自己的芯片，解决“卡脖子”的问题。

通过同学们深入的分析和精彩的分享，我相信，大家都已经知道新时代的长征路是漫长而坎坷的，但是新时代的长征精神仍然鼓舞着我们奋勇前行，无论是已经走过的长征路，还是新时代的长征路，都是理想信念的伟大远征。马克思主义是真理，正因为我们党始终坚持和发展这一真理，才坚定地树立共产主义远大理想，义无反顾地肩负起实现中华民族伟大复兴的历史使命；才深刻洞悉规律、正确运用规律，取得一个又一个伟大胜利。牢不可破的理想信念，是取得一切长征胜利的根本保证。

【活动意图说明】结合具体案例，调动学生探究的热情，经过深入的探讨之后，学生也会对新时代的长征精神有所领悟，这也有助于学生更好地将长征精神融入日常的政治生活当中，不断提升自己的思想认识水平，真正做到践行长征精神，赓续红色血脉。

环节四：总结提升，面向未来

前辈已造盛世，但新的百年长征仍有许多“雪山草地”“大渡铁索”“高山激流”，作为新时代的共产党员又应如何在化危为机中赢得历史的主动权，在攻坚克难中焕发新的气象？最好的答案就是：牢记长征精神，赓续红色血脉，走好新长征之路。

牢记长征精神，赓续红色血脉，须坚定理想信念。“风雨浸衣骨更硬，野菜充饥志越坚；官兵一致同甘苦。”在艰苦的长征路上，正是理想的力量，信仰的光芒，让他们无畏、无惧，勇往直前，最终取得了伟大胜利。进入新时代，新的长征之路仍在继续，我们要更加坚定理想信念，不忘红色本质，自觉用长征精神鞭策自己、砥砺自己，做到不忘初心，忠于初心，在新的长征路上铿锵前行。

【活动意图说明】教师通过总结课堂所学，提升学生认识，升华课堂所学，使课堂内容余味悠长，以便将长征精神深植学生理想信念当中。

【班会后延伸教育活动设计】

（1）值日班长每日记录班级当中发生的践行长征精神的同学及其行为，每周班会时用案例的方式和大家分享，并对小组给予加分。

（2）请家长和孩子一起研读长征故事以及相关书籍，撰写《读后感》并编辑成册，在班级和年级当中传阅学习。

六、教学反思

本节课重点突出，围绕长征精神引导学生发现其当代价值，并主动践行长征精神。课堂环节紧凑，活动多样，很好地调动了学生学习的热情和主动性。同时，也注意结合学生过往的知识经验和当下的生活体验，从真实的生活场景出发，引发学生的思考和讨论。但是，本课也需要照顾到学生分享的积极性，设计延伸活动时要关注可操作性。

大学学段：践行长征精神　走好新长征路

基本信息表					
教师	史敏	学校	北京工业大学	学段	本科一年级
课程	习近平新时代中国特色社会主义思想概论				
教科书版本及章节	大学本科马克思主义学院公共必修《中国近现代史纲要》，高等教育出版社，2023 年版；第五章 中国革命的新道路				

一、学情分析

1. 知识基础

在中小学学生已有关于长征精神的认知基础上，实现高校思政课教学中相关内容的历史学理化、理论体系化和价值时代化，为当代大学生在新时代新征程中弘扬长征精神、走好新长征路，有效建立过去、现在和未来的历史联系。中国共产党人精神谱系是中华民族精神的不朽丰碑，也是思想政治教育的资源宝库。开发中国共产党精神谱系的思想政治教育功能，能够使大学生明晰中国共产党历史的发展脉络、厘清各时代历史与相应精神的逻辑关系，从而将其内化于心、外化于行。长征精神作为中国共产党人精神谱系所承载历史链条中的重要一环，使大学生能够全面而深刻地了解其中一个个鲜活的人物和重要事件，体悟新时代新征程中弘扬长征精神与走好新长征路的一体性关系，是培养合格的社会主义建设者和接班人的必然要求，也是实现中华民族伟大复兴的时代要求。

2. 能力基础

思政课是培育大学生理想信念的主阵地。高校教师要积极把长征精神融入思政课堂，发挥课堂教学的优势，引导学生系统掌握长征精神，奠定坚实的理论基础。对于新时代大学生来说，学习长征精神就是要学习长征精神的历史，深刻把握长征精神的内涵，将长征精神运用到学习、生活和工作当中，走好新时代长征路。

3. 发展要求

首先，运用长征精神培养大学生理想信念。当代大学生弘扬长征精神，就是对我们党的革命理想主义、积极乐观主义、艰苦奋斗精神和团结协作精神的继承和发展。其次，运用长征精神树立大学生历史自觉和历史主动意识。引导大学生认识到，精准把握和深度理解长征精神，是在新时代新征程中自觉、主动创造历史的意识前提和基础。再次，由长征精神引导出大学生对中国共产党人精神谱系的整体深入领会。在新时代的新长征路上，在中华民族伟大复兴的事业中，大学生要以长征精神为指引，坚定理想信念，甘于奉献、砥砺奋斗的精神。

二、教学目标

通过学习长征精神教学环节，使大学生在知识增进、能力培养、价值认同上都有所精进和提升。

就知识目标而言，大学生认识到长征精神是中国共产党人精神谱系中的一个重要坐标，同时自身也形成了相对成体系的精神谱系，并呈现为多元的具体形态。长征精神具体形态是长征精神的具体化表现，对长征精神的形成、演变、发展具有重要影响。一种种长征精神具体形态的生成与合力，最终汇成了伟大的长征精神。

就能力目标而言，习近平总书记强调要从长征精神中深刻感悟中国共产党人的初心和使命，走好新时代的长征路。大学生深入把握、努力践行和大力弘扬长征精神具有重要的历史意义和现实意义，从长征精神中深刻感悟中国共产党人的初心和使命，走好新时代的长征路。

就价值目标而言，习近平总书记指出："一个没有精神力量的民族难以自立自强，一项没有文化支撑的事业难以持续长久。"走好新时代的长征路、实现中华民族伟大复兴中国梦，大学生就要赓续弘扬长征精神，持续保持长征精神的广泛传播。

三、教学内容

本教学内容标题：弘扬长征精神 走好新长征路。它属于《中国近现代史纲要》教材中第五章中国革命的新道路，第二节中国革命在曲折中前进中的第三个问题红军长征胜利和迎接全民族抗战。本教学内容是，面向大学生围绕长征精神，呈现长征精神的历史生成要素，分析长征精神的蕴含要义，诠释长征精神的时代价值，培养大学生作为时代新人和社会主义接班人能够创新性弘扬长征精神，在新时代新征程中走好新的长征路。

四、教学重点与难点

（一）教学重点

从中国工农红军的长征，到社会主义现代化的新长征，再到新时代的新长征路，中国共产党人和中国人民的长征永远在路上。从这个意义上来说，使大学生理解，长征精神始终是历史传统与时代主题的高度统一，它在历史发展中演进、积淀和升华，其时代价值则是永恒的。一代人有一代人的长征，当代大学生的历史使命是弘扬长征精神，走好新长征路。

（二）教学难点

新时代传承弘扬长征精神必须坚持辩证思维和创新意识，在推动长征精神时代化、具体化、大众化上下功夫。引导大学生把弘扬长征精神与弘扬时代精神有机统一起来，深刻把握弘扬伟大长征精神、走好新时代长征路的历史意义，准确厘定新时代长征精神的新内涵和新要求。

五、教学方法与手段

（1）教师与学生课堂互动式教学。教师课堂讲授，同时与学生课堂研讨相结合。

（2）运用多媒体教学。课堂教学中使用 PPT、微视频等形式，同时辅以日新学堂、班级微信群等媒介进行课堂互动。

（3）插入实践环节。引导大学生结合北京地方红色资源，构建弘扬长征精神的创新意识与创新路径，实现长征精神的内化与行动引领。

六、教学活动设计

【课程导入】向学生总体介绍长征精神，主要涵盖历史、内涵和意义三个层次。

长征是中国共产党百年历史上一页波澜壮阔而又精彩纷呈的瑰丽篇章，也是一百余年来党的不懈奋斗史、不怕牺牲史、理论探索史、为民造福史、自身建设史的生动缩影。中国共产党人和红军将士用生命和热血铸就的长征精神，是长征留给后人最宝贵的财富。

长征精神具有其特定范畴、科学内涵和丰富形态，彰显跨越时空、民族的普遍意义和持久影响。2021 年 7 月 1 日，习近平总书记在庆祝中国共产党成立 100 周年大会上的讲话中提出了“中国共产党人的精神谱系”这一重要概念。中国共产党人精神谱系的形成是把党从过去到现在各阶段形成的精神串联起来，使其成为一个有机整体，集中呈现了各种精神形态的发展脉络。中国共产党人精神谱系是众多的革命精神整合凝缩，深入挖掘其中任何一种革命精神，都是中华民族精神风貌和信念意志的体现。

2016 年 10 月，习近平在纪念红军长征胜利 80 周年大会上的讲话中指出，“长征这一人类历史上的伟大壮举，留给我们最可宝贵的精神财富，就是中国共产党人和红军将士用生命和热血铸就的伟大长征精神”。长征的当代价值，主要体现为长征精神的当代价值。作为当代大学生，如何深入探究长征精神、把握和内化长征精神、践行和弘扬长征精神，是应当探究的问题。在新时代新征程中，大学生如何在自己的前程探求和实现中华民族伟大复兴中，弘扬长征精神走好新的长征路，更是应当思考清楚和彻底实践的问题。

【活动意图】从“中国共产党人的精神谱系”和“长征精神”两个概念的提出切入，引导大学生聚焦中心问题，进而带着问题进入专题学习。

【教学用时】7 分钟。

第一部分 “地球的红飘带”
——长征精神生成的多重范畴、多元形态和多维功效

这部分内容旨在帮助大学生理解、掌握长征精神作为一种社会意识，是长征实践这一社会存在的产物，没有长征实践，就无法产生长征精神。同时，长征精神是长征取得胜利的精神力量。长征精神是在中国共产党领导红军战略转移征程中形成的，具有多重范畴、多元形态和多维功效。

第一，从长征实践的时间长度和空间广度，在逻辑上引导大学生认识到他们自身就是弘扬长征精神的时代主体。

长征时期（1934 年 10 月—1936 年 10 月），红军历时两年的长征历程生成发展了长

征精神。红一方面军（中央红军）、红二方面军（包括其前身红二、红六军团）、红四方面军、红25军这4支主要队伍的长征总里程达6.5万里，按今天的行政区划，红军长征经过了江西、福建、广东、湖南、广西、贵州、重庆、云南、四川、青海、甘肃、河南、湖北、宁夏、陕西等15个省（自治区、直辖市）。红军长征时期，在中国共产党的领导下，数十万红军将士历经千难万险走过千山万水，取得了战略转移的伟大胜利，也熔铸了震古烁今的精神丰碑。参加长征的所有中共党员和红军官兵，是长征精神最早也是最重要的主体。多年来，所有在新长征路上英勇奋斗、努力拼搏的党员干部、全军官兵和人民群众，也都是长征精神得以赓续发展的主体力量。也就是说，所有参与创造长征和新长征的物质成果与精神成果，或者以各种方式传播长征文化的个人和团体，也都是长征精神的创造者、传承者、弘扬者，都可以视为长征精神的广义主体。

在此基础上，引导大学生认识和理解，他们自身就是长征精神的主体。在当前新时代新征程中，大学生有历史责任弘扬好长征精神，走好新的长征路。

第二，长征精神是中国共产党人精神谱系中的一个重要坐标，自身也形成了精神谱系，呈现出多元的具体形态。

就长征精神的基本内涵而言，主要包括五个方面，表现为理想主义精神、爱国主义精神、英雄主义精神、集体主义精神、现实主义精神等具体形态，此外其构成要素以及同层级的相关元素，也都自成体系形成具体的长征精神形态。如担当精神、战斗精神等。

就长征精神的重要会议而言，长征途中的重要会议，是作出决策部署、纠正错误思想、开展党内斗争、指导全国革命的重要形式，是中国共产党在政治上从幼稚走向成熟的重要标志，也生成了长征精神的具体形态。尤以遵义会议精神最具代表性。

就长征精神的重要战役而言，中国共产党领导红军在连续行军和英勇作战的行动中，不仅创造了军事史上的奇观，而且也生成了具体的精神形态，如湘江战役精神、强渡大渡河精神、飞夺泸定桥精神、腊子口精神、六盘山精神等。

就长征精神的重要事件而言，如北上抗日先遣队精神、“半条被子”精神、彝海结盟精神、雪山草地精神、西路军精神、会师精神等。

就长征精神的重要人物而言，长征精神的主体力量，他们作为群体和个体身上所体现的精神力量，是长征精神的重要表现形态，如长征女红军精神以及长征时期毛泽东、周恩来、朱德、方志敏、刘志丹、董振堂、邓萍等体现的革命精神等。

在此基础上，引导大学生认识和理解长征精神具体形态是长征精神的具体化表现，每一种长征精神具体形态的生成与合力，最终汇成了伟大的长征精神。在当前新时代新征程中，每一位大学生个体在每一种形态长征精神的实践，就是对长征精神的弘扬。

第三，长征精神作为一种重要的革命精神力量和政治文化元素，可以从不同维度揭示和阐发长征精神的科学意蕴、丰富形态和重要价值。

进入新时代后，习近平总书记多次强调新时代弘扬长征精神、走好新长征路的伟大意义，深化和拓展了长征精神的时代意涵。长征精神作为一种特定的革命精神，具有其特殊的科学内涵和内在结构。关于长征精神的科学内涵，党中央已有权威概括，学界已有基本共识。长征精神就是把全国人民和中华民族的根本利益看得高于一切，坚定革命的理想和信念，坚信正义事业必然胜利的精神；就是为了救国救民，不怕任何艰难险阻，不惜付出一切牺牲的精神；就是坚持独立自主、实事求是，一切从实际出发的精神；就是顾全大局、严守纪律、紧密团结的精神；就是紧紧依靠人民群众，同人民群众生死相依、患难与共、艰苦奋斗的精神。长征精神包含五个方面的核心元素，即理想主义精神、爱国主义精神、英雄主义精神、集体主义精神、现实主义精神。具体而言，理想主义是长征精神的灵魂，爱国主义是长征精神的根本，英雄主义是长征精神的底色，集体主义是长征精神的支撑，现实主义是长征精神的关键。这五种精神既是长征精神的主要内容，也是长征精神的具体表现，它们既相互独立，又互为补充。习近平总书记多次就长征精神、遵义会议精神、湘江战役精神、“半条被子”精神、西路军精神等的内涵和意义作出重要论述。由此，每一位大学生个体都能创造性弘扬长征精神，做好时代新人。

【活动意图】这部分内容旨在帮助大学生理解、掌握长征精神作为一种社会意识，是长征实践的社会产物，也是长征实践取得胜利的精神力量。

【教学用时】33 分钟。

第二部分　不朽的精神丰碑

——弘扬长征精神的意义与价值分析

这部分内容旨在帮助大学生科学把握长征精神的范畴和内涵，准确认识长征精神的意义和价值，这对于新时代大学生弘扬革命精神、传承红色基因、奋力走好新长征路具有重要的现实意义。

第一，长征精神的历史意义与理论价值。

中国共产党领导红军进行的长征，是百年党史进程中的一个重大事件。长征精神不仅与政治息息相关，成为中国共产党的重要政治资源，而且还与经济、文化、社会等各个领域息息相关，对中国历史发展的走向产生了全方位的影响。红军长征在党史上具有深远影响，长征精神在中国共产党人精神谱系中居于重要地位，这是长征精神具有历史意义与理论价值的基本逻辑。一部中国共产党的历史就是一部不懈奋斗史、不怕牺牲史、理论探索史、为民造福史、自身建设史。这五个方面都在长征的历史进程中得到了集中而生动的呈现。

长征时期波澜壮阔、举世罕见的斗争历程，使长征精神既蕴涵了坚定的理想信念、实事求是的作风、全心为民的宗旨等与建党精神一脉相承的精髓要义，又凸显了革命英雄主义、革命乐观主义、革命集体主义等独特鲜明的精神元素，并为延安精神的形成和发展奠定了基础、提供了支撑。长征精神对其后各种精神的形成和发展产生重要影响。大学生准确把握长征精神理论价值，以理论上的深刻坚定、政治上的清醒，启发行动上的自觉，更加自觉地赓续红色基因和弘扬长征精神。

第二，长征精神的现实意义与实践价值。

作为红军战略转移的长征，已然定格于历史的烟尘之中，但是中国共产党人的长征路仍在延续，长征精神作为一种比历史更持久、更深刻的文化元素，也随着时代的发展而愈加彰显其现实价值和现实意义。新时代的新长征路与当年相比，在环境、条件、任务、力量等方面已大不相同，但又有相通之处，都是具有开创性、艰巨性、复杂性的事业。每一代人都要走好自己的长征路，新时代的长征路是当年长征的延续，走好新长征路依然需要弘扬伟大长征精神，这是长征精神具有现实意义和实践价值的基本逻辑。在新时代新长征路上更加需要弘扬理想主义精神、爱国主义精神、英雄主义精神、集体主义精神、现实主义精神，准确把握长征精神的现实意义与价值内涵。

第三，长征精神的世界意义与普遍价值。

长征精神既具有鲜明的中国特色，也具有普遍的世界意义。习近平总书记指出，国际社会越来越多的人认为，红军长征是20世纪最能影响世界前途的重要事件之一，是充满理想和献身精神、用意志和勇气谱写的人类史诗。这是长征精神能够在世界范围内产生广泛影响、引发高度共鸣的历史条件和价值基础，也是长征精神具有世界意义和普遍价值的基本逻辑。红军长征这个举世无双的奇迹，汇集了人类长征故事的精粹，彰显了人类长征精神的崇高，升华了人类长征文化的意蕴，从而成为人类长征以及有着长征共性特征的奋斗目标及过程的代名词和标志符号。长征是我们的昨天，新长征是我们的今天，传承和弘扬长征精神，也就是勠力创造我们共同的明天。准确把握长征精神的世界意义和普遍价值，有助于激发大学生愿意在世界上讲好“中国故事”、弘扬中国精神、传播中国文化，这对于塑造中国共产党和国家的良好形象、推进建设人类命运共同体具有积极意义。

【活动意图】从历史视角切入，梳理“长征精神”的多重范畴、多元形态和多维功效，使大学生明晰作为个体弘扬长征精神的具体方式方法，并有能力呈现出长征精神的时代价值与意义。

【教学用时】30分钟。

第三部分　实践环节的设计

将理论与实践相结合，大学生在理论上充分掌握长征精神的基础上，通过投身于弘扬长征精神的实践活动，进一步挖掘出长征精神的新时代价值，探究出弘扬长征精神的新路径，从而使长征精神历久弥新、焕发新的生机与活力。具体来说就是，结合北京地方红色资源，以长征精神为主题，坚持尊重历史、实事求是、开拓创新的创作原则，采用丰富多彩的形式，创作一批内涵丰富、思想深邃、体现长征精神的文化作品。

【活动意图】引导大学生通过实践活动，以长征精神为主题，在实践文化成果制作和展示过程中，树立起文化自信和行动自觉。

【教学用时】15分钟。

第四部分　课程总结及思考探究

长征是中国共产党百年历史上一页既波澜壮阔而又精彩纷呈的瑰丽篇章，也是一百余年来党的不懈奋斗史、不怕牺牲史、理论探索史、为民造福史、自身建设史的生动缩影。中国共产党人和红军将士用生命和热血铸就的长征精神，是长征留给后人最可宝贵的财富。红军长征的胜利，是中国共产党和红军弘扬长征精神的胜利。长征对中国和世界的当代价值，也主要体现为长征精神的当代价值。长征精神具有其特定范畴、科学内涵和丰富形态，彰显跨越时空和民族的普遍意义和持久影响，在中国共产党人精神谱系中居于重要地位。深入研究、努力践行和大力弘扬伟大长征精神，对走好新时代的长征路、实现中华民族伟大复兴的中国梦具有重要历史意义和现实意义。

【教学用时】5分钟。

七、作业设计

（1）创作以长征精神为主题的文化作品。引导学生创作长征题材的红色情景剧，生动、形象地再现红军长征历史和红军战士感天动地的英雄事迹；也可以以红军长征中某个历史事件或战役为背景，创作长征红色歌曲、微电影；还可以以长征中的某次会议、人物等为题材，创作长征绘画作品。

（2）写作以长征精神为主题的实践论文。引导学生以长征精神为主题，参观北京的红色资源，撰写实践小论文，形式上可以是调研报告、访谈报告或观后感。教学目标是，提升、考查学生自主进行研究性学习能力，历史与现实相结合的能力，理论与实践相结合的能力。

参考文献

[1] 习近平．在纪念红军长征胜利80周年大会上的讲话 [N]. 人民日报，2016-10-22（2）.

[2] 习近平．坚持党的领导传承红色基因扎根中国大地走出一条建设中国特色世界一流大学新路 [N]. 人民日报，2022-04-26（1）.

[3] 习近平．用新时代中国特色社会主义思想铸魂育人 贯彻党的教育方针落实立德树人根本任务 [N]. 人民日报，2019-03-19（1）.

[4] 何虎生．长征精神 [M]. 合肥：安徽教育出版社，2019.

[5] 习近平．论中国共产党历史 [M]. 北京：中央文献出版社，2021.

★ 专题四　延安精神 ★

一体化设计说明

一、教学内容简介

延安精神是第一批纳入中国共产党人精神谱系的伟大精神之一。“要用好红色资源，加强革命传统教育、爱国主义教育、青少年思想道德教育，引导全社会更好知史爱党、知史爱国。”延安精神作为中国共产党在延安时期形成发展的革命精神，蕴含着丰富的思想政治教育元素，是开展思想政治理论课的重要资源。2022 年 10 月，习近平总书记瞻仰延安革命纪念地时指出：“在延安时期形成和发扬的光荣传统和优良作风，培育形成的以坚定正确的政治方向、解放思想实事求是的思想路线、全心全意为人民服务的根本宗旨、自力更生艰苦奋斗的创业精神为主要内容的延安精神，是党的宝贵精神财富，要代代传承下去。”本专题结合大中小各学段特点，坚持思政课程与课程思政同向同行，围绕延安精神进行教学内容和教学环节的一体化设计。

二、一体化教学目标与思路

（一）一体化教学目标

本专题围绕“延安精神”，在小学、初中、高中、大学四个学段，从教学内容、教学目标、教学方法、教学资源等方面入手，依据本学段课标要求、教材和学生实际，重点讲清楚延安精神的价值意蕴、历史逻辑、主要内容和实践路径，从而提升学生的思想道德素养，增强学生政治认同、思想认同和文化认同，引导学生积极投身于社会实践，弘扬延安精神，做新时代担当民族复兴大任的时代新人。

（二）一体化教学思路

基于教学一体化的整体设计思路，以及思政课程和课程思政同向同行的教学要求，本专题在关注小学、初中、高中、大学各学段学生知识结构、身心特点、认知规律的基础上，在教学内容、教学方法、教学环节、教学方式等方面体现循序渐进、螺旋式上升的特点。此外，本专题一体化教学思路十分注重以学生为中心的教学理念，充分关注学生所思所想，以学生思想实际和学习需求为教学设计方向，有效运用现代化教学手段和平台，着力提升大、中、小学思政课一体化的教学育人实效。

◆ 小学学段《道德与法治》：围绕“云游博物馆　感悟延安魂”，通过设计“搜寻线索卡、探秘延安革命博物馆”的活动，引导学生以“线索卡”为导向，“线上＋线下”相结合，开启博物馆“云端研学之旅”。在此过程中，学生将其在课内、外党史学习中碎片化知识进行整合、归纳、提炼、升华，初步理解延安精神的价值内涵，学习和了解延安是红军长征的“落脚点”，也是中国革命走向全面胜利的“转折点”。本学段的教学重点在于让学生知道延安对于中国共产党发展与壮大的历史意义，初步理解延安精神的价值内涵。教学难点在于使学生感悟延安精神的当代意义，启迪他们学习和传承延安精神。

◆ 初中学段《道德与法治》：围绕“忆延安光辉　传红色火种”，通过小组合作的形式激发学生自主学习，通过课前资料收集和整理，以小组的形式展示学习成果，初步了解延安精神的内涵；然后通过案例及故事探究，帮助学生进一步加强对延安精神内涵的理解，并有意识地增强学生对于延安精神重要意义的认同；最后通过学生展示活动，使其对延安精神的理解得到提升。在课程中，通过学生的大量参与，加强学生对知识的把握，提升学生的课程参与度，真正做到以学生为主，学生是课堂的主人。本学段教学重点在于理解延安精神的深刻内涵，教学难点在于引导学生能够将延安精神随着时代进步和发展，不断丰富和践行。

◆ 初中学段《音乐》：围绕“黄河大合唱　唱响延安情”，通过对《黄河大合唱》各乐章的聆听、对比和分析，带领学生感受混声合唱多种艺术表现形式，体会音乐与人类思想情感表达的完美结合。通过对第五乐章《黄河对口曲》的赏析演唱，体会山西民歌的地域特点，感受如何用音乐和不同的演唱声音形象表达角色人物性格。通过对《黄河大合唱》整体学习和了解，使学生全方位感受作品诞生的历史时期、包含的文化内涵和彰显的民族精神。本学段重点在于感受和掌握作品中所包含的多种合唱艺术表现形式，对合唱艺术有更全面的了解和更宏观的视角。理解和掌握作品中所彰显的民族精神和文化内涵，在赏析和演唱的同时，能对我们的国家、我们的历史、我们的民族和我们的文化有更进一步了解和更多的热爱。本学段难点在于，作品诞生的历史时期和所展现的内容与学生有一定距离，学生在体会作品精神和理解作品内容方面具有一定难度。学生不但要对音乐作品熟悉，也要熟悉这段特殊的历史背景。学生在运用演唱表达方面，能否用恰当的声音和饱满的情绪表达作品具有一定的难度。

◆ 高中学段《政治与法治》：围绕“品百年延安　颂百年大党”，设置了“百年不变——窑洞之光明初心”“百年巨变——南泥溪谷致富因”“百年人物——光辉榜样催人进”三个子议题，分别论证中国共产党之所以能始终走在时代前列，就在于始终坚持党的指导思想与时俱进、始终坚持解放思想、实事求是、与时俱进、求真务实的制胜法宝以及共产党员发挥先锋模范作用。三个议题分列展开又紧密相连，以承载着延安精神的“窑洞”“南泥湾”等为载体，挖掘延安精神的内在品质，从历史到现实，在传承中发展，在发展中创新，让学生明确中国共产党始终走在时代前列的理论优势、路线优势和组织优势，从而坚定永远跟党走的信念。本学段教学重点在于了解党的指导思想，准确理解解放思想、实事求是、与时俱进、求真务实的含义，以及了解中国共产党党员的先锋模范作用。教学难点在于理解党的指导思想一脉相承、与时俱进的关系；理解解放思想、实事求是、与时俱进、求真务实之间的关系。

◆ 大学学段《中国近现代史纲要》：围绕“扬延安精神　汲信仰力量”，从“坚定正确的政治方向”“解放思想实事求是的思想路线”“全心全意为人民服务的根本宗旨”“自力更生艰苦奋斗的创业精神”“大力弘扬延安精神”五个方面展开讲授，旨在帮助学生深入理解延安精神的内容体系和整体逻辑，进而传承红色基因，弘扬延安精神。本学段教学重点在于围绕习近平总书记在2022年10月瞻仰延安革命纪念地时的重要讲话，充分运用延安红色资源，通过讲述红色故事使学生明确延安精神的形成过程，将相关鲜活而丰富的案例融入教学之中，使延安精神成为大学生的人生导航。本学段教学难点在于结合延安精神形成过程，充分理解中国共产党在延安开展的抗日民主根据地建设。在理解延安精神的本质中，充分理解中国共产党在抗日战争中的中流砥柱作用。引导学生结合自身成长成才，将传承和弘扬延安精神落到实处。

三、一体化教学结构图

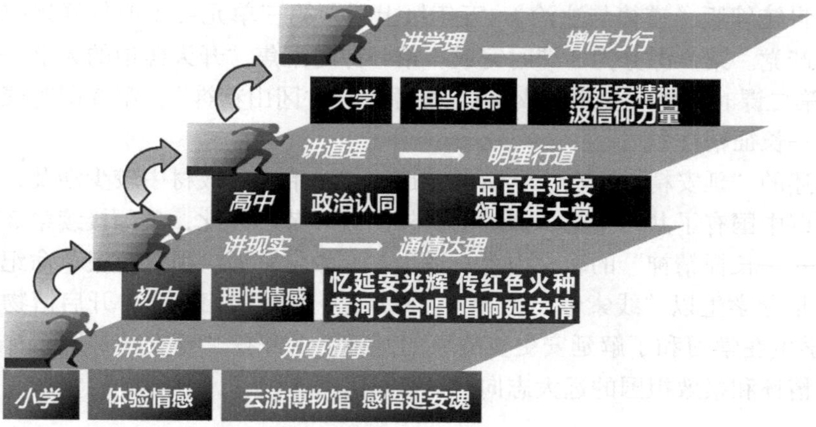

小学学段：云游博物馆 感悟延安魂

基本信息表					
教师	李珊	学校	北京市十一中中学附属定安里小学	学段	小学五年级
教科书版本及章节	统编版《道德与法治》（五年级上册），人民教育出版社；第三单元 百年追梦 复兴中华，第 9 课 中国有了共产党				

一、学情分析

（一）教学内容分析

本课选自统编版《道德与法治》（五年级上册）第三单元百年追梦复兴中华，第 9 课中国有了共产党。第 9 课分为 3 课时完成。第一课时聚焦“开天辟地的大事——中国共产党成立”；第二课时聚焦“星星之火 可以燎原——井冈山精神”；第 3 课时聚焦“红军不怕远征难——长征精神”。

本课阐述的“延安精神”在小学阶段《道德与法治》的教材中较少涉及，部分内容仅出现在第 9 课中国有了共产党第 3 课时的课外阅读环节。因此，教师接续第 3 课时“红军不怕远征难——长征精神”的教材内容，适当扩充教学资源，引入延安革命纪念馆的相关学习资料，指导学生以“线索卡”为导向，“线上 + 线下”相结合，开启博物馆“云端研学之旅”。学生在学习和了解延安史实故事的基础上，深挖“延安精神”精神内涵，树立深厚的爱国情怀和报效祖国的远大志向。

（二）学习者分析

1. 知识基础

学生对“延安精神”的内涵和意义有着初步的认知，但呈现碎片化、零散化的特点，没有形成脉络式的整体理解和感悟。一方面，在课堂学习中，学生在《语文》四年级上册《延安，我把你追寻》和《道德与法治》五年级上册《百年追梦 复兴中华》的党史学习中，学习了中国共产党在延安时期的部分史实，对于延安精神有自己的初步理解。另一方面，学校少先队“建党百年、党史故事我来讲”的德育宣传平台，以及《道德与法治》学科教师依托市级课题开展的《东城区红色地标打卡手册》党史课内、外实践活动中，有关“延安精神”的党史学习均有所涉及。

2. 能力基础

五年级学生已经具备一定的逻辑思维和判断能力，能借助相关资料和视频进行自主学习、小组分享和自我反思。在师生交流中，学生更倾向表达自己的看法和观点。但对于“建党精神”一类与自己实际生活较远的学习内容，学生常会出现畏难情绪，单纯讲授和资料分析并不能使学生真正理解“延安精神”的真正内涵及其对我们当前生活的影响。从而导致学生无法从内心自发形成民族自豪感和爱国情怀，课程“立德树人”的教学要求浮于表面。

3. 学生兴趣与发展要求

五年级学生更倾向于在游戏化、探秘类的主题活动中自主探究、交流合作、得出结论。因此，教师以“搜寻线索卡、探秘延安革命博物馆”的课堂学习主线，激趣学习。鼓励学生在探秘中，将自己在课内外党史学习的碎片化知识进行整合、归纳、提炼、升华，对“延安精神”本身的精神内涵及其背后的历史意义形成完整的认知，凝炼党史脉络，树立报效祖国的远大志向。

二、教学目标

通过设计“搜寻线索卡、探秘延安革命博物馆”的活动，引导学生以线索卡为导向，“线上＋线下”相结合，开启博物馆“云端研学之旅”。学生在此过程中，将其在课内外党史学习中碎片化知识进行整合、归纳、提炼、升华，初步理解延安精神的价值内涵，学习和了解延安是红军长征的“落脚点”，也是中国革命走向全国胜利的“转折点”。并进一步感悟延安精神的当代意义，萌发传承延安精神的远大志向。最终落实《道德与法治》课程标准（2022年版）核心素养中政治认同“形成强烈的中国人身份认同感，知道中国共产党是伟大、光荣、正确的党，能在日常生活中践行和弘扬社会主义核心价值观，有“以实现中华民族复兴为己任的使命感”的学段要求。①

三、教学重点与难点

（一）教学重点

（1）走进延安革命纪念馆，知道延安对于中国共产党发展与壮大的历史意义。

（2）借助“线索卡”了解馆内展品背后的红色故事，了解党中央由弱到强、凝聚力量，取得最终胜利的奋斗历程。初步理解延安精神的价值内涵。

（二）教学难点

感悟延安精神的当代意义，萌发学习和传承延安精神的远大志向。

四、教学方法与手段

情景模拟、讨论法、小组汇报。

五、教学特色

本课采取“线上＋线下”相结合的方式，以探秘式的教学活动激发学生的学习兴趣。利用抽取“线索卡”设置问题情境，引导学生利用IPAD线上浏览延安博物馆线上展厅，

① 中华人民共和国教育部制定.《义务教育道德与法治课程标准》（2022年版）[M]. 北京：北京师范大学出版社，2022：5–6.

看展品、读红色故事，分享交流。学生在自主探究的学习中，对“延安”的认知层层深入，理解其精神内核，向先辈致敬，传承榜样力量。感悟其当代意义，从小树立报效祖国、做社会主义新的建设者和接班人的远大志向。

六、教学活动设计

环节一：初探延安革命纪念馆，初步了解延安的历史意义

1. 问题导入，揭示主题

（1）出示“红军长征路线图”并导入：在上节课的学习中，我们理解了“红军不怕远征难”这句话的真实意义。1935 年，红军在生存环境恶劣、敌我兵力悬殊等困境下，百折不挠、历经艰险，经过万里长征，最终抵达陕北延安。

（2）提问：在之前的学习和实践活动中，对于“延安”，你有什么了解？

预设：我们的革命圣地；属于陕甘宁革命根据地；有著名红色景点——宝塔山、枣园、杨家岭；陕西窑洞；南泥湾大生产运动……

（3）追问：对于延安，大家还想了解什么呢？

预设 1：为什么红军长征的终点是延安？

预设 2：我们在延安的发展是不是一帆风顺，遇到了什么困难？

预设 3：延安时期取得了哪些成绩，有什么感人的故事？

预设 4：学习延安这段历史，对我们现在有什么意义？

（4）过渡：今天这节课，就让我们走进这段历史，探究这些问题的答案。

2. 创设情境，感受落脚延安的历史意义

（1）导入：先让我们来观看一段视频，共同来解答我们的第一个疑惑：“中国有这么多座城市，为什么长征的终点会选择延安呢？”

（2）播放视频《直罗镇战役》，并出示相关资料。

【文字资料】

1935 年，长征途中，在甘肃省哈达铺镇邮政代办所一份两个月前的《大公报》上，毛泽东发现了这样一条信息：陕北“赤匪”刘志丹，正规红军五万人。“赤匪”，这是南京国民政府对于红军的敌意称呼，但毛泽东看着这份报纸，却如获至宝。在他眼中，此时要北上抗日，首先就要到陕北，因为那里有刘志丹率领的红军。当时，陕甘革命根据地成为全国范围仅存的一块革命根据地。①

（3）提问：运用上述资料，你能用简短的话解答我们的第一个问题吗？

（4）总结：在分享和交流中，中共中央从国民党的报纸上获悉西北红军及其根据地仍然存在，作为全国仅存的一块完整的革命根据地，陕甘宁根据地成为党中央和中央红军的落脚点。1937 年 1 月 13 日，中共中央机关进入延安。从这一天起，近 13 年，以延安为中心的这片土地，迎来迈向高昂、辉煌的岁月。在接下来的时间中，就让我们利用获取的

---

① 延安革命纪念馆数字博物馆．在线点播－文物故事－直罗镇战役［EB/OL］.（2022-10-11）［2023-04-22］. http://www.yagmjng.com/index.php/cms/list-42.html.

“线索卡”，利用IPAD，云游延安革命纪念馆，探寻线索背后蕴含的红色故事。

【活动意图说明】回顾前知，激发学生对于“延安”的原有记忆，并辅助延安时期的史实数据资料，引导学生初步了解延安对于党的发展与壮大的历史意义。与此同时，教师会依据学生回答发放“线索卡”，明确本课课题——延安精神，指导学生为下一环节的学习做铺垫和准备。

环节二：“线索卡”探寻纪念馆，交流红色故事，感悟延安精神

1. 初探延安革命纪念馆，了解党中央在延安初期所面临的困境

（1）出示“线索卡”（展品照片）

“自力更生、丰衣足食”书法展品（文物故事《光辉题词照千秋》）①

“小米加步枪”展品（文物故事《小米加步枪》）②

提问：解决了第一个疑问，让我们以这两个图片为线索，走进延安革命纪念馆，思考党中央落脚延安后，我们面临着哪些困难？先来观察“线索卡上”展示的图片内容，你能想到什么？

预设1：看到了小米和步枪，是不是武器比较落后，或者与供给有关？

预设2：从这份书法展品中，“丰衣足食”说明当时根据地的人民吃不饱、穿不暖。

（2）分析问题：会是这样吗？让我们通过一份资料，验证猜想。

【文字资料1】中共中央和中央红军1935年10月落脚陕北时，红一方面军的总人数从江西出发时的八万六千多人，仅余下七千多人。红二、红四两个方面军还在长征途中，红军三大主力尚未会师，即使是刚刚到达陕北的几千人的队伍，除了面对着国民党重重的军事“围剿”外，还面临着无钱少粮等生活上的巨大困难。

与此同时，从1940年开始，日本侵略者对延安实行了“三光政策”，使得延安在生活、经济还有交通三个方面都遭受到了严重打击，边区经济遭遇到了前所未有的困难。“我们曾经弄到几乎没有衣服穿，没有纸、没有油、没有鞋袜，在冬天没有被子盖……延安真是困难极了！”面对这样的情况，当时的毛主席同志发出来这句无奈的感慨。

【文字资料2】

1935—1948年党中央在延安时期的发展变化

内容	初期数量	后期数量
革命根据地	1个（陕甘宁根据地）	19个
人民军队	4万～5万人	120万人
党员数量	4万余人	121万人
解放区人口	150万人	1亿人
解放区面积	13万平方千米	100万平方千米

① 延安革命纪念馆数字博物馆．在线点播－文物故事－光辉题词照千秋［EB/OL］.（2022-10-11）［2023-04-22］. http://www.yagmjng.com/index.php/cms/list-42.html.

② 延安革命纪念馆数字博物馆．在线点播－文物故事－小米加步枪［EB/OL］.（2022-10-11）［2023-04-22］. http://www.yagmjng.com/index.php/cms/list-42.html.

（3）解决问题：你找到解决问题的答案了吗？党中央在延安都面临着哪些困难？

预设：无钱少粮、敌我实力悬殊、日常生活难以保障……

（4）提出新问题：读完这份资料，你产生了什么新问题？

预设：我们是怎么解决这些困难的？做了哪些，才有这么大的变化？

（5）小结：今天，就让我们带着这些问题，借助 IPAD 和你获得的“线索卡”，云游延安革命纪念馆，聆听红色故事，一起感悟其中蕴含的精神内涵。

2. 再探延安革命纪念馆，感悟延安精神的价值内涵

（1）提出问题：你从展品故事中感受到什么？党在延安是如何发展壮大的？

小组学习：线索卡＋学习单，打卡延安革命纪念馆。

萌发情感：结合刚才的感悟，请你再来说一说，纪念馆展示的不仅仅是展品本身，还展示的是什么？

【学习要求】利用 IPAD，在延安革命纪念馆线上红色故事资源库中，找到与线索卡对应的学习视频；

认真观看，分工合作，组内交流，并将学习结果填写在背面的学习单上；

学有余力的同学可继续参观延安革命纪念馆－数字博物馆。

板书：实事求是、理论联系实际／自力更生、艰苦奋斗／全心全意为人民服务

（2）解决问题：通过刚才的分享，你找到党在延安发展壮大的原因了吗？

思考交流：边区人民为什么会这么支持党的各项决定，一心跟党走？

出示展品照片：毛泽东题词《站在最大多数劳动人民的一面》①

在刚才的红色故事中，我们也听到了很多延安时期党中央与老百姓之间的故事。再看这段题词，请你说一说，党中央在延安的发展还依靠什么？

预设：依靠百姓的力量和支持，因为我们尊重百姓，为老百姓谋福利，因此百姓才会支持我们，愿意帮助我们。

（3）小结：在物资极其短缺的情况下，共产党人和革命者融入到广大人民群众之中，官兵一致，军民一致，水乳交融，使中国共产党获得了最广大人民群众的拥护和支持，这是中国共产党走向胜利的最大政治优势。由此，中国革命迎来了走向全国胜利的“转折点”。

【活动意图说明】学生利用上一环节所获得的“线索卡”中提供的文字或图片，走进延安革命纪念馆，借助 IPAD 观看视频，阅读文字资料，探究馆内展品背后的故事，深刻领悟中国共产党在延安革命根据地凝聚力量，由弱到强，扭转乾坤，取得了最终胜利的壮举，并在故事中了解和感悟延安精神。

① 延安革命纪念馆数字博物馆．在线点播－文物故事－站在最大多数劳动人民的一面［EB/OL］．（2022-10-11）［2023-04-22］．http://www.yagmjng.com/index.php/cms/list-42.html.

自学视频资料包

序号	线索卡内容	对应红色故事	精神内涵
1	（1）文字线索：陕北好江南 （2）展品线索：一辆小纺车	陕甘宁边区面临日军疯狂扫荡及其所实行的军事和经济的封锁，党中央在延安开展了“大生产运动”，极大地改善了当时的生活困难问题	自力更生 艰苦奋斗
2	（1）文字线索：纺织英雄 （2）展品线索：《挑战书》	在南泥湾大生产运动中，边区人民响应号召，努力生产，其中延川县的一名普通农妇黑玉祥依靠勤俭和劳动改善了全家人生活，被评为“纺织英雄”	
3	（1）文字线索：三用大衣 （2）展品线索：周恩来	在延安的十多年中，这件大衣陪伴了周恩来南征北战，被誉为“三用大衣”。它彰显老一辈无产阶级革命家艰苦奋斗、勤俭节约的优良品德	艰苦奋斗 勤俭节约
4	（1）文字线索：两个馒头 （2）展品线索：周恩来在窑洞工作的照片	延安时期，缺衣少粮，毛泽东、周恩来和任弼时三位书记彼此关心，相互推让两个馒头	艰苦奋斗 全心全意为人民服务
5	（1）文字线索：捉迷藏 （2）展品线索：毛主席在小炕桌写作的照片	毛主席写《新民主主义论》一书的时候，常常废寝忘食。警卫员虽多次提醒，但毛主席为了怕打断思路，和警卫员玩起“捉迷藏”	全心全意为人民服务
6	（1）文字线索：为人民服务 （2）展品线索：一把斧头和张思德雕像	张思德在入党七年的时间里，哪里需要去哪里，干一行爱一行。1944 年，在烧炭时，由于炭窑坍塌，张思德英勇牺牲	
7	（1）文字线索：人民公仆 （2）展品线索：朱德的公文包	在艰苦岁月中，朱德经常用这个公文包，在油灯下整理第二天的工作。公文包体现着老一辈无产阶级革命家废寝忘食、勤勤恳恳的质朴形象和艰苦朴素的公仆情怀	
8	（1）文字线索：一颗豆豆要顶一颗豆豆事 （2）展品线索：边区人民投豆选举的照片	陕甘宁革命根据地决定筹建苏维埃政府，其中最重要的环节就是选举苏维埃主席，针对边区人民整体文化水平较低的现状，决定采取投豆的方式选出自己信任的领导和政府	实事求是 理论联系实际
9	（1）文字线索：团结的大会 （2）展品线索：中共七大的照片	1945 年，为了团结全党全国人民，争取光明的前途，彻底打败日本侵略者，建立民主、统一、富强的新中国，党在延安召开了具有历史意义的第七次全国代表大会	
10	（1）文字线索：三三制 （2）展品线索：边区中央局彻底实行“三三制”工作指示	“三三制”政权是党在陕甘宁边区实行的民主政策。其中，左派进步分子占三分之一，中间分子占三分之一，代表中等资产阶级和开明绅士占三分之一	
11	（1）文字线索：边区银行 （2）展品线索：印钞机	陕甘宁边区在经济和金融方面与国民党统治区有着很大的不同，在新的形势下，根据地的经济为了保持独立性，开始发行边区货币	

环节三：展望中国发展，思考延安精神在当下的意义，学做传承者

1. 思辨交流：延安精神的现实意义

（1）讨论：我们的国家日益强大，我们的生活和平幸福，如今，我们还需要延安精神吗？

（2）播放视频《中国榜样力量》，并提问：你记住了哪些榜样事迹，他们为国家的繁荣昌盛做了什么？

（3）小结：延安精神在一代代共产党人身上传承，激励着一代又一代中国共产党人为实现民族独立、人民解放和共产主义远大理想而前仆后继、英勇奋斗。

2. 萌发志向，传承精神

（1）联系自己的生活，想一想我们应该如何发扬延安精神？

（2）学习践行：填写“志向卡”，制定一个学习或生活中的小目标。

3. 课堂总结

习近平总书记指出：“延安是中国革命的圣地、新中国的摇篮”，“滋养了中国共产党发展壮大，支持了中国革命走向胜利”。①

昨天，我们老一辈无产阶级革命家在延安生活和战斗了 13 个春秋，他们运筹帷幄，决胜千里，领导和指挥了中国的抗日战争和解放战争，奠定了中华人民共和国的坚固基石，培育了永放光芒的“延安精神”，谱写了可歌可泣的伟大的历史篇章。今天，作为少先队员，祖国的未来，希望你们永远牢记延安精神，用自己的实际行动继承延安精神，由你为祖国增光添彩。

【活动意图说明】在理解延安精神价值内涵的基础上，引导学生将目光转回现实生活，通过了解不同年代的模范人物，感悟正是先辈的努力和奉献才有我们现在富裕幸福的生活。学生在理解延安精神的跨时代传承后，萌发传承和学习延安精神的志向，引导学生思考作为新时代的少先队员应该如何在生活中学习延安精神，并通过撰写“志向卡”，设立小目标，鼓励学生在实际生活中践行和传承延安精神。

七、作业设计

以下作业内容，学生可自主选择，任选其一参与。

（1）绘制“党史年代尺”：以第三单元百年追梦 复兴中华的学习内容为主线，设计党史年代尺，并举办班级、年级“党史长廊展览”。

（2）践行“志向卡”：根据本课所学所获，完善“志向卡”具体内容，制订如何实现学习和生活中目标的计划，并能按照计划落实目标。学生完成目标后，家长在“志向卡”中的“家长寄语”一栏中进行评价。

（3）打卡“东城区红色地标”：根据《道德与法治》课程课外实践活动《东城区红色地标打卡学习手册》的具体内容，打卡红色地标，填写学习单，并课上分享。

---

① 王纪刚. 从延安走来——中国共产党如何从危难中奋起［M］. 北京：人民出版社，2021：34-36.

参考文献

[1] 延安革命纪念馆数字博物馆．在线点播－文物故事[EB/OL].（2022-10-11）http://www.yagmjng.com/index.php/cms/list-42.html.

[2] 何虎生，张林．从四个方面理解党在延安十三年的历史[N]. 北京日报，2022-11-11（4）.

[3] 王纪刚．从延安走来——中国共产党如何从危难中奋起[M]. 北京：人民出版社，2021.

[4] 高红．毛主席在陕北十三年[N]. 北京日报，2011-06-30（5）.

[5] 中华人民共和国教育部制定．义务教育道德与法治课程标准（2022 年版）[M]. 北京：北京师范大学出版社，2022：5-6.

初中学段：忆延安光辉　传红色火种

基本信息表					
教师	郭静	学校	北京市前门外国语学校	学段	初中三年级
教科书版本及章节	部编人教版《道德与法治》（九年级上册），人民教育出版社，2020 年 8 月第 3 版；第三单元第 5 课第 2 框题 凝聚价值追求				

一、学情分析

（一）教学内容分析

“凝聚价值追求”是人教版《道德与法治》（九年级上册）第三单元第 5 课第 2 框题。本框题的内容是第一课时延续文化血脉的升华，在了解了我国传统文化、传统道德的基础上，增强了文化自信，为第二节的学习做好铺垫。在此基础上凝聚价值追求，主要让学生高扬民族精神和践行社会主义核心价值观，为接下来学习第六课打下基础，引导学生将我们对文明进步与发展的殷殷追求化作守望与建设美好家园的实际行动。在探究高扬民族精神和构筑中国价值的过程中，培育和弘扬中华民族精神，提高辩证思维能力，学会理性爱国，并重视对社会主义核心价值观的培育和践行，形成对民族文化的认同，增加对中国特色社会主义文化的价值认同和自信。本课重点侧重于延安精神的理解和学习，了解延安是中国革命的圣地、新中国的摇篮。知道从 1935 年到 1948 年，毛泽东等老一辈无产阶级革命家在延安生活和战斗了 13 年，领导中国革命从低潮走向高潮、实现历史性转折，扭转了中国的前途命运。认同并理解在延安时期形成和发扬的光荣传统和优良作风，以及培育形成的以坚定正确的政治方向、解放思想实事求是的思想路线、全心全意为人民服务的根本宗旨、自力更生艰苦奋斗的创业精神为主要内容的延安精神。

（二）学习者分析

1. 知识基础

九年级学生对于中华文化有了一定的认知，但是学生对深层次的文化价值及意义认识和思考不多，对革命和社会主义文化的理解也不系统、不深入。学生对社会主义核心价值观一般仅仅停留在认知、记忆层面，对其具体内涵和意义理解较浅。在延安精神层面，相对于学生而言则更加遥远，部分学生能够从历史、地理等学科了解过延安及其与国家发展、党的建立的关系，但是从内涵、意义方面则知之甚微。

2. 能力基础

九年级学生受其心理发展水平、认知能力及辨别是非能力的限制，能够在浅表层面理解延安精神，知道通过一些信息技术手段去探寻延安精神，了解延安故事，能够从故事中明白延安精神的形成及意义，但是要想将延安精神内化于心，外化于行则存在一定的难度。

3. 发展要求

通过课程及活动，帮助学生在理解延安精神的前提下，进一步引导学生分析总结延安精神形成的原因，进而理解延安精神的内涵和巨大作用。帮助学生在学习的过程中，形成政治认同，明白党对于国家发展的重要意义和影响，认同党，热爱党。与此同时，通过理解延安精神的内涵，进一步深化到文化认同、制度认同，帮助学生建立文化自信、制度自信。

二、教学目标

（一）政治认同

了解民族精神的深刻内涵，理解弘扬民族精神的具体体现；理解认同延安精神，具有强烈的中华民族自豪感；理解社会主义核心价值观的内容及其影响，并在日常生活和社会活动中自觉践行。

（二）道德修养

理解社会主义核心价值观的内容及其影响，积极培育和践行社会主义核心价值观。弘扬民族精神，增强民族气节，维护国家利益和安全。

（三）责任意识

树立正确的世界观、人生观和价值观，培养爱国主义精神，积极传承和弘扬民族精神，践行社会主义核心价值观。培育学生的责任意识，增强担当精神和参与能力。

三、教学重点与难点

（一）教学重点

理解延安精神的深刻内涵。

（二）教学难点

能够随着时代进步和发展，不断丰富和践行延安精神。

四、教学方法与手段

情景教学法、讨论教学法、启发谈话教学法；自主学习、小组合作。

五、教学特色

首先，通过小组合作的形式激发学生自主学习。课前，学生将收集和整理的资料在学习小组进行展示，初步了解延安精神的内涵；其次，通过案例及故事探究，帮助学生进一步加强对延安精神内涵的理解，并有意识地增强学生对于延安精神重要意义的认同；最后，通过学生的展示活动，提升对延安精神的内化。课程中，通过学生的大量参与，加强学生对知识的把握，提升学生的课程参与度，真正做到以学生为主，学生是课堂的主人。最终达到本课的目标，将延安精神内化于心，外化于行。

六、教学活动设计

环节一：课堂导入

党的二十大闭幕不到一周，习近平总书记就带领中共中央政治局常委前往陕西延安，瞻仰革命圣地，重温革命战争时期党中央在延安的峥嵘岁月，缅怀老一辈革命家的丰功伟绩，宣示新一届中央领导集体赓续红色血脉、传承奋斗精神，在新的“赶考之路”上向历史和人民交出新的优异答卷的坚定信念。同学们，你们了解延安吗？除了地理课上我们曾经学习过，你还知道什么？大家了解延安精神吗？今天我们就来走进延安，了解并学习延安精神。

巍巍宝塔山，滚滚延河水。延安是中国革命的圣地、新中国的摇篮。接下来，有请第 1 ~ 3 组的代表分别上台来给我们展示他们理解的延安精神。

环节二：教学环节

（一）走近：了解延安精神

1. 活动内容

第 1 ~ 3 组的学生以小组为单位展示关于学习延安精神的成果。

第 1 组：坚定正确的政治方向；

第 2 组：党的根本宗旨是全心全意为人民服务；

第 3 组：自力更生，艰苦奋斗。

2. 展示形式

以 PPT、海报、图片资料的形式进行展示；小组中选出一名代表进行总结汇报。

3. 小结

同学们通过自主学习和小组分享，相信大家已经了解了延安精神的内涵。接下来，我们再来听听延安故事。

【活动意图说明】本环节主要涉及延安精神的内涵、形成过程及其意义。学生通过自主学习和了解，再通过组内讨论、思考及总结，最终完成对延安精神相关内容的学习，达到对延安精神感性层面的认识。

（二）感悟：学习延安精神

1. 活动内容

（1）聆听延安故事。

① 周恩来——“三用大衣”。

② 朱德——朱德的扁担。

（2）我心中的延安精神（深入环节）。

提问：随机对班内的学生进行提问。

2. 问题提纲

① 请你用几个关键词来形容一下你心中的延安精神？

② 聆听完延安故事，给你印象最深刻的是什么？

③ 作为新时代的青少年，你想对自己和同学们说些什么？

3. 小结

聆听延安故事，缩短了延安精神与同学们在历史时间段上的距离。真实的历史事件，让我们感悟到党艰苦奋斗、勤俭节约的作风，以及党全心全意为人民服务的根本宗旨。接下来，有请第4组同学为我们带来诗朗诵《回延安》。

【活动意图说明】通过身边教师讲故事的方式，缩短延安精神与学生们在历史时间段上的距离。与此同时，通过提问的形式，激发学生们的思考和感悟。活动中，学生们能够通过真实事件，感悟到党艰苦奋斗、勤俭节约的作风，以及党全心全意为人民服务的根本宗旨。

（三）诵读延安精神：诗朗诵《回延安》

活动内容

第4组学生表演诗朗诵《回延安》。

【活动意图说明】通过表演诗朗诵《回延安》进一步加强学生们对于延安精神的理解和认同，感受延安精神对我们的重要意义。

环节三：课程总结

同学们，对于延安精神的学习不应该仅仅局限在历史和过去，我们应该将延安精神的内涵和意义真正融入我们的骨髓中。国家正处于全面建设社会主义现代化的新征程中，更加需要我们发扬延安精神，艰苦奋斗，努力学习，早日成为一名为实现中华民族伟大复兴贡献力量的一分子！

七、作业设计

1. 收集在日常生活中感悟延安精神并实践的小故事。

2. 完成对延安精神进一步学习的感想、学习笔记等。

课程思政：黄河大合唱　唱响延安情

基本信息表						
教师	孟越	学校	北京市第十一中学	学段	初中三年级
教科书版本及章节	《音乐》（九年级下册），人民音乐出版社，2013 年；第 1 单元 岁月回声				

一、学情分析

（一）教学内容分析

《黄河大合唱》是人音版《音乐》（九年级下册）第 1 单元岁月回声的第 2 课框题。本单元共分 3 个课时，通过知识能力的接续层层递进带领学生感受、体验合唱作品的艺术特征。第 1 课时：《保卫黄河》歌曲学唱；第 2 课时：《黄河大合唱》赏析与演唱；第 3 课时：《游击队歌》歌曲学唱。《黄河大合唱》由光未然作词，冼星海作曲。全曲共八个乐章，分别是：《黄河船夫曲》《黄河颂》《黄河之水天上来》《黄河对口曲》《黄水谣》《黄河怨》《保卫黄河》《怒吼吧，黄河》。八个乐章采用了混声合唱、男中音独唱、配乐诗朗诵、女声二部及混声合唱、男声二重及混声合唱、女高音独唱等多种不同的艺术表现形式。通过学唱、聆听、赏析等方式，带领学生感受合唱作品的艺术表现特征，透过音乐进一步了解作品中所包含的革命精神——“延安精神”。

《黄河大合唱》1939 年诞生于中国革命圣地——延安，延安孕育了伟大的“延安精神”。作品将黄河作为中华民族精神的象征，庄严讴歌了中华民族顽强斗争、百折不挠的民族精神！它宏伟磅礴、慷慨激昂的气势，鼓舞了整个中华民族。这部宏大的民族音乐史诗，不仅将中国民族音乐和西洋作曲技法完美结合，更凝结着不畏艰难、勇往直前的民族精神。《黄河大合唱》不仅是一部作品，而是成为一种象征，一个不畏艰难敢于抗争的象征，一个民族崛起走向胜利的象征，一个梦想成真、盛世辉煌的象征，凝结着不畏艰难、勇往直前的民族精神。在革命战争年代，延安精神鼓舞和激励着人民克服了一个又一个困难，取得了革命战争的最终胜利。在社会主义建设时期，延安精神所蕴含着的实事求是、艰苦奋斗、自强不息的精神，将指引着中国人民努力建设繁荣富强的社会主义现代化国家，实现中华民族的伟大复兴。

（二）学习者分析

1. 知识基础

学生掌握一定的音乐基础知识能力，包括基本节奏和节拍知识、音高和调式及调性知识，对作品能进行简单结构分析和评价。了解一定的音乐作品和音乐表现形式，能够掌握齐唱与合唱演唱方式的异同之处。对中国传统音乐和乐器有一定的认识和了解，能够分辨出乐器的种类和基本音色特点。已掌握和学习了中国汉族民歌的种类，能够感受劳动号子、小调、山歌体裁的风格特点。对西洋管弦乐团有一定的了解和掌握，能够认识乐器的划分类别和基本乐器的音色特点。

2. 能力基础

学生有一定的演唱能力，能够用较自然的声音演唱作品。节奏和音高的感知能力较好，能够较准确地进行识谱演唱。对作品的赏析和分析能力不断提高，能够根据作品分析表达出个人对作品的理解。对歌唱和表演充满好奇和愿意尝试的想法，能够较恰当地表现出作品的情感内涵。

3. 发展要求

对作品深层次的理解、情感的准确表达和音乐艺术表现力等方面需进一步启发和挖掘，尤其对经典作品的感受、理解、鉴赏和审美能力需继续加强和提高。

二、教学目标

（1）通过对《黄河大合唱》各乐章的聆听、对比和分析，带领学生感受混声合唱的多种艺术表现形式，体会音乐与人类思想情感表达的完美结合。在欣赏和演唱的同时，帮助学生获得“五大核心素养”之“审美感知素养”的提升。

（2）通过对第五乐章《黄河对口曲》的赏析演唱，体会山西民歌的地域特点，感受如何用音乐和不同的演唱声音去形象地表达角色人物性格。发现内容情节变化与艺术表现形式变化的恰当结合。用实际演唱的方式进一步感受歌曲所表达的思想情感、恰当地展现作品的艺术美感，增强学生自我的形象思维能力，帮助学生获得“五大核心素养”之“艺术表现素养”的提升。

（3）通过对《黄河大合唱》整体的学习和了解，使学生全方位感受作品诞生的历史时期、所包含的文化内涵和彰显的民族精神。在丰富的音乐活动中帮助学生形成正确的历史观、民族观、国家观和文化观，从而增强学生的民族自豪感和文化自信，帮助学生获得“五大核心素养”之“文化理解素养”的提升。

三、教学重点与难点

（一）教学重点

（1）重点感受和掌握作品中所包含的多种合唱艺术表现形式，对合唱艺术有更全面的了解和更宏观的视角。

（2）重点理解和掌握作品中所彰显的民族精神和文化内涵，在赏析和演唱的同时，对我们的国家、我们的历史、我们的民族和我们的文化有更进一步了解和更多的热爱。

（二）教学难点

（1）作品诞生的历史时期和所展现的内容与学生有一定距离，学生在体会作品精神和理解作品内容方面存在一定的困难。学生不仅需要熟悉音乐作品，而且还要熟悉这段特殊的历史背景。

（2）在运用演唱表达方面，学生能否用恰当的声音和饱满的情绪表达作品具有一定的难度。

四、教学方法与手段

聆听法、实践演唱法、对比赏析法、合作表演法。

五、教学特色

（1）音乐基础素养能力接续式教学。通过每堂课节奏内容的朗读和听记，以及音高内容的听辨和演唱，使学生不断地巩固和提高音乐素养能力，帮助学生更好、更快地理解和掌握新知识与新内容。

（2）赏析聆听与实践表演相结合。在赏析作品的同时，带领学生演唱和表演作品的片段，在实际参与的过程中，更好地理解和表达作品，从而对作品产生“由外到内”“由内而外”不同角度的理解。

六、教学活动设计

环节一：复习和巩固

（一）音乐基础复习

（1）常用节奏型朗读：四分音符节奏型、二八节奏型、前八后十六节奏型等基本节奏朗读。

（2）歌曲难点节奏朗读：小附点、大切分节奏型准确朗读。

（二）复习演唱歌曲

（1）演唱歌曲《保卫黄河》：跟随教师和钢琴完整地复习演唱歌曲。
（2）歌曲巩固：难点节奏部分和音高部分巩固复习演唱。

（三）复习歌曲背景

上节课，我们一起学唱了歌曲《保卫黄河》。
问：它是出自哪一部合唱作品？
答：《黄河大合唱》。

问:《黄河大合唱》诞生的时期和地点是什么?

答：这部音乐作品诞生于抗战时期的1939年，延安是中国革命的圣地，在这里孕育了伟大的精神——“延安精神”。《黄河大合唱》正是以这样的精神为支柱，将黄河作为中华民族精神的象征去鼓舞无数的人民。

问:《黄河大合唱》的词曲作者是谁?

答：词作者是光未然、曲作者是冼星海。

上节课我们学唱了歌曲《保卫黄河》，今天我们将一同欣赏《黄河大合唱》整部作品。全面了解其创作的内容和逻辑，从而帮助我们用更饱满的情感和声音演唱歌曲《保卫黄河》。

【活动意图说明】巩固复习，掌握歌曲知识、技能和演唱。深入了解这部作品及其创作者的创作背景，提升学生对作品的表现能力。

环节二：导入新课

（一）赏析分析

1. 作品创作契机分析

问：是什么契机让两位艺术家能共同合作？为什么艺术家会将黄河作为创作主题？

答：1939年，光未然带领抗敌演剧由陕西东渡黄河，途中光未然亲临险峡激流，目睹黄河船夫与惊涛骇浪搏战的情景，聆听水手们高亢激越、深沉有力的船工号子，他在艰苦条件下，完成长诗《黄河吟》。

1939年，冼星海抵达延安，当他听到光未然朗诵的长诗《黄河吟》时极为触动，毅然抱病为其作曲，仅用六个昼夜便创作完成。

2.《黄河大合唱》作品整体分析

《黄河大合唱》作品整体分析

乐章	名称	表演形式	特点	内容
第一乐章	《黄河船夫曲》	混声合唱	民间劳动歌曲尤其是船夫号子的音调素材	船夫们与风浪搏战
第二乐章	《黄河颂》	男中音独唱	音乐壮阔、热情、深切	黄河的雄姿，赞五千年文化，颂民族精神的发扬
第三乐章	《黄河之水天上来》	配乐诗朗诵	汲取了《义勇军进行曲》和《满江红》的音调材料	痛诉民族的灾难，歌颂时代的英雄
第四乐章	《黄水谣》	女声二部及混声合唱	歌谣式的三段体歌曲	抒情深切，悲痛控诉日本侵略者给中华民族带来的深重灾难
第五乐章	《黄河对口曲》	男声二重唱及混声合唱	吸取山西民歌音调，并借用锣鼓伴奏的某些手法	叙述了流亡群众的悲惨遭遇，显示了“打回老家去”的斗争决心

续表

乐章	名称	表演形式	特点	内容
第六乐章	《黄河怨》	女高音独唱	运用大小调和变化节拍	被压迫、被侮辱的沦陷区妇女的痛苦哀怨
第七乐章	《保卫黄河》	（轮唱）合唱	卡农手法	表现了中国人民奋起斗争的英雄形象
第八乐章	《怒吼吧，黄河》	混声合唱	运用主调与复调的混合写法，以号角性、战斗性的音调	象征东方巨人为最后胜利发出呐喊，具有强烈的感人力量

序曲和八个乐章，各章节由配乐诗朗诵和乐队演奏串联为整体。乐章间具有相对独立性、对比性，每一乐章的表现形式、艺术形象和思想内容各不不同，但始终围绕着“抗日救亡”和爱国思想。具有严密的戏剧性构思，给人以强烈的矛盾冲突。

（二）赏析聆听

这部作品很好地体现了作曲家将中国民族音乐和西洋作曲技法完美结合在一起的创作特点。《黄河大合唱》无论从音乐角度抑或从中国文化角度，都足以证明它是一部伟大的中华民族的音乐史诗。在八个乐章当中，最能凸显中国民族性和西洋作曲技法相结合的分别是第一乐章《黄河船夫曲》和第五乐章《黄河对口曲》。

1. 第一乐章：《黄河船夫曲》赏析聆听

问：《黄河船夫曲》采用了哪一种民歌音调素材？

答：采用民间劳动歌曲《船夫号子》，表现出船夫们与风浪搏击的场面。

2. 第五乐章：《黄河对口曲》赏析聆听并演唱

（1）聆听感受。

问：《黄河对口曲》汲取了我国哪个地区的民歌音调？参加演奏的民族乐器有哪些？节奏有什么特点？

答：山西民歌，节奏相似，参加演奏的打击乐器有：钹、锣、排鼓、板。

（2）歌曲片段学唱。

步骤 1：节奏朗读，打单位拍朗读节奏，重点解决小附点节奏型的准确性。

步骤 2：唱名演唱，五线谱识谱演唱，感受歌曲旋律的特点。

步骤 3：第一段歌词演唱，做动作和用手拍出旋律中节奏伴奏部分。通过身体律动用有韵律的声音演唱歌曲。

步骤 4：第五段歌词演唱，做动作和用手拍出旋律中节奏伴奏部分，对比感受歌词内容情感的变化，从而用恰当的声音和技巧处理来表现音乐内容。

步骤 5：分甲、乙组角色演唱歌曲，个别学生上台用打击乐器钹、锣、排鼓敲击旋律中节奏伴奏部分，台下同学随着教师弹奏的钢琴伴奏边做动作边演唱歌曲。

（3）聆听感受。

问：观看后半段视频对比音乐、情绪发生了什么变化？

答：男声二声部演唱变成合唱演唱形式，演唱速度越来越快、越来越紧凑，演唱声音音量也越来越强。

（4）合唱部分加强练习。

跟随教师弹奏的钢琴伴奏，用带有力度、速度变化的声音和拍手做动作的方式演唱歌曲。

（5）全曲完整演唱。

跟随教师弹奏的钢琴伴奏，个别学生用打击乐器钹、锣、排鼓敲击旋律中节奏伴奏部分，全体学生用带有力度、速度变化的声音和拍手做动作的方式以及恰当的变化处理演唱歌曲。

3. 第三乐章朗诵：《黄河之水天上来》赏析分析

（1）特点分析：诗朗诵在作品中的贯穿与作用，与作品内容和音乐巧妙结合、交相呼应。

（2）片段朗诵：老师弹奏音乐，学生跟随音乐的变化朗诵，感受音乐与诗词的关系。

4. 第二乐章《黄河颂》和第六乐章《黄河怨》赏析分析

特点分析：此两个乐章采用独唱表演方式，通过大段旋律演唱和抒情，表达角色人物情感特点。借鉴西方歌剧中的咏叹调，给予人们抒发情感的空间。

5. 第四乐章《黄水谣》和第八乐章《怒吼吧，黄河》赏析分析

特点分析：在混声合唱的基础上，运用丰富多彩的合唱表现艺术形式来表达作品内容。通过女声二声部演唱刻画女性同胞们的困境，运用混声多声部的演唱表现人民团结一致、勇于抗敌的伟大精神。

（三）表演演唱《保卫黄河》

通过对作品八个乐章的全面学习和分析，使学生对作品有了更全面、更深刻的理解。当再次演唱作品《保卫黄河》时，帮助学生用更饱满的热情和声音将作品表达的内容展现出来。

【活动意图说明】发挥学生能动性让学生动脑积极回答问题。贯穿聆听、赏析习惯对音乐学习的重要性，让学生独立思考和分析。用实际感受的方式感受音乐的特点。

环节三：总结

通过欣赏和演唱《黄河大合唱》，能够感受到作品所具有的民族性和世界性。《黄河大合唱》不仅是一部音乐作品，更是一种精神和象征，它所体现的“延安精神”在革命战争年代，鼓舞着人民克服困难，取得革命战争的最终胜利。如今，“延安精神”更以它实事求是、艰苦奋斗、自强不息的精神，指引着我们实现中华民族的伟大复兴。

老师希望同学们通过今天的学习能为我们民族所拥有的文化感到更加骄傲和自豪，也希望同学们能够更加努力，奋发图强，担负起民族未来的希望！

【活动意图说明】帮助学生归纳所学知识，总结本课的重点。

七、作业设计

（1）欣赏作曲家冼星海纪录片，在观看过程中，了解作曲家及其作品创作时所处的环境和思想情感。

（2）从《黄河大合唱》八个乐章当中，选取自己最喜欢的一个片段进行个人的二度创作。

高中学段：品百年延安　颂百年大党

基本信息表					
教师	文化	学校	重庆市清华中学校	学段	高中一年级
教科书版本及章节	思想政治必修 3《政治与法治》，人民教育出版社，2019 年 12 月第 1 版；第 2 课第 2 框始终走在时代前列				

一、学情分析

（一）教学内容分析

本节课为人教版思想政治必修 3《政治与法治》第一单元中国共产党的领导第 2 课中国共产党的先进性的第 2 框题始终走在时代前列。第一课从历史逻辑来论证党的领导地位是历史和人民的选择，第 2 课从理论逻辑来论证中国共产党的领导地位是基于其自身的先进性。第 1 框以“始终坚持以人民为中心”论述了中国共产党在性质、宗旨、根本立场、执政理念的先进性；第 2 框则从党的指导思想、四大法宝、党员的先锋模范作用三个角度论证了党何以始终走在时代前列。

（二）学习者分析

1. 知识基础

学生通过《道德与法治》《中国特色社会主义》和中国近代史的学习，明确了中国共产党是中国特色社会主义事业的领导核心、党的指导思想等内容，从社会生活中也关注党的二十大精神、了解优秀共产党员先进事迹等，在耳濡目染中增强了对党的领导地位的认同。但是，为什么中国共产党始终是中国特色社会主义事业的领导核心，其内在逻辑还需要教师进一步地引导和探究。

2. 能力基础

学生已具备搜集分析资料、提出问题、合作学习的基本能力。在课堂以及生活实践中，学生已深刻地体会到在中国共产党的领导下中国发生了翻天覆地的变化，从成就中能够感悟到中国共产党的先进性，但对中国共产党“为什么能”“为什么行”缺乏综合系统的探究，还需要教师通过本框题的内容进行引导总结。

3. 发展要求

学生在初中阶段已经从“是什么”的层面了解了中国共产党的领导及其执政地位，高中阶段的教学则是在知其然的基础上，引导学生知其所以然。因此需要从“为什么”的层面论证中国共产党为什么能成为中国特色社会主义事业的领导核心。引导学生明理践行，做到知行合一，也为大学阶段开展更为理论系统的学习奠定坚实的基础。

二、教学目标

（1）通过“百年不变——窑洞之光明初心”教学环节，让学生知道党的指导思想与时俱进；理解中国共产党之所以能够走在时代前列，保持党的先进性和纯洁性，就在于她以接续推进的马克思主义中国化创新理论作为行动指南；坚定拥护党的领导，领会中国特色社会主义最本质的特征是中国共产党领导，中国特色社会主义制度的最大优势是中国共产党的领导，党是最高的政治力量。

（2）通过“百年巨变——南泥溪谷致富因”教学环节，让学生知道中国共产党之所以能够始终走在时代前列，就在于坚持解放思想、实事求是、与时俱进、求真务实的制胜法宝。从而帮助学生用马克思主义基本立场、观点和方法，观察事物、分析问题，解放思想、实事求是，作出科学的解释、正确的判断和合理的选择。

（3）通过“百年人物——光辉榜样催人进”教学环节，让学生感悟不同时期共产党员的先进事迹，进而探究共产党员先进模范作用会因时代变化而赋予新的时代内容。引导学生崇尚先进、学习先进，增强自身本领，践行为人民服务，将爱国情、强国志和报国行结合起来。

三、教学重点与难点

（一）教学重点

了解党的指导思想，解放思想、实事求是、与时俱进、求真务实的含义，中国共产党党员的先锋模范作用。

（二）教学难点

（1）理解党的指导思想一脉相承、与时俱进之间的关系。
（2）理解解放思想、实事求是、与时俱进、求真务实之间的关系。

四、教学方法与手段

本节课采取了讲授式、合作探究式与议题式教学相结合的方法。

五、教学特色

本节课侧重于采取议题式教学，借助议学情景、议学任务等环节设置环环相扣、层层递进的议题线。本节课以“品百年延安　颂百年大党”为总议题、为统领，设置了“百年不变——窑洞之光明初心”“百年巨变——南泥溪谷致富因”“百年人物——光辉榜样催人进”三个子议题，分别论证中国共产党之所以能始终走在时代前列，就在于始终坚持党的指导思想与时俱进、始终坚持解放思想、实事求是、与时俱进、求真务实的制胜法宝以及共产党员发挥先锋模范作用。三个议题分列展开又紧密相连，以承载着延安精神的“窑洞”“南泥湾”等为载体，挖掘延安精神的内在品质，从历史到现实，在传承中发展，在发展中创新，让学生明确中国共产党始终走在时代前列的理论优势、路线优势和组织优势，从而坚定永远跟党走的信念。

六、教学活动设计

环节一：导入新课

展示《闪耀着马克思主义光芒的窑洞》图片：窑洞是陕西延安的红色建筑。在这里，成立了中国抗日红军大学，形成了伟大的“抗大精神”；在这里，白求恩拯救了很多我党战士，锻造了伟大的“白求恩精神”；在这里，八路军三五九旅开展了著名的大生产运动，铸就了伟大的“南泥湾精神”。这些精神汇聚成了滋养初心、淬炼灵魂的“延安精神”。本节课就以窑洞里的“延安精神”为背景，探讨中国共产党历经百年何以风华正茂。

【活动意图说明】以红色资源为情境依托，讲活新时代思想政治教育课。本环节从延安的历史建筑导入，让学生了解中国共产党在窑洞中创造出的“延安精神”，增强课堂历史底蕴。引导学生从历史史实中总结中国共产党历经百年巨变始终走在时代前列的理论优势、路线优势和组织优势。

环节二：百年不变——窑洞之光明初心

播放视频《从照明方式看延安变化》。

1. 议学情境

1935 年，中国共产党人历经千难险阻，征服雪山草地，摆脱国民党的包围与封锁，来到了陕北偏僻的小城。面对新的环境与形势，如何拯救人民于水火之中，中国革命该何去何从？以毛泽东为代表的中国共产党人对此进行了新的思考与探索。回望历史长河，我们依稀能看到窑洞中昏暗的煤油灯下，毛泽东撰写着《矛盾论》《实践论》《论持久战》等一篇篇照亮中国革命前进方向的伟大篇章。

20 世纪 70 年代末，邓小平同志指出：如果现在再不实行改革，我们的现代化事业和社会主义事业就会被葬送。在此情况下，中国共产党开启了承载着历史选择和人民期望的改革开放新篇章。改革开放的“试水期”，各种商品的种类和样式开始慢慢丰富起来，白炽灯、直管荧光灯开始普及，把商店的灯光从昏黄中解放出来。1999 年，体验经济时代到来，射灯大量普及；进入 21 世纪，中国经济在快速发展的同时也造成了生态环境的破坏。为实现可持续发展，节能灯、LED 光源等多种灯具相继进入了技术和应用的双飞速发展阶段。党的十八大以来，中国特色社会主义进入了新时代。新时代、新气象、新愿景，代表着人们对美好生活向往的各式灯具、灯光秀照亮了延安之城。

2. 议学任务

（1）结合学案，概括“窑洞之光”的发展历程，总结发展背后的思想“功臣”。

（2）“窑洞之光”照明的初心是什么？思想“功臣”之间有何内在联系？

3. 议学提示

（1）“窑洞之光”的发展历程：革命建设时期使用的是煤油灯，改革开放时期使用的是白炽灯、射灯、节能灯、LED 光源，新时代中国特色社会主义时期的各式灯具灯光照亮了延安城。其背后的思想包括：毛泽东思想、邓小平理论、“三个代表”重要思想、习近平新时代中国特色社会主义思想。

（2）“窑洞之光”照明的初心是为人民谋幸福、为民族谋复兴。人民立场是马克思主义基本立场，为人民的初心是对马克思主义立场的坚守与发扬。因此，促进“窑洞之光”发展的最根本的思想“功臣”是马克思主义。中国共产党在实践中形成了中国化的马克思主义。这些思想“功臣”既一脉相承，又与时俱进。“一脉”是马克思主义这一根本指导思想，“相承”是为人民谋幸福的初心使命。

【活动意图说明】“窑洞之光”的发展历程折射的是中国革命事业与经济发展的历程。以史实托景，以具体事物为载体，有助于激发学生积极思考与探知，让学生在自主探知的过程中完成知识的学习和对“延安精神”的领悟。通过这一环节，让学生从历史逻辑证明中国共产党之所以能够走在时代前列，保持党的先进性和纯洁性，就在于它以接续推进的马克思主义中国化创新理论作为行动指南。

环节三：百年巨变——南泥溪谷致富因

播放视频《陕北的“好江南”》。

1. 议学情境

1938 年 10 月武汉会战结束后，抗日战争转入战略相持阶段。中国共产党面临着日本侵略者的“三光”政策与国民党第一次反共的双重压力。敌人的包围与封锁，让根据地的革命与生活面临巨大困难，连续的自然灾害更是雪上加霜。为挽救根据地于水火，以毛泽东同志为核心的党中央领导边区军民，打破了陕北不适合屯田的旧思想，开展了一场轰轰烈烈的大生产运动。1939 年冬，农林专家乐天宇为改变边区面貌，对边区的自然状况进行了调研考察。乐天宇发现南泥湾的自然条件非常适合移民农垦，于是在党的带领下，军民开始在南泥湾垦荒屯田。在南泥湾大生产运动中，中国共产党人进行了一系列的创新性探索。进行了组织形式创新，成立“军人合作社”；经营方式创新，建起农业、工业、运输业与商业等较完备的劳动经营体系；领导方法创新，重视精神引导，用劳动产品进行物质奖励。经过三年奋战，军民把曾经荒无人烟的“烂泥湾”变成了“到处是庄稼，遍地是牛羊”的“陕北的好江南”。[①] 不仅创造了丰硕的物质成果，而且还孕育了光照千秋的“南泥湾精神”。

改革开放以来，南泥湾得到更好的开发和建设，特别是加强了自然生态的保护和建设。如今的南泥湾，稻田花海飘香，国家湿地公园成为候鸟的“天堂”，绿色乡村与红色旅游相映生辉，生物育种、数字农业、生态农场……生态环境保护与经济发展共荣共生，展现出生机勃勃的崭新气象。从抗战时期开荒屯田、开辟军垦事业、开创边区经济发展多

① 毕远佞 . 南泥湾精神：自己动手、丰衣足食的光辉旗帜 [J]. 党建，2023（3）.

种形式，到如今建设西北农业科技试验田、全国乡村振兴样板间、产业开发区，南泥湾精神不仅是自力更生、艰苦奋斗的革命精神，而且也是一种勇于创造、敢为人先的创业精神，传承至今，发扬光大，历久弥新。①

2. 议学任务

结合学案，分析中国共产党实现从荒无人烟的“烂泥湾”到陕北“好江南”的致富法宝。

3. 议学提示

总结中国共产党之所以能够始终走在时代前列，就在于坚持解放思想、实事求是、与时俱进、求真务实。实事求是是党的思想路线的核心，解放思想是实事求是的前提和条件，与时俱进是实事求是的内在规律，求真务实是实事求是的直接体现和必然要求。

【活动意图说明】以历史事件托景，引导学生从中国共产党人进行南泥湾建设的具体做法中概括出党永葆生机活力的“四大法宝”及其内在联系。通过历史事件诠释中国共产党坚持正确的革命斗争，凝结了自力更生、艰苦奋斗的“延安精神”之“南泥湾精神”。让学生在探知知识的过程中感悟革命精神、培养革命情怀，更加彰显思想政治课的育人功能。

环节四：百年人物——光辉榜样催人进

1. 议学活动

开展“英雄故事我来讲”。课前让学生查阅在延安发展过程中不同时期的共产党员先锋故事，如陈家庚、张思德、张定宇、彭士禄等模范共产党员。课上请学生分享自己了解的共产党员故事。

2. 议学任务

（1）不同时期的共产党员却彰显相同的精神。结合同学们所分享的共产党员故事，概括不同时期共产党员背后所彰显的相同精神并分析原因。

（2）假如你是一名共产党员，请结合模范共产党员故事思考新时代的共产党员应该如何发挥先锋模范作用？

3. 议学提示

（1）共产党员身上的共同点在于坚定马克思主义信仰，践行全心全意为人民服务的根本宗旨，通过自己的骨干、带头和桥梁作用，影响和带动身边群众共同贯彻党的基本理论、基本路线和基本方略。共产党员的先锋模范作用，是由中国共产党的先锋队性质所决定的，也是中国共产党的先进性的直接而生动的体现；发挥共产党员的先锋模范作用，使党始终成为时代先锋、民族脊梁，永葆创造力、凝聚力和战斗力，是党不断取得胜利的坚强保证。

（2）新时代，要求共产党员在新征程上更加珍惜“工人阶级先锋队战士”的光荣称号，承担起自己的责任和使命，做学习的模范，做贯彻执行党的路线、方针、政策的模范，做克己奉公、无私奉献的模范，做服从组织、严守纪律的模范，做维护党的团结和统一的模范，做坚持真理、修正错误的模范，做密切联系群众的模范，做培育和践行社会主

① 陈福荣 . 论南泥湾精神的新时代价值与实践路径［J］. 观察与思考，2022（11）.

义核心价值观的模范。

【活动意图说明】历史是最好的教科书，重温党史故事，寻找信仰的光芒和榜样的力量。该环节通过分享模范共产党员故事，讲好党史故事，让学生领会不同时期中国共产党党员在国家发展中的坚定选择和持续奋斗，使学生在加深对知识认知的同时鞭策自己，从党史故事中汲取力量，向上向善，自觉地成为革命精神的传播者和践行者，真正把“延安精神”内化于心、外化于行。

七、作业设计

（1）回忆本框题所学知识，绘制思维导图。

（2）从“凝聚人心”“总揽全局”“自我革命”中任选一个关键词，结合所学知识与所闻素材，写一篇小论文，论述中国共产党为何能够始终走在时代前列。

参考文献

[1] 王静．聚焦“为什么”发力，实现一体化育人——以“始终走在时代前列的中国共产党”为例 [J]. 新课程教学，2021（13）.

[2] 吴凤珍．借助议题式教学弘扬革命文化，传承红色基因——以长征精神诠释“始终走在时代前列”为例 [J]. 教学天地（高中政治），2022（25）.

[3] 李睿，王益成．延安精神的生成逻辑、价值意蕴与弘扬路径 [J]. 党史研究，2023（4）.

[4] 毕远佞．南泥湾精神：自己动手、丰衣足食的光辉旗帜．[J]. 党建，2023（3）.

[5] 陈福荣．论南泥湾精神的新时代价值与实践路径．[J]. 观察与思考，2022（11）.

[6] 毛泽东．毛泽东选集：第三卷 [M]. 北京：人民出版社，1991.

大学学段：扬延安精神　汲信仰力量

基本信息表					
教师	梁瑶	学校	北京工业大学	学段	本科一年级
课程	中国近现代史纲要				
教科书版本及章节	《中国近现代史纲要》（2023 年版），高等教育出版社；第六章 中华民族的抗日战争，第四节 抗日战争的中流砥柱				

一、学情分析

（一）教学内容分析

本专题围绕“扬延安精神 汲信仰力量”这一主题，从“坚定正确的政治方向”“解放思想实事求是的思想路线”“全心全意为人民服务的根本宗旨”“自力更生艰苦奋斗的创业精神”“大力弘扬延安精神”五个方面展开讲授，旨在帮助学生深入理解“延安精神”的内容体系和整体逻辑，进而传承红色基因，弘扬“延安精神”。

（二）学习者分析

1. 知识基础

本科一年级学生在初、高中阶段已经具备一定的中国近现代史基础，对于“延安精神”已经有了初步的了解，明确“延安精神”是中国共产党宝贵的精神财富，以及在新时代要继承和弘扬“延安精神”。但是，从大学思想政治理论课的角度来看，结合《中国近现代史纲要》的课程要求，还需结合当代大学生的个性特点和所处时代主题展开进一步的讲授。延安精神作为中国共产党精神谱系的重要组成部分，是指引青年大学生成长成才的宝贵财富，要着力将教材体系转化为教学体系，将理论知识转化为价值引领，坚定大学生理想信念，鼓励大学生积极实践。

2. 能力基础

授课对象属于“00 后”，“00 后”大学生成长环境较好，在民族自豪感与自信心方面具有良好的基础，渴望从学理化的角度进一步学习中国近现代史。因此，从理论层面上展开“延安精神”的讲授，学生较易接受。此外，部分学生的价值观呈现多样化趋势。互联网、自媒体丰富了大学生活，便利学生学习，便于学生查找资料。但是与之相对应的是，学生分析问题的能力较弱。在课堂教学中，教师需要积极引导学生分析问题、解决问题，积极引导学生将理论与实际相结合，引导学生参与实践，知行合一。

3. 发展要求

基于以上情况，教师在教学中要注意：一方面，调研“00 后”大学生知识结构，通过分析“00 后”大学生以往学段所学政治教材和历史教材，把握其知识体系，贯彻大、中、小思政课一体化理念。另一方面，通过“学习通”对本讲内容展开问卷调查，了解学生学习需求。此外，还要积极把握大学生思想特点和认知规律，选取学生易于接受的价值传递方式，合理运用现代信息技术，把握课堂节奏，增强课程吸引力。

二、教学目标

（一）认知目标

引导学生深刻理解“延安精神”的主要内容，回顾延安时期伟大斗争，追溯“延安精神”形成和发展过程。结合习近平总书记 2022 年 10 月在瞻仰延安革命纪念地时的讲话：“在延安时期形成和发扬的光荣传统和优良作风，培育形成的以坚定正确的政治方向、解放思想实事求是的思想路线、全心全意为人民服务的根本宗旨、自力更生艰苦奋斗的创业精神为主要内容的延安精神，是党的宝贵精神财富，要代代传承下去。”在理论层面上将道理讲深、讲透、讲活。

（二）能力目标

通过课程讲授，使学生能够明确选择马克思主义的历史必然性，懂得历史和人民为什么选择并接受了中国共产党的领导，能够运用历史唯物主义和辩证唯物主义方法论分析这一历史过程。

（三）情感与价值目标

引导当代大学生在学习和实践中坚定理想信念，体悟中国共产党为中国人民谋幸福、为中华民族谋复兴的初心使命，引导学生将理论联系实际，积极投身社会主义现代化建设之中。正如习近平总书记 2017 年 8 月在给第三届中国“互联网 +”大学生创新创业大赛“青年红色筑梦之旅”的大学生回信中谈道：“延安是革命圣地，你们奔赴延安，追寻革命前辈伟大而艰辛的历史足迹，学习延安精神，坚定理想信念，锤炼意志品质，把激昂的青春梦融入伟大的中国梦，体现了当代中国青年奋发有为的精神风貌。”

三、教学重点与难点

（一）教学重点

本专题围绕习近平总书记 2022 年 10 月瞻仰延安革命纪念地时的重要讲话，充分运用延安红色资源，通过讲述红色故事使学生明确“延安精神”的形成过程，将相关鲜活而丰富的案例融入教学之中，使延安精神成为大学生的人生导航。

（二）教学难点

第一，结合“延安精神”的形成过程，充分理解中国共产党在延安开展的抗日民主根据地建设。第二，在理解“延安精神”的本质中，充分理解中国共产党在抗日战争中的中流砥柱作用。第三，引导学生结合自身成长成才，将传承和弘扬“延安精神”落到实处。

四、教学方法与手段

（1）采用教师讲授与学生研讨相结合的互动式教学方法。

（2）运用 PPT、微视频等多媒体教学形式，辅之以“日新学堂”、班级微信群等媒介做课堂延展。开展互动教学法，在讲解过程中，结合案例和史料，通过互动式教学的方式将学生吸引到课堂上，培养学生主动思考和参与课堂的意识和能力。

（3）运用史实分析法。本讲内容涉及大量的文字、图片等史料，力求回归历史场景，增强学生学习历史的热情，帮助学生掌握辩证唯物主义和历史唯物主义的方法论，从而提升自身素养。

（4）运用问题教学法。在教学活动设计中抓住历史主线和主体脉络，结合学生问题和困惑，以逻辑推导方式层层推进，通过问题教学法一方面解答学生困惑，另一方面点明重要事件和节点。

（5）结合实践环节，引导学生知行合一，在实践中深刻领会“延安精神”的价值意蕴。

五、教学活动设计

【课程导入】延安，是中国共产党人心目中的圣地。1935 年 10 月，中央红军经过二万五千里长征，胜利落脚陕北，老一辈革命家和老一代共产党人在延安留下的优良传统和作风，培育形成的延安精神，是我们党的宝贵精神财富，其内容极为丰富。

习近平总书记指出："在延安时期形成和发扬的光荣传统和优良作风，培育形成的以坚定正确的政治方向、解放思想实事求是的思想路线、全心全意为人民服务的根本宗旨、自力更生艰苦奋斗的创业精神为主要内容的延安精神，是党的宝贵精神财富，要代代传承下去。"①

本节课，我们一起走进延安，回到那个红色岁月，在延安十三年历史中感受延安精神、学习延安精神、传承延安精神。

【教学意图】通过习近平总书记重要论述引导学生思考，进入专题学习。

【教学用时】5 分钟。

第一部分　坚定正确的政治方向

本部分旨在讲述延安精神的第一部分内容：坚定正确的政治方向。

【提出问题】

中国共产党为什么在艰难困苦的岁月里能够谱写辉煌的历史篇章呢？一个重要的原因就在于中国共产党始终坚持坚定正确的政治方向。

1938 年 4 月 9 日，毛泽东在中国人民抗日军政大学对学员说了这样一番话："你们还要下一种决心。你们从很远的地方辛辛苦苦地来延安学习，我看是已经有了决心的。什么决心呢？延安没有升官发财的机会，你们来此一不为升官，二不为发财，那末远道来此，究竟为什么呢？无疑的是为了抗日救国，所以你们是有抗日救国的决心的。"②

有学员提出，在抗大到底应该学什么？

毛泽东指出："首先是学一个政治方向。政治方向可以有许多不同的方向，你们要学一个正确的政治方向，这就是要打日本、怎样打日本、为什么日本帝国主义一定能打倒的正确的政治方向。"③

1939 年在纪念抗大成立三周年时，毛泽东将"坚定正确的政治方向"确定为抗大首要的教育方针。坚定正确的政治方向作为延安精神的灵魂，贯穿在"延安精神"的方方面面。正是因为有了正确的政治方向，有了坚定的理想信念，中国共产党人无论是遇到挫折还是短暂的失败，都能够坚定革命斗志，凝聚磅礴力量。

【教学意图】结合经典文本进行细致解读和分析，提升学生分析经典的能力。

【教学设计】此部分重在史料分析，以教师讲授为主，帮助学生夯实理论知识基础，从毛泽东在中国人民抗日军政大学的讲话引导学生充分理解"延安精神"的第一部分内容：坚定正确的政治方向，体会其中蕴含的爱国主义精神。

【教学用时】15 分钟。

第二部分　解放思想实事求是的思想路线

本部分旨在讲述"延安精神"的第二部分内容：解放思想实事求是的思想路线。解放

---

① 习近平 . 继承和发扬党的优良革命传统和作风 弘扬延安精神 [J]. 求是，2022（24）.

② 毛泽东 . 毛泽东文集：第二卷 [M]. 北京：人民出版社，1993：118.

③ 毛泽东 . 毛泽东文集：第二卷 [M]. 北京：人民出版社，1993：116.

思想和实事求是是内在统一的，它作为中国共产党人的世界观，在党的路线、方针、政策的制定和实施上起到了重要作用。

如果同学们关注过各级党校，那么就会发现在党校的大门或者标志性建筑物上，基本都有毛泽东同志“实事求是”的题词。例如中央党校，将“实事求是”这四个字刻在了一块很大的石头上。实际上，这个约定俗成的做法就源于延安时期。1941 年冬，毛泽东为中央党校题词“实事求是”，并确定校训为“实事求是，不尚空谈”。确实，在延安时期，解放思想、实事求是蔚然成风。

1941 年 5 月，毛泽东在延安高级干部会议上作《改造我们的学习》的报告，他指出：“‘实事’就是客观存在着的一切事物，‘是’就是客观事物的内部联系，即规律性，‘求’就是我们去研究。我们要从国内外、省内外、县内外、区内外的实际情况出发，从其中引出其固有的而不是臆造的规律性，即找出周围事变的内部联系，作为我们行动的向导。”①

抗日战争以来，中国共产党的组织得到很大发展，但是一些新党员身上存在着非无产阶级思想。尽管遵义会议后，党的路线已经走上马克思主义的正确轨道，但是党内还存在着一定的主观主义思想和教条主义思想没有从根本上清除，中国共产党在全党范围内开展了一场整风运动。延安时期的整风运动是延安精神形成的重要环节，通过这次思想解放运动，实事求是的思想路线基本得到确立。

刚刚提及的《改造我们的学习》，就是在延安整风运动中毛泽东写下的三篇经典文献之一。延安整风运动在全党树立了实事求是、理论联系实际、批评与自我批评的优良作风，为夺取抗战胜利和民主革命的胜利，奠定了重要基础。

【教学意图】此部分运用案例和史料，让教学更为生动，调动学生的积极性和参与性。

【教学设计】此部分着重史论结合，从毛泽东“实事求是”题词入手，引发学生对整风运动的关注和思考。

【教学用时】15 分钟。

第三部分　全心全意为人民服务的根本宗旨

“瓜连的蔓子，蔓子连的根。老百姓连的共产党，共产党连的人民。”

以歌谣增强教学吸引力。从延安时期起，陕北的这首民歌传唱至今。延安时期，中国共产党领导广大军民所进行的经济、政治、文化等各项革命事业，始终代表着最广大人民的根本利益。

1945 年元宵节，毛泽东请来枣园村 24 位 60 岁以上的老人，为大家敬酒，给其中过生日的老人祝寿，和老人们一起观看电影《列宁在十月》，并赠给大家每人一条毛巾、一块肥皂做贺礼。一位老汉握着毛泽东的手，流着泪说：“毛主席，您是我们庄户人的大救星、穷苦人的引路人，您把我们大大小小的事都记在心里，我们祖宗三代都没有贺过寿啊！”毛泽东亲切地说：“老人家，不要难过，咱们今天翻了身，生活大改善，今后咱们的生活会更好的！”从此，在延安的每一年，毛泽东都会在春节或正月十五给老人们祝寿，和老乡们一起聊聊家常。

---

① 毛泽东 . 毛泽东选集：第三卷 [M]. 北京：人民出版社，1991：801.

在这里，我们看到了“人民”两个字在毛泽东心中的分量，也读懂了毛泽东全心全意为人民服务的情怀。

1944年，毛泽东在中央警备团战士张思德的追悼会上发表了著名演讲《为人民服务》，他指出：“我们的共产党和共产党所领导的八路军、新四军，是革命的队伍。我们这个队伍完全是为着解放人民的，是彻底地为人民的利益工作的。”①

1946年，美国纽约《先锋论坛报》记者斯蒂尔访问延安后深有感触地说：“不到延安实在不能深触到中国问题的内脏；到了延安使我对中国问题的认识深化了。”“我体味到共产党常常说的‘为人民服务’，在延安所亲见的各种具体事实，我认为这是货真价实的。”②

人民群众是人类历史的创造者，是推动社会变革的决定力量。中国共产党始终坚持一切为了群众，一切依靠群众，从群众中来，到群众中去，延安时期也不例外。在延安时期，与国民党的片面抗战路线不同，中国共产党实行全面抗战路线，即人民路线，与广大人民群众结下了鱼水深情。中国共产党人践行了全心全意为人民服务的宗旨，在广大人民群众的信赖和支持下，中国共产党人一往无前，无往不胜。

【教学意图】着重讲授全心全意为人民服务的宗旨。

【教学设计】该部分史论结合，通过三个例子展开讲解。结合史料，既有国内视角，亦有国外视角。

【教学用时】15分钟。

第四部分　自力更生艰苦奋斗的创业精神

抗战进入相持阶段后，国民党实行消极抗日、积极反共的政策，国民党对延安实行经济封锁，“不准一斤棉花、一粒粮食、一尺布”进入边区，再加上自然灾害严重，陕甘宁边区和敌后抗日根据地出现了严重的物资匮乏。

毛泽东曾这样描述：“我们曾经弄到几乎没有衣服穿，没有纸、没有油、没有鞋袜，在冬天没有被子盖……延安真是困难极了。”

面对如此困难的局面，中国共产党和陕甘宁边区军民没有退缩。

1939年2月，毛主席在延安干部生产动员大会上讲话，他尖锐而鲜明地指出：“在敌人包围封锁面前，我们是饿死呢？解散呢？还是自己动手呢？饿死是没有一个人赞成的，解散也是没有一个人赞成的，还是自己动手——这就是我们的回答。”③

毛泽东提出了“自己动手，丰衣足食”的号召。延安从此发生了巨大的变化，以南泥湾为例。南泥湾位于延安城东南45公里处，当时是一片荒山野岭，人烟稀少。当年的歌谣这样描述：“南泥湾呀烂泥湾，荒山臭水黑泥滩。方圆百里山连山，只见梢林不见天。狼豹黄羊满山窜，一片荒凉少人烟。”党中央抽调120师359旅进驻南泥湾，士兵们高唱：

英雄气概三冬暖，战士哪怕风雪寒，
毛主席在延安一声召唤，九旅挺进南泥湾。
开荒好比上火线，没有后退永向前，

① 毛泽东．毛泽东选集：第三卷［M］．北京：人民出版社，1991：1004.
②《延安民主模式研究》课题组．延安民主模式研究资料选编［M］．西安：西北大学出版社，2004：230.
③ 王恩茂．王恩茂文集：下册［M］．北京：中央文献出版社，1997：659.

与那深山老林决一战，要让陕北出江南！

陕北真的出了江南吗？我们看这首歌——《南泥湾》。通过开荒达到粮食自给，中国共产党把“烂泥湾”变成了陕北的“好江南”，359旅成为延安大生产运动中的一面旗帜。（播放歌曲《南泥湾》）

毛泽东指出：“共产党也有他的作风，就是：艰苦奋斗！这是每一个共产党党员，每一个革命家的作风。”①

正是在这样的作风的指引下，中国共产党带领广大人民群众克服了经济上的严重困难，保障了抗日经费的供给。自力更生、艰苦奋斗是中华民族的优良传统，是中国共产党人战胜困难、战胜强敌的精神支柱，展现了中国共产党人的自立、自信、自强。

【教学意图】通过案例让学生深刻理解自力更生、艰苦奋斗的创业精神。

【教学设计】运用“南泥湾案例”，引用南泥湾开发前歌谣描述及开发后歌谣描述的对比，增强课程吸引力，形象展现中国共产党人对南泥湾进行开发的成效。最后以毛泽东的论述作为总结，带领学生进一步归纳。

【教学用时】15分钟。

第五部分　大力弘扬延安精神

抗日战争爆发后，中国共产党高举爱国主义的伟大旗帜，团结带领广大人民群众反抗日本帝国主义的侵略，掀起了抗日救亡的高潮。这时的延安，成为中华民族的希望所在，吸引着一批批革命爱国青年投入中国革命的洪流之中。当时有一首歌谣这样唱道：“割掉皮肉还有筋，打断骨头还有心，只要还有一口气，爬也爬到延安城。”

任弼时指出：抗战初期到延安的（包括到抗大学习的）知识分子共四万余人（西北局系统除外），“有百分之八十五至九十是好的”，他们“是为了革命到延安的”。②

延安究竟有什么魅力？为什么有如此多的青年不顾一切地要奔赴延安呢？甚至爬也要爬到延安城？

这是因为，走向延安的路是一条信仰之路、理想之路；对延安的追求，是对人生理想的追求，是对信仰和信念的追求。习近平总书记指出：“要弘扬伟大建党精神，弘扬延安精神，坚定历史自信，增强历史主动，发扬斗争精神，为实现党的二十大提出的目标任务而团结奋斗。”③

一个时代有一个时代的主题，一代人有一代人的使命。延安精神永不过时，是党的宝贵精神财富，要代代传承下去。作为新时代青年人，我们如何弘扬延安精神，汲取信仰力量呢？

第一，树立崇高的理想信念。

传承延安精神，同学们要树立崇高的理想信念，心中有信仰，脚下有力量。

---

① 毛泽东．在陕北公学第二期开学典礼上的讲话．毛泽东著作专题摘编：下［M］．北京：中央文献出版社，2003：2132–2133.

② 中共中央文献研究室编．任弼时年谱（1904—1950）［M］．北京：中央文献出版社，2014：454.

③ 习近平．习近平在瞻仰延安革命纪念地时强调弘扬伟大建党精神和延安精神 为实现党的二十大提出的目标任务而团结奋斗［N］．人民日报．2022–10–28（1）.

同学们可以充分利用网络资源，深入了解延安时期遗留的众多红色遗址、伟人故居、革命博物馆等，它们是学习延安精神的鲜活案例。如果有合适的机会，还希望同学们能够实地到访参观，感受红色力量。（课堂展示：延安革命纪念馆数字博物馆）

第二，坚持解放思想、实事求是的工作作风。

同学们要坚持一切从实际出发，锻炼自身调查研究的能力。2023 年 3 月，中共中央办公厅印发了《关于在全党大兴调查研究的工作方案》（以下简称《方案》），围绕 12 个方面主要内容、6 个基本步骤，再一次深刻阐明了调查研究的极端重要性。《方案》指出：“当前，我国发展面临新的战略机遇、新的战略任务、新的战略阶段、新的战略要求、新的战略环境。世界百年未有之大变局加速演进，不确定、难预料因素增多，国内改革发展稳定面临不少深层次矛盾躲不开、绕不过，各种风险挑战、困难问题比以往更加严峻复杂，迫切需要通过调查研究把握事物的本质和规律，找到破解难题的办法和路径。”

青年大学生是党和国家事业发展的生力军，而调查研究是“谋事之基、成事之道”。大家要继承好这个“传家宝”，学会在调查研究中“发现问题”“解决问题”。

第三，坚持全心全意为人民服务。

“七一勋章”获得者张桂梅说：“只要还有一口气，我就要站在讲台上，倾尽全力、奉献所有，九死亦无悔。”“我们党的宗旨是全心全意为人民服务，作为党员就是要吃苦在前，享受在后，不存半点私心，把人民的利益、国家的利益放在第一位。”

“人生的意义究竟是什么，新时代青年应该怎么做，如何真心实意为人民群众干实事、谋福祉？用生命坚守初心使命的时代楷模黄文秀，留下了铿锵有力、掷地有声的答案。”①

那就是坚守初心使命，始终将人民放在心中。

第四，坚持自力更生、艰苦奋斗的优良作风。

习近平总书记在党的二十大报告中指出：“我们党立志于中华民族千秋伟业，致力于人类和平与发展崇高事业，责任无比重大，使命无上光荣。全党同志务必不忘初心、牢记使命，务必谦虚谨慎、艰苦奋斗，务必敢于斗争、善于斗争，坚定历史自信，增强历史主动，谱写新时代中国特色社会主义更加绚丽的华章。”②

从党的七届二中全会提出的“两个务必”，到党的二十大提出的“三个务必”，艰苦奋斗始终是其中的精神内核。大家要抵制享乐主义、拜金主义等不良风气，以奋发图强、热情饱满、锐意进取的态度面对各种考验。传承好延安精神，为全面建设社会主义现代化国家贡献力量。

【教学意图】从四个方面引导学生传承延安精神，弘扬延安精神，尤其注重引导学生将理论与实际相结合，扎根社会主义现代化建设之中。

【教学设计】通过案例、史料、网络资源等，以提问等方式与学生展开互动，引导学生将伟大的延安精神传承下去并发扬光大。

【教学用时】15 分钟。

---

① 徐顺东，梁莹，魏恒，等.真心实意为人民群众干实事——追记“全国优秀共产党员”黄文秀同志（下）[N].广西日报，2019-10-17.

② 习近平.高举中国特色社会主义伟大旗帜 为全面建设社会主义现代化国家而团结奋斗——在中国共产党第二十次全国代表大会上的报告[M].北京：人民出版社，2022：1-2.

六、课后作业

请结合所学和社会实践，在相关网站上选取与延安精神有关的文物，以小组为单位介绍其背后的故事。

参考文献

[1] 毛泽东．毛泽东选集：第三卷［M］．北京：人民出版社，1991.

[2] 毛泽东．毛泽东选集：第四卷［M］．北京：人民出版社，1991.

[3] 中共中央文献研究室．毛泽东年谱（一九八三——九四九）：上、中、下［M］．北京：中央文献出版社，2013.

[4] 习近平．高举中国特色社会主义伟大旗帜 为全面建设社会主义现代化国家而团结奋斗——在中国共产党第二十次全国代表大会上的报告［M］．北京：人民出版社，2022.

[5] 中共中央党史和文献研究院著．中国共产党的一百年［M］．北京：中共党史出版社，2022.

[6] 金冲及．二十世纪中国史纲：第二卷［M］．北京：社会科学出版社，2009.

[7] 王炳林．大国追梦［M］．北京：人民出版社，2020.

[8] 王纪刚．从延安走来——中国共产党如何从危难中奋起？［M］．北京：人民出版社，2021.

[9] 陈建波．延安精神［M］．北京：人民日报出版社，2021.

★ 专题五　抗美援朝精神 ★

一体化教学设计说明

一、专题内容简介

抗美援朝精神是中国共产党红色精神谱系的重要组成部分之一，包含为了祖国和民族的尊严而奋不顾身的爱国主义精神，英勇顽强、舍生忘死的革命英雄主义精神，不畏艰难困苦、始终保持高昂士气的革命乐观主义精神，为完成祖国和人民赋予的使命不惜奉献一切的革命忠诚精神，为了人类和平与正义事业而奋斗的国际主义精神等丰富内涵。正如党的二十大报告要求的，要想“推动理想信念教育常态化、制度化，持续抓好党史、新中国史、改革开放史、社会主义发展史宣传教育，引导人民知史爱党、知史爱国，不断坚定中国特色社会主义共同理想。用社会主义核心价值观铸魂育人，完善思想政治工作体系，推进大中小学思想政治教育一体化建设。”必须从具体的精神谱系教育入手，因此本专题围绕“抗美援朝精神”进行设计，目的在于从小学到大学完整普及红色精神谱系教育，帮助学生从认识英烈、了解事迹到系统掌握、深刻领会，最终内化于心，外化于行，以伟大抗美援朝精神激励学生投身以中国式现代化实现中华民族伟大复兴的事业。

二、一体化教学目标与思路

（一）一体化教学目标

本专题在小学、初中、高中、大学四个学段，按照内容覆盖要全面、阶段学习有重点、方式方法有针对性的思路，在教学内容、教学方法、教学目标方面分别依据本学段课标要求、教材和学生实际，突出阶段性特点，又体现循序渐进、螺旋式上升的同向接续，实现一体化育人目标。即根据立足抗美援朝精神，遵循各学段学生认知发展规律，涉及直观认识、理论表述研习、产生背景、理论意义、作用影响等内容，小学阶段使学生通过故事获得直观体会，初中阶段使学生通过历史启蒙获得初步了解，高中阶段使学生通过学习事件详尽始末，建立系统知识体系，大学阶段通过深挖历史背景、意义、影响，使学生较为深刻地把握理论内涵。同时选取若干英雄事迹作为案例，以便使历史更加具体丰满，从而为学生构建完整而深刻的关于“抗美援朝精神”的知识体系和思想感悟。

（二）一体化教学思路

基于教学一体化的整体设计思路，本专题每个学段的教学设计都要“瞻前顾后”，同时也要有所取舍，在教学内容、方法等方面不强求线性提升，而是体现螺旋式上升的特点。

◆ 小学学段：带领学生以讲述英雄事迹的形式，使学生直观体会抗美援朝精神。以具体的中国人民志愿军英烈事迹为案例，使学生初步认识到“抗美援朝、保家卫国的中国人民志愿军是最可爱的人”。关键在于照顾小学生的认知能力，要侧重以具体案例和故事实现教学目标。

◆ 初中学段：注重培养学生对历史事件整体轮廓的知识性储备，初步形成对于抗美援朝精神的整体认识，初步理解抗美援朝的必要性，培养时空观念和历史解释能力。关键在于使学生领悟抗美援朝和保家卫国的关系，在此基础上，引导学生理解抗美援朝精神的内涵。

◆ 高中学段：向学生系统讲授抗美援朝战争以及抗美援朝精神的知识，使学生对相关问题形成系统性的知识体系，能够以“抗美援朝精神”等红色精神谱系激励自身奋斗，能够认识到相关精神的现实意义和时代意义。关键在于帮助学生建立较为系统的知识和理论认识，既以抗美援朝精神作为激励学生面对现实生活的动力，又以相关教学为学生大学阶段的进一步学习打好基础。

◆ 大学学段：不再重复具体的知识性教学，主要带领学生分析抗美援朝的历史背景、深刻意义和深远影响，以此引导学生深入理解“抗美援朝精神”的生成逻辑和作用机制。此外，还要以翻转课堂的手段，组织学生自学、交流对“抗美援朝精神”五大内涵的认识。关键在于帮助学生通过深入分析“抗美援朝精神”的理论，使学生不仅“知道”更要“理解”，只有在真正从理论源头具备深刻理解，才能真正使“抗美援朝精神”在其实践中发挥作用。

四个学段从“知事”——“懂事”，到“博闻”——“晓义”，再到“明理”——“行道”，最后达到“增信”——“力行”，从而由零散而直观发展为完整而浅显，再形成理论系统，最后对理论系统的关键问题进行深入辩证，把“抗美援朝精神”这一党的红色精神谱系的重要组成部分贯穿于学生成长的不同时期，达到一体化教育、螺旋式上升的目的。

三、一体化教学结构图

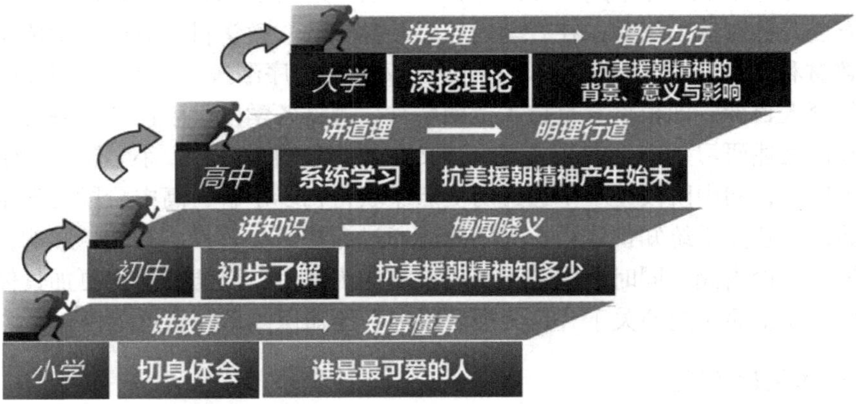

小学学段：那些志愿军战士的英雄故事

基本信息表					
教师	王薇	学校	北京市第十一中学附属定安里小学	学段	小学五年级
教科书版本及章节	统编版《道德与法治》（五年级下册），人民教育出版社；第三单元 百年追梦 复兴中华，第 11 课 屹立在世界的东方				

一、学情分析

（一）教学内容分析

本课选自统编版《道德与法治》（五年级下册）第三单元百年追梦复兴中华第 11 课屹立在世界的东方的部分内容。本课是本单元的第 3 课，通过前两课的学习，学生知道了中国人民在中国共产党的领导下，经过 28 年的英勇奋斗，取得了革命的胜利，建立了中华人民共和国。新中国成立后，广大人民在政治上翻了身，第一次成为新社会、新国家的主人。新中国奉行独立自主的和平外交政策，稳步走上世界舞台，在国际事务中逐渐成为一个不可或缺的国家。在此基础上，进一步引导学生了解西藏和平解放和抗美援朝的重大历史事件，激起学生为国骄傲的爱国热情。

本课聚焦“抗美援朝”的历史事件，引导学生回顾历史。中华人民共和国成立初期面临许多挑战，面临内外压力，中国共产党领导中国人民战胜内忧外患，取得了一个又一个胜利。可借助升旗仪式、红领巾广播、班队会、见字如面等主题活动的形式，让队员们更加深刻地认识到抗美援朝战争的意义，增强他们传承红色基因的责任感和使命感，并以实际行动实现中华民族伟大复兴。通过小队讨论、展示的形式明确学习方向，激发学习热情，从而落实到自己的行动之中，做红色精神的传承人。

（二）学习者分析

1. 知识基础

五年级学生对历史事件、历史现象的分析理解能力日渐增强。但这一时间段的历史与学生相距太远，学生生于和平年代，缺乏足够的生活经历，体会不到苦尽甘来的不易与新中国成立的历史意义。这就要求教师巧妙设计问题，多角度引导探究。

2. 能力基础

本课的教育对象为五年级学生，学生有强烈的求知欲、表现欲，期待老师、同学的赞许和认可。因此，教师应利用少先队课引导队员通过学习抗美援朝这段历史，深刻感悟“抗美援朝精神”的内涵。

3. 学生兴趣与发展要求

队员们需要进一步涵养热爱中国共产党的情怀，增强以实现中华民族伟大复兴为己任的使命感，并落实在好好学习、积极锻炼的实际行动中。

二、教学目标

通过探究抗美援朝战争的历史背景、战役过程、英雄事迹、照片背后的故事以及总结抗美援朝战争的意义，使队员们知道中华人民共和国成立后面临着很多困难与挑战。但是，在中国共产党的领导下，全国人民努力奋斗、保家卫国，取得了抗美援朝战争的胜利，使新生的共和国屹立在世界舞台上。从而使学生感悟“抗美援朝精神”的内涵与强大力量，涵养他们热爱中国共产党的情怀，增强以实现中华民族伟大复兴为己任的使命感，坚定队员们听党话、跟党走的决心，以实际行动报效祖国。

三、教学重点与难点

（一）教学重点

学生通过介绍抗美援朝精神，以视频、照片、文字、数字等多种形式展示学习抗美援朝精神的成果。

（二）教学难点

学生能够充分理解抗美援朝精神的内涵，增强以实现中华民族伟大复兴为己任的使命感，并落实到学习和生活中。

四、教学准备

（一）辅导员准备

召集中队队员进行交流学习，对队员的讲述内容进行把关，整体活动流程的衔接和练习。

（二）队员准备

五个小队分别进行准备，了解抗美援朝战争，搜集相关资料，整理学习抗美援朝精神的成果，形成小队汇报。

五、教学方法与手段

启发法、课堂讨论法、主体教学法、同伴教学法、总结提炼法。

六、教学特色

本次少先队活动课，辅导员注重队员的参与性、主体性和探究性。活动中，让队员们充分自主探究、小组合作、交流分享，体现了全员的参与度、主体性和探究性，同时增强了队员们的合作意识。每个队员写下的“行动卡”和辅导员老师的总结，激励和指引队员们在今后的学习生活中践行抗美援朝精神，争做社会主义的建设者和接班人，成为新时代“最可爱的人”。

七、教学活动设计

环节一：中队长讲话

今年是中国共产党建党100周年，一百年的风风雨雨铸就凝练了许许多多的革命精神，于是少先队大队也号召我们各中队学习革命精神，争当红色传人。在得知这个活动后，我们中队一起通过上网查找资料、分小队进行选题、共同研讨选题，最终确定了以“抗美援朝精神”为我们学习的重点，进行研学，并且以小队的形式分配了学习任务，今天就让我们一起走进“抗美援朝精神”，了解那段历史，学习先锋精神，做好红色传人！

【**活动意图说明**】点明活动背景、目的与意义，明确主题。

环节二：小队汇报研学成果

1. 第一小队：回顾历史背景

通过视频介绍抗美援朝战争的历史背景。

通过观看视频，我们了解到面对美国的霸权挑衅，中国人民奋起抗争。应朝鲜党和政府的请求，党中央和毛主席经过艰难抉择，作出了抗美援朝、保家卫国的重大战略决策。面对如此严峻的形势，1950年10月19日，中国人民志愿军雄赳赳、气昂昂跨过鸭绿江，开赴朝鲜战场，开始了伟大的抗美援朝战争。抗美援朝战争是一场援助朝鲜、保家卫国的正义之战，充分体现了为了人类和平与正义事业而奋斗的国际主义精神，这就是抗美援朝精神！

板书：为了人类和平与正义事业而奋斗的国际主义精神——抗美援朝精神

2. 第二小队：战役彰显精神

通过视频展示抗美援朝中的战役：包括首战两水洞、激战云山城、清川江围歼战、鏖战长津湖等战役。

在两水洞战役中，中国人民志愿军由此开始了抗美援朝战争的第一次战役，取得了志愿军出国作战第一个歼灭战斗的胜利。

激战云山城：通过教科书中的图表可以看出，志愿军第39军重创美骑兵第1师，歼灭南朝鲜第1师第15团大部，歼灭敌人2000余人，其中美军1800余人，缴获和击落飞机7架，击毁和缴获坦克28辆、汽车170余辆、各种火炮119门。云山城战役首创以劣势装备歼灭现代化装备之敌的范例，狠杀了美军的威风。

清川江围歼战：彻底粉碎了“联合国军”主力在西线的总攻势，迫敌由进攻转入防御，彻底扭转了朝鲜战局，奠定了第二次战役胜利的基础。

鏖战长津湖：这里的冬天积雪达数尺。就在冰天雪地的战场上，志愿军与美军展开了一场惊心动魄的殊死搏斗。这是抗美援朝战场上最惨烈的一场战役（播放视频）。

出示图片：这是在长津湖战役中牺牲的战士。1950年冬天，朝鲜北部突降大雪，气温骤降至零下40多度。刚刚从我国南方赶来的志愿军战士身上只穿着一斤半的薄棉衣，趴在积雪上。要知道，北京冬天的气温最低也就是零下十几度。

出示图片：而志愿军战士在零下 40 多度的环境下，跟武装到牙齿的美军展开殊死搏斗。直到生命的最后一刻，他们依旧保持着整齐的战斗队形和战斗姿态，手握钢枪、手榴弹，眼神坚毅，面对美军的最强部队最强装备却毫不示弱，无所畏惧。

志愿军战士有着钢铁般的意志，筑起了一道钢铁长城。我们深深感受到了在战士们心中，祖国和人民的利益高于一切，英勇的志愿军战士为了祖国和民族的尊严而奋不顾身的爱国主义精神就是抗美援朝精神！

板书：祖国和人民的利益高于一切，为了祖国和民族的尊严而奋不顾身的爱国主义精神——抗美援朝精神

3. 第三小队：致敬伟大英雄

通过图片介绍抗美援朝战争中的英雄人物。队员们从众多的英雄中选取了杨根思、孙占元、邱少云、黄继光四位英雄，以不同形式分别介绍他们的英勇事迹（出示孙占元、邱少云、黄继光三位英雄图片）。

在抗美援朝的战场上，有无数英雄都留下了可歌可泣的英勇事迹，这里有为了不暴露战士们的埋伏地点，在熊熊烈火燃烧中，纹丝不动的邱少云；有身负重伤，却用年轻的胸膛堵住了敌人的枪口的黄继光；有被敌军重重包围，与敌同归于尽的孙占元。

出示杨根思连长的图片：还有一位杨根思连长，他的“三不”精神流传至今：不相信有完成不了的任务，不相信有战胜不了的困难，不相信有战胜不了的敌人。通过视频来了解杨根思的事迹。在了解了杨根思烈士的英雄事迹后，队员以书信的形式表达对他的敬意（朗读书信）。

英雄们铸就了伟大的革命精神，这就是英勇顽强、舍生忘死的革命英雄主义精神，是抗美援朝精神，更是我们新时代少先队员继承与发扬的精神！

板书：英勇顽强、舍生忘死的革命英雄主义精神——抗美援朝精神

4. 第四小队：讲述照片故事

出示图片一：一面火红的战旗已被打得千疮百孔，但在硝烟中仍然高高飘扬；志愿军战士们手握钢枪，挺着胸膛，脸上露出胜利的微笑。这是抗美援朝战争中，“上甘岭特功八连”攻下上甘岭最高峰的光荣一幕。志愿军战士在这种条件极端艰苦的情况下，创造了战争史上坑道战的奇迹。志愿军战士在极端缺水的情况下，浴血奋战 43 天，坚守坑道阵地 14 个昼夜，击退敌人的无数次进攻。

出示图片二：这张照片是志愿军战士们拿下鱼龙浦地区，为大部队渡过清川江扫清了障碍，帮助我军取得了又一次战斗胜利时欢呼雀跃的情景。战士们积极乐观，相信正义必胜！他们这种不畏艰难困苦、始终保持高昂士气的革命乐观主义精神，就是抗美援朝精神。

板书：不畏艰难困苦，始终保持高昂士气的革命乐观主义精神——抗美援朝精神

5. 第五小队：总结战争意义

总结抗美援朝战争的意义，以及抗美援朝精神的巨大力量。由此总结出抗美援朝精神之五：为完成祖国和人民赋予的使命、慷慨奉献自己一切的革命忠诚精神，这就是抗美援朝精神。

在中国共产党的领导下，中国人民志愿军出国作战取得伟大胜利，不仅极大地激励了中国人民，而且更让整个世界对新中国刮目相看：中国人民受欺侮、受凌辱的日子已经一去不复返了，中华民族有能力、有资格屹立于世界民族之林。

板书：为完成祖国和人民赋予的使命、慷慨奉献自己一切的革命忠诚精神——抗美援朝精神

【活动意图说明】通过小队学习的方式，使队员深入探究抗美援朝战争的历史背景、战役过程、英雄事迹、照片背后的故事，感悟“抗美援朝精神”的内涵与强大力量。

环节三：撰写“行动卡”

队员们将抗美援朝战争中所展现的五种精神总结得十分透彻，那么请大家结合新时代，说一说当代的先锋人物。比如，在抗击疫情的战斗中，在新时代的建设中，在你的身边，一定也有以这些精神来严格要求自己的人，他们也在传承这些精神。

队员回答：端稳中国人饭碗的“世界杂交水稻之父”袁隆平爷爷；无私奉献、舍生入死在世界核潜艇史上写下光辉篇章的中国第一代核潜艇总设计师黄旭华爷爷；从第一颗人造地球卫星首战告捷，到绕月探测工程的圆满成功，为中国航天发展做出突出贡献的中国探月总工程师孙家栋爷爷。

很多的时代楷模都为祖国的建设和发展做出了突出贡献，他们就是在传承抗美援朝精神，队员们也要向他们学习，继承并发扬抗美援朝精神，传承红色基因。各小队先进行讨论，之后分享“行动卡”上的内容。

教师小结：习近平总书记强调：“伟大的抗美援朝战争，谱写了一曲可歌可泣的壮丽史诗，铸就了中华民族历史上又一座不朽的丰碑。”

少先队员要向英雄楷模学习，继承并发扬抗美援朝精神，做社会主义的建设者和接班人。下面请队员们将“行动卡”展示在黑板上。

（播放《中国人民志愿军战歌》）

【活动意图说明】通过撰写“行动卡”，树立自身成长的奋斗目标，促使队员充分理解抗美援朝的精神内涵，并落实到学习和生活中。

板书：抗美援朝精神

（1）为了人类和平与正义事业而奋斗的国际主义精神。
（2）祖国和人民的利益高于一切，为了祖国和民族的尊严奋不顾身的爱国主义精神。
（3）英勇顽强、舍生忘死的革命英雄主义精神。
（4）不畏艰难困苦，始终保持高昂士气的革命乐观主义精神。
（5）为完成祖国和人民赋予的使命、慷慨奉献自己一切的革命忠诚精神。

【课堂总结】辅导员先朗诵散文《谁是最可爱的人》（节选）。之后进行总结：这是著名作家魏巍撰写的散文《谁是最可爱的人》中的片段，反映了魏巍在抗美援朝战场上的真情实感，讲述了抗美援朝战争中激动人心的画面，它感动了无数人，也影响了几代人。生活在新时代的人，更要继承并发扬抗美援朝精神，为祖国做贡献，成为新时代“最可爱的人”！

在学习党史的过程中，队员们用自己喜欢的方式记录、述说着自己学习抗美援朝精神

的成果和收获，辅导员感受到他们在这期间的成长。作为红色接班人，学习中国共产党的革命精神就是要让队员们看到中国共产党的伟大，感受到中国共产党给人民带来的幸福，同时也是激发队员们不断向前的动力，让他们从小就种下红色种子，未来能够成为担当中华民族复兴大任的时代新人。

队员们就要毕业了，希望他们能够带着这份使命与责任，带着这份植根于内心的红色精神踏上创造未来的道路！牢记习近平爷爷的嘱托，听党话跟党走，从小立志向、修品行、练本领，积极践行社会主义核心价值观，传承红色基因。为实现中华民族伟大复兴的中国梦而努力奋斗！

（队仪式：呼号、退旗，之后主持人宣布：活动结束。）

八、作业设计

少先队活动课结束后，学校少先队大队在各中队继续开展“学党史、知党情、感党恩”的系列主题教育，并积极探寻红色教育基地，将抗美援朝精神等革命精神渗透到社会实践活动中，队员们深切感受到中国共产党的伟大，深刻理解了“没有共产党就没有新中国”的内涵，并立志以实际行动弘扬抗美援朝精神。

参考文献

[1] 吴云清 . 少先队活动课程的指导与实施 [M]. 长春：东北师范大学出版社，2023.

[2] 王延风 . 少先队辅导员工作读本 [M]. 长沙：湖南电子音像出版社，2019.

[3] 共青团北京市委员会少先队北京市工作委员会 . 凝聚在星星火炬下——2016 北京市少先队工作的理论与实践 [M]. 北京：中国传媒大学出版社，2016.

[4] 昆明市盘龙区金康园小学 . 小学少先队活动课设计 [M]. 昆明：云南教育出版社，2019.

[5] 中国少年先锋队全国工作委员会 . 少先队活动课程辅导员用书：五年级 [M]. 北京：中国少年儿童出版社，2023.

初中学段：抗美援朝历史的丰厚营养

基本信息表					
教师	孙濛	学校	北京市第十一中学	学段	初中二年级
教科书版本及章节	《中国历史》（八年级下册），人民教育出版社，2020 年 7 月第 1 版；第一单元第 2 课 抗美援朝				

一、学情分析

（一）教学内容分析

“抗美援朝”是人教版《中国历史》（八年级下册）第一单元第 2 课，本单元上承近代史、下启现代史，是中国历史发展的重要转折。从大单元教学与学习的角度出发，本单元概括了中国共产党在取得解放战争的胜利后，新成立的中央人民政府为巩固新生的人民政权采取了一系列措施，最终为新中国各方面持续发展做出了贡献。本课的主要内容围绕"抗美援朝、保家卫国"这一基本事实展开，通过两个子目展开讲述，两个子目之间为递进关系。第一个子目讲述了抗美援朝战争发生的背景。新中国成立初期面临着内忧外患的严峻形势，1950年朝鲜战争爆发，威胁到中国的国家安全，经过党和政府的深思熟虑，决定入朝作战。第二子目着重讲述了以黄继光、邱少云为代表的中国人民志愿军的英勇事迹、抗美援朝精神以及抗美援朝胜利的伟大历史意义。抗美援朝抵御了帝国主义的侵略扩张，捍卫了新中国的安全，保卫了人民的和平生活；稳定了朝鲜半岛的局势，维护了亚洲和世界和平，大大提高了我国的国际地位。学习本课不仅有助于了解新中国成立初期所面临的国内外形势，更能够让现在身处幸福生活中的学生感受到和平来之不易，对抗美援朝精神产生更深刻的理解，进而培养学生的家国责任感和使命感，弘扬以爱国主义为核心的民族精神。

（二）学习者分析

1. 知识基础

自七年级开设历史课以来，学生通过学习历史知识，已对自古至今的史实产生了浓厚兴趣，很多对历史感兴趣的同学已经会寻找一些扩展资料进行自主阅读。抗美援朝这一历史事件无论在新闻播报中还是在文艺作品中出现的频率均比较高。很多学生听说过抗美援朝，也知道黄继光、邱少云的英雄事迹，从知识层面讲解本课的难度不大。

2. 能力基础

学生进入八年级下学期，已经具备独立阅读课本内容、提取关键信息的能力，能够对比较简单的材料进行概括和分析，学生对材料的理解能力和新情境的解读能力也在不断提高。

3. 发展要求

初中历史重在学习历史基础知识，在掌握知识的前提下进行史学素养的培养。高中则在历史解释的基础上要求学生进行史料实证，对学生的逻辑思维要求更高，更重在考查学生的综合能力。大学则要求学生能够独立阅读专业文献，并在阅读大量史料的基础上进行论文写作。学生的学习难度层层递进。初中阶段历史课程标准要求学生初步学会从多种渠道获取历史信息，在理解和辨析相关史料的基础上，尝试发现和提出新的问题，有理有据地表达自己对历史的看法，形成自己的历史认识。目前八年级的学生结合课本内容在新的历史情境下对材料进行概括和分析的能力仍有欠缺，在形成自己的历史认识上与高中还有一定差距。

二、教学目标

通过研读史料和中朝边界地图，了解中国政府派遣中国人民志愿军出兵朝鲜的原因，黄继光、邱少云、杨根思的英雄事迹和抗美援朝获得胜利的基本史实，理解抗美援朝的必要性，培养时空观念和历史解释能力。

通过观看视频，阅读研读图片、文献等多种史料，获取了解历史信息的多种渠道，在分析材料、认识历史的过程中，初步掌握解释历史问题的方法，培养历史解释与史料实证能力。

认识中国人民志愿军赴朝参战、保家卫国的正义性，增强民族自豪感和自信心，学习战斗英雄的事迹和精神，让伟大的抗美援朝精神跨越时空、永续传承、世代发扬，涵养家国情怀。

三、教学重点与难点

（一）教学重点

中国人民志愿军入朝作战的必要性。

（二）教学难点

理解抗美援朝精神和抗美援朝胜利的意义。

四、教学方法与手段

演示法：利用图片、视频、歌曲进行教学，创设历史情境，激发学生对本节课的学习兴趣。

谈话法：利用教师对课本基础知识提问、学生回答的方式，提取本课中的需掌握的重要内容。

讨论法及史料分析法：组织学生小组研读史料，对史料进行概括和分析，培养学生的历史学习能力及合作意识。

五、教学特色

首先，本节课的教材内容对抗美援朝的原因及其过程有文字和图片的讲述和解读，但是抗美援朝并非只是过去的历史，它所蕴含的伟大精神在新时代仍然熠熠生辉，本课在设计上注重古今时空联系，意在加深学生对抗美援朝精神的理解。其次，本课的设计应用大量原始史料，扩展学生获取历史知识的渠道，让学生逐步形成正确的历史判断。最后，小组式讨论，任务型学习能够以学生的学为中心，意在激发学生学习的自主性，主动探寻历史真相。

六、教学活动设计

环节一：导入新课

教师：寒雪梅中尽，春风柳上归。在这冰雪消融迎来新生的春天，我们开启了中国现代史的学习历程，上节课我们共同见证了开国大典这样振奋人心的场面，老师相信大家依然在为我们实现民族独立而自豪，但是我们国家仍然面临着尚未解决的问题，帝国主义列强也仍在虎视眈眈。2022 年 9 月，我们迎回了第九批在韩中国人民志愿军烈士遗骸，当空军专机进入中国领空后，空军两架战斗机护航，向志愿军烈士致以崇高敬意。同学们，接下来我们一起观看迎接第九批志愿军烈士回国的一段视频。

（播放第九批在韩志愿军烈士遗骸回国影像视频）

教师：同学们，看过视频之后，老师有几个问题，为什么我们的军人要远赴异国参战？为什么我们要以如此高的规格迎接烈士遗骸归国呢？老师希望大家带着这些问题进入今天的学习。

【活动意图说明】温故知新，了解历史发展脉络，通过视频创设历史学习情境，提高学生学习兴趣和课堂参与度。

环节二：战之因

（呈现第二次世界大战之后朝鲜半岛形势图、美国武装干涉中国解放台湾的图片、美军轰炸中国东北形势图）

教师：当时的新中国刚刚成立，百废待兴，而我们的邻国朝鲜此时因第二次世界大战后形成的美苏冷战格局也并不稳定。第二次世界大战后，美苏两国以北纬38°线为界，分别接受日本的投降，朝鲜半岛正式分裂为朝鲜民主主义人民共和国和大韩民国。此时的朝鲜和韩国采取了不同的社会制度和意识形态，但他们都希望能消灭对方来实现民族统一。1950年，朝鲜战争爆发，美国不顾世界舆论的谴责，组织所谓的“联合国军”在朝鲜半岛的仁川登陆，这样导致战争扩展为国际性战争，战争一直打到了中朝边境鸭绿江边。那么此时中国要如何应对？我们一起来分析中国面临的局势，请大家阅读课本，结合老师给大家展示的地图，小组讨论，思考中国抗美援朝的原因。

预设：① 美国第七舰队入侵中国台湾海峡；② 美军越过“三八线”，把战火烧到中朝边境；③ 美军飞机轰炸中国东北边境城市。美国的侵略活动严重威胁中国的安全。

教师：没错，我们的国家安全受到了严重威胁。与此同时，朝鲜最高领导人金日成向毛主席发来了求援电报：

> 敬爱的毛泽东同志：……只靠我们自己的力量，是难以克服此危机的。因此我们不得不请求您给予我们以特别的援助，即在敌人进攻“三八线”以北地区的情况下，极盼中国人民解放军直接出动援助我军作战！①

教师：面对着朝鲜的求援，我们是否要出兵朝鲜？我们一起回到战争前夕，看一看当时的洪学智司令员是如何分析的：

> 我们分析美军的长处是具有现代化的装备，机动性强，陆军的地面火力很强，海空军占有绝对优势。同美军相比，我军的装备则处于明显的劣势，步兵就那么几门迫击炮……主要还是靠步枪和手榴弹发挥作用。
>
> 但我们也有美军所不具备的长处：第一，我军是为了反侵略而战；第二，我军有丰富的战斗经验；第三，我军作战机动灵活；第四，我军英勇善战、不怕流血牺牲，能吃苦耐劳……经过认真的分析，尽管我们的装备比敌人的差，只要我们有充足的准备，以我之长，击敌之短，就一定能以劣势的装备，打败优势装备

① 军事科学院军事历史研究所.抗美援朝战争史（修订版）[M].北京：军事科学出版社，2011.

的敌人。[①]

预设：中国的武器装备落后，数量少，在军备方面处于劣势。中国是正义之战，军人不畏艰难困苦，英勇顽强、舍生忘死，在精神力量上占据优势。

教师：面对来犯之敌，经过党和中央政府的审慎分析和判断，为了保障国内和平稳定的生活，中央政府决定入朝作战，以“钢少气多”迎战“钢多气少”，抗美援朝，保家卫国。

（学生观看抗美援朝战役过程指示图视频）

教师：在 1950—1953 年的战争岁月中，中国人民志愿军一路势如破竹，五战五捷，最终将敌人赶回了“三八线”附近，缓解了中国东北边境的危机。

【活动意图说明】学生结合材料，联系课内外知识，提取材料信息，概括中国出兵朝鲜的根本原因，了解中国军队在战场上的赫赫战果，感受中国军民坚决捍卫国家安全的决心，培养学生的家国情怀。

环节三：战之思

教师：抗美援朝战争的胜利，对世界产生了怎样的影响？

（呈现两则史料，学生合作探究讨论：分析抗美援朝的影响）

材料一：它雄辩地证明：西方侵略者几百年来只要在东方的一个海岸上架起几尊大炮就可以霸占一个国家的时代一去不复返了，……在第二次世界大战后，特别是中国革命胜利后起了深刻变化的亚洲历史的前进车轮，是侵略势力所绝对不能扭转的。……这对于保障远东的和平，是一个重大的贡献。[②]

材料二：中国从他们的胜利中一跃而为一个不能再被人轻视的世界大国……如果中国人没有于 1950 年 11 月在清长战场上稳执牛耳，此后的世界历史进程就一定不一样。[③]

教师：请大家根据材料并结合教材分析抗美援朝胜利的意义。

预设：① 抗美援朝战争的胜利，为我国的经济建设赢得一个相对稳定的和平环境。② 大大提高了我国的国际地位。

【活动意图说明】学生结合材料，联系课内外知识，思考抗美援朝胜利的重要影响，再次强调抗美援朝的正义性和必要性，培养学生分析史料的能力。

环节四：战之杰

教师：抗美援朝是一场血与火的鏖战，在战争中，每天都会发生大大小小的战役，上甘岭战役和长津湖战役就是非常典型的两次战役。上甘岭战役被美国四星上将、曾任朝鲜战场“联合国军”总司令克拉克称为是“朝鲜战场的凡尔登”，而长津湖战役中的“冰雕连”更是让老师印象深刻。战场上涌现出许多可歌可泣的英雄人物，比如说黄继光、邱少云和杨根思，请同学们阅读课本，讲一讲他们的故事。

预设：学生自己分享战斗英雄的故事。

---

① 洪学智 . 抗美援朝战争回忆 [M]. 北京：解放军文艺出版社，1990.

② 彭德怀传记编写组 . 彭德怀军事文选 [M]. 北京：中央文献出版社，1988.

③ 关山远 . 那一仗，打败的是美国人，震撼的是日本人 [J]. 军事文摘，2018（13）：65-68.

教师：老师也想和大家分享一名志愿军战士的故事，他的名字叫阿毛，他所在的连队奉命固守“死鹰岭”高地。当时的长津湖恰好遭遇50年不遇的严冬，但他不惧严寒，坚决地执行自己的任务，他留下了这样一封《绝笔信》：

我爱亲人和祖国，更爱我的荣誉
我是名光荣的志愿军战士
冰雪啊，我绝不屈服你
哪怕是冻死
我也要高傲地耸立在我的阵地上①

教师：读了宋阿毛的这封《绝笔信》，大家是怎样的心情呢？

预设：敬佩、悲痛、震撼……

教师：老师和大家一样，被我们的志愿军战士的精神深深地震撼。长津湖一战，我们的志愿军将士做出了巨大牺牲至今让人难以忘怀。如果没有志愿军战士舍生忘死、英勇作战，我们如今的幸福生活又从何而来呢？他们是最勇敢的人，也是最可爱的人。请大家想一想，他们的身上体现了一种怎样的精神？

预设：学生自行回答（爱国、勇敢、坚定、顽强、奉献、不怕牺牲……）

教师：我们把这些英雄身上的精神概括为高度的爱国主义、革命英雄主义、革命乐观主义、革命忠诚及国际主义精神。

教师总结：在决定是否入朝作战之际，中国军民义无反顾捍卫祖国安全；在战场上，志愿军战士不惧战火硝烟以身殉国；在冰天雪地中，他们互相支持、鼓励，坚信曙光终将到来……“英雄和日月同辉，勇士与阵地同在”，即使岁月已悠悠转过七十载，我们仍然能够体会到战士们对祖国的热爱。抗美援朝不仅奏响了一曲可歌可泣的凯歌，而且还锻造出气壮山河的抗美援朝精神。本课的最后，老师想给大家分享一段抗美援朝志愿军战士的纪录片，我们一起听一听他们对战争的回忆，希望大家能够感受到战士们的精神跨越时空后，仍历久弥新……

（播放视频：《1950他们正年轻》）

【活动意图说明】分享著名战役、英雄人物的故事，让学生感悟今天的幸福生活来之不易，感恩先辈英烈的付出；感受爱国的伟大力量，激发和培养学生的爱国之情、对党忠诚和责任意识。

七、作业设计

以下两项作业任选其一，字数200字左右。

（1）选择博物馆中一件与抗美援朝相关的文物，想象它在战场上的情境，编写一篇小故事（依托文物介绍适当想象）。

（2）线上云参观沈阳抗美援朝纪念馆，撰写一份《参观报告》。

① 宋阿毛．绝笔信［N］．人民日报海外版，2021-09-30（5）．

参考文献

[1] 军事科学院军事历史研究所．抗美援朝战争史（修订版）[M]．北京：军事科学出版社，2011.

[2] 洪学智．抗美援朝战争回忆 [M]．北京：解放军文艺出版社，1990.

[3] 彭德怀传记编写组．彭德怀军事文选 [M]．北京：中央文献出版社，1988.

[4] 关山远．那一仗，打败的是美国人，震撼的是日本人 [J]．军事文摘，2018（13）：65−68.

[5] 宋阿毛．绝笔信 [N]．人民日报海外版，2021−09−30（5）.

主题班会：抗美援朝的精神高地

基本信息表					
教师	王乙竹	学校	北京市第十一中学	学段	初中一年级
班会	主题班会				

一、学情分析

（一）班会内容分析

本节课主要想讲授的是抗美援朝的历史事件以及蕴含在其中的伟大精神。新中国成立后，面对以美国为首的“联合国军”对朝鲜的进攻，面对朝鲜的请求，秉持着国际主义精神，秉持着“唇亡齿寒”的历史经验，中国人民志愿军踏上了抗美援朝、保家卫国的道路，在彭德怀司令员的指挥下，进行了数次战略性的战役。这些战士被誉为“最可爱的人”。值得一提的是，他们的平均年龄在 28 岁左右，我们从他们身上又能学到哪些精神？

（二）学习者分析

1. 知识基础

需要学生知晓朝鲜半岛的地理位置。

2. 能力基础

需要学生具有一定的史料分析能力与材料阅读能力，以及基本的时空观念。

3. 发展要求

本课的授课对象为初中一年级的学生。他们没有系统地学习过抗美援朝的有关知识，对中国史的学习仅限于 1840 年鸦片战争之前，对抗美援朝有着模糊的了解。因此，本节课要做的事情有两个，其一，帮助学生了解抗美援朝事件的脉络；其二，致敬“最可爱的人”，学习伟大的抗美援朝精神。

二、班会目标确定

1. 认知目标

依据抗美援朝战况图以及文字材料，理解中国人民志愿军入朝作战的原因；了解抗美援朝的时间线，知道抗美援朝的结果，感受彭德怀司令员的英明指挥，知晓邱少云、黄继光的英雄事迹。

2. 情感目标

通过播放《长津湖》影视片段和歌曲《中国人民志愿军战歌》，引导学生感受志愿军战士昂扬的斗志、不怕牺牲的勇气和英勇顽强的抗争精神，感悟志愿军战士所表现出来的爱国主义、国际主义和革命英雄主义精神，他们是“最可爱的人”。涵养学生的家国情怀，知晓现在的幸福生活来之不易。

3. 行为目标

依据本课所学，能自觉尊重并维护中国人民志愿军的形象，在实际行动中宣传抗美援朝的伟大精神。

三、班会特色

知识学习环节，运用了历史学科的一些能力和素养，包括时空观念，史料实证与历史解释等素养。

小组互动环节，包括小组比拼，小组的史料研读接力。

穿越时空，给留在朝鲜战场上、为人民牺牲的“最可爱的人”写一封信，涵养家国情怀。

四、教学方法与手段

教师讲授、小组讨论、师生互动，实践活动。

五、教学活动设计

环节一：开始阶段

播放《中国人民志愿军战歌》，展示《长津湖》影视资料。

> 雄赳赳，气昂昂，跨过鸭绿江！保和平，卫祖国，就是保家乡！中国好儿女，齐心团结紧，抗美援朝打败美帝野心狼……

教师：你知道这首军歌和影视资料反映了什么历史事件吗？

学生发言：抗美援朝。

教师：1950 年，中国人民志愿军高唱这首战歌，在彭德怀司令员的指挥下，跨过鸭绿江，奔赴朝鲜战场，开始了伟大的保家卫国之路！

【活动意图说明】创设历史情境，将同学们的视角从现代化的今天带回 70 多年前，以便接下来班会内容的展开。

环节二：展开阶段

（一）保家卫国赴朝鲜

教师：1949 年 10 月 1 日，中华人民共和国在中国各族人民的热烈欢呼声中成立。在中国共产党的领导下，中国人民站起来了，被战火蹉跎了近百年的中华大地迎来了勃勃生机。一切百废待兴，却也充满希望。但新中国刚刚成立，1950 年，中国人民志愿军再次拿起武器，奔赴朝鲜前线。那么当时朝鲜发生了什么？

材料一：1950 年 10 月，我在华北野战军第二十二兵团六十六军一九六师五八六团任看护班长，部队当时驻扎在天津东局子。当美帝国主义悍然发动侵朝战争的消息传来时，我和战友们纷纷请战，要求奔赴前线，参加抗美援朝。10 月中旬，我团奉命参加抗美援朝紧急任务，从天津北站乘火车经山海关、锦州、沈阳、东溪到达安东市。在一所学校稍事休息后，于当夜乘火车穿过鸭绿江大桥在新义州附近的火车站下车，向南走了五六里，到达一个山沟中的小村外。部队就地隐藏在附近山坡上的树林里，炊事班进村做饭。①

学生看资料回答：1950 年，美国悍然派兵侵略朝鲜。

教师：当时美国的野心只在朝鲜吗？请小组之间进行简单交流，说出你们的答案。

材料二：首先，以美国为首的“联合国军”越过“三八线”入侵朝鲜，并向朝中边境推进、袭击丹东地区，严重威胁新中国的安全。其次，美国第七舰队开进中国的台湾海峡，对中国的国内统一战争进行武力威胁。美国一意孤行，“侵朝犯台”，触及了中国领导人以及中国人民的底线。中国政府应朝鲜党和政府的请求，决定派兵参战。

学生看资料了解美国对中国的威胁，分小组回答：以美军为首的所谓“联合国军”越过“三八线”一直打到中朝边境，威胁我国安全；美国第七舰队入侵中国的台湾海峡，阻止中国人民解放军解放台湾；朝鲜党和政府请求中国出兵参战。

教师总结：伴随着解放战争的胜利，美帝国主义扶植的蒋介石国民党反动派败退台湾，但美帝国主义侵占中国的野心依旧。新中国成立后，美国妄图扼杀新生的中华人民共和国，干涉侵略朝鲜，骚扰中国边境。另外，面对朝鲜对中国政府派兵援助的请求，中国政府是否出兵？

教师引导学生思考材料。

学生分析思考，得出结论：应该出兵。

教师总结：中朝两国唇齿相依，我们选择出兵，不只是援助朝鲜，最重要的是保家卫国。毛泽东正确分析时势，最终决定派兵支援朝鲜。

教师：谁直接指导着这场战争？具体时间是哪一年？

学生：1950 年 10 月，彭德怀总司令指挥中国人民志愿军开赴朝鲜。

（二）同仇敌忾意志坚

教师：观看《英雄》这部纪录片，说一说中国人民志愿军奔赴朝鲜后，面临着怎样的处境？

学生看材料总结：中国人民志愿军同朝鲜军民并肩作战，连续发动五次大规模的战役。五战五捷，把美国为首的侵略军赶回到“三八线”附近。

引导学生阅读资料，了解 1950 年 10 月 25 日作为“中国人民志愿军出国作战纪念日”的原因。

---

① 郭晓莹 . 我亲历了抗美援朝战争 [N]. 天津日报，2023-08-01（1）.

教师出示材料："在朝鲜的每一天，我都被一些东西感动着……这就是，我越来越深刻地感觉到谁是我们最可爱的人！谁是我们最可爱的人呢？我们的部队，我们的战士，我感觉他们是最可爱的人。"①

教师：这是作家魏巍文章当中的散文《谁是最可爱的人》中的一段话，那么到底什么人被誉为"最可爱的人"呢？

学生：中国人民志愿军。

教师：你能说出他们的代表吗？能讲一讲他们的故事吗？

学生看材料，讨论，积极发言。

教师结合学生讲述，出示图片。

黄继光、邱少云的事迹，同学可在材料的基础上，用自己的方式讲述英雄人物的故事。教师鼓励学生，讲述得有感染力的孩子给小组加分。

教师给学生讲述上甘岭战役的战况，为学生理解中国人民志愿军的精神做准备。

教师：除了黄继光、邱少云，你还知道哪些中国人民志愿军的英雄事迹？

学生踊跃发言，教师适时补充。如孙占元，杨根思，解秀梅……

教师抛出问题：中国人民志愿军为什么被誉为"最可爱的人"？引导学生分析中国人民志愿军身上所体现出的精神。

教师总结：中国人民志愿军为保家卫国、支援朝鲜。他们在战斗中不怕牺牲，克服艰苦的条件，用自己的血肉之躯赢得这场战争，为国际正义保驾，为祖国安全护航，维护中华民族的国际荣誉。志愿军英雄们身上所表现出的爱国主义、革命英雄主义，无私的集体主义和国际主义精神，为他们赢得了人民的尊敬和赞扬，被誉为"最可爱的人"。

（三）深入环节

教师提问：那么这场战争的结局是什么？

学生：中朝人民取得了反侵略战争的胜利。

教师总结：由于中国人民志愿军和朝鲜军民的英勇战斗，1953 年 7 月，美国被迫在《停战协定》上签字。中朝人民取得了反侵略斗争的胜利，中国人民志愿军分批回国。

教师提问：思考为何中国人民志愿军能够取得胜利？

学生小组讨论，分析、总结。展示答案。

教师补充、总结：毛泽东、彭德怀等领导人英明睿智；广大志愿军将士和朝鲜军民英勇奋战；国内人民踊跃参军，大力支持；抗美援朝战争是正义战争。中朝人民并肩作战。

教师提问：抗美援朝战争胜利的历史意义是什么？

（教师出示材料，引导学生分析，得出结论）

材料：（抗美援朝战争的胜利）它雄辩地证明：西方侵略者几百年来只要在东方一个海岸上架起几尊大炮就可霸占一个国家的时代是一去不复返了……②

我获得了一个不值得羡慕的名声：我是美国历史上第一个在没有取得胜利的《停战协

① 魏巍．谁是最可爱的人［N］．人民日报，1951-04-11（1）．

② 彭德怀．关于中国人民志愿军抗美援朝工作的报告［M］．北京：中央文献出版社，1993.

定》上签字的司令官。[①]

小组回答、展示。

教师总结：抗美援朝战争是一场伟大的反侵略的正义斗争，保卫了中朝两国的安全和独立，为新中国的经济建设创造了有利的外部环境。巩固了新生的人民政权，增强了中华民族的自信心，打击了美国的侵略扩张野心，极大地提高了中国的国际地位与声望。

（四）总结阶段

抗美援朝胜利了，中国人民志愿军光荣地完成了祖国和人民赋予的使命。这场战争弘扬了国威，也打出了中国人民的志气和尊严，打破了美帝国主义不可战胜的神话。中国人民志愿军创造了英雄事迹，值得每一位中华儿女的尊敬与敬仰。最后，让我们共同唱响《英雄赞歌》来激励自己，缅怀先烈！

同步播放歌曲《英雄赞歌》。

展示小组加分情况

组别	分数
1 组	
2 组	
3 组	
4 组	
5 组	
6 组	

【班会后延伸教育活动设计】

给抗美援朝“最可爱的人”或者抗美援朝中你敬佩的一位英雄人物写一封信，表达你的感激，告诉他们：我们的祖国强大了，人民站起来了……

六、教学反思

从效果上看，本课点燃了孩子们的爱国之情，激动之余，很多孩子流下了泪水，在家国情怀的培养方面基本达到了预设的目标，但因为时间原因，材料的研读与反思还不够细致，因此还需要进一步地适当简化，以增强课堂的连贯性。

参考文献

[1] 魏巍．谁是最可爱的人［N］．人民日报，1951-04-11（1）．

[2] 郭晓莹．我亲历了抗美援朝战争［N］．天津日报，2023-08-01（1）．

[3] 马克·韦恩·克拉克．从多瑙河到鸭绿江［M］．伦敦：哈普公司，1954．

[4] 彭德怀．关于中国人民志愿军抗美援朝工作的报告［M］．北京：中央文献出版社，1993．

① 马克·韦恩·克拉克．从多瑙河到鸭绿江［M］．伦敦：哈普公司，1954．

[5] 黄迎旭 . 抗美援朝出兵决策背后的考量 [EB/OL].[2020-10-12]http://www.new.china.com/zw/news/13000776/20201012/38839804_3.html.

高中学段：践行抗美援朝精神　坚定报国之志

基本信息表					
教师	陈曼	学校	北京市第十一中学	学段	高中二年级
班会	主题班会				

一、学情分析

（一）班会内容分析

伟大抗美援朝精神跨越时空、历久弥新，必须永续传承、世代发扬。

“抗美援朝精神”的基本内涵是：

（1）祖国和人民的利益高于一切，为了祖国和民族的尊严而奋不顾身的爱国主义精神。爱国主义是凝聚民族力量的伟大旗帜，是志愿军指战员入朝参战、克服一切困难、战胜一切敌人的巨大精神动力；祖国和人民的利益高于一切，成为全体志愿军指战员的行动准则。

（2）英勇顽强、舍生忘死的革命英雄主义精神。革命英雄主义精神是以弱胜强、战胜一切敌人的法宝。志愿军指战员在异常残酷的战争中，扬长避短，以灵活机动的战略战术和一往无前的英雄气概，进行了艰苦卓绝的作战，创造了人类战争史上的奇迹。

（3）不畏艰难困苦，始终保持高昂士气的革命乐观主义精神。志愿军指战员面对世界上最强大的敌人，在极为艰难困苦的条件下，一把炒面一把雪，以苦为荣，顽强拼搏，经受住了生命极限的考验，始终保持高昂的斗志和敢打必胜的乐观信念。

（4）为了完成祖国和人民赋予的使命，慷慨奉献自己一切的革命忠诚精神。在志愿军的行列中，先后涌现的杨根思、黄继光、邱少云等 30 多万名英雄功臣和近 6000 个功臣集体，昭示着志愿军指战员视死如归、无私奉献，志愿军英雄用自己的鲜血和生命书写了对祖国和人民的无限忠诚。

（5）为了人类和平与正义事业而奋斗的国际主义精神。志愿军指战员尊重朝鲜人民的风俗习惯，爱护朝鲜的一山一水和一草一木，战争中与朝鲜军民并肩作战，停战后积极帮助朝鲜人民医治战争创伤，重建家园，维护了中朝人民以及一切被压迫、被奴役人民的独立和自由，推进了世界和平发展的历史进程。抗美援朝精神，是马克思列宁主义、毛泽东思想同正义战争伟大实践相结合的产物，是人民军队宗旨、本色和作风的体现，是中华民族不畏强暴、敢于斗争的历史传统的弘扬，是中国人民极其宝贵的精神财富。

（二）学习者分析

1. 知识基础

“抗美援朝精神”提出的背景、具体内涵。

2. 能力基础

能够将抗美援朝精神和自己的实际学习、生活相联系。

3. 发展要求

新时代，我们要为社会培养有顽强意志力、明确奋斗目标、将自己的人生目标和祖国的需要结合起来的高素质人才。

二、班会目标确定

1. 认知目标

通过学生讲解的教学环节，掌握“抗美援朝精神”产生的背景和内涵。

2. 情感目标

通过观看影片、撰写观后感、互相交流等教学环节，为抗美援朝将士而感动；通过“我与抗美援朝”撰写环节，激发学生结合抗美援朝精神对自己的学习、生活和未来进行积极思考的热情。

3. 行为目标

通过本节班会，学生能学会如何积极面对压力，能静心备考；能将自己的“小我”奋斗目标和祖国需要的“大我”目标相结合，做一名合格的社会主义劳动者。

三、教学方法与手段

小组合作探究法，启发式提问法。

四、班会特色

学生临近期末考试，马上又要进入高三，本该全力以赴、心无旁骛地进入备考状态。但一部分中等生陷入一种“学又学不动，躺又躺不平”的状态，在持续“内耗”之中唉声叹气、抱怨连天，白白浪费时间，具体表现是：白天不认真听课，上课时愣神、睡觉、补作业；晚上不好好睡觉，玩手机、玩游戏。还有一部分学习基础比较好但定力不足的同学，虽然学习很疲惫但还能勉强坚持下去，可受到周围环境影响，尤其是看到有些同学睡觉打盹儿、聊天玩笑，本来咬咬牙能挺过去，结果也跟着“休眠”了，事后自己又很后悔，又埋怨周围环境不好，患得患失，烦躁难耐。

“学困生”对自己的出路比较迷茫。有定力、学习基础好的同学，对未来也没有明确的目标，按部就班，走一步算一步，缺少最后备考时的冲劲儿。

在此情况下，本次班会的重点是：

针对“学又学不动，躺又躺不平”的学生，以及容易受环境影响、学习韧性不足的学生，重点落实体会“不畏艰难困苦，始终保持高昂士气的革命乐观主义精神”。让学生在面对压力时，要学会积极、正面应对，用“撸起袖子加油干”的实干精神，打破无解又虚妄的“精神内耗”。

针对“按部就班学习”或者“根本没有读书的兴趣”这种缺乏目标的孩子，重点落实体会抗美援朝精神中“祖国和人民利益高于一切，为了祖国和民族的尊严而奋不顾身的爱国主义精神”“为完成祖国和人民赋予的使命，慷慨奉献自己一切的革命忠诚精神，为了人类和平与正义事业而奋斗的国际主义精神”。通过观看视频、演讲、讨论等环节，在潜移默化之中熏陶、激发学生树立远大的目标，为民族、为国家、为人类奋斗的精神。

五、教学活动设计

环节一：开始阶段——情景剧表演导入

【夜自习】

同学甲：（东张西望，看老师没注意，偷偷往前传纸条）

同学乙：（偷偷看纸条）（回头小声说话）今天的语文作业留什么了？

同学甲：（递过去一本练习册）《学探诊》，第 79 页，10 ~ 13 题。还有一个默写……

同学丙：（觉得她们很吵，回头瞪了他们一眼）夜自习别说话了！

同学乙：（理直气壮）我们就问个作业，你怎么那么多事儿！

同学丙：你们上夜自习说话还有理了！

同学丁：行了行了，都别说了，老师一会儿该说你俩了。

（同学甲、同学乙嘟嘟囔囔，慢慢停了下来）

同学乙：（写作业。抬起头，敲敲后边同学的桌子）你借我个修正带，我的忘带了。

同学戊：（拿修正带，递给他）

同学乙：你这个修正带挺好啊，在哪儿买的呀？能帮我买一个吗？我之前买的也不好使。

同学戊：就在我家旁边儿的小卖店买的，今天太晚了，周末我去买，下周给你带一个吧。

同学乙：（看到同学戊的练习册）你这本练习册怎么样啊？我也选历史了，这都快高三了，分数老上不去，要不我也刷刷题。你觉着这本怎么样啊？

（同学乙、同学戊开始聊了起来）

（同学已、庚看到前面的同学聊起了，这俩人也开始讨论问题）

（后面除了同学甲、丙，所有的演员都开始说起话来，“嗡嗡”声一片）

老师：安静！上自习呢！

【铃响，夜自习结束了】

同学乙：唉，这个夜自习，作业又没写完！真是烦死了！（看看周围）这些人，真是太卷了。不行，我回家得把作业赶紧写完，要不然高三怎么办啊？！（垂头丧气）

【第二天，教室里】

老师：同学乙，你怎么又没写作业？这都快高三了，你不知道着点儿急吗？

同学乙：老师，每次上夜自习，我都想得特别好，要好好写作业，还要复习。可是每次一拿起作业，我心里就特别烦得慌，根本写不下去。想着回家好好写作业，可是一到家，我觉得学了一天，我好累啊，该让自己高兴高兴，我就玩会儿手机。本来想着玩 15 分钟，可是，每次都停不下来。一直到我妈催我，我才去睡觉。所以，我这作业，就一直没写。

同学甲：对，老师，有时候老师抓得紧了，同学乙就上课偷偷补作业……

同学丙：是啊，你这样，课没听好，作业不会写，就觉得特别烦，然后就得“放松”一下，漏洞补不上，觉睡不好，第二天课也听不好……

同学乙：我怎么觉得这是个死循环啊……老师，我自己也特别恨自己这个样子，都高三了，我自己也着急啊……但是每天都停不下来。我该怎么办？

同学甲：老师，其实我也有类似的感觉，我有时候明明能坚持一下，上课不趴桌子睡觉，但是我一看同学乙在那里补作业，同学戊在那里闭眼睛打盹，我也就困了……结果再睁开眼睛，老师已经讲过去半道题了……

同学丙：老师，我上课倒是不困，作业也能写完，但是有时候我也会想，我这么学习到底是为了什么呢？不过，我从来没想明白过……

老师：看来，大家有很多烦恼啊。带着这么多烦恼上高三，咱们的状态肯定受影响。

都说“它山之石可以攻玉”。我们今天借助伟大的“抗美援朝精神”，看看能如何帮助我们解决苦恼。

【活动意图说明】情景剧，形式轻松活泼，讲的也都是学生切身遇到的问题，能够激发学生的学习热情。用具体、真实的“小切口”，切入“抗美援朝精神”主题。

环节二：展开阶段

【播放抗美援朝小视频】主要内容是《故事里的中国·抗美援朝》（节选）。

【小组展示抗美援朝精神学习 PPT】主要包括习近平总书记于 2020 年 10 月 23 日《在纪念中国人民志愿军抗美援朝出国作战 70 周年大会上的讲话》（节选），以及邱少云、杨根思、柴云振、蒋诚、胡修道、杨育才等抗美援朝战斗英雄的事迹。

【主持人】请大家畅所欲言，说说自己在整理资料，以及看过这些视频、文字之后的感受。

【学生发言】（学生自由发言）

【活动意图说明】这些精心选取的视频、文字素材，还是很能激发年轻人胸中热血的。感性上的触动，为后面理性的思考、总结，为激发学生自己的学习热情、打开自己的襟怀，以及关注民族、国家乃至人类的发展，做以铺垫。

环节三：深入阶段

【主持人引导】大家觉得“抗美援朝精神”，和自己的学习、日常生活有什么关系吗？

【家长代表、班级组老师代表发言】家长、班级组老师代表，分享“抗美援朝精神”是如何影响了自己的生活。

【学生发言】（学生自由发言，谈自己对“抗美援朝精神”和自己学习生活的关系的认识。）

【班主任小结】有些同学，总是“道理都明白”，但就是缺乏“行动力”；有些同学，沉浸在“内耗”痛苦的情绪之中，总是想着“想明白再做”。其实，这些同学没有正确处理好“思”和“行”的关系，也就“思多行少”。志愿军战士取得个人的荣誉、取得战争的胜利，确实需要认真、全面的思考，但最终是要靠行动；很多时候，只有行动起来，才能慢慢找到解决问题的办法。战场上的情况是瞬息万变的，要在行动中思考，在行动中处理问题，而不是等一切都思考得“完美无缺”再行动。

有些同学，总是抱怨这个，抱怨那个，自己活得很“颓废”，自己都觉得“不爽”。其实生活中，任何人都会遇到很多困难和挫折，我们可以学习志愿军“不畏艰难困苦，始终保持高昂士气的革命乐观主义精神”。当年志愿军指战员面对世界上最强大的敌人，在极为艰难困苦的条件下，一把炒面一把雪，以苦为荣，顽强拼搏，经受住了生命极限的考验，始终保持高昂的斗志和敢打必胜的乐观信念。我们也要学会直面困难、打败困难，而不是被困难打败。

还有些同学，提到自己没有目标，觉得自己吃得饱、穿得暖，也没有什么更高的目标或者追求，如果我们看到一个人活得只剩下自己的温饱，尤其在我们现代物质高度发达的社会，活成这个样子，其实有点儿可悲。人之所以为人，总要追求一些物质以外的精神上的东西。志愿军战士心甘情愿吃那么多苦，是因为他们知道自己如此奋斗的意义：能让自己的家人、后代不吃这么多苦，能够更加幸福。把自己打开，把眼界放得宽一些、远一些，在心里既装下自己，也装下别人，甚至装下国家、民族乃至人类，这才是新时代的新青年应有的襟怀。

【活动意图说明】将“抗美援朝精神”和自己的实际生活结合起来，用思想的利器解决生活中的烦恼，让自己摆脱行动无力感、目标虚无感，有责任和担当意识，从而激发学生的热情，让英雄精神永续！

环节四：总结阶段

【主持人引导】请大家分享一下这次班会课的心得收获。

【学生发言】（学生自由发言）

【班主任总结】铭记是最好的告慰。伟大的抗美援朝精神，跨越时空，历久弥新。伟大的抗美援朝精神引领志愿军战士历经两年零九个月艰苦卓绝的浴血奋战，赢得了抗美援朝战争的伟大胜利；也将引领我们走过青春的迷惘，蹚过高三的坎坷，成长为更好的自己，成为一个胸襟宽广、目标明确的诚实劳动者，成就我们的个人价值，实现我们的社会价值，成为中华民族伟大复兴之路上的劳动者、贡献者和收获者。英雄永垂不朽，未来还看诸君！

【活动意图说明】最后的收尾和小结，让学生在沉静中仔细回味本节课的内容，将之内化于心。

【班会后延伸教育活动设计】学生按照个人兴趣，选择观看电影《英雄儿女》、参观北京第十一中校史馆关于“抗美援朝”部分的展览、搜集更多抗美援朝英雄事迹资料等，以撰写《读后感》、绘制手抄报、制作海报、展览素材等形式，搞一个“学习抗美援朝精神”的小型展览。

学生“抗美援朝精神”的学习，要有一个延续性，以期用长期的熏陶，让教育真正深入学生的生活，内化在孩子价值观之中。

六、教学反思

没目标、没理想、没动力、没行动，躺又躺不平、动又比天难。富足的物质生活，懒散的生活状态，并非是先辈们想看到的“幸福生活”。而“抗美援朝精神”，给孩子丰富的精神生活补足了丰富的“精神之钙”，让学生有勇于面对困难的乐观精神和克服困难的强大动力，让学生从自己的狭隘天地中走出来，拥有更广阔的襟怀和眼界，树立为祖国、民族，乃至人类奋斗的目标，并在奋斗中获得真正的幸福和快乐，成为社会主义合格的劳动者和接班人。

参考文献

王强，刘光明．传承发扬伟大抗美援朝精神［N］．人民日报，2020-11-03（9）．

大学学段：传承抗美援朝精神 凝聚报国青春力量

基本信息表					
教师	孙逊	学校	北京工业大学	学段	本科一年级
课程	中国近现代史纲要				
教科书版本及章节	《中国近现代史纲要》（2023年版），高等教育出版社；第八章 中华人民共和国的成立与中国社会主义建设道路的探索，第一节 中华人民共和国的成立和新生人民政权的巩固				

一、学情分析

（一）教学内容分析

本专题将在高中建立的关于“抗美援朝精神”的系统性知识体系的基础上，围绕“为什么中国共产党领导的新政权可以产生抗美援朝精神”这一核心问题，带领学生从理论的高度理解“抗美援朝精神”和中国共产党人精神谱系的作用和意义。

1. 第一部分　从冷战的国际形势向学生讲解“抗美援朝精神”产生的外部背景

在外部背景方面，第二次世界大战后期，反法西斯同盟各大国开始描绘战后国际秩序的基本格局，经过一系列首脑会议和谈判，最终形成了雅尔塔体系的基本秩序，但是也埋下了阵营对抗的伏笔，也就是“冷战”。1946年3月5日，英国前首相温斯顿·丘吉尔在美国富尔顿发表“铁幕演说”，正式拉开了冷战序幕。1947年3月12日，美国杜鲁门主义的出台，标志着冷战开始。冷战期间，美、苏两个超级大国分别带领自己阵营的国家集团进行除超级大国直接的核战争之外的全面对抗。这种国际形势迫使包括中国在内的世界各国被卷入超级大国的斗争，自身的国家安全受到严重威胁，必须奋起斗争。

此外，由于第二次世界大战期间各国共产党的卓越表现，战后左翼力量空前壮大，赢得了世界人民的广泛支持，一波全球革命高潮得以形成，中国革命的胜利成为这个高潮的代表之一。但是以美帝国主义为代表的反动力量也因此对世界革命产生强烈的警惕，其国内由此掀起极右翼的麦卡锡主义反共狂潮，对包括新中国政权在内的一切共产党力量报以极端敌视的反动态度，迫使新中国必须积极应对美帝国主义的威胁。再加上，新中国百废待兴，国力和美帝国主义反动集团差距过大，必须依靠党的领导和精神力量团结凝聚全国人民才能赢得胜利。因此，可以说，外部的国际形势决定了抗美援朝战争的必要性，而新中国和美帝国主义为首的国际反动势力的国力差距决定了“抗美援朝精神”对于赢得战争的必要性。

2.第二部分 从鸦片战争以来的中国社会变化向学生讲解“抗美援朝精神”产生的内部背景

在内部背景方面，鸦片战争以来，近代外国资本主义的入侵，使中国的封建社会逐步变为半殖民地半封建社会。社会性质的变化使中国社会的阶级关系和社会秩序也发生了深刻的变动，社会动员和基层治理体系因此遭到极大破坏。在鸦片战争前，中国的政治格局是皇帝个人独裁的巨大帝国，皇帝个人独裁的政治特点导致基层行政系统缺乏足够的决策权和处置权，使得基层政务呈现颟顸无能的特点，同时国家规模的巨大又使得基层行政力量相对不足，因此政权不能够有效管理广大基层社会，于是基层社会只能施行自治。当时的基层自治建立在以科举制度为核心的体系上，科举制度使读书人以潜在官僚的身份对一般民众形成权威，从而形成所谓乡绅阶层，在基层自治中发挥核心作用。经过鸦片战争后社会性质的变化和各种改革、革命之后，以科举制为核心的自治体系被破坏，因为科举制度消失，导致乡绅阶层不再具备潜在官僚身份，也就不再具有支撑基层自治的权威，取而代之的是以武力维持权威地位的所谓土豪劣绅。于是中国社会原有的动员和基层治理体系沦为土豪劣绅当道、军阀割据混战的乱世。整个民国时期，无论是各路军阀还是国民党都没有能够建立起一套有效的基层秩序，因此乱世的局面始终无法解决。相对的，中国共产党从一开始就重视基层群众运动，特别是“三湾改编”确立的“支部建在连上”的原则，探索了一条以基层党组织为核心的新社会动员和基层治理体系，在后来的根据地建设中，这条道路逐渐完善，成为新中国成立时进行社会动员和治理的主要途径，也由此具备了凝聚全国力量，形成“抗美援朝精神”，战胜美帝国主义威胁的基本方法。

此外，自鸦片战争以来，中华民族和帝国主义的矛盾一直是中国社会最主要的矛盾，中国人民一直盼望着摆脱帝国主义的压迫和威胁，能不能巩固民族独立、维护国家主权和安全就成为考验新中国政权的首要问题，中国共产党和新生的中华人民共和国必须回应人民的期待，抗美援朝战争正是对这一问题的考验，新中国对这一考验的完美回答，就是“抗美援朝精神”。

3.第三部分 从爱国主义精神、革命英雄主义精神、革命乐观主义精神、革命忠诚精神、国际主义精神五个方面，以具体案例带领学生分析领会“抗美援朝精神”

爱国主义精神：通过党领导全国人民以爱国卫生运动战胜美帝国主义细菌战威胁的案例说明：爱国主义精神在动员和组织全国人民方面的作用。只有将全国人民充分动员组织起来，当时国力弱小的新中国才能战胜美帝国主义。

革命英雄主义精神：通过志愿军50军的案例说明革命英雄主义精神对于赢得抗美援朝战争的巨大作用。志愿军50军是一支国民党起义部队，起义前番号为60军，以缺乏战斗积极性著称。起义后，在装备、人员均无本质性变化的前提下却在抗美援朝战争中发挥了超乎想象的强大战斗力，这种前后对比充分说明：正确的领导所激发的革命英雄主义精神的巨大作用。

革命乐观主义精神：通过上甘岭战役的案例进行讲解，通过分析老电影《上甘岭》的细节向学生讲解产生革命乐观主义精神的政治工作背景，从而使学生更深刻地认识到革命乐观主义不仅是积极乐观的心态，更是党的领导和部队政治工作的必然产物。

革命忠诚精神：通过毛岸英同志的事迹为案例，驳斥社会上诋毁党的领袖的历史虚无主义谬论。

国际主义精神：以《中国人民解放军军歌》作曲者郑律成和原第四野战军所属朝鲜族解放军战士的事迹为案例，结合第一部分的外部背景和马克思主义基本原理，说明国际主义的必要性和必然性，并以我国抗日战争时期得到苏联等各国援助为旁证，强调国际主义精神是各国受压迫人民互相帮助的本质，驳斥社会上部分主张“各人自扫门前雪”的虚无主义谬论。

4.第四部分　从“抗美援朝精神”的意义和影响的角度带领学生从整体上进行认识

在意义方面，自鸦片战争以来，在所有中华儿女中最能达成广泛一致的共同使命就是维护国家的统一和领土完整。因此，近现代历史上，中国人民对于政权的最首要的诉求，就是具备维护统一和领土完整的决心和能力。而中国共产党通过抗美援朝战争证明新中国是最符合人民期待的政权，而“抗美援朝精神”既是人民期待的产物，也是赢得战争的重要原因。这是因为通过抵抗外侮、保家卫国的“抗美援朝精神”可以比较容易地动员并团结全国人民，由此才能重建基层社会的动员和治理体系，并进而在积贫积弱的中国凝聚出赢得战争的力量。鸦片战争以来的半殖民地半封建社会的中国缺乏基层社会的秩序，土豪劣绅当道正是军阀割据混战的乱世的重要表现，因此中国共产党领导的新中国政权必须重建社会动员和基层治理体系，这是顺应人民期望的行动。抗美援朝战争期间，党和新生的人民政府通过将基层党组织建设到每一个基层社区，实现了消灭并取代土豪劣绅的壮举，在此基础上，渴望抗击侵略、捍卫主权的愿望使人民群众和党紧密联系在一起。于是党和国家可以做到充分依靠群众，从基层社区开始动员群众参军，从而确保前线有足够的兵力完成作战任务；通过将供应军粮的任务分配给基层社区，实现供应前线需要的目标；通过基层社区发起爱国卫生运动改变全国人民的卫生习惯，得以有效抵御美帝国主义的细菌战威胁。

在影响方面，依靠“抗美援朝精神”重建的社会动员和基层治理体系，成为中国社会自新民主主义向社会主义过渡的重要准备之一。因为建立以基层党组织为核心的社会动员和基层治理体系使得中国共产党通过自身的组织彻底凝聚了全社会的力量，为动员全社会参与社会主义三大改造提供了组织条件。同时这种严密而完善的体系也使得党中央的决策部署可以直接传达到基层，并且使每一个基层群众都能了解党中央的意图，从而紧密团结在中央周围，为了实现共同的目标而奋斗，所以社会主义工业化才能够高效展开并完成。依靠“抗美援朝精神”重建的社会动员和基层治理体系，还是中国特色社会主义不断发展的重要保证之一。因为这一体系保证了集中力量办大事的社会主义制度优势能够有效发挥作用，新中国成立以来70年的伟大建设成就充分证明了这一点，这一体系背后的原则，即一切依靠群众、一切为了群众的原则，保证了无论面对多大的灾难，无论面对何种困难，我们都能够集中全社会的力量共同面对、共同克服、共同胜利，所以我们的中国特色社会主义才能够不断发展。

（二）学习者分析

1. 知识基础

对于抗美援朝和抗美援朝精神相关的知识，学生在小学、初中和高中阶段都有不同程度的接触，已经具备知识上的基础。但受到年龄和阅历的限制，大部分学生独立思考的能力还不成熟，容易受到外界因素的干扰和影响，一旦被人误导产生成见，也就更加难以纠正。特别需要警惕历史虚无主义对学生的负面影响，这就使思政课提供相关能力的训练和足够的保护性引导显得尤为必要。

2. 能力基础

当前大学生成长于网络信息时代，由于获取的信息多元多样，使得学生已经习惯于比对授课教师的教学内容。但网络信息鱼龙混杂，自媒体发布的信息更是缺乏权威性，如果自身并未形成较成熟的"三观"，就很容易陷入杂乱无章、盲目多元，甚至"三观"不正的窘境。同时，大数据算法又营造出了极为隐蔽的信息"茧房效应"，青年学生看似具有了更广泛的信息获取渠道，实则反而陷入了"垃圾信息"的包围，难以获取真正有益的信息。这一状况不仅不利于思政课教学，而且要求教师必须着力正本清源，这正是加强中国共产党人精神谱系教育的必要性。

3. 学习兴趣与发展要求

学生整体对国家扬眉吐气、展现国威军威的历史事件的学习积极性较高，这源于学生普遍高涨的爱国热情以及与《中国近现代史纲要》之前教学内容相对压抑的对比。但另一方面，大部分学生的认知还停留在了解相关历史事件和追究具体细节的阶段，缺乏对抗美援朝等历史事件在理论高度的深刻认识，更缺乏对"抗美援朝精神"的深刻认识，尚不能将其升华为理论思辨。因此，需要在教学中进行针对性引导和强化。

二、教学目标

（一）认知目标

运用整体历史观和历史学界相关前沿研究成果，引导学生学习探究"抗美援朝精神"的形成背景、原因、意义和影响；引导学生深刻认识"抗美援朝精神"在支撑抗美援朝战争取得胜利方面的作用；深刻认识在以中国式现代化推动中华民族伟大复兴中"抗美援朝精神"对新时代青年的作用。

（二）能力目标

培养大学生抵制历史虚无主义侵蚀、正确认识历史事件意义的能力；引导学生逐步树立历史思维，锻炼独立思考能力，注重历史与现实相互结合；以问题导向激活学生自主探究学习的方式方法。

（三）情感与价值目标

引导大学生认识到，抗美援朝战争是新中国巩固政权、树立国际地位的关键一战，是中华民族昂扬自信地走向伟大复兴的起点，具有重要的意义；抗美援朝精神是保证战争赢得胜利的重要因素，是党领导全国人民团结奋斗的结果。激发大学生在新时代自觉捍卫国家主权和尊严、参与国家发展、反对国际霸权主义的决心和信心。帮助学生将朴素的爱国热情转变为积极参与以中国式现代化推动中华民族伟大复兴事业的能力和意愿。

三、教学重点与难点

（一）教学重点

本专题重点在于对“抗美援朝精神”的背景、内涵、意义和影响的深入分析，因此教学内容分为上述四个部分。换言之，大学学段的相关教学重点在于“学史明理”，也就是关注历史“为什么”，而不是阐述历史“是什么”。因为在高中学段，学生已经对“抗美援朝”这一历史事件和“抗美援朝精神”都有了知识上的完整掌握，所以在大学阶段，重点不是重复性的阐述知识细节，而是帮助学生将已掌握的知识性内容转化为真正内化于心、外化于行的深刻理解，从而起到习近平总书记要求的“铸魂育人”“帮助青年扣好人生第一粒扣子”的思政教育效果。

（二）教学难点

（1）如学情分析所述，学生普遍缺乏灵活运用已掌握知识独立思考的训练，因此在教学中带领学生练习运用已有知识是第一个难点。在教学实践中，应该通过问题链引导和丰富的案例论证，使学生自行思考抗美援朝的必要性，以及抗美援朝精神的生成逻辑、意义、影响等方面的内容，综合运用讲授和引导思考的教学方法，从而使学生真正感同身受地将历史与现实联系起来，最终达到使学生能够灵活运用已掌握的理论和知识进行独立思考的目的。

（2）抗美援朝的历史本身很容易掌握，反而会导致学生产生轻视心理。因此在教学时应于教学内容的三个环节中充分展示其理论深度，使学生真正理解历史背后的“为什么”，只有彻底理解历史逻辑，才能将历史上形成的党的红色精神谱系真正理解转化为赓续红色血脉的思想觉悟。

（3）使学生正确理解精神力量的作用，既不能误以为“精神原子弹”包打天下，更不能由于过度强调客观条件而忽视精神力量的正面作用。换言之，必须使学生认识到，精神力量是正常乃至超额发挥客观条件以克敌制胜的基本前提，也就是“精神力量不是万能的，但没有精神力量是万万不能的”这一道理。

四、教学方法与手段

（1）采用教师讲授、启发式提问，以及与讨论相结合的互动式教学方法。

（2）运用 PPT、使用视频播放，以及图片、动画等多媒体教学形式。

（3）利用板书提示本节重要知识点，直观解析其与讲解过程之间的关系。

（4）关照高中学段学生知识结构和认知特点，在教学内容、教学方法、教学方式等方面，体现循序渐进、螺旋式上升的特点。

（5）问题导向贯穿理论教学始终，激发学生兴趣点和思考力。

（6）提供学习资料的文献引用与拓展阅读，增强学习聚焦力与规范化。

（7）在第三部分教学内容等处，适当安排学生通过课外自学、课堂交流等形式完成，从而加强学生的参与感，提升教学效果。

五、教学活动设计

环节一：导入

列出 1950 年中、美国力对比，简单分析后提出课程核心问题，即中、美当时综合国力差距悬殊的情况下，我们赢得抗美援朝战争胜利的原因何在？引用毛泽东主席名言："志愿军钢少气多胜过美军钢多气少。"由此进入正题，指出抗美援朝精神是赢得抗美援朝胜利的重要原因之一。要求学生回忆在中、小学阶段学过的"抗美援朝精神"的相关内容，在此基础上向学生说明本专题教学目的是围绕"为什么中国共产党领导的新政权可以产生抗美援朝精神"这一核心问题，从理论的高度理解抗美援朝精神和党的红色精神谱系的作用和意义。

【教学意图】以国力对比导入的目的是突出精神力量的作用，即强调精神力量对于客观物质条件的放大作用，并引用毛主席讲话作为进一步佐证。要求学生回忆中小学学过的内容是为了以此省略对历史事件本身的过多描述，既避免重复，又可节约宝贵的教学时间，同时也借机开宗明义地阐明教学目的，以使学生带着明确的目的进行学习。

【教学用时】10 分钟。

环节二：讲解教学内容第一部分

从雅尔塔体系和战后国际格局、世界革命高潮、美帝国主义反共狂潮三方面讲解抗美援朝精神形成的外部背景。雅尔塔体系和战后国际格局是理解抗美援朝精神的基础。第二次世界大战后期，反法西斯同盟通过一系列首脑会议奠定了战后世界的基本格局，即雅尔塔体系。该体系的特点是：以美国和苏联两极为中心，在全球范围进行争夺霸权的冷战，但不排除局部地区由两个超级大国直接或间接参与的战争。由于超级大国彼此避免全面战争的基本倾向，雅尔塔体系下的其余各国不可避免地沦为两个超级大国竞争的战场。因此，朝鲜战争并不是单纯的地区性事件，而是雅尔塔体系和冷战格局下，两个超级大国较量的全球战略事件。在此背景下，就可以理解抗美援朝的必要性和必然性，也就更容易理解抗美援朝精神对于不得已卷入超级大国全球竞争的新生国家的重要意义。世界革命高潮是抗美援朝精神孕育的土壤。反法西斯战争胜利后，全世界左翼力量空前高涨，全世界人民对于马克思主义和共产党普遍具有好感，大量在战后民族解放运动浪潮中赢得独立的新生国家选择社会主义道路，由此形成空前的革命高潮，新中国的成立是这一高潮的重要代表之一。在此基础上，可以较容易理解抗美援朝精神的产生机制，这种精神产生自新中国人民对于同样在革命高潮中斗争的各国抱有同志般的国际主义感情。美帝国主义的反共狂潮是抗美援朝精神产生的直接"导火索"。由于麦卡锡主义在美国占据主流思潮地位，导致美国疯狂敌视包括新中国在内的一切共产党政权，希望尽量扼杀这些政权，或至少形成封锁遏制。所以美国干涉朝鲜战争就等同于对新中国构成严重的威胁，中国人民奋起反抗具有必然性和必要性，形成抗美援朝精神也就顺理成章。

【教学意图】这部分教学分三个角度阐述时代背景，国际格局是整体的基础，使学生从更宏观的视野了解历史事件和抗美援朝精神的基础背景；世界革命形势是抗美援朝精神产生的土壤，使学生能够追本溯源地了解抗美援朝精神更深层的源流；美帝国主义反共狂潮是“导火索”，使学生更准确地理解中国人民抗美援朝的必要性，认识到抗美援朝精神产生的现实逻辑。

【教学设计】以教师讲述为主，穿插纪录片剪辑和历史文献为辅，系统地梳理抗美援朝精神产生的历史背景。这一部分不需要过于花哨的额外环节，重点在于高效利用有限的时间，尽可能详尽、精炼地阐明三方面的背景。

【教学用时】20分钟。

环节三：讲解教学内容第二部分

从鸦片战争以来中国社会变化的角度，向学生讲解抗美援朝精神产生的内部背景。在鸦片战争前，中国是封建皇帝个人独裁统治巨大帝国的政治体制，封建皇帝个人独裁导致基层行政系统缺乏足够的决策权和处置权，使得基层政务呈现颟顸无能的特点；同时国家规模的巨大又使得基层行政力量相对不足，因此政权无法有效地管理广大基层社会，基层社会只能施行自治。当时的基层自治建立在以科举制度为核心的体系上，科举制度使读书人以潜在官僚的身份对一般民众形成威权，从而形成所谓“乡绅阶层”，在基层自治中发挥核心作用。经过鸦片战争后社会性质的变化和各种改革、革命之后，以科举制为核心的自治体系被破坏，因为科举制度消失，导致乡绅阶层不再具备潜在官僚身份，也就不再具有支撑基层自治的威权，取而代之的是以武力维持威权地位的所谓土豪劣绅。于是中国社会原有的动员和基层治理体系瓦解，沦为土豪劣绅当道、军阀割据混战的乱世。中国民族资产阶级与封建势力、帝国主义的关系过于紧密，所以在基层社会无法彻底铲除土豪劣绅；再加上资产阶级自身发展不足，所以也没有能力在基层社会建立足以取代土豪劣绅的威权。国民党自“右翼”背叛革命后，其党组织就始终无法继续完善，只能停留在县党部一级，无法真正深入基层社会，所以其推行的保甲制等基层动员和治理形式无法发挥应有的作用，土豪劣绅当道的问题不但无法解决，反而因为其大量混入国民党组织内部而变本加厉，最终使得国民党始终无法真正巩固其政权。而中国共产党在毛泽东同志的领导下，将红军在三湾改编时确立的“支部建在连上”的原则应用于革命根据地建设，逐渐摸索出深入每一个乡村建立基层党支部，由基层党支部通过农会组织群众，以打土豪分田地、抗日民族统一战线、土改等政策在不同阶段尝试解决土豪劣绅问题，最终在革命根据地重建社会动员和治理体系，并由此领导和团结人民群众的力量，取得革命胜利的伟大成果。在新中国成立之后，为巩固政权，中国共产党通过一直建立到基层社区的各级党组织发挥作用，通过将群众组织起来支援抗美援朝战争、战胜美帝国主义等方式，使人民群众逐渐习惯于以基层党组织为核心的新的社会动员和基层治理体系。这样，以基层党组织的为人民服务取代旧社会的土豪劣绅当道，新的社会动员和基层治理体系就得以重建，不但旧社会的乱世终于在全国范围完全结束，而且新的社会动员和基层治理体系远比过去建立在科举制度下的乡绅主导的自治更加高效、健康。

【教学意图】通过详细分析内部背景，可以达成两个目的，一是串联课程其余各专题内容，使之形成具有紧密逻辑关系的专题链条，从而更好地使学生理解《中国近现代史纲要》的根本主旨，即关于中国近现代史基本问题的论述；二是深刻认识到抗美援朝精神对于团结全国人民、扫除旧社会积弊、巩固新中国政权、凝聚战胜美帝国主义威胁的力量具有重要意义。

【教学设计】本环节同样以教师讲授为主，辅以思维导图和学生对往期课程的回忆，系统地梳理抗美援朝精神产生的内部背景。这一部分同样不需要过于花哨的额外环节，只需高效利用教学时间即可。

【教学用时】30分钟。

环节四：讲解教学内容第三部分

从爱国主义精神、革命英雄主义精神、革命乐观主义精神、革命忠诚精神、国际主义精神五个方面，以具体案例带领学生分析领会抗美援朝精神。以爱国卫生运动战胜美帝国主义细菌战威胁的案例分析爱国主义精神，即人民的爱国热情成为改变卫生习惯的强大动力，真正深刻改变了中国人的生活习惯，反映出抗美援朝精神的深远影响。以志愿军50军等英雄部队的案例说明革命英雄主义精神对于赢得抗美援朝战争的作用。志愿军50军是国民党起义部队，起义前番号为60军，以战斗缺乏积极性而被国共双方普遍轻视。起义后，在装备、人员均无本质性变化的前提下，却在抗美援朝战争中发挥了超乎想象的强大战斗力和作战积极性，这种前后对比充分说明正确的领导所激发的革命英雄主义精神的作用。通过上甘岭战役的案例讲解革命乐观主义精神，通过分析老电影《上甘岭》的细节，向学生讲解产生革命乐观主义精神的政治工作背景，从而使学生更深刻地认识到革命乐观主义不仅仅是积极乐观的心态，更是党的领导和部队政治工作的必然产物。通过以毛岸英同志的事迹为案例，驳斥社会上诋毁党的领袖的历史虚无主义谬论，讲解革命忠诚精神和国际主义精神。以《中国人民解放军军歌》的作曲者郑律成和原第四野战军所属朝鲜族解放军战士的事迹为案例，结合第一部分的外部背景和马克思主义基本原理，说明国际主义的必要性和必然性，并以在抗日战争时期得到苏联等各国援助为旁证，强调国际主义精神是各国受压迫人民互相帮助的本质，驳斥社会上部分主张“各人自扫门前雪”的虚无主义谬论。

【教学意图】通过具体案例分析“抗美援朝精神”各个层面的具体情况，使学生对“抗美援朝精神”的内涵产生具体而准确的认识。既可避免过于抽象的理论探讨伤害学生的学习积极性，又可通过脚踏实地的具体案例，使理论论证更加丰满，最终使学生真正做到入脑入心。

【教学设计】本环节可提前布置为课外任务，由学生自行查找资料，经课外准备后，于课堂做简短汇报交流，既可提升课堂互动性，又可节约教学时间，提高教学效率。此外，本环节所用案例不必固定，应根据历史学界前沿成果和学生兴趣做灵活安排。

【教学用时】30分钟。

环节五：讲解教学内容第四部分

从“抗美援朝精神”的意义和影响的角度带领学生从整体上进行认识。从意义的角度，应强调抗美援朝精神在激励中国人民以弱胜强方面的不可替代性，从而使学生较为深刻地认识到精神力量与物质力量的辩证关系。对于积贫积弱的中国而言，综合国力仅为当年美国的百分之一，赢得战争的唯一机会在于美帝国主义难以全力以赴，所以抓住唯一的机会，凝聚全国的力量是必然的选择。而抗美援朝精神通过党的领导，在基层党组织与人民群众紧密结合的组织结构中发挥作用，彻底激发了全社会的潜力，从而使我们有限的物质力量得以超额发挥作用，最终赢得了胜利。从影响的角度，应强调依靠抗美援朝精神建立的社会动员和治理体系充分发挥了社会主义集中力量办大事的制度优势，既组织人民群众依靠集体和公有制的力量克服生产建设中的困难，又集中全国资源迅速实现工业化，最终较高效地建成社会主义基本制度。此后，这一精神又激励中国人民几度克服困难，在改革、发展中不断取得成绩，实现新中国七十余年的伟大建设成就，发展出中国特色社会主义的新道路。

【教学意图】本环节的目的在于从逻辑上完整阐述“抗美援朝精神”的意义和影响，以此构成相关教学的收尾。同时也在逻辑上将本专题嵌入《中国近现代史纲要》的整体教学逻辑中，使之同样成为论述中国近现代史基本问题，特别是以中国式现代化推动中华民族伟大复兴的历史逻辑的重要一环。

【教学设计】本环节在教学时必须注意穿插讲授历史与现实、中国与外国情况，着重运用对比的方法，以此充分体现“抗美援朝精神”的意义和影响，即巩固新中国政权、促进社会主义基本制度的建成、充分发挥社会主义的制度优势等内容。同时，本环节通过对意义和影响的总结，也起到回顾总结课程教学内容的目的。

【教学用时】25 分钟。

六、课后作业

本环节需提前布置，课外完成，组织学生分小组查阅资料，从爱国主义精神、革命英雄主义精神、革命乐观主义精神、革命忠诚精神、国际主义精神五个方面寻找抗美援朝中的相关案例，并在教师指导下，将其制作为课堂汇报演讲内容和 PPT，于课程教学活动设计中展示交流。

参考文献

杨念群．再造病人：中西医冲突下的空间政治（1832—1985）[M]．北京：中国人民大学出版社，2013.

专题六 “两弹一星”精神

一体化教学设计说明

一、教学内容简介

“热爱祖国、无私奉献，自力更生、艰苦奋斗，大力协同、勇于攀登”的“两弹一星”精神，是老一辈科学家在党的领导下，在“两弹一星”伟大事业实践中形成的一种伟大精神。它是中国共产党人精神谱系的重要组成部分，是中华民族重要的精神财富。党的十八大以来，习近平总书记在多个场合谈到“两弹一星”精神，对“两弹一星”的重要意义和传承发扬“两弹一星”精神都作出了深刻论述。2020 年，在科学家座谈会上，习近平总书记提出：“希望广大科技工作者不忘初心、牢记使命，秉持国家利益和人民利益至上，继承和发扬老一辈科学家胸怀祖国、服务人民的优秀品质，弘扬‘两弹一星’精神，主动肩负起历史重任，把自己的科学追求融入全面建设社会主义现代化国家的伟大事业中去。”“两弹一星”精神被纳入中国共产党人精神谱系的第一批精神成果，“两弹一星”精神的课题学习是贯彻党的教育方针，落实立德树人的根本任务的重要内容。为推进大、中、小学思想政治教育一体化建设，本专题将结合大、中、小各学段特点与教育要求，围绕“两弹一星”精神，在教学目标、教学内容、教学环节等方面进行一体化设计，实现新时代青少年思想政治教育一体化建设的高质量发展。

二、一体化设计思路

（一）一体化教学目标

“‘两弹一星’精神”这一重要课题的学习事关大、中、小学爱国主义教育的一体化建设。根据小学、初中、高中、大学的学生特点、成长要求、教育标准等，在教学目标、教学内容、教学环节等方面，进行相互联系、前后衔接、层层递进的一体化设计，启发学生认真思考，锻炼思维，提高能力，帮助学生在了解“两弹一星”精神动人故事的基础上，准确理解“两弹一星”精神的科学内涵，明晰“两弹一星”精神的时代价值，实现不同教育阶段学生对“两弹一星”精神由认知到行为的不断转化，为实现第二个百年奋斗目标凝心聚力。

（二）一体化教学思路

一体化教学思路主要着眼于小学、初中、高中、大学四个学段的教学目标、教学重难点、教学方法等方面的不同侧重，实现学生对“两弹一星”精神的系统、有效学习。在一体化教学活动设计中，在教学目标的设定、教学内容的深浅程度、教学重难点的把控、教学方法的选用等方面，充分考虑到不同年龄阶段的可接受程度，让学生在不同阶段都能获得进一步的认知提升、思维训练、能力锻炼与价值观塑造。

◆ 小学学段：围绕“两弹一星”精神的生动事迹与重要人物，展示图片、视频、音乐等生动资料，致敬“两弹一星”功勋，增强自豪感，激发爱祖国、爱科学之情。教学重点是：了解“两弹一星”事迹，致敬“两弹一星”功勋，增强学生的民族自豪感，激发爱祖国、爱科学之情。教学难点是：引导学生与自身生活实际相联系，发现自身不足，明白身为少先队员应弘扬“两弹一星”精神，不怕吃苦，努力拼搏。

◆ 初中学段：通过“探‘两弹一星’精神之本”“明‘两弹一星’精神之意”“落‘两弹一星’精神之行”三个教学环节，进一步深化对“两弹一星”精神的学习。“探‘两弹一星’精神之本”侧重在党史教育背景下，知道“两弹一星”精神的内涵。“明‘两弹一星’精神之意”强调从历史与现实两个维度，深入理解传承“两弹一星”精神的意义。“落‘两弹一星’精神之行”着重通过了解身边奋斗者的故事，感悟传承“两弹一星”精神的具体做法。教学重点是：理解传承“两弹一星”精神的意义。教学难点是：在学习和生活中自觉践行“两弹一星”精神。

◆ 高中学段：进一步深化学生对“两弹一星”精神的认识与理解，树立科学精神，认同以爱国主义为核心的伟大民族精神，增强对中国共产党、对社会主义祖国的热爱之情，积极参与到社会政治生活之中。教学重点与难点是：“两弹一星”精神的具体内涵及对“两弹一星”精神的传承和弘扬。

◆ 大学学段：在深入揭示“两弹一星”精神形成过程的基础上，引导学生理解并掌握其背后的深层逻辑，明晰“两弹一星”精神的丰富内涵及其内在逻辑关系，强化学生历史思维、系统思维和辩证思维的养成。教学重点是：深入理解“两弹一星”精神的科学内涵及其时代价值。教学难点是：准确把握“两弹一星”精神的形成逻辑，明晰中国共产党的先进性与社会主义制度的优越性在“两弹一星”精神中的彰显。

三、一体化教学结构图

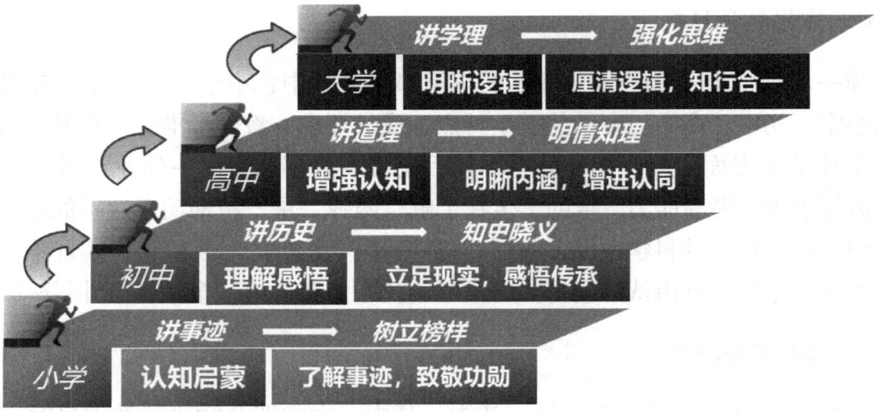

小学学段：走近“两弹一星”背后的“星”

基本信息表					
教师	霍丹	学校	北京市第十一中学附属定安里小学	学段	小学二年级
班会	主题班会				

一、学情分析

（一）教学内容分析

20 世纪 50 年代，以毛主席为核心的党中央领导集体，为保卫国家安全，以及维护世界和平，提出独立研制“两弹一星”的战略。国内外大批优秀科技工作者义无反顾投身到这一神圣而伟大的事业中来。六十多年来，我国自主研制的载人航天和深空探测取得重大突破，正在由航天大国向航天强国快速发展。

2021 年 7 月 1 日，习近平总书记在《庆祝中国共产党成立一百周年大会的讲话》中指出：“历史川流不息，精神代代相传。”作为共产党人精神谱系中璀璨一员的“两弹一星”精神，已凝结成为一种自强不息、奋斗不止的民族品格。

作为新时代的少先队员要了解老一辈科学家在自主研制原子弹、氢弹、导弹及人造卫星的过程，要进一步传承和弘扬“热爱祖国、无私奉献，自力更生、艰苦奋斗，大力协同、勇于登攀”的“两弹一星”精神，在今后的学习和生活中要保持昂扬的精神状态，要努力学习、勤奋劳动、不怕困难，将来为国争光。

（二）学习者分析

1. 知识基础

通过两年的学习，小学二年级学生能够知道“两弹一星”的内容，但是对于“两弹一星”精神，只能用自己的语言表达自己浅显的理解。

2. 能力基础

二年级学生能够课前收集资料，了解“两弹一星”相关知识，但是不能系统理解相关精神。

3. 学生兴趣与发展要求

学生被英雄们热爱祖国、热爱人民的崇高民族气节所打动，积极学习“两弹一星”英雄淡泊名利、一心为国、无私奉献的高尚品格。

二、教学目标

通过学习“两弹一星”精神，致敬“两弹一星”功勋，增强自豪感，激发爱祖国、爱科学之情。在课堂教学中，通过讨论，小组汇报，联系实际，引导学生看到自己的不足，理解身为少先队员应不怕吃苦，努力拼搏。并通过实践活动，理解在今后的学习生活中要协作支撑，积极探索，指导学生在日常生活中践行“两弹一星”精神。

三、教学重点与难点

（一）教学重点

学习“两弹一星”精神，致敬“两弹一星”功勋，增强自豪感，激发爱祖国、爱科学之情。

（二）教学难点

通过讨论、小组汇报、联系实际，看到自己的不足，明白身为少先队员应不怕吃苦，努力拼搏。

四、教学方法与手段

小组合作、讨论法、情景法。

五、教育特色

（1）家校合作，充分发挥家长和导师的引导作用，与学生共同学习。

（2）学生课前收集资料，课后实践活动，提高学生的学习热情。

（3）边学边练习，对于巩固“两弹一星”知识，引导学生把知识应用于实际，发展学生的能力以及形成学生的道德品质等方面都具有重要的作用。

六、教学活动设计

环节一：观察航天模型，引出“两弹一星”精神

【导语】新中国成立后，国内百废待举，国际形势异常严峻。中国人民要真正挺直脊梁，自立自强于世界民族之林，就必须抵御帝国主义的武力威胁和核讹诈、核垄断的挟制。以毛泽东同志为核心的党的第一代中央领导集体审时度势、高瞻远瞩，毅然作出了发展原子弹、导弹、人造地球卫星，突破国防尖端技术的战略决策。号令一出，一呼百应。大批优秀科技工作者和工程技术人员，怀揣对新中国的满腔赤诚之爱，义无反顾投身到这一神圣而伟大的事业中来，用较少的投入、较短的时间突破了“两弹一星”等尖端技术，取得了举世瞩目的辉煌成就。①

1. 出示“两弹一星”模型和图片

图片内容描述：中国原子弹、氢弹试验图片，长征五号运载火箭发射图片，“祝融号”火星车。

① 刘学礼．两弹一星精神［M］// 王炳林．中国共产党革命精神系列读本．北京：中共党史出版社，2020.

组内交流：你认识这些模型和图片吗？

预设：长征五号运载火箭、“祝融号”火星车、神舟飞船……

教师引语：“两弹一星”就是原子弹、氢弹在内的核弹和导弹，以及人造卫星。在中国航天事业的奋斗历程中，中国航天人勇担使命、敢打硬仗、迎难而上，孕育出伟大的“两弹一星”精神。

【活动意图说明】通过触摸中国航天重器，引出航天员背后付出的艰辛和努力，感悟中国载人航天精神。

2.“两弹一星”从无到有，历经的艰难

请同学们观看不同时期成就的图片，从中体会出“两弹一星”精神。

【引语】1958年，在苏联的援助下中国建成了第一座实验性原子反应堆。一年后，苏联终止合同，撤走专家。毛主席毅然决定：自己动手，从头摸起，要造“争气弹”！1964年10月16日，由邓稼先等组织参与研制的中国第一颗原子弹“东方红一号”爆炸成功。1967年，中国第一颗氢弹空爆试验成功爆炸，从第一颗原子弹成功爆炸到突破氢弹，中国仅用了26个月，创下了全世界最短的研究周期纪录。1966年，中国完成了自行研制第一枚“地对地”战略导弹的全过程，10月27日“东风二号”核导弹点火升空，“两弹结合”飞行试验成功，标志着中国有了可用于实战的核导弹。从1957年竺可桢、钱学森等联名向党中央上书，建议开展中国的人造卫星研究，到1970年中国用“长征一号”运载火箭成功地发射中国的第一颗人造卫星——“东方红一号”，中国成为继苏联、美国、法国、日本之后，世界上第五个能独立发射人造地球卫星的国家。“两弹一星”研制成功离不开中国共产党的领导，离不开“两弹一星”元勋的无私奉献、自力更生和艰苦奋斗。

预设：通过观看图片，我体会到了“两弹一星”元勋的无私奉献、自力更生和艰苦奋斗等精神……

环节二：学习英雄事迹，感悟“两弹一星”精神

1.观看《国家命运》视频，说说难忘的片段

视频内容：20世纪50年代，为彻底打破以美国为首的西方敌对势力对中国的核威慑，以钱学森、邓稼先为代表的一大批科学家克服重重困难，在党中央的坚定支持下，以惊人的智慧与毅力，先后完成发射人造地球卫星、成功试爆原子弹和氢弹等，创造出“两弹一星”的伟大奇迹。“两弹一星”彰显的不仅是中国人民创造的非凡奇迹，更是中华民族代代相传的精神。

预设：科学家共克时艰，在艰苦的条件下进行研发工作，但是他们无畏艰险、苦中奋斗。

过渡：正如同学们看到的那样，我国的航天事业发展之初面临千难万险，却有很多披荆斩棘的航天英雄，为我国航天事业的发展开辟道路。

2.老师介绍“遥感”技术，学生体会“自力更生”

老师介绍我国人造卫星现在的发达程度，与原来相比，与国际比较，以“遥感”技术为例，介绍团队的攻坚精神和某个突出人物事迹。

老师与家长一起深入各个小组，与同学们一起利用生活中的可回收垃圾，变废为宝，

边组装航天器模型，边引导学生体会“两弹一星”精神。

预设：自力更生。

3. 听听收集的“英雄榜帖”，谈谈学到的航天精神

英雄帖 1：在“两弹一星”事业的起步阶段，虽然国家经济落后，工业基础薄弱，技术人才奇缺，物资严重匮乏，但是，钱学森、程开甲、王淦昌等“两弹一星”科学家特别能吃苦、特别能战斗，他们白手起家，艰苦创业，经受了生命极限的严峻考验。

英雄帖 2：钱学森冲破美国的重重阻力，历经艰辛，终于回到祖国的怀抱，立即投身到“两弹一星”事业。钱学森从不讲究待遇，不讲索取，他回国几十年从不向组织谈及个人待遇，反而在国家经济困难时期，多次主动要求降低待遇。

英雄帖 3：邓稼先不顾个人安危，深入爆炸核心区，身体侵入放射性物质，肝脏破损，却始终坚持战斗在第一线。最终核辐射和癌症夺走了邓稼先宝贵的生命。临终前，他笑着说：“死而无憾！”①

英雄帖 4：不仅有“两弹一星”功勋，更多来自北京大学、清华大学等知名院校的科技工作者。你看接连走进木兰村的一大批风华正茂的女大学生也随之被分配到条件艰苦的马兰，加入核试验研究的队伍之中。大家亲切地称呼她们为“核大姐”。几十年来，她们把自己全部的青春和热血都奉献给了为共和国铸盾的壮丽事业。如今，这些“核大姐”都已年过古稀，有的甚至长眠在了戈壁滩上……

英雄帖 5：回顾载人航天工程飞行任务，我国航天事业历史性地实现了多个“首次”。一种精神的孕育，需要漫长的历史过程，一旦形成，力量巨大，影响深远。当年，“两弹一星”功臣用生命筑起的丰碑永远矗立在世界航天史的史册上；如今，新一代航天人又秉承“两弹一星”精神，强化使命担当，从单一型号火箭到多型号火箭并行，从常态化发射到长期保障，突破了多个“首次”，续写了敢打硬仗、迎难而上，自主创新、敢于超越的时代乐章。

预设：听了这些英雄事迹，我从他们身上看到了无私奉献、艰苦奋斗的精神……

教师小结：物理学家陆祖荫曾写下这样一句话，让我们一起来读一读：“我永远忘不了冲天而起的蘑菇云，忘不了戈壁滩古纳搓板公路，忘不了实验人员‘三件宝’：水壶、风镜、大草帽，忘不了从事核试验研究的成千上万的参试同志……”在“两弹一星”事业的起步阶段，面临国家经济落后，工业基础薄弱，技术人才奇缺，物资严重匮乏，但是我们热爱祖国，特别能吃苦，艰苦创业。

家校助力：学习“两弹一星”精神。

环节三：弘扬“两弹一星”精神，做强国一代好队员

1. 看视频

视频内容：要大力弘扬“两弹一星”精神、载人航天精神，坚持面向世界航天发展前沿、面向国家航天重大战略需求，强化使命担当，勇于创新突破……

① 姚爱英. 科星最亮：“两弹一星”元勋故事［M］. 北京：科学出版社，2017.

2. 谈发扬

知所从来，思所将往。请你来说一说我们应如何发扬和传承“两弹一星”精神呢？

学生讨论后踊跃发言，说说自己的不足，抒发自己今后的感想与目标。

预设1：全力以赴投入学习，为祖国进一步强大、屹立于世界而读书。

预设2：许多功臣放弃国外优越条件，投身新中国建设事业，学习他们热爱祖国的精神。

预设3：学习前辈航天人于困苦中开拓的精神，做新时代好少年。

预设4：同学之间要团结友爱，互相帮助，共同进步。

3. 写目标

学生书写励志奋斗目标，上台展示后，将“励志卡”贴在黑板上。

【活动意图说明】通过“说一说”与“写一写”，赓续“两弹一星”精神。

4. 总结

同学们，“两弹一星”精神是宝贵的精神财富，以航天人为代表的广大科技工作者敢于战胜一切艰难险阻，勇于攀登科技高峰，激励着我们少先队员坚定理想、奋发图强、创新实践。让我们争做“两弹一星”精神的时代传人，热爱祖国，不怕困难，努力拼搏，勇做社会主义的建设者和接班人。

七、作业设计

（1）打卡军事博物馆，参观“两弹一星”相关内容，继续学习“两弹一星”精神。

（2）以“我给同学讲故事”“我当小记者”以及用图文并茂的形式，表达自己学到的“两弹一星”精神内容与感受。

参考文献

[1] 习近平．大力弘扬“两弹一星”精神、载人航天精神——在海南视察文昌航天发射场时发表的讲话[EB/OL].（2022-04-12）[2023-07-05]. 人民网，https://baijiahao.baidu.com/s？ id=1730217014209779374&wfr=spider&for=pc.

[2] 刘学礼．两弹一星精神[M]// 王炳林．中国共产党革命精神系列读本．北京：中共党史出版社，2020.

[3] 姚爱英．科星最亮：“两弹一星”元勋故事[M]. 北京：科学出版社，2017.

初中学段：“两弹一星”精神是怎么来的

基本信息表					
教师	许莉	学校	北京市第十一中学	学段	初中三年级
教科书版本及章节	《道德与法治》（九年级上册），人民教育出版社，2021年6月第2版；第5课第2框题凝聚价值追求				

一、学情分析

（一）教学内容分析

“两弹一星”精神是人教版《道德与法治》（九年级上册）第5课第2框题“凝聚价值追求”涉及的内容。本课主要涉及伟大民族精神部分，本框题包括“伟大民族精神”及“社会主义核心价值观”两部分内容。在该部分内容中，“两弹一星”精神既是伟大民族精神在社会主义建设时期的组成部分，也是代表精神，更是中国共产党精神谱系的重要代表及组成部分。

习近平总书记在庆祝中国共产党成立100周年大会上指出：“一百年前，中国共产党的先驱们创建了中国共产党，形成了坚持真理、坚守理想，践行初心、担当使命，不怕牺牲、英勇斗争，对党忠诚、不负人民的伟大建党精神，这是中国共产党的精神之源。”①

“两弹一星”精神，是20世纪下半叶新中国科技专家在自主研制原子弹、氢弹、导弹和人造卫星的辉煌伟业中自觉培育践行的一种伟大精神，是爱国主义、集体主义、社会主义精神和科学精神的集中体现。②

党的二十大报告指出，“弘扬以伟大建党精神为源头的中国共产党人精神谱系”，“增强实现中华民族伟大复兴的精神力量”。③ 人无精神则不立，国无精神则不强。社会主义建设时期形成的“两弹一星”精神，体现了中国共产党人的理想信念、根本宗旨和思想路线，是中国共产党人精神谱系的有机组成部分。④

在全面建成社会主义现代化强国，奔向第二个百年奋斗目标新征程上需要大力弘扬“两弹一星”精神，增强道路自信、理论自信、制度自信、文化自信，坚定党的领导，增强民族自信。

本课以“两弹一星”精神为主题，由三个环节组成。第一个环节：“探‘两弹一星’精神之本”，引导学生知道“两弹一星”精神内涵。第二个环节为：“明‘两弹一星’精神之意”，帮助学生从历史及现实两个维度深入理解传承“两弹一星”精神的意义。第三个环节为：“落‘两弹一星’精神之行”，通过身边奋斗者的故事，感悟传承“两弹一星”精神的具体做法，感悟伟大建党精神。在日常生活中培育践行社会主义核心价值观，弘扬中华传统美德，传承中华民族精神。

（二）学习者分析

1. 知识基础

（1）通过历史学科学习对“两弹一星”精神相关的历史事件、代表人物、发展成就等

---

① 习近平：在庆祝中国共产党成立100周年大会上的讲话［EB/OL］.（2021-07-01）［2022-01-15］http://www.xihuanet.com/2021-07/15/c_1127658385.html.

② 韩延明．中国共产党人精神谱系之：“两弹一星”精神［EB/OL］．党史博采官方账号，2022-05-09.

③ 习近平．高举中国特色社会主义伟大旗帜　为全面建设社会主义现代化国家而团结奋斗——在中国共产党第二十次全国代表大会上的报告［M］．北京：人民出版社，2022.

④ 武传鹏，肖邦．“两弹一星”精神与中国共产党人精神谱系的逻辑关系探析——兼论弘扬“两弹一星”精神的时代向度［J］．西南科技大学学报（哲学社会科学版），2023（1）.

内容有所了解。

（2）结合《道德与法治》课程之前的学习，学生可运用生命价值、责任、中华传统美德、社会主义核心价值观、亲社会行为等知识分析具体情境。

2. 能力基础

（1）学生具备一定的分析“榜样人物”蕴含精神品质、传承“榜样人物”精神意义及做法的能力。可以从个人、社会、国家、社会发展、人类等多主体、多角度分析；从不同学科知识角度分析阐述具体情境问题。

（2）学生具备一定的搜集、整理信息资源、小组合作、口头表达等能力。

3. 发展要求

（1）能够全面地深入理解“两弹一星”精神的内涵、传承的意义及做法。理解其作为第一批纳入中国共产党人精神谱系的伟大精神的力量，体会其作为不同历史时期民族精神典型代表的重要性。

（2）通过典型人物的故事，感受榜样的力量，体会科学家精神，激发自身爱国之情，坚持党的领导，听党话，感党恩，跟党走。坚定“四个自信”，增强政治认同。明晰自身成长对国家民族发展的责任。

二、教学目标

通过“探‘两弹一星’精神之本”教学环节，知道“两弹一星”精神的内涵，初步了解党史、新中国史、改革开放史、社会主义发展史，知道党的百年奋斗重大成就和历史经验，领悟伟大建党精神的内涵，开展中国共产党人的精神谱系教育。

通过“明‘两弹一星’精神之意”教学环节，帮助学生从历史及现实两个维度深入理解传承“两弹一星”精神的意义。坚定党的领导，听党话，感党恩，跟党走。了解中国特色社会主义制度的优越性，有强烈的民族自豪感，坚定道路自信、理论自信、制度自信、文化自信。

通过“落‘两弹一星’精神之行”教学环节，了解身边奋斗者的故事，感悟传承“两弹一星”精神的具体做法，能够以恰当的方式弘扬爱国主义精神。懂得生命的意义和价值，热爱生活，确立正确的人生观。理解个人与社会、国家和世界的关系，积极适应社会发展变化。在日常生活中，培育践行社会主义核心价值观，弘扬中华传统美德，传承中华民族精神。

三、教学重点与难点

（一）教学重点

理解传承“两弹一星”精神的意义。

（二）教学难点

在学习和生活中自觉践行“两弹一星”精神。

四、教学方法与手段

情境教学法、对话式教学法、小组合作。

五、教学特色

以史为鉴，原汁原味地体会“两弹一星”精神。本课引导学生通过纪录片、报纸、博物馆、人物访谈等途径收集关于“两弹一星”精神的相关内容，穿越历史岁月，感悟这一精神诞生的背景、内涵，明确其历史及现实传承的意义。在更大程度上激发学生学习该课程内容的兴趣和主动性，结合自身学习生活现实情况，自觉践行“两弹一星”精神。

小组合作，突出学生主体地位。结合学情将全班分为5个学习小组，分别领取不同的学习任务，课前做好相应的调查、访问、学习资料的整理工作。各组的组长负责组织该小组具体学习活动的展开并及时与教师保持沟通。各组确定好课堂展示的学习具体内容、展示形式如书信、图文、视频或访谈等。课堂中各组分享自己的学习成果，理清本课的课程逻辑。小组合作一直延续到课后作业的完成。教师在此过程中及时答疑解惑，引导学生及时按要求完成学习任务。

校本资源，拉近与学生的距离。通过回顾本校近年开展的创新发展学院、发展平台相关活动，体会到本校在培养创新人才方面作出的努力及收获的成果。与高校之间的联合培养更是体会到国家层面培养创新型人才、建设科技强国的战略和实施途径。通过重读开学典礼上辽宁舰总设计师朱英富院士的书信，体会个人成长与国家命运之间的关系，明确在现实学习及生活中如何更好地传承“两弹一星”精神。

六、教学活动设计

环节一：探“两弹一星”精神之本

【导入】“生日快乐！”这位老人收到宇宙级祝福。2022年11月17日，神舟十四号航天员乘组圆满完成第三次出舱任务。航天员还特别发回一段“宇宙级祝福”，为90岁的王永志院士庆生。王永志院士是“两弹一星”工程重要技术骨干，我国载人航天开创者之一，是中国载人航天工程的首任总设计师。

思考探究：为什么神舟十四号乘组要发来这封宇宙生日祝福呢？

小结：这封生日祝福背后是对“两弹一星”精神最真实的纪念和传承，英雄不应被忘记，精神应得到学习和传承。今天，我们共同走进历史岁月，学习、感悟和传承“两弹一星”精神。

【课程展开】学生以小组为单位，展示课前学习任务成果。

（1）思考探究：你知道“两弹一星”具体指的是什么吗？

小结：“两弹一星”，最初是指原子弹、导弹和人造卫星，后来演变为原子弹和氢弹合称“核弹”。而今的“两弹一星”通常是指导弹、核弹、人造卫星。1964年10月16日，我国第一颗原子弹爆炸成功；1966年10月27日，我国第一颗装有核弹头的地地导弹飞行爆炸成功；1967年6月17日，我国第一颗氢弹空爆试验成功；1970年4月24日，我国第一颗人造卫星发射成功。“两弹一星”，是20世纪下半叶新中国科技工作者白手起家、自主创新的辉煌成果，是站立起来的中国人民自力更生、艰苦奋斗的伟大成就，是中华民族的荣耀和骄傲。①

（2）思考探究：“两弹一星”精神的内涵是什么？

根据课前小组任务布置，分别进行小组学习成果分享。

第一组学生选取的人物是钱学森，通过课件图文并茂展示钱学森为我国“两弹一星”事业发展做出的贡献，并分析阐述钱学森身上的优秀品质。其他组进行补充。

第二组学生选取的人物是于敏，通过课件图文并茂展示于敏为我国“两弹一星”事业发展做出的贡献，并分析阐述于敏身上的优秀品质。其他组进行补充。

第三组学生选取的人物是孙家栋，通过课件图文并茂展示孙家栋为我国“两弹一星”事业发展做出的贡献，并分析阐述孙家栋身上的优秀品质。其他组进行补充。

小结：“热爱祖国、无私奉献，自力更生、艰苦奋斗，大力协同、勇于登攀”的“两弹一星”精神内涵，是江泽民同志于1999年9月18日召开的表彰在研制“两弹一星”中做出突出贡献的科技专家会议上提出的。他强调，“两弹一星”精神的核心是科技创新精神，深刻诠释了爱国主义、集体主义、社会主义精神和科学精神，是全国各族人民拧成一股绳、集中力量办大事的强大精神动力，是宝贵的精神财富。②

【活动意图说明】通过“探‘两弹一星’精神之本”教学环节，分析典型人物事迹，知道“两弹一星”精神的内涵，初步了解党史、新中国史、改革开放史、社会主义发展史，知道党的百年奋斗重大成就，领悟伟大建党精神的内涵。

环节二：明“两弹一星”精神之意

【历史岁月】第四组学生进行课前学习任务展示：播放电影《横空出世》片段。

思考探究：结合视频内容及钱学森、于敏、孙家栋的事迹，分析“两弹一星”事业取得成功所产生的意义？“两弹一星”精神对今天中国的发展又有着怎样的价值和意义呢？

播放视频：课前对历史老师的采访，分析“两弹一星”对新中国发展的意义？

小结：从历史维度来看“两弹一星”事业促进了我国的军工业的发展与科学技术的不断创新，增强了国防实力，提高了我国的国际地位。从现实维度来看，坚定理想信念，树立新时代精神航标。“两弹一星”精神丰富了中国共产党人精神谱系，是在社会主义建设时期对伟大建党精神的传承。加强团结奋斗，激发青年创新精神，有利于提高我国自主创新能力。坚持制度自信，为实现中华民族伟大复兴提供精神动力。

【活动意图说明】通过“明‘两弹一星’精神之意”教学环节，帮助学生从历史及现实两个维度深入理解传承“两弹一星”精神的意义。坚定党的领导，听党话，感党恩，跟党走。了解中国特色社会主义制度的优越性，有强烈的民族自豪感，坚定道路自信、理论自信、制度自信、文化自信。

---

① 韩延明．中国共产党人精神谱系之：“两弹一星”精神．党史博采官方账号，2022-05-09.

② 武玮芸．“两弹一星”精神的深厚意蕴及时代价值 [J]. 甘肃高师学报，2022（4）.

环节三：落“两弹一星”精神之行

【回归现实】第五组学生展示课前学习成果。

内容一：本校开学典礼上“辽宁”舰总设计师朱英富院士的书信。

内容二：本校近年开展的创新发展学院“发展平台”相关活动及成果。

思考探究：以上内容启示我们该如何传承“两弹一星”精神？

小结：在日常学习和生活中，积极主动学习“两弹一星”相关内容、典型人物事迹，深入理解“两弹一星”精神内涵。坚持党的领导、努力学习科学文化知识、提高自身素质、培养创新精神、积极实践、勇敢面对挫折、珍爱生命延展生命价值和意义。培育和践行社会主义核心价值观、传承中华美德、高扬民族精神等。

【活动意图说明】通过“落‘两弹一星’之行”教学环节，了解身边奋斗者的故事，感悟传承“两弹一星”精神的具体做法，能够以恰当的方式弘扬爱国主义精神。懂得生命的意义和价值，热爱生活，确立正确的人生观。理解个人与社会、国家和世界的关系，积极适应社会发展变化。在日常生活中，培育践行社会主义核心价值观，弘扬中华传统美德，传承中华民族精神。

七、作业设计

（1）结合本课学习内容及感受，制作以“两弹一星”精神为主题的《手抄报》。

要求：A4 纸，手写，彩色，图文并茂，一周之内完成并提交，优秀作品在班级“文化墙”上展示。

（2）选取一名“两弹一星功勋奖章”获得者，结合该人物事迹写一篇题为《学习‘两弹一星’精神，高扬伟大民族精神》的颁奖词。

要求：A4 纸，可手写或打印。图文并茂，颁奖词在 200 ~ 300 字，一周之内完成并提交，优秀作品在班级“文化墙”上展示。

（3）参观一次有关“两弹一星”精神的展览馆或博物馆（现场或云游）展览，将所参观内容及参观感受拍摄制作成《我与‘两弹一星’精神》的视频故事。

要求：视频时长为 5 ~ 10 分钟，可独立完成，也可和同学或家长一起完成。音画清晰、衣着得体、可配字幕，有片头及片尾（注明：参观时间和地点、展览信息、参与人员、视频制作人员等），一个月内完成，优秀作品在课堂或校园“文化墙”上播放展出。

参考文献

[1] 习近平：在庆祝中国共产党成立 100 周年大会上的讲话 [EB/OL].（2021-07-01）[2022-01-15]http://www.xihuanet.com/2021-07/15/c_1127658385.html.

[2] 韩延明．中国共产党人精神谱系之：“两弹一星”精神 [EB/OL]. 党史博采官方账号，2022-05-09.

[3] 习近平．高举中国特色社会主义伟大旗帜　为全面建设社会主义现代化国家而团结奋斗——在中国共产党第二十次全国代表大会上的报告 [M]. 北京：人民出版社，2022.

[4] 罗章松，辛姝贤．“两弹一星”精神的深刻内涵、当代价值及传承路径 [J]. 传承，

2023（1）.

[5] 武玮芸．“两弹一星”精神的深厚意蕴及时代价值 [J]. 甘肃高师学报，2022（4）.

[6] 武传鹏，肖邦．“两弹一星”精神与中国共产党人精神谱系的逻辑关系探析——兼论弘扬“两弹一星”精神的时代向度 [J]. 西南科技大学学报（哲学社会科学版），2023（1）.

[7] 李琳．建党精神视域下“两弹一星”精神的三重向度 [J]. 产业与科技论坛，2022（22）.

高中学段：学习“两弹一星”精神　铸就科技强国梦想

基本信息表					
教师	毛晓慧	学校	唐山市第二中学	学段	高中二年级
教科书版本及章节	思想政治必修四《哲学与文化》，人民教育出版社，2020 年 7 月第 1 版；第 7 课第 3 框题 弘扬中华优秀传统文化与民族精神				

一、学情分析

（一）教学内容分析

“弘扬中华优秀传统文化与民族精神”是人教版《哲学与文化》第 7 课第 3 框题。民族精神的内容是以爱国主义为核心的团结统一、爱好和平、勤劳勇敢、自强不息。民族精神为中国发展和人类文明进步提供了强大的精神动力，是中华民族共同的价值追求和永远的精神火炬。在社会主义革命、建设和改革中，民族精神又增添了新的内容，“两弹一星”精神便是其中的内容之一。本节课主要学习“两弹一星”精神在什么样的背景下产生，其产生经历了什么样的过程、具体的精神内涵是什么，以及在新时代高中生应如何继承和弘扬“两弹一星”精神。

（二）学习者分析

1. 知识基础

现阶段的高中生都置身于一定的文化生活中，能时时刻刻感受到文化的熏陶，有一定的见识和生活经验，同时国家大力提倡弘扬民族精神，建设文化事业，推进文化自信自强，有着浓厚的社会氛围，学生对“两弹一星”精神等民族精神有初步的了解。

2. 能力基础

高中阶段的学生具备了一定的理解力和理论联系实际的能力，同时拥有独立提出问题、解决问题的能力，能够以正确的态度和观念看待民族精神的作用与价值，也能够结合日常生活实际初步践行和弘扬“两弹一星”精神。

3. 发展要求

弘扬民族精神是学生全面发展、提升综合素质的必然要求，有利于培养学生正确的家国观念，爱国主义情怀，从而帮助其树立正确的世界观、人生观和价值观，努力成长为民族精神的传播者、弘扬者和建设者。

二、教学目标

政治认同：通过新课导入环节播放中国第一颗原子弹爆炸成功的视频，使学生重温激动人心的历史时刻，认同以爱国主义为核心的伟大民族精神，树立对中华民族的文化自觉和文化自信，增强政治认同。

科学精神：通过讲述“广大科研工作者兢兢业业、隐姓埋名的感人事迹”这一环节，使学生了解“两弹一星”精神的产生过程，有利于学生树立科学精神，增强对中国共产党、对社会主义祖国的热爱之情。明确在新时代，弘扬民族精神要培育和践行社会主义核心价值观，培养担当民族复兴大任的时代新人。

公共参与：通过对“‘两弹一星’精神是否过时”的辩论以及“畅所欲言”环节，使学生进一步感知“两弹一星”精神对当代中国特色社会主义建设及高中生发展的价值与意义，从而可以引导广大青少年大力弘扬中华民族精神，肩负起为中华民族强基固本的文化使命，自觉成为担当民族复兴大任的时代新人，培养学生的公共参与能力。

三、教学重点与难点

（一）教学重点

（1）“两弹一星”精神的具体内涵。
（2）如何继承和弘扬“两弹一星”精神？

（二）教学难点

（1）“两弹一星”精神的具体内涵。
（2）如何继承和弘扬“两弹一星”精神？

四、教学方法与手段

本节课在讲授的过程中主要运用的教学方法有讲授法、小组合作探究法、情景教学法等。

五、教学特色

首先，教学的各个流程与环节紧密相连，环环相扣，使整节课有较强的逻辑性，层层递进，由浅入深地启发学生的思考，引人入胜。其次，能够根据教学内容和学生的学情，设置多样化的课堂小活动，充分调动学生的感官，积极主动地参与课堂，在教学活动中体现了以学生为中心的主体地位。最后，在教学活动设计中更加注重情境的设置与问题导向，特别是对学生情感态度价值观的引导起到了很好的效果。

六、教学活动设计

环节一：心潮澎湃，重温激情岁月

播放中国第一颗原子弹爆炸成功的视频片段导入新课。1964年10月16日，这是一个振奋人心、刻骨铭心的日子，一朵巨大的蘑菇云在新疆罗布泊荒漠腾空而起，中国第一颗原子弹爆炸成功。教师设置四个问题，请同学们结合视频进行回答。

（1）请同学们谈一谈观看该视频后的感想？

（2）请同学们结合自身的课外知识回答“两弹一星”的具体内容及研制成功的时间？

课件展示：

1960年11月5日，中国第一枚导弹发射成功；

1964年10月16日，中国第一颗原子弹爆炸成功；

1967年6月17日，中国第一颗氢弹空爆试验成功；

1970年4月24日，中国第一颗人造地球卫星发射成功。

（3）请同学们阐述“两弹一星”的辉煌成就是在什么样的历史背景下取得的？

展示文字材料（背景）：

20世纪五六十年代，面对当时严峻的国内外形势和几个大国的核讹诈、核垄断，我们党的第一代领导集体审时度势，高瞻远瞩，果断作出研制“两弹一星”的重大战略决策。毛泽东同志强调，中国要有原子弹，“在今天的世界上，我们要不受人家欺负，就不能没有这个东西”。以毛泽东同志为核心的党的第一代中央领导集体，为了保卫国家安全、维护世界和平，毅然作出发展原子弹、导弹、人造地球卫星，突破国防尖端技术的战略决策。陈赓大将问中国人搞导弹行不行？钱学森当年的回答掷地有声：“外国人能搞的，难道中国人就不能搞吗？中国人比他们矮一截吗？”凭着这股自尊自觉的志气，老一辈科学家和科技工作者，怀着对新中国的热爱之情，听从党和国家的召唤，来到荒无人烟的戈壁沙漠，奉献了他们的青春、热血乃至生命，谱写了新中国历史上的壮丽诗篇。

（4）在如此艰苦的条件下，为何还要研制“两弹一星”呢？

【活动意图说明】新课导入环节播放此视频让学生重温激动人心的历史时刻，能够使学生身临其境地感受到当时的震撼场面，对祖国的自豪感与自信心油然而生。同时，联想到20世纪五六十年代国家一穷二白、内外交困的时代背景，更能体会到“两弹一星”伟大成就的来之不易，以及中国人独立自主、自力更生的决心。该视频充分调动了学生的积极性和主动性，有利于培养学生的爱国主义情感，从知识点的角度进一步使学生明确“两弹一星”的具体内容，进而引出主题“两弹一星”精神。

环节二：精神凝炼，探寻英雄足迹

1. 合作探究：“两弹一星”取得辉煌成就的原因

在课前查阅资料的基础上，将学生分成若干小组，共同讨论探究“两弹一星”成就取得的原因？5分钟后，由每个小组的代表发言。

教师总结：学生从多角度、多方面归纳了“两弹一星”事业取得成功的原因，其中离不开广大科研工作者的默默奉献，他们克服险阻，团结一心，精诚合作。离不开党中央的坚强领导。同时，也得益于举国体制的协同攻关，社会主义制度能够集中力量办大事的优势。

2. 故事分享：讲述科学家们的英雄事迹

“两弹一星”的成功研制创造了非凡的人间奇迹，广大科学家们功不可没。请同学一起分享关于他们的可歌可泣的英雄故事。

教师总结：同学们讲述的故事绘声绘色，众多的一线科研工作者舍小家、为大家，在艰苦偏远的环境中不畏艰难为国效力的精神令我们感动。通过大家的分享，我们记住了义无反顾投身于核武器研制事业的“两弹一星之父”邓稼先；三次错失诺贝尔奖，愿以身许国的“中国核弹之父”王淦昌；隐姓埋名28载，为祖国强盛奉献一生的“氢弹之父”于敏；以及举家迁往罗布泊的核事业奠基人程开甲……干惊天动地事，做隐姓埋名人，为了祖国的事业，他们无怨无悔，甘愿用一生最好的时光，铸就了一座座无言的丰碑。

3. 总结升华：概括提炼出“两弹一星”精神的具体内涵

伟大的事业产生伟大的精神。是什么支撑着广大科研工作者克服重重阻碍、义无反顾地投身于“两弹一星”事业？在为“两弹一星”事业进行奋斗的过程中，科研工作者们培育和发扬了什么样的“两弹一星”精神呢？请同学们尝试着加以概括。

教师总结：心中有党、心中有国，才能无私奉献，勇往直前。“两弹一星”精神的具体内涵为：热爱祖国、无私奉献，自力更生、艰苦奋斗，大力协同、勇于登攀。这与同学们总结的都很接近。“热爱祖国、无私奉献”是“两弹一星”精神的鲜明底色。“自力更生、艰苦奋斗”是“两弹一星”精神的立足基点。“大力协同、勇于登攀”彰显了“两弹一星”的研制生动诠释了我国集中力量办大事的制度优势。“两弹一星”精神展现了中国人自尊自觉的志气，自强自立的骨气，自信自豪的底气。

【活动意图说明】通过合作探究，使学生发散思维，集思广益，探寻出“两弹一星”成就取得的各方面原因，广大科研工作者的主观精神是成功的关键。接着，通过同学们之间的故事分享创设情境，增强学生的体验感和情感的共鸣，同时增加了课堂的趣味性，提升了学生的积极主动性和语言表达能力。在分享的过程中，孩子们更加清晰地了解到科研工作者们默默奉献的感人事迹，在感动与钦佩他们独特精神风貌的同时，更容易提炼总结出“两弹一星”精神的具体内涵，从而进一步理解其精神内涵的精髓。

环节三：步履铿锵，赓续精神血脉

1. 课堂辩论：在新时代“两弹一星”精神是否已过时

将全班同学分为两组，结合以上辩题展开辩论。

教师总结：“两弹一星”精神并没有过时，作为中国共产党人精神谱系的重要组成部分，它是中华民族永远的精神动力与精神火炬。60多年来，广大航天工作者大力继承和弘扬“两弹一星”精神，汲取不惧任何艰难险阻，拼搏进取、砥砺奋进的精神力量。以“两弹一星”为起点，我国航天事业实现了一个又一个重大突破。我国自主研制了17种型号的长征系列运载火箭，成功实施300余次发射，将500多颗航天器送入太空；以“东方红”品牌为代表的通信卫星平台，在历经东方红四代卫星平台的发展后，技术不断突破，实现了指数级的能力跃升；载人航天和深空探测取得重大突破，我国成为世界上少数几个独立掌握载人天地往返、空间出舱、空间交会对接等重大技术的国家之一，与此同时，北斗导航工程、实践科学试验卫星和风云气象卫星等也捷报频传。

2. 畅所欲言：“两弹一星”精神对高中生发展的意义是什么？作为新时代的高中生，应该如何继承和弘扬“两弹一星”精神

教师总结：“两弹一星”精神凝结着中华民族深沉的家国情怀，蕴含了中国人民崇高的价值追求，铸就了中国共产党人高尚的精神品格，具有超越时空、历久弥新的永恒价值，必将引领当代青年为实现中华民族伟大复兴贡献青春力量。所以，新时代的高中生更要展现担当作为，从点滴小事做起，勇于克服困难阻碍，努力成为担当民族复兴大任的时代新人。

【活动意图说明】通过设置“两弹一星”精神是否过时的辩论活动，使学生在思维的碰撞中深入思考，更能提升学生的逻辑思维能力和课堂的参与度。这一活动有利于孩子们明确“两弹一星”精神的重要意义与当代价值。在新时代传承和弘扬“两弹一星”精神，是赓续共产党人精神血脉的题中应有之义，是为实现中华民族伟大复兴砥砺奋进的力量之源，鼓舞我们在全面建设社会主义现代化国家的新征程上，战胜艰难险阻！在畅所欲言环节，落脚点在“两弹一星”精神对当前高中生的影响，以及当代高中生该如何弘扬“两弹一星”精神，有利于高中生树立科学的价值观念，落实具体的实践活动，升华了主题。

七、作业设计

（1）请同学们围绕“两弹一星”精神写一篇不少于500字的演讲稿，要求主题鲜明，观点明确。

（2）在“两弹一星”的研制过程中涌现出了一大批优秀的科研工作者，请选择一位你印象最深刻的，并为其撰写“颁奖词”，要求150字左右，能突出表现人物的精神风貌，同时语言要精练、富有文采。

参考文献

[1] 代晓云．弘扬“两弹一星”精神 主动肩负起历史重任——论中国共产党人的精神谱系之十二 [N]. 人民日报，2021-08-28（1）.

[2] 陈晋．传承和弘扬中国共产党的“精神谱系”[N]. 光明日报，2016-06-29（1）.

[3] 冯华，喻思南．在继承和发扬“两弹一星”精神中勇攀科技高峰 [N]. 人民日报，2021-08-30（6）.

[4] 刘宏伟．“两弹一星”精神的三重意蕴 [N]. 中国青年报，2021-08-26（3）.

[5] 庾威．“两弹一星”精神与伟大建党精神的谱系关系及弘扬价值 [J]. 青海师范大学学报（社会科学版），2022（3）.

[6] 李琳．建党精神视域下“两弹一星”精神的三重向度 [J]. 产业与科技论坛，2022（22）.

[7] 柳建辉．再回首——中国共产党历史新探 [M]. 四川：四川人民出版社，2013.

大学学段：赓续“两弹一星”精神　担当时代发展重任

基本信息表					
教师	陈艳飞	学校	北京工业大学	学段	本科一年级
课程	思想道德与法治				
教科书版本及章节	《思想道德与法治》（2023 年版），高等教育出版社；第三章第一节 中国精神是兴国强国之魂				

一、学情分析

（一）教学内容分析

“两弹一星”精神是中国共产党精神谱系的重要组成部分，是中国精神的时代彰显。本课题属大学生必修课程《思想道德与法治》第三章第一节“中国精神是兴国强国之魂”的内容。这一节分为四个部分，分别为：“崇尚精神是中华民族的优良传统”“中国精神的丰富内涵”“中国共产党是中国精神的忠实继承者与坚定弘扬者”“实现中国梦必须弘扬中国精神”。“两弹一星”精神与这一节高度契合，在将“两弹一星”精神与这一节结合的过程中，着重把握每一部分的中心思想与理论要点，讲清楚以下三个问题。

1. 第一部分　“两弹一星”精神何以形成

首先，从历史维度引导学生对“两弹一星”精神进行梳理。新中国成立后，面对帝国主义的核垄断、核威胁、核讹诈，在 20 世纪 50 年代后期，以毛泽东为代表的党中央的第一代领导集体高瞻远瞩，深谋远虑，作出了研制“两弹一星”（原子弹、导弹、人造卫星）的战略决策。“两弹一星”精神的形成经历了孕育和产生、提炼和提出、丰富和发展三个阶段。在此基础上，进一步启发学生对“两弹一星”精神的形成逻辑与科学内涵的思考。在形成逻辑上，中国共产党的领导是“两弹一星”精神的重要支点。社会主义制度的优越性是“两弹一星”精神的关键引擎。在科学内涵上，“热爱祖国、无私奉献”是“两弹一星”精神的基点，“自力更生、艰苦奋斗”是“两弹一星”精神的核心，“大力协同、勇于登攀”是“两弹一星”精神的保障。

2. 第二部分　“两弹一星”精神何以必须

“两弹一星”精神不仅具有鲜明的历史性，更具有突出的时代性。针对“两弹一星”精神“过时论”的错误论调，引发学生讨论思考，培养学生的辩证思维，正确看待“两弹一星”精神经久不衰的时代价值。第一，中国式现代化建设需要“两弹一星”精神。党的二十大提出的中国式现代化的奋斗目标指明了中国的未来发展方向。“两弹一星”是中国国防体系的关键一环，关系着国防现代化的发展，是中国式现代化实现的安全保障。同时，“两弹一星”精神对国家尖端科技事业发展具有不可替代的带动作用。因此，着眼未来，“两弹一星”精神是实现中国式现代化奋斗目标的现实需求。第二，推进新时代强军事业需要“两弹一星”精神。科技强军是习近平强军思想的重要组成部分。原子弹与氢弹是中国军事武器的重要里程碑。在我国经过千辛万苦创造了和平世界的今天，依然存在战争威胁，并且军事科技是未来战争的关键。第三，应对国际挑战需要“两弹一星”精神。“两弹一星”涵盖了军事武器与航空航天两大领域，是综合国力竞争的主要方面。“两弹一星”是我国站稳大国地位的底气，更是对国际挑战的有效应对。从载人航天到太空漫步，从中国探月到中国自主火星探测任务，我国航天事业得到了突飞猛进的发展。无论是现在还是未来，我们依然需要“两弹一星”精神，不忘前车之鉴，谨记历史经验，方能更加从容地应对国际挑战。

3. 第三部分　“两弹一星”精神如何传承和发扬

传承和弘扬“两弹一星”精神是对新时代青年大学生的要求，也是教学的重要目标指向。要聚焦当代大学生群体的时代环境与成长特点，明晰大学生传承与发扬“两弹一星”的方法路径。第一，深入挖掘“两弹一星”精神的动人故事，汲取精神力量，化作战胜大学学习与生活中各种困难的智慧与勇气。第二，加强对“两弹一星”精神的理论研究，与自己的专业学习和社会实践联系起来，形成专业学习成果与社会实践能力。第三，从“两弹一星”精神中增进对我国军事武器和航空航天领域的认识，强化意识形态，筑牢思想防线。

（二）学习者分析

1. 知识基础

通过小学和中学阶段的学习，大学生对“两弹一星”精神有了基本的认识，但由于缺少系统的专业理论学习，对“两弹一星”精神的丰富内涵缺乏深入认知，存在表面化、口号式的情况；对“两弹一星”精神具备一定的情感认同和价值认同，但由于尚未形成稳固的价值观，极易受到不良社会思潮的影响，对“两弹一星”的时代价值存在模糊认识；具有传承和弘扬“两弹一星”精神的意愿，但在一定程度上存在知行脱离的情况。

2. 能力基础

大学生对“两弹一星”精神的历史知识有了初步的认识，但历史思维能力尚显不足。如何透过纷繁复杂的历史素材和史料，把握其背后的生成逻辑是大学阶段讲清楚“两弹一星”精神需要注意的问题。同时，随着教学内容的拓展、理论分析角度的扩宽，要求大学生对材料的整理更加系统，对理论的分析更加准确。如何实现材料与理论的协调把握是大学生能力发展的重要突破点。

3. 发展要求

相较于高中时期，对大学生的自主学习能力有了更高的要求。对“两弹一星”精神的学习，不仅要求大学生掌握课本上的知识，而且还要增强自觉意识，提高自主学习能力。具体包含文献阅读能力、材料归纳能力、信息搜索能力、理论思考能力等。转变学习重点，由原来的史实学习，转变为更加侧重对现实的联系，由原来的常识学习，转变为更加侧重对理论的学习，培养学生对政治理论知识的分析和应用能力。

二、教学目标

1. 认知目标

基于大学生对“两弹一星”精神的史实了解，增进大学生对相关历史材料的分析与思考，引导大学生深刻认识到“两弹一星”精神的形成过程及背后的深层逻辑，明晰“两弹一星”精神的丰富内涵及其内在逻辑关系。

2. 能力目标

通过梳理“两弹一星”精神的形成过程，帮助学生养成历史思维，能够从历史的纵深视野看待问题；培养系统思维，从国际、国内复杂的历史环境出发，全面客观地看待“两弹一星”精神；强化辩证思维，能够运用马克思主义的立场、观点和方法去正确看待“两弹一星”精神的时代价值，批驳“两弹一星”精神“过时论”的错误论调。

3. 情感与价值目标

引导学生在“两弹一星”精神的学习中感悟中国共产党的先进性和社会主义制度的正确性，强化对党的政治认同和对中国特色社会主义的制度认同；增强学生对作为一名中国人自尊自觉的志气和自信自豪的底气，积极传承和弘扬“热爱祖国、无私奉献，自力更生、艰苦奋斗，大力协同、勇于攀登”的“两弹一星”精神。

三、教学重点与难点

（一）教学重点

一是帮助学生深入理解“两弹一星”精神的科学内涵。不仅要清楚其科学内涵的由来与内容，更要清楚相互之间的关系，提升学生的理论素养。二是帮助学生明确“两弹一星”的时代价值，在接受认同的基础上，实现“两弹一星”精神的实践转化。

（二）教学难点

培养学生的理论思维，准确把握“两弹一星”精神的形成逻辑，明晰中国共产党的先进性与社会主义制度的优越性在“两弹一星”精神中的彰显。

四、教学方法与手段

1. 综合应用多种教学方法

主要采用议题式、探究式、辨析式、讲授式的教学方法。在不同的教学情境中选择不同的教学方法，突出教学重点和难点，激发学生的学习兴趣，提高学生的学习自主性，

2. 积极开展多种教学活动

在课堂上，组织多种学习活动，如课前时政分享，专题演讲、小组讨论等。在课后，布置多样特色作业，如社会实践作业、小组协助作业、专题采访等，帮助学生将所学知识与现实生活联系起来，增强学生自主学习能力与团队统筹能力。

3. 合理采用多种教学工具

一方面，利用短视频、微信公众号、“学习强国”、慕课等多媒体资源，搜集学习资料，扩宽学生学术视野；另一方面，利用“学习通”、班级学习群、班干部发挥作用等，分享学习资料，提出自主学习要求，指出学习重点，帮助学生尽快适应大学学习方式。

五、教学活动设计

【课程导入】2020年4月23日，习近平总书记在给参与“东方红一号”任务的老科学家的回信中写道：“50年前，‘东方红一号’卫星发射成功，我在陕北梁家河听到这一消息十分激动。当年，你们发愤图强、埋头苦干，创造了令全国各族人民自豪的非凡成就，彰显了中华民族自强不息的伟大精神。老一代航天人的功勋已经牢牢铭刻在新中国史册上。不管条件如何变化，自力更生、艰苦奋斗的志气不能丢。新时代的航天工作者要以老一代航天人为榜样，大力弘扬‘两弹一星’精神，敢于战胜一切艰难险阻，勇于攀登航天科技高峰，让中国人探索太空的脚步迈得更稳更远，早日实现建设航天强国的伟大梦想。”根据习近平总书记的这段讲话，向同学们提问，关于“两弹一星”精神，同学们了解哪些内容？由此，引出“两弹一星”精神这一课题的学习。

第一部分 “两弹一星”精神何以形成

材料一：20世纪60年代初，严重的自然灾害，苏联撕毁协议并停止一切技术援助。1963年，美、苏、英三国签订《关于禁止在大气层外层空间和水下进行核试验的条约》，试图以此阻止中国的核事业发展。

材料二：1956年春，国务院制订了《1956—1967年科学技术发展远景规划》，坚持“独立自主、自力更生”的方针。1961年7月，中共中央作出《关于加强原子能工业建设的决定》，全国上下一心，全力支持原子能工业建设。1964年10月16日，我国第一颗原子弹爆炸成功。1966年10月27日，中国导弹核试验取得圆满成功。1970年4月24日，我国第一颗人造卫星发射成功。

材料三：1999年9月18日，在表彰为研制“两弹一星”做出突出贡献的科学家大会上，江泽民同志指出：“伟大的事业，产生伟大的精神。在为‘两弹一星’事业进行的奋斗中，广大研制工作者培育和发扬了一种崇高的精神，这就是热爱祖国、无私奉献，自力更生、艰苦奋斗，大力协同、勇于登攀的‘两弹一星’精神。”他强调，“两弹一星”精神，是爱国主义、集体主义、社会主义精神和科学精神的活生生的体现，是中国人民在20世纪为中华民族创造的新的宝贵精神财富。我们要继续发扬光大这一伟大精神，使之成为全国各族人民在现代化建设道路上奋勇开拓的巨大推进力量。

【教师讲授】通过材料，我们可以从历史维度对“两弹一星”精神的形成进行梳理。首先，从历史背景了解“两弹一星”精神。任何一种精神的形成都是基于一定的社会历史环境。当时，在国内，新中国刚刚成立，百废待兴，国家安全依然受到严重威胁，我国的国际地位较低，在国际舞台上不受重视。特别是在朝鲜战争中，帝国主义的核威胁，让以毛泽东同志为主要代表的第一代领导集体深刻认识到国家尖端科技对维护国家安全的重要性。在国际上，苏联撕毁协议，停止对华一切技术援助，反对中国发展自己的核力量。同时，美、苏、英还妄图通过《关于禁止在大气层外层空间和水下进行核试验的条约》巩固自己的核垄断地位，阻止中国的核武器研究。其次，从形成过程了解“两弹一星”精神。“两弹一星”精神是对“两弹一星”事业的精神凝炼，经历了孕育与产生、提炼与提出、丰富和发展三个阶段。再次，引导学生分析和思考“两弹一星”精神的形成逻辑。一是中国共产党的领导。中国共产党守住初心，坚守使命，在严峻的国际、国内局势下，作出了正确决策，制定了正确的指导方针，发挥总揽全局、协调各方的核心作用，受到了广大人民的支持，并领导众多优秀人才取得了辉煌的成就。二是社会主义制度的优越性。在当时物资匮乏的年代，以政府为主导，集中全国的物力、人力、财力，为“两弹一星”工作提供了坚实保障。最后，明晰“两弹一星”精神内涵的内在逻辑。广大科技工作者在党的带领下、在广大人民群众的支持下，在“向科学进军”的伟大事业中铸就了“热爱祖国、无私奉献，自力更生、艰苦奋斗，大力协同、勇于攀登”的“两弹一星”精神。其中，“热爱祖国、无私奉献”是“两弹一星”精神的基点。在获得“两弹一星功勋奖章”的23位科学家中，11人是响应祖国号召，冲破重重阻碍，毅然报效祖国。“自力更生、艰苦奋斗”是“两弹一星”精神的核心。周恩来同志曾说：“自力更生是革命和建设事业的基本立脚点。”作为新兴独立的国家，发展科学事业，最可靠的就是走自力更生的道路。在工作环境极其艰苦、工作条件极其简陋的情况下，贫困落后的中国最终创造了奇迹。“大力协同、勇于登攀”是“两弹一星”精神的保障。“两弹一星”是百万人的大会战，无论哪一个环节出现问题都会影响最终的结果。所有相关的部委、科研机构、单位协同攻关，勇攀科技高峰。

【学生活动】自选角度，以小组为单位，查阅相关资料，通过归纳整理，对“两弹一星”精神进行三分钟的即兴讲述。

【教学意图】通过文字材料，为学生提供思考问题的线索，提高学生的归纳分析能力。在此基础上，调动学生的学习积极性，学会搜集资料与整理资料，形成对“两弹一星”精神的系统认识。

第二部分　“两弹一星”精神何以必须

材料：1956年，毛泽东在中央政治局扩大会议上作《论十大关系》的重要讲话，指出：“我们现在还没有原子弹。但是，过去我们也没有飞机和大炮，我们是用小米加步枪打败了日本帝国主义和蒋介石的。我们现在已经比过去强，以后还要比现在强，不但要有更多的飞机和大炮，而且还要有原子弹。在今天的世界上，我们要不受人家欺负，就不能没有这个东西。”

邓小平曾说：“如果六十年代以来中国没有原子弹、氢弹，没有发射卫星，中国就不能叫有重要影响的大国，就没有现在这样的国际地位。这些东西反映一个民族的能力，也是一个民族、一个国家兴旺发达的标志。”

江泽民指出：“如果没有当年毛主席、周总理领导我们在非常困难的条件下搞出的原子弹、氢弹和人造卫星，我们不会有今天这样安全的局面，恐怕早就挨打了。在这个世界上，最后还是要拼实力的。”

【教师讲授】从这三段话中，可以看出“两弹一星”对维护国家安全具有的重要价值意义。当前，尽管我们国家富起来了，但还没有真正地强起来，依然需要继承和发扬“两弹一星”精神。第一，中国式现代化的目标实现需要“两弹一星”精神。中国创造了“两弹一星”的奇迹，未来要创造更多奇迹需要从中汲取智慧与力量。中国式现代化目标的确立是我国正在向创造一个新的奇迹迈进。“两弹一星”加快了中国的国防现代化建设，确立了中国的大国地位。踏上新征程，我们依然要弘扬“两弹一星”精神，着眼长远，促进国防现代化建设发展。第二，科技强军是习近平强军思想的重要内容。特别要注意的是科技强军，掌握科技主动权，占领科技高地。习近平总书记曾说：“党在新时代的强军目标是建设一支听党指挥、能打胜仗、作风优良的人民军队，到2027年实现建军一百年奋斗目标，到2035年基本实现国防和军队现代化，到本世纪中叶把人民军队建成世界一流军队。”在科技竞争日益激烈的今天，实现这一强军目标必然离不开科技。“两弹一星”研制工作为国防和军队现代化发挥了奠基作用，未来需要在此基础上不断实现超越与发展。第三，应对复杂的国际局势需要“两弹一星”精神。面对中华民族伟大复兴战略全局和世界百年未有之大变局，要始终居安思危，牢记历史经验，坚定前进方向，扩宽国际视野，把握时代规律，朝着目标脚踏实地地走下去。

【学生活动】鼓励学生自由发言，就如何看待“两弹一星”精神的“过时论”展开讨论。

【教学意图】通过学习和讨论，让学生将“两弹一星”精神与现实生活紧密联系起来，澄清“两弹一星”精神的过时论调，认清“两弹一星”精神在中国未来发展中的不可替代性。

第三部分 “两弹一星”精神何以传承和发扬

【教学素材】

素材1.习近平总书记给中国航天科技集团空间站建造青年团队回信中写道：“九年来，从天宫、北斗、嫦娥到天和、天问、羲和，中国航天不断创造新的历史，一大批航天青年挑大梁、担重任，展现了新时代中国青年奋发进取的精神风貌。建设航天强国要靠一代代人接续奋斗。希望广大航天青年弘扬‘两弹一星’精神、载人航天精神，勇于创新突破，在逐梦太空的征途上发出青春的夺目光彩，为我国航天科技实现高水平自立自强再立新功。”①

素材2.中国核工业集团有限公司党组书记、董事长余剑锋说：“当年‘两弹一星’奋斗者中90%是35岁以下的青年人。其中，34岁的于敏隐姓埋名，从一张白纸开始氢弹技术的理论探索，解决了热核武器大量关键性的理论问题，为我国第一颗氢弹的成功试爆以及核武器的进一步发展做出了重要贡献。年仅26岁的邓稼先主持我国第一颗原子弹理论方案的设计，从而迈出了中国独立研究设计核武器的第一步。他们以爱国、奉献、奋斗、协同为关键词，在祖国最需要的地方书写了最美的青春华章。”②

【教师讲授】从上述材料可以看到，青年人不仅是“两弹一星”精神的书写者，也是传承和弘扬“两弹一星”精神的主体力量。从“两弹一星”精神的科学内涵上看，大学生传承和发扬“两弹一星”精神可以从三个方面来做。第一，深入挖掘“两弹一星”精神的动人故事，汲取精神力量，化作战胜大学学习与生活中各种困难的智慧与勇气。从“两弹一星”精神中可以看到科技工作者的爱国精神、使命精神、求实精神、协同精神，这些精

① 习近平．给参与“东方红一号”任务的老科学家回信 敢于战胜一切艰难险阻 勇于攀登航天科技高峰[N].人民日报，2020-04-25（1）.

② 刘学礼．两弹一星精神[M]// 王炳林．中国共产党革命精神系列读本．北京：中共党史出版社，2020.

神足以支撑大学生坦然应对学习与生活中的各种困难，找到人生的前进方向，朝着人生理想不断前进。第二，加强对“两弹一星”精神的理论研究，与自己的专业学习和社会实践联系起来，形成专业学习成果与社会实践能力。大学生要学会将思想政治教育的所学内容与自身所学及社会实践有机结合起来，实现政治素养与专业技术的双向发展。第三，从“两弹一星”精神中增进对我国军事武器和航空航天领域的认识，强化意识形态，筑牢思想防线。国家尖端科技事关国家安全，大学生要始终保持思想定力，正确看待各种言论，自觉抵制各种错误思潮，敢于反驳各种抹黑中国军队、技术等的错误言论，时刻严守事关国家安全的军事武器与航空航天的秘密。

【学生活动】以“课堂小作业”的形式，让学生结合自身专业学习与发展规划，谈谈自己今后将如何传承和发扬“两弹一星”精神。

【教学意图】从“两弹一星”精神的科学内涵分析大学生传承和发扬“两弹一星”精神的路径，引导学生将“两弹一星”精神的科学内涵与大学生的个人发展结合起来，明确传承和发扬“两弹一星”精神的方式方法。同时，进一步让学生结合自身专业学习与发展规划，探索传承和发扬“两弹一星”精神的路径，使学生能够真正将传承和发扬“两弹一星”精神融入自己的学习与生活中。

六、作业设计

结合本专题所学知识，制作一个关于“两弹一星”精神的微党课，题目不限，时间不超过5分钟。

参考文献

[1] 习近平．给参与“东方红一号”任务的老科学家回信 敢于战胜一切艰难险阻 勇于攀登航天科技高峰 [N]. 人民日报，2020-04-25（1）.

[2] 刘学礼．两弹一星精神 [M]// 王炳林．中国共产党革命精神系列读本．北京：中共党史出版社，2020.

专题七　雷锋精神

一体化教学设计说明

一、教学内容简介

雷锋离开我们已满一个甲子，毛泽东等老一辈无产阶级革命家为雷锋题词也已经60多年了，但以他的名字命名的“雷锋精神”不仅没有隐入历史，反而随着时代的发展不断被赋予新的时代内涵，影响着一代又一代中国人的精神世界。雷锋精神是社会主义核心价值观的生动体现，已经成为我们社会主义精神文明的“同义语”和先进文化的“代名词”。2019年9月，雷锋被评选为“最美奋斗者”；2021年9月，“雷锋精神”被党中央批准第一批纳入中国共产党人精神谱系。今天，学雷锋活动和志愿服务结合在一起，已经常态化、制度化，“当代雷锋”“道德模范”“时代楷模”“中国好人”“最美志愿者”等模范人物、先进典型不断涌现，对于不断提升公民道德素质和社会文明程度具有十分重要的意义。新时代新征程，落实习近平总书记的重要指示精神，“让学雷锋在人民群众特别是青少年中蔚然成风”，让雷锋成为青少年学习的榜样，需要把雷锋精神教育融入国民教育全过程。要提高学习雷锋精神的教育教学效果，不同学段的教师要互通有无，进行一体化教学设计，在充分学习雷锋精神重要文献、重要论述、基本理论、有关资料的基础上，根据时代特点和不同学段学生身心特点和思想特点，重点回答好是什么、为什么、怎么办等新时代弘扬雷锋精神的重大问题，设计出符合时代需要、贴近学生实际的教案。

二、一体化教学目标与思路

（一）一体化教学目标

本专题围绕“雷锋精神”这一重要学习专题，在小学、初中、高中、大学四个学段，在教学目标、教学内容、教学方法、课程资源、实践环节等方面分别依据本学段课标要求、教材和学生实际，重点讲清楚雷锋精神的丰富内涵、弘扬“雷锋精神”的重要意义和新时代学雷锋的实践路径，使青少年在聆听雷锋故事中陶冶道德情感，在感悟雷锋精神的过程中打牢爱国、爱党、爱社会主义的思想之基，在学习身边榜样的体验中提升政治素养，在系统的理论阐释与对错误思潮的批判反思中增进对“雷锋精神”的政治认同、理论认同、思想认同、情感认同，从而把“雷锋精神”融入日常、化为经常。

（二）一体化教学思路

课题组在充分学习习近平总书记关于“雷锋精神”的重要论述、深入分析各学段学情的基础上，结合教材相应的知识点，围绕“雷锋精神”这一学习专题，在小学、初中、高中、大学四个学段，在教学理念、教学目标、教学内容、教学方法等方面分别依据各学段相关要求，突出不同学段的特色和特点，体现循序渐进、螺旋式上升的同向接续，实现一体化育人目标。

◆ 小学学段：注重道德启蒙，通过讲述雷锋生平和典型故事，启发学生在情感上认同助人为乐、勤俭节约、刻苦勤奋等雷锋具有的优秀道德品质，激发学生的善良意愿。通过主题队日、“学雷锋，见行动”等活动，引导学生在日常生活中从小事、身边事做起，使其“习与智长，化与心成”，逐渐养成良好的思想道德品质。

重点与难点：通过故事启蒙强化道德情感认同，激发学生向上向善的道德意愿。

◆ 初中学段：围绕思想认同，结合雷锋爱党、爱国、爱民的典型事迹，全面学习和了解雷锋精神的丰富内涵，感知雷锋热爱党、热爱祖国、热爱人民、热爱社会主义的思想境界。通过开展学雷锋主题班日、主题团日等活动，引导学生像雷锋那样把党、祖国和人民装在心中，打牢做社会主义建设者和接班人的思想之基。

重点与难点：通过雷锋事迹感悟雷锋对党的无限忠诚、对祖国的无比热爱、对人民的无限深情，打牢学生的思想基础。

◆ 高中学段：围绕政治素养，在小学阶段情感认同和初中阶段思想认同的基础上，进一步通过学生寻访身边的道德榜样，体会、学习、弘扬和践行雷锋精神的时代意义，理解雷锋精神是社会主义核心价值观的生动体现，从而增强对社会主义核心价值观的认同。鼓励学生通过学校、社区、企事业单位等途径有序参与学雷锋志愿服务，勇于承担社会责任，在学习道德榜样的丰富体验中培植家国情怀，增强社会责任感。

重点与难点：科学把握雷锋精神的实质，形成做社会主义建设者和接班人的政治认同。

◆ 大学学段：围绕使命担当，系统阐释学习和弘扬雷锋精神的一系列理论问题，澄清关于学习与弘扬雷锋精神的错误认识，在中小学已有知识的基础上进一步强化理论认同，坚定理想信念、厚植爱国情怀、涵养高尚品德，增强使命担当意识。引导大学生广泛参与“小我融入大我，青春献给祖国”“青年红色筑梦之旅”等主题实践活动，自觉把个人追求融入为党和人民事业的奋斗中，到祖国最需要的地方建功立业，把雷锋精神广播在祖国大地上。

重点与难点：系统阐释学习与弘扬雷锋精神的一系列理论问题，批判和澄清关于学习与弘扬雷锋精神的错误认识，强化理论认同和践行雷锋精神的自觉性。

三、一体化教学结构图

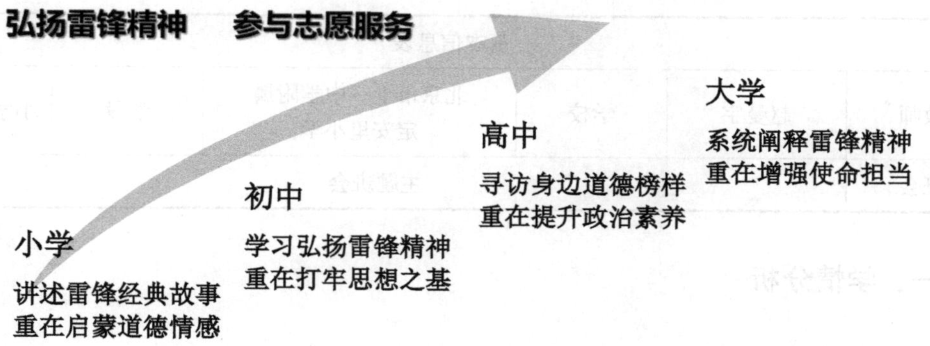
弘扬雷锋精神　参与志愿服务
大学
系统阐释雷锋精神
重在增强使命担当
高中
寻访身边道德榜样
重在提升政治素养
初中
学习弘扬雷锋精神
重在打牢思想之基
小学
讲述雷锋经典故事
重在启蒙道德情感

小学学段：穿越时空的“雷锋叔叔”

基本信息表					
教师	赵曼宇	学校	北京市十一中学附属定安里小学	学段	小学三年级
班会	主题班会				

一、学情分析

（一）教学内容分析

党的十八大以来，习近平总书记对弘扬“雷锋精神”作出一系列重要论述，深刻指出“雷锋是时代的楷模，雷锋精神是永恒的”，① “雷锋精神，人人可学；奉献爱心，处处可为”。② 在毛泽东等老一辈无产阶级革命家为雷锋同志题词60周年之际，习近平总书记又专门对深入开展学雷锋活动作出重要指示，强调“无论时代如何变迁，雷锋精神永不过时”，要“让学雷锋活动融入日常、化作经常，让雷锋精神在新时代绽放更加璀璨的光芒”，③ 为新时代更好弘扬雷锋精神指明了方向。雷锋精神集中体现为服务人民、助人为乐的奉献精神，干一行爱一行、专一行精一行的敬业精神，锐意进取、自强不息的创新精神，艰苦奋斗、勤俭节约的创业精神。④ 雷锋精神是中华民族精神的组成部分，是社会主义核心价值观的具体体现。

新时代的小学生从小就生活在优越的环境里，在家长的呵护下长大，他们缺少为他人着想、服务他人的意识，所以引导学生学习雷锋精神、树立志愿奉献的观念具有十分重要的现实意义。

（二）学习者分析

1. 知识基础

三年级学生对雷锋的故事有一定的了解，但对“雷锋精神”的内涵有比较浅显的理解。

2. 能力基础

三年级学生能够通过小组讨论制定合理的学雷锋行动。

---

① 习近平 . 2018年习近平总书记在辽宁省抚顺市向雷锋墓敬献花篮并参观雷锋纪念馆时的讲话［R］. 2018-09-28.

② 习近平总书记给“郭明义爱心团队”的回信［EB/OL］.（2014-03-04）［2023-06-21］. https://www.gov.cn/xinwen/2014-03/04/content_2628706.html.

③ 雷锋精神 代代传承［EB/OL］.（2023-03-24）［2023-06-27］. http://dangjian.people.com.cn/n1/2023/0324/c117092-32650331.html.

④ 关于在全国青少年中深入开展学雷锋活动的实施意见［EB/OL］.（2012-02-22）［2023-06-27］. https://www.gqt.org.cn/documents/zqf/201208/t20120822_589179.html.

3. 学生兴趣与发展要求

三年级学生愿意将学雷锋落实到行动中，做一个乐于助人、志愿奉献的小学生。

二、教学目标

（1）通过学习雷锋故事，深入理解“雷锋精神”的内涵。

（2）通过讲述身边的雷锋故事，增强对乐于助人、志愿奉献行为的情感认同。

（3）通过制定学雷锋行动，主动在日常生活中用行动弘扬为服务人民、助人为乐的奉献精神。

三、教学重点与难点

（一）教学重点

（1）讲述身边的雷锋故事，增强对乐于助人、志愿奉献行为的情感认同。

（2）制定学雷锋行动，主动在日常生活中用行动弘扬为服务人民、助人为乐的奉献精神。

（二）教学难点

制定学雷锋行动，主动在日常生活中用行动弘扬为服务人民、助人为乐的奉献精神。

四、教学方法与手段

本课采用情境教学法调动学生的学习兴趣，使学生主动投入对“雷锋精神”的探索中，以合作探究法深入主题活动，激发学生内心碰撞，以内心体验增进学生对“雷锋精神”的体悟和认同感，帮助学生树立正确的人生观和价值观。

五、教学特色

在教学设计中，“穿越时空 对话雷锋”的主线活动贯穿始终。拉近了学生与“雷锋”的距离，从“走进雷锋故事　悟雷锋精神”到“讲身边雷锋故事　解精神内涵”，再到“传承雷锋精神　见追‘锋’行动”，教学活动层层深入，环环相扣，逐步让学生在讨论与探究中将为服务人民、助人为乐的奉献精神内化于心、外化于行。

六、教学活动设计

环节一：导入新课——猜猜他是谁

导入：在火车上，他给探亲的大娘买票；在工地上，他给施工者推砖，说是为社会主义建设添砖加瓦；稻田里，他为乡亲们犁地，说国家是大家，人民是亲人……他将身边的每一件小事放在心头，他将为人民服务看作一种习惯，变成了一种自然。同学们猜猜，他是谁？

预设：雷锋……

明确答案：没错，他就是雷锋，今天老师要带大家一起穿越时空，与雷锋叔叔会面。（板书课题）

播放歌曲《学习雷锋好榜样》。

【活动意图说明】通过“说特点、猜人物”的方式激发学生的兴趣，采用“穿越时空”的方式调动学生的好奇心，并引出班会课的主题。

环节二：雷锋精神放光芒

（1）学生观看电影《雷锋》片段，重温雷锋事迹，说说自己对雷锋的认识。

（2）提问：（出示图片和故事发生的时间）时空机为我们提供3个与雷锋叔叔见面的时间，大家想要穿越到哪个时间点？

一是1959年11月5日；二是1961年2月2日；三是1962年5月8日。

（3）播放：“雷锋叔叔”对学生讲述自己的一天。

①改编自1959年11月4日《雷锋日记》。

同学们，你们好！见到你们，我感到特别的高兴！听老师说，你们想了解我平常是怎么生活和工作的，我就和大家说说昨天吧。昨天一天紧张工作过后，我一点儿也不觉得疲劳，反而感到浑身是劲。夜晚，我还坐在车间调度室里，看一本学习毛泽东同志的思想方法和工作方法的书，真使我看得入了迷，越看越使我感到毛主席的英明和伟大。

深夜11点钟了，走到门外，天黑得伸手不见五指，这时突然下起雨来了。陈调度员说，我们建筑焦炉的工地上，还散乱地放着七千二百袋水泥。陈调度员急得一时手足无措。这时，我猛然想到了党的教导，要我们爱护国家财产，又想到了我是一个共青团员。想到这些，一种无穷的力量鼓舞着我，跑到了工地抢盖水泥，我把自己的被子盖在水泥上、还脱下了衣服盖在水泥上。我又跑到宿舍，发动了二十多个小伙子，组织了一个抢救水泥的突击队，有的忙着找雨布，有的忙着找芦席，大家盖的盖、抬的抬，经过一场紧张的战斗，避免了国家的财产受到重大的损失。

这时，我才松了一口气，抹掉了头上的汗，昂首阔步回到了宿舍。同学们，我特别高兴能为国家、为党做的一点点工作。

②改编自1961年2月2日《雷锋日记》。

同学们，今天我从营口乘火车到兄弟部队作报告，下车时，大北风刺骨地刮，地上盖着一层雪，显得很冷。没走多远，我就见到一位老太太没戴手套，两手捂着嘴，口里吹一点热气温手。我立即取下了自己的手套，送给了那位老太太。她老人家望着我，满眼含着热泪，半天说不出话来……一路上，我的手虽冻得像针扎一样，但我的心里却有一种说不出的愉快。

③改编自1962年5月8日《雷锋日记》。

同学们，今天我们部队下发了夏天的服装，本来每人发两套军服、两双胶鞋……我想，当前国家正处在困难时期，再说，我们的国家还很穷。可是，党和人民对我们却还这样无微不至地关怀，使我从内心感激党和人民的关怀。党和人民对我们这样好，我们也得为党和人民着想。我们应该积极响应党的号召，发奋图强，自力更生，处处做到增产节约，发扬我军艰苦朴素、勤俭节约的优良传统。

为了和人民群众同甘共苦，减轻人民的负担，共同克服目前的困难，我只领了一套单军服、一双新胶鞋，其他用品也少领了。以前用过的东西，我都修补好了，可以继续使用，穿破了的衣服补好了再穿。

我觉得就是现在穿一套打补丁的旧衣服，也比我过去披的破烂衣服要好千万倍啊！

（4）提问：同学们，听了雷锋叔叔的话，你们觉得他是怎样的人？想对他说些什么呢？

预设：学生向“雷锋叔叔”说说自己学习到他高尚的精神品质，表达对他的敬意。

【活动意图说明】通过创设穿越时空与雷锋对话的情境，让学生进一步学习雷锋的事迹，感悟“雷锋精神”的内涵，对“雷锋精神”形成清晰的认识，如，乐于奉献、助人为乐、艰苦朴素等。

环节三：“雷锋精神”在身边

导入：时光机带我们回到了2023年，虽然雷锋叔叔不能穿越时空来到我们的课堂，但同学们的优秀表现让时光机为大家开通了“雷锋语音专线”。看，咱们收到了一条来自雷锋叔叔的语音信息，让我们一起来听听吧！

播放“雷锋叔叔”语音信息：“同学们，听了你们的话，我觉得更有干劲儿了！今后，我一定会把有限的生命投入无限的为人民服务之中去。听说你们来自2023年，相信在你们生活的年代一定也有很多把无私奉献当作毕生追求的先锋人物吧？能给我讲讲他们的故事吗？”

小组交流与分享：同学们，让我们以小组为单位交流一下你了解到的像雷锋叔叔一样的人物吧，请你选出2个最想讲给雷锋叔叔听的人物故事。

（1）学生给“雷锋叔叔”发语音，讲述“身边的雷锋的故事”。①

① 郭明义的故事。

郭明义是一名共产党员，他是鞍钢矿业公司齐大山铁矿的一名职工。自从1996年开始担任采场公路管理员以来，郭明义每天都提前2个小时上班，15年中，累计献工15000多小时，相当于多干了5年的工作量。他20年共献血6万毫升，是其自身血液的10倍多。2002年，郭明义加入中华骨髓库，成为鞍山市第一批捐献造血干细胞志愿者。2006年，郭明义成为鞍山市第一批遗体和眼角膜自愿捐献者。1994年以来，他为希望工程、身边工友和灾区群众捐款12万元，先后资助了180多名特困生，而自己的家中却几乎一贫如洗。他一家3口人至今还住在鞍山市千山区齐大山镇一间在20世纪80年代中期所建的、不到40平方米的单室里。

② 校园“春风志愿服务队”。

在我们学校就活跃着一支志愿者队伍，那就是由我们学校的老师组成的“春风志愿服务队”。每当我们同学和家长遇到困难的时候，他们总是出现在我们身边。下雨了，老师们顾不上自己，打着雨伞护送我们走出校门；下雪了，老师们总是很早到校，清理操场的积雪，他们顾不得寒冷，一心为了保证我们的安全，让我们能够在户外进行体育锻炼；当

---

① 雷锋 . 雷锋全集［M］. 北京：华文出版社，2012.

新冠疫情来临的时候，我在学校“公众号”上还看到老师们在社区参与卡口执勤……我们的老师就像您一样，为我们、为不认识的居民默默奉献着。

（2）教师补充资料：2022 年 12 月，咱们学校的一些老师还深入抗疫一线，参与了入户核酸、追阳采样任务。今天，老师也给大家请来了参与任务的一位老师，她就是我们的大队辅导员王薇老师。让我们一起来听听她的故事。

播放视频——曾参与社区支援的王薇老师讲述自己追阳采样的心路历程。

提问：此时此刻，你又想对雷锋叔叔说些什么？

预设：学生与“雷锋叔叔”通过语音分享自己的感受和收获。

【活动意图说明】采用合作探究的方式，交流分享，寻找身边的“雷锋精神”。激发学生内心碰撞，通过讨论呈现价值选择，学生进一步感悟“雷锋精神”的价值内涵，增强其对乐于助人、志愿奉献行动的情感认同。

环节四：“雷锋精神”永传承

导入：同学们，听了你们和王薇老师的讲述，雷锋叔叔特别感动，让我们来听一听他又说了些什么？

语音信息：“同学们，无论是郭明义同志、王薇老师，还是‘春风志愿服务队’的老师们，他们都时刻不忘为别人着想，为别人排忧解难。虽然时代不同，但我们都愿意在他人困难的时候搭把手，即使遇到风险也不放弃。他们都是我们学习的好榜样！”

对话雷锋：您的精神一直在我们的身边，我们班的同学们也特别想成为像你们一样的人，帮助他人，为集体做贡献，争做新时代的“小雷锋”。您能不能给我们一些建议呢？

播放“雷锋叔叔”语音信息：“同学们，大家可以多想想别人有什么需要，咱们可以为别人做些什么？志愿奉献贵在自觉和坚持，所以同学们一定要从实际出发，从小事做起、从身边的事做起。期待同学们和我分享你们的志愿奉献行动。”

小组合作：同学们，让我们一起来制订本组的追“锋”计划吧！

（1）学生小组讨论：如何践行“雷锋精神”？

同学们，在班级中有哪些事需要我们出一份力？

同学们，我们可以为自己居住的社区做哪些力所能及的事？

同学们，追“锋”行动贵在坚持，请制订一份本学期的追“锋”计划吧！

（2）各小组在班内宣读本组的追“锋”计划书，并通过语音信息告诉“雷锋叔叔”。

预设：

组 1：围绕“图书管理”制订执勤计划，保证每天有人整理书架、记录借阅归还情况、组织“阅读分享会”等；

组 2：围绕“班级纪律”制订管理计划，保证“红领巾示范岗”按时出岗、表扬纪律有进步的学生、组织本周“纪律表彰会”等；

组 3：围绕“绿色环保”制订宣传计划，策划在社区进行垃圾分类、“光盘行动”、节电、节水等环保宣传活动……

播放“雷锋叔叔”语音：“同学们的计划特别好！希望同学们认真按照计划去做，在别人有需要的时候搭把手，相信大家一定能在这个过程中逐渐感受到奉献之乐、助人之乐！”

展示与分享：

（1）播放唱响《学习雷锋好榜样》；

（2）各小组将《追“锋”计划书》张贴在黑板上，形成本班的追“锋”计划书。

总结：同学们，今天我们会见“雷锋叔叔”，深入领会了“雷锋精神”的真谛，让我们以雷锋作为我们学习的好榜样，打卡追“锋”计划，以实际行动向“锋”而行，共同努力争做新时代的小“雷锋”！

【活动意图说明】通过启发式的提问，引导学生聚焦班级和社区的需求；从问题出发，制定切实可行的学雷锋行动；以“计划书”打卡的方式，促进学生养成自觉为班级、为社区奉献的习惯。让同学们为人民服务、助人为乐的奉献精神入脑入心、见行见效！

七、作业设计

完成下面卡片上的内容。

穿越时空　向“锋”而行

我眼中的“雷锋精神”

追“锋”计划书

主题：

人员分工：

具体计划：

参考文献

[1] 习近平．2018 年习近平总书记在辽宁省抚顺市向雷锋墓敬献花篮并参观雷锋纪念馆时的讲话 [R]. 2018-09-28.

[2] 中央政府门户：习近平总书记给“郭明义爱心团队”的回信 [EB/OL].（2014-03-04）. https://www.gov.cn/xinwen/2014-03/04/content_2628706.html.

[3] 中国共产党新闻网：雷锋精神 代代传承 [EB/OL].（2023-03-24）[2023-06-05]. http://dangjian.people.com.cn/n1/2023/0324/c117092-32650331.html.

[4] 关于在全国青少年中深入开展学雷锋活动的实施意见 [EB/OL].（2012-02-22）[2023-06-05] https://www.gqt.org.cn/documents/zqf/201208/t20120822_589179.html.

[5] 雷锋．雷锋全集 [M]. 北京：华文出版社，2012.

初中学段：解读雷锋精神　积极奉献社会

基本信息表					
教师	龙英	学校	北京工业大学实验学校	学段	初中二年级
教科书版本及章节	《道德与法治》（八年级上册），人民教育出版社，2017 年 7 月第 1 版；第 7 课 积极奉献社会				

一、学情分析

（一）教学内容分析

本课的内容与人教版《道德与法治》（八年级上册）第 7 课积极奉献社会相对应，通过解读“雷锋精神”落脚在本框题的“关爱他人”和“服务社会”两部分内容。

1963 年 3 月 5 日，《人民日报》发表毛泽东主席题词“向雷锋同志学习”。党的十八大以来，习近平总书记就学习和弘扬雷锋精神多次作出重要指示，强调“雷锋是一个时代的楷模，雷锋精神是永恒的”。

2012 年中共中央办公厅印发的《关于深入开展学雷锋活动的意见》，把新时期“雷锋精神”概括为五个方面：热爱党、热爱祖国、热爱社会主义的崇高理想和坚定信念；服务人民、助人为乐的奉献精神；干一行爱一行、专一行精一行的敬业精神；锐意进取、自强不息的创新精神；艰苦奋斗、勤俭节约的创业精神。本课以新时代中学生的语境和价值辨析代入多元丰富的雷锋新形象，通过对新时期“雷锋精神”的解读，增强学生社会主义核心价值观中的政治认同、道德修养和责任意识。

（二）学习者分析

1. 知识基础

初中生思维活跃，开始由“经验型”向“理论型”转化。小学阶段通过“学雷锋”的各种活动，学生知道了雷锋的一些故事，知道“学雷锋，做好事”是正确的事情，初步树立起向雷锋学习的意识；升入初中，学生的逻辑思维迅速发展，重在让学生“懂得”雷锋精神，能够主动传承雷锋精神。

2. 能力基础

在青少年发展阶段，由于其青春期生理、心理的急剧变化，造成对自我特别关注和敏感，特别是在网络和现代多媒体迅猛发展的情况下，青少年在成长过程中遇到的挑战日益加剧。在这种情况下，社会流行的符号容易成为青少年模仿的对象，以此为契机树立雷锋为偶像、为楷模。

3. 发展要求

在“拔节育穗”价值观建立的关键时期，按照时代的特征和青少年接纳的语言解读雷锋精神，引导学生增强政治认同、道德修养和责任意识，积极奉献社会。

二、教学目标

通过"解读雷锋精神，积极奉献社会"教学环节，使同学们理解雷锋精神的内涵，增强践行雷锋精神的内驱力，提升学生的政治认同、道德修养和责任意识，积极奉献社会。

三、教学重点与难点

（一）教学重点

（1）理解"雷锋精神"的内涵。

（2）践行"雷锋精神"，完善学生的人格，增强学生的政治认同、道德修养和责任意识。

（二）教学难点

（1）在新时代，以新的视角理解"雷锋精神"。

（2）辨析在社会主义核心价值观中容易走偏的价值取向。

四、教学方法与手段

（1）采用教师讲授、启发式提问和时政分析、专题讨论相结合的互动式自主探究等教学方法。

（2）运用 PPT、使用视频播放、图片等多媒体教学形式。

（3）利用板书进行本节重要关键词的文字提示，解析其内在的逻辑关系。

五、教学特色

（1）关照小学段学生对"雷锋精神"的认知水平，在教学内容、教学方法、教学方式等方面，体现循序渐进、螺旋式上升的特点。

（2）问题导向贯穿教学始终，激发学生兴趣点和思考力。

（3）案例说明与视频教学共用，提升学生认知理解的感受度。

（4）提供学习资料的文献引用与拓展阅读，引导学生自主探究问题的能力与信心。

六、教学活动设计

环节一：导入新课

通过播放耳熟能详的《学习雷锋好榜样》视频歌曲并跟唱，引出"雷锋精神"。"学习雷锋好榜样 / 忠于革命忠于党 / 爱憎分明不忘本 / 立场坚定斗志强 / 学习雷锋好榜样 / 艰苦朴素永不忘 / 愿做革命的螺丝钉 / 集体主义思想放光芒 / 学习雷锋好榜样 / 毛主席的教导记心上 / 全心全意为人民 / 共产主义品德多高尚 / 学习雷锋好榜样 / 毛泽东思想来武装 / 保卫祖国握紧枪 / 继续革命当闯将。"

【活动意图说明】通过对歌曲《学习雷锋好榜样》歌词的重温，引导学生用关键词为雷锋画像，引出“雷锋精神”的内涵。“忠于党—螺丝钉—集体主义—关爱他人”，“学习知识文化—全心全意为人民—服务社会”。

环节二：关爱他人，阳光暖男

活动 1：提问同学们什么是“阳光暖男”？带出雷锋是真正的“阳光暖男”，紧扣社会主义核心价值观。

根据学生的回答，“阳光暖男”绝不是当他人不舒服了，说声“多喝热水”那么简单，而是体现在行动中的。战友的衣服破了，他拿起来就帮着补上；工友的父母病了，他悄悄代为资助；他为农民工编草鞋；向灾区捐款，支持抗美援朝，他捐献了仅有的 200 元……雷锋行了 1000 里，好事做了一火车，都是看得见的做好身边事，帮扶身边人。雷锋积小善为大善，善莫大焉，这才是真正体现为人民服务。在当今社会，见义勇为，无私奉献，友爱和谐，也是社会主义核心价值观的具体体现。

活动 2：通过现代社会的生活方式指出勇于奉献、乐于助人，这既是永不过时的主题，也是现代人必备的素质。

由于现代科学技术的迅猛发展，地球已发展成为一个地球村，交通的便捷和通信水平的提高，使得人们之间的交往越密切，人与人之间的依赖性就越大。生产社会化程度越高，就越需要道德支撑。以制造一架飞机为例，一架飞机是由上万个零件构成的，从最初的准备，到零部件的制造，再到整机的组装、销售以及修理，是集结了上千甚至上万人的智慧与劳动，这种对于智力和体力的付出，其过程既符合等价交换原则，又必须受到一定的道德原则的约束。随着生产力的发展，人们在生产过程中所肩负的道德责任越来越重大，一旦发生差错，后果将十分严重。联合国教科文组织在 20 世纪曾提出一个“学会生存”，21 世纪提出的口号则是“学会关心”。而雷锋勇于奉献、热心助人的精神恰好更符合当今时代的要求，因而备受人们的追捧与赞赏。加上网络时代的到来，让以往人与人面对面的交往被虚拟的网络交往所代替，使得人们之间的情感交流明显减少，人被电脑、手机等这些人的创造物所异化。这些情况极易导致人际关系的冷漠，我们必须具备开放的心态，关心社会和他人，乐于助人，这也是现代人必备的素质。

【活动意图说明】通过以制造飞机等工业产品为例，提出在全球化的今天，雷锋精神所包含的勇于奉献、热心助人的精神正是当今时代的要求。

环节三：钉子精神，宝藏男孩

活动：结合雷锋的话，请同学们回答在他们眼里“钉子”精神是什么？

“我要不断地加强学习，提高自己的思想觉悟，坚决听党和毛主席的话，经常开展批评与自我批评，随时清除思想上的毛病，在伟大的革命事业中做一个永不生锈的螺丝钉。”

“高楼大厦都是一砖一石垒起来的，我们何不做这一砖一石呢！我所以天天都要做这些零碎事，就是为此。”

“有些人说工作忙、没时间学习。我认为问题不在工作忙，而在于你愿意不愿意学习，会不会挤时间。要学习的时间是有的，问题是我们善不善于挤，愿不愿意钻。一块好好的木板，上面一个眼也没有，但钉子为什么能钉进去呢？这就是靠压力硬挤进去的，硬钻进去的。由此看来，钉子有两个长处：一个是挤劲，一个是钻劲。我们在学习上，也要提倡这种‘钉子’精神，善于挤和善于钻。”

“时间紧，可是看一页是一页，积少成多。学习，不抓紧时间不行。”

“不经风雨，长不成大树；不受百炼，难以成钢。迎着困难前进，这也是我们革命青年成长的必经之路。有理想有出息的青年人必定是乐于吃苦的。”

“无数人生成功的事实表明，青年时代，选择吃苦也就选择了收获，选择奉献也就选择了高尚。”

用雷锋的这些话语向同学们展示雷锋的思想追求和理想信念。不怕困难、敢于斗争、敢于胜利的精神，这也是创新型社会所需要的创新型人才的意志表现和优良品质。

【活动意图说明】雷锋的话语充分表达了锐意进取、自强不息的精神，也是践行创新精神的行动原则。在平凡的岗位上发光发热，做出自己的贡献；锐意进取、自强不息的奋斗精神，苦练本领，钻研探索的科学精神；不怕困难、敢于斗争、敢于胜利的创新精神，这些都是“钉子”精神的内涵。

环节四：解读“雷锋精神”，总结“雷锋精神”的内涵

活动 1：辨析在学校向西部送温暖活动中，学生围绕捐赠的物品多与少、价格高与低产生的困惑，教师引导学生通过“谁的爱心更多”的讨论，明白“一个人能力有大小，但只要有这点精神，就是一个高尚的人，一个纯粹的人，一个有道德的人，一个脱离了低级趣味的人，一个有益于人民的人”的道理。

【活动意图说明】通过身边发生的事例，引导学生们正确看待献爱心的多少与物质的多少不同，像雷锋那样，做一个有道德的人，帮助学生塑造正确的价值观。

活动 2：辨析爱国主义和狭隘的民族主义。以反日游行中打着“爱国主义”的名义毁坏其他公民所拥有的财产、打伤本国公民为例。让同学们对此进行讨论，引导学生明白这些以煽动激愤情绪、宣泄不理性的行为并不是爱国主义的表现，这种行为及其行为背后的狭隘的民族主义价值观是很危险的，是值得人们广泛检讨和反思的。如何才能正确把握爱国主义的民族精神，雷锋精神则是一个很好的榜样。雷锋精神的爱国主义表现为对祖国深切的热爱之情，对同胞积极的仁爱之心。这些都是今天我们需要学习和引以为榜样的。新时期爱国主义精神代表的是民族的团结，正是民族的团结才能培养出民族的自信心。在弘扬爱国主义的民族精神的过程中，需要以雷锋精神所包含的思想作为“标尺”，以此来进行正确的引导。

【活动意图说明】青少年容易被一些激烈的言语和暴力的行为所煽动，通过辨析使学生可以理性地辨别爱国主义和狭隘的民族主义的不同，找准切入点培养学生正确的爱国主义情操和行为。

活动 3：辨析志愿精神和雷锋精神

志愿精神和雷锋精神都是一种服务于他人的公益精神和利他精神，它们都是人类社会的美好精神追求，体现了人类崇高的理想和生活品质。它们都是与社会主义建设相适应、与中华民族传统美德相承接、与人类社会思想道德发展趋势相一致、符合社会主义核心价值观要求的高尚精神，都值得大力倡导和弘扬。

志愿精神与雷锋精神也存在着不同：雷锋精神并不局限于志愿服务领域，而是体现在生活的各个方面；志愿精神是一种人类社会普遍存在的精神，雷锋精神是社会主义、共产主义思想的楷模，它产生于新中国成立特定的历史条件，在新时期赋予并丰富了社会主义思想道德建设的精神要求，雷锋精神是永恒的。

【活动意图说明】新时代的学生经常会参加志愿者活动，通过对志愿精神和雷锋精神的辨析，使同学们明晰雷锋精神是社会主义、共产主义精神的典范，塑造学生政治认同的社会主义核心价值观。

环节五：总结“雷锋精神”

2012年中共中央办公厅印发的《关于深入开展学雷锋活动的意见》，把新时期“雷锋精神”概括为五个方面：热爱党、热爱祖国、热爱社会主义的崇高理想和坚定信念；服务人民、助人为乐的奉献精神；干一行爱一行、专一行精一行的敬业精神；锐意进取、自强不息的创新精神；艰苦奋斗、勤俭节约的创业精神。

七、作业设计

习近平总书记说：“雷锋、郭明义、罗阳身上所具有的信念的能量、大爱的胸怀、忘我的精神、进取的锐气，正是我们民族精神的最好写照，他们都是我们‘民族的脊梁’。”

《雷锋日记》摘选“如果你是一滴水，你是否滋润了一寸土地？如果你是一线阳光，你是否照亮了一分黑暗？如果你是一颗粮食，你是否哺育了有用的生命？如果你是一颗最小的螺丝钉，你是否永远坚守在你生活的岗位上？”

按照《雷锋日记》“如果你是……你是否……”的体例，以《民族的脊梁》为题，写一篇小诗。

参考文献

[1] 陈运军．跟着习主席学雷锋 [J]．雷锋，2020（8）．
[2] 王苹，等．小初高一体化设计让红色精神永流传——雷锋精神课程开发案例 [J]．人民教育，2021（23）：15-16．
[3] 崔雪茹，王泰昊．铸魂育人：雷锋精神的不朽价值 [J]．文化论苑，2016（6）．
[4] 佘双好，张利华．雷锋与中小学生的偶像教育 [J]．中国德育，2015（6）．

主题班会：认识真实的雷锋　争做雷锋式少年

基本信息表					
教师	陈艳利	学校	北京市第十一中学	学段	初中一年级
班会	主题班会				

一、学情分析

（一）班会内容分析

雷锋是时代楷模，雷锋精神是永恒的。为进一步弘扬雷锋精神，传承传统美德，营造讲文明、树新风的氛围；为进一步教育和引领学生热爱集体、关心他人、团结友爱、乐于奉献，争做时代好少年；为进一步提高学生的服务意识和无私奉献精神，弘扬乐于助人的崇高品德，有效推进学生综合素质的提高，引导每一位学生从身边小事做起，让雷锋精神无处不在，永驻心中；因此，特举办“认识真实的雷锋　争做雷锋式少年”主题班会。

雷锋的教育意义很深远，是很好的教育素材。但是，由于时代背景的差异，处于21世纪的学生吃穿不愁，生活条件优越，父母溺爱，很难理解那个时代雷锋身上所具有的俭朴、不怕苦不怕累、帮助他人的精神。因此，本次班会利用播放影片《雷锋》，在还原真实场景中让学生认识雷锋。只有认识到那个时代的生活背景，在真实背景下看到一幕幕的好人好事，才能真正地认识雷锋。然后，将雷锋所做的好人好事折射到学生的现实生活中来，教育他们不乱花钱、帮助同伴、不懒惰等。

（二）学习者分析

1. 知识基础

初中阶段是人的一生中的“黄金时期”，在这个时期，是人生观、世界观形成的重要时期。这一时期，学生对雷锋精神已经有了初步的了解，但了解得还不够深入，需要进一步学习。

2. 能力基础

七年级的学生已经具有独立性，能够很好地独立学习。

3. 发展要求

随着时代的发展，青年的发展变得越来越重要。青年是国家的未来和希望，他们的能力和贡献对国家的经济和社会发展有着不可估量的影响。

要想让青年得到充分的发展，首先，需要提供良好的教育和培训机会。教育不仅要重视基础知识的学习，更要注重培养学生的创新意识和实际应用能力。其次，政府、企业和教育机构要加大对青年人才的培养力度，提供更多的奖学金、实习机会和职业规划方案。再次，青年需要有一个良好的创新和创业环境。政府和企业要加大对创新和创业的支持力度，提供更多的场所和场合，鼓励年轻人发挥自己的创新精神和实践能力，从而带动整个社会的创新和发展。最后，社会对于青年的重视和尊重也是发展青年人才的关键。任何一个行业、领域都需要年轻人的才智和激情，他们应得到更多的机会和重视。同时，社会也要建立起一种新的价值观，尊重每个人的独特性，尊重每个人的人生选择，让年轻人更加自信地为社会做出自己的贡献。

总之，培养青年人才是国家和社会发展的长远战略，需要全社会的共同努力和支持。

二、班会目标确定

1. 认知目标

通过雷锋的生平简介及真实的故事，使学生知道雷锋的一生是全心全意为人民服务的一生，从而激发学生自觉地向雷锋学习。

2. 情感目标

引导学生做一名“雷锋少年”。通过这次班会，使同学们规范日常言行，遵守社会秩序，爱护校园环境，做向上向美的时代好少年。

3. 行为目标

使学生知道雷锋精神是中华民族宝贵的精神财富，我们要通过挖掘社会资源，读介绍雷锋的书籍，听雷锋故事，学唱歌颂雷锋的歌曲，了解雷锋，学习和弘扬雷锋精神。

三、教学方法与手段

讲授法，是一种教育理念，它通过简明、生动的口头语言向学生传授知识、发展学生智力的方法。教师在讲授过程中，会通过提问、讨论、示范等方式，来帮助学生理解知识，让他们能够把学到的知识运用到实践中去。同时，讲授法要求教师具备丰富的知识和经验、良好的语言表达能力、教学设计能力、教学管理能力以及良好的教学态度和职业道德。

小组合作学习，是20世纪70年代首先在美国产生的一种新的教学理论。这是一种以异质小组为基本形式，以小组成员的合作性活动为主体，以学生获得自主性的发展为目的，以小组目标达成为标准，以小组总体成绩为评价和奖励依据的教学策略体系。

四、班会特色

学生可以积极参与其中，班会有创新性、新颖性。能够让学生深刻地了解雷锋精神，有利于促进学生思想道德品质的形成和培养。本次班会的召开达到了活动的目的，通过各种形式来表现学生们的美好理想，使大家懂得了雷锋精神。

五、教学活动设计

环节一：开始阶段

教师：“人的生命是有限的，可是，为人民服务是无限的，我要把有限的生命投入无限的‘为人民服务’之中去。”大家知道这是谁说的吗？

雷锋，一个逐渐远去的名字，却足足影响了好几代人。在我们这个经济飞速发展的时代，更需要雷锋的“钉子”精神，让我们一起走近雷锋。

讨论：雷锋有什么魅力？

学生：概括说来，雷锋的魅力就在于其乐于助人，做好事不留名。

换言之，雷锋精神之可贵，就在于他既有一副热心肠，也有一颗平凡心。

雷锋精神具有鲜明的民族性，体现了中华民族优秀的传统道德。

雷锋精神具有鲜明的时代性，体现了社会发展的必然要求。

雷锋精神具有广阔的群众性，体现了先进文化的前进方向。

教师：雷锋是一个再平凡不过的人，但在他身上时刻都散发着一种朴实无华的光彩。这种光彩是具有永恒价值的。

环节二：展开阶段

播放录音，让学生听歌曲《学习雷锋好榜样》，要求学生学会唱这首歌。

（1）认一认：老师与同学共同欣赏一些与雷锋有关的图片。

教师：同学们，你们认识他是谁吗？

学生：雷锋。

（2）教师：大家知道 3 月 5 日是什么日子吗？

学生：知道，是雷锋纪念日。

教师：3 月 5 日为“学雷锋纪念日”，简称为“雷锋日”。雷锋同志因公牺牲后，他的日记与事迹陆续被一些新闻媒体报道。《中国青年》杂志社觉得雷锋是和平时期青年的一个楷模，打算在 1963 年 3 月 2 日出一本合刊介绍雷锋事迹。2 月 17 日，他们给毛主席写信，希望他能为雷锋题词。毛主席看信后，为了全面概括雷锋同志一切从人民利益出发、全心全意为人民服务的精神，写下了“向雷锋同志学习”的题词。3 月 2 日，毛主席的题词在《中国青年》上刊出。3 月 4 日，新华社发通稿。3 月 5 日，全国各大报纸纷纷刊载毛主席的“向雷锋同志学习”的题词。后来，党中央决定，把 3 月 5 日定为“学习雷锋纪念日”。

（3）先请个别同学畅谈自己对雷锋的了解，然后由班主任老师向同学们补充介绍雷锋的生平简介。

雷锋的生平：雷锋出生在一个贫苦的农民家庭里。7 岁就失去了父母，成了孤儿。新中国成立后，在党和政府的培养下，他成为一名光荣的中国人民解放军战士。平时他勤勤恳恳、踏踏实实，从平凡的小事做起，全心全意为人民服务。为此，他多次立功。1962 年 8 月 15 日，年仅 22 岁的雷锋因公牺牲。虽然他离开了我们，但是他留下了一个永不消逝的名字——雷锋，也留下了一种伟大而高贵的精神——雷锋精神。他的精神将永远地闪耀在祖国的大地上，闪耀在校园的每一个角落，雷锋精神永驻我们心中。

雷锋精神是为共产主义而奋斗的无私奉献的精神；是忠于党和人民、舍己为公、大公无私的奉献精神；是立足本职、在平凡的工作中创造出不平凡业绩的“螺丝钉精神”；是苦干实干、不计报酬、争做贡献的艰苦奋斗精神；归根结底，雷锋精神就是全心全意为人民服务的精神。雷锋精神影响了一代又一代的中国人。

雷锋精神是中华民族优秀文化的时代传承。

（4）讲一讲，请同学们以小组为单位讨论你所知道的雷锋的故事和相关资料。

雷锋的故事：一次，雷锋从安东（今丹东）回来，要在沈阳转车，他背起背包过地下通道时，见一位白发苍苍的老大娘拄着棍，背了个大包袱，很吃力地一步步地慢慢走着。雷锋走上前问道：“大娘，您到哪儿去？”老人上气不接下气地说：“俺从关内来，到抚顺去看儿子！”雷锋一听跟自己同路，立刻把大包袱接过来，用手扶着老人说：“走，大娘我送您到抚顺。”老人感动极了，一口一个“好孩子”地夸他。

进了车厢，他给大娘找了座位，自己就站在旁边，拿出刚买来的面包，塞了一个在大娘手里，老大娘往外推说：“孩子，俺不饿，你吃吧！”“别客气，大娘，吃吧！先垫垫肚子。”“孩子”这个亲切的称呼，给了雷锋很大的感触，他觉得就像母亲叫着自己小名似的那样亲切。他在老人身边和老人唠开了家常。

老人说，她儿子是工人，出来好几年了。她是第一次来，还不知道住在什么地方哩！说着，拿出一封信，雷锋接过一看，上面的地址他也不知道。老大娘急切地问雷锋：“孩子，你知道这地方吗？”雷锋虽然不知道地址，但雷锋知道老人找儿子的急切心情，就说：“大娘，您放心，我一定帮助你找到他。”雷锋说到做到，到了抚顺，背起老人的包裹，搀扶着老大娘用地图找了两个多小时，才找到老人的儿子。母子一见面，老大娘就对儿子说：“多亏了这位解放军，要不然，还找不到你呢！”母子俩人一再感谢雷锋。雷锋却说：“谢什么啊，这是我应该做的。”

雷锋语录：

① 不经风雨，长不成大树；不受百炼，难以成钢。

② 遵纪守法办事，一身正气铿锵，两袖清风福至，助人为乐有益，尊老爱幼谨记，诚信立身之本，品德处世之基，学习雷锋日，让文明不息，把幸福传递。

③ 一滴水只有放进大海里才永远不会干涸；一个人只有当他把自我和群众事业融合在一起的时候才能最有力量。

④ 螺丝钉要经常保养和清洗，才不会生锈。人的思想也是这样，只有经常检查，才不会出毛病。我愿永远做一个螺丝钉。

（5）谈谈自己身边的“活雷锋”。

① 当我们学习上遇到困难，有人帮我们解惑答疑；

② 当我们不小心摔跤了，有人将我们扶起；

③ 当我们搬不动重的东西时，有人伸出援助之手；

④ 当我们下雨时忘记带雨伞，有人与我们分享伞下的空间；

⑤ 当我们上课病痛难忍，有人会在一旁安慰。

环节三：总结阶段

同学们，雷锋是我们心中的偶像，是我们学习的楷模，雷锋精神又给我们指明了前进的方向。通过这次主题班会，我相信会有更多的“小雷锋”出现在我们的周围。同时，也希望同学们以雷锋为学习的楷模和榜样，接过雷锋手中的枪，继承革命英雄的光荣传统，把“雷锋精神”认真贯彻到实际行动中来，努力学习，做一个合格的共产主义事业接班人。

这次的主题班会开得很成功，也非常有实效，让同学们明确“学雷锋”关键是要学习“雷锋精神”的内涵，也让同学们感受到在新时代我们仍需要发扬“雷锋精神”。在我们的身边生活着许多“活雷锋”，他们乐于助人、无私奉献，是我们学习的榜样，正是他们的奉献，让我们的生活充满了美，让我们更好地感受到美；但美不仅要感受，更需要我们每个人去创造。我们的班级、我们的社会有好人好事的存在，同样也有“自私自利、漠不关心、我好你不好”等现象的存在，需要我们把这些“丑恶”都扫除干净。刚才大家集思广益，提了许多好办法，那么希望我们的每个同学都能真正把这些办法付诸行动，用行动创造美，让我们的班集体更团结，更互助，更“美丽”。

六、教学反思

（1）缺点：教学时间不多，教学环节不够优化。

（2）优点：这次主题班会让学生深刻地了解了“雷锋精神”，从而激发了学生自觉地向雷锋学习，引导学生做一名“雷锋少年”。让学生知道“雷锋精神”永存，雷锋就在我们身边。通过这次主题班会，让同学们清楚地认识到，学习雷锋，要从自己做起，从身边小事做起。

高中学段：用雷锋精神点亮志愿之光

基本信息表					
教师	陈冉	学校	北京市第十一中学	学段	高中二年级
教科书版本及章节	思想政治必修4《哲学与文化》，人民教育出版社，2022年版；第7课第3节 弘扬中华优秀传统文化与民族精神				

一、学情分析

（一）教学内容分析

“弘扬中华优秀传统文化与民族精神”是统编版高中思想政治必修4《哲学与文化》第7课的第3课时，是第7课的落脚点，为后续内容的学习奠定知识基础。第3课时共两目，第一目是创造性转化与创新性发展，包括实现中华优秀传统文化创造性转化与创新性发展的措施；第二目是弘扬中华民族精神，包括中华民族精神的内容、核心、作用、发展、弘扬与培养。

本框题侧重于第二目弘扬中华民族精神。民族精神作为民族文化的结晶，其形成和发展既是历史长期积淀的过程，也是随着时代变化而不断丰富的过程。新中国成立后，在社会主义革命、建设和改革过程中，中国共产党人不断为民族精神增添新的时代内容，其中就包括“雷锋精神”。本节课在教学活动设计中选取典型并贴近生活实际的时政素材，以培养担当民族复兴大任的时代新人为着眼点，强化教育引导、实践养成、制度保障，发挥社会主义核心价值观的引领作用，实现中华民族伟大复兴的中国梦。

（二）学习者分析

1. 知识基础

经过初中阶段的学习，学生对“雷锋精神”的内涵已有深刻把握。高中教学在此基础上进一步探讨“雷锋精神”与中华民族精神的关系，重点聚焦于学生对弘扬“雷锋精神”

意义和具体措施的理解，遵循了知识学习的客观规律。

2. 能力基础

经过初中阶段的学习，学生对雷锋故事了解较多且十分感兴趣，但理论联系实际情境的能力不足。本节课在教学设计上拓展了学生的理论深度和广度，阅读材料丰富，选取了有代表性的时政素材，使之与课堂教学有机结合。

3. 发展要求

教学要联系学生实际，兼顾家国情怀。本节课将哲学与文化相结合，以“雷锋精神”为主线，以期培养能担当中华民族复兴大任的时代新人。

二、教学目标

通过问题探究，理解“雷锋精神”与中华民族精神的关系，了解国家弘扬与传承中华优秀传统文化的政策，坚定文化自信，提升政治认同；通过热点聚焦，分析弘扬“雷锋精神”的意义，能够利用马克思主义哲学的相关知识分析时政话题，树立科学精神；通过小组合作，讨论弘扬“雷锋精神”的措施，提高公共参与能力。

三、教学重点与难点

（一）教学重点

（1）理解“雷锋精神”与中华民族精神的关系。
（2）分析弘扬“雷锋精神”的意义和措施。

（二）教学难点

讨论弘扬“雷锋精神”的具体措施，并积极投身于实践，参与公共生活。

四、教学方法与手段

（1）教学方法：讲授法、情景教学法、案例教学法、参与式教学法。
（2）教学手段：以现代化多媒体教学技术为主，以传统的黑板式教学为辅。

五、教学特色

（1）坚持价值引领，注重学科逻辑，培育核心素养。
（2）教学活动设计兼顾学生基础知识的掌握和思维能力的培养。
（3）教学环节层层递进，实现了课堂有效、高效。

六、教学活动设计

环节一：导入新课

教师呈现阅读材料：雷锋，这个平凡而伟大的名字，承载着几代人的集体记忆。“雷锋精神”的内涵是热爱党、热爱国家、热爱社会主义的崇高理想和坚定信念；服务人民、助人为乐的奉献精神；干一行爱一行、专一行精一行的敬业精神；锐意进取、自强不息的创新精神；艰苦奋斗、勤俭节约的创业精神。雷锋精神是一座取之不尽、用之不竭的宝藏。虽然社会环境、经济条件等发生了日新月异的变化，但雷锋精神依然是人们心中的精神丰碑，是引领风尚的道德旗帜，滋养着一代代中华儿女的心灵，不断感召着人们作出善行义举，激励着全民族焕发奋发向上的精神力量。光阴流逝，雷锋形象在人们心目中却从未远去；时代变迁，雷锋精神在岁月长河里永远闪亮。无论时代如何变迁，雷锋精神永不过时。

教师提问：结合材料，运用社会存在与社会意识的辩证关系，说明为什么时代在变，“雷锋精神”却永不过时。

学生活动：回顾所学、思考问题，跟随教师的引导进入新知学习。

学生回答：社会存在决定社会意识，社会意识随着社会存在的变化而变化。社会意识具有相对独立性，先进的社会意识对社会发展起着积极的推动作用。雷锋精神作为先进的社会意识凝结着中国人民共同的价值追求，蕴含着共产主义的理想信念。

教师总结过渡：雷锋精神永不过时，雷锋精神坚持全心全意为人民服务，并在传承中不断丰富发展，能够紧随时代需要，解决时代问题，为中华民族伟大复兴凝聚力量。本节课就让我们一起来学习雷锋精神的相关内容。

【活动意图说明】通过回顾雷锋的一生以及“雷锋精神”的内涵，调动学生的学习兴趣，引导学生进入新知学习。

环节二：问题探究，理解“雷锋精神”与中华民族精神的关系

教师呈现阅读材料：2018 年 9 月，习近平总书记再次踏上东北这片热土，实地考察调研并主持召开座谈会，沿途发表了一系列重要讲话。

9 月 28 日上午，习近平总书记来到辽宁抚顺，向雷锋墓敬献花篮，参观了雷锋纪念馆。他说，雷锋是一个时代的楷模，雷锋精神是永恒的。每个时代都有每个时代的楷模。要实现中华民族的伟大复兴，还要不断闯关夺隘，需要不断涌现新的时代楷模。干事创业离不开精气神，这里曾涌现出雷锋、郭明义、罗阳这样的民族脊梁，这里曾矗立起大庆精神、铁人精神、北大荒精神这样的精神高地，其中所蕴含的信念力量、大爱胸怀、忘我精神、进取锐气，正是我们民族精神的最好写照，也一定能为振兴东北提供强大精神动力。

教师提问：结合材料，运用文化生活知识，说明雷锋精神与中华民族精神的关系？并说明弘扬雷锋精神对加强道德建设的重要文化价值？

教师组织学生活动：组织学生阅读材料并深入思考以上两个问题。

学生活动：思考问题并交流讨论。

学生回答 1：雷锋精神是在社会主义建设时期对中华民族精神的丰富和发展。雷锋精神体现了以爱国主义为核心，团结统一、爱好和平、勤劳勇敢、自强不息的民族精神，为中国发展和人类文明进步提供了强大的精神动力，体现了中华民族共同的价值追求，是中华民族永远的精神火炬。

学生回答 2：首先，弘扬雷锋精神有利于发挥道德模范的榜样激励作用，增强精神力

量；其次，有利于推动社会主义核心价值体系建设，培育和践行社会主义核心价值观；最后，有利于提高公民的思想道德修养，推动思想道德建设。

教师补充归纳：

① 雷锋精神与中华民族精神的关系：雷锋精神是民族精神的体现，是对中华民族精神的传承和弘扬：雷锋精神是中华民族精神的重要内容，是对中华民族精神的丰富和发展。

② 弘扬雷锋精神对加强道德建设的文化价值：雷锋精神是中华优秀文化的重要内容，是弘扬中华传统美德的应有之义，是加强思想道德建设的养分；有利于树立社会主义和共产主义的理想与信念，筑牢理想信念之基，培育和践行社会主义核心价值观；有利于引导人们树立正确的道德观，积极投身于社会主义建设事业；有利于培育良好的社会道德风尚，抵制落后腐朽等错误思想的侵蚀。

【活动意图说明】通过问题探究，引导学生理解雷锋精神与中华民族精神的关系，了解国家弘扬与传承中华优秀传统文化的政策，坚定文化自信，提升政治认同。

环节三：热点聚焦，分析弘扬“雷锋精神”的意义

教师呈现阅读材料一：雷锋生活的年代，正值新中国成立不久，社会经济还比较落后，物质条件还比较艰苦。他说：“我们靠什么战胜困难呢？主要就是要把一切有利的因素充分调动起来，用以克服不利的因素。有利因素发扬了，不利因素克服了，困难也就被战胜了。”他把艰苦奋斗作为人生的必修课，主动离开生活稳定、环境舒适的县委机关，参加根治沩水工程，住在潮湿阴暗的临时工棚，经常因工作忙，赶不上吃饭，就把冷饭用开水泡一泡将就着吃。他告别故土来到东北支援鞍钢，面对繁重的劳动和艰苦的环境，他总是主动请缨、冲锋在前，挑重担、抢着干，表现出满腔的热情，充满着无限的力量。他有强烈的创新意识，认真学习车辆构造和机械原理，勤学苦练业务技术，细心排查机械故障，解决了很多实际问题。

教师提问：运用“正确发挥主观能动性”的相关知识，谈谈你对“艰苦奋斗是雷锋人生的必修课”的理解？

学生活动：阅读材料，思考问题并交流分享。

教师点拨提升：其一，意识活动具有目的性、自觉选择性和能动创造性。面对新中国成立不久，社会经济还比较落后的现实，雷锋意识到只有艰苦创业才能战胜困难，把艰苦奋斗作为人生的必修课。其二，人能够能动地改造世界。意识能通过实践把观念的东西变成现实的东西，创造出符合人的目的的客观事物。面对困难，雷锋总是主动请缨、冲锋在前，挑重担、抢着干，作出了不平凡的事迹。其三，只有符合客观规律的正确意识，才能有效发挥能动作用，正确指导人们的实践，实现改造世界的预期目标。雷锋善于把发挥主观能动性与尊重客观规律结合起来，通过创新解决了很多实际问题。

教师呈现阅读材料二：2023 年是毛泽东等老一辈无产阶级革命家为雷锋同志题词 60 周年。60 年来，学雷锋活动在全国持续深入开展，雷锋精神滋养着一代代中华儿女的心灵。从一名普通的汽车兵，到全国人民学习的道德榜样，雷锋同志以其 22 岁的短暂生命，谱写了辉煌壮丽的人生诗篇。60 年来，雷锋精神始终鼓舞和影响着一代又一代中国人，神州大地上涌现出一批批雷锋式的英雄人物。从与时代同行诠释“雷锋精神”生命力的郭明义，到用生命坚守初心和使命的扶贫干部黄文秀，再到点亮乡村女孩人生梦想的乡村教师张桂梅……在这些“时代楷模”的身上，无不闪现着雷锋精神的道德光芒，激励着更多的人在一代代人的赓续传承中发扬光大。

2023 年 2 月，习近平总书记对深入开展学雷锋活动作出重要指示，强调要深刻把握雷锋精神的时代内涵，把雷锋精神代代传承下去，为全面建设社会主义现代化国家、全面推进中华民族伟大复兴凝聚强大力量。新时代新征程把雷锋精神代代传承下去，对实现中国式现代化、推动中华民族伟大复兴也具有重要意义和深远价值。

教师提问：结合材料并运用文化生活的相关知识，说明传承和弘扬雷锋精神对培育和践行社会主义核心价值观的意义？

学生活动：学生认真阅读材料，感悟思考并回答问题。

学生回答 1：传承和弘扬雷锋精神，有利于坚定理想信念，继承艰苦奋斗、吃苦耐劳的精神，提高思想道德修养；有利于培育和践行社会主义核心价值观，增强民族向心力和凝聚力，激励人民在平凡岗位建功立业。

学生回答 2：弘扬雷锋精神有利于加强社会主义精神文明建设，增强文化软实力，凝聚亿万人民投身中国特色社会主义现代化建设的创造中去；雷锋精神体现了中华民族的传统美德，弘扬雷锋精神对青少年的健康成长有着重要的意义；弘扬雷锋精神能够激发人们的创新精神、创业热情，为全面建设社会主义现代化国家、全面推进中华民族伟大复兴凝聚强大力量。以上体现了弘扬雷锋精神的时代价值。

教师归纳总结：社会主义核心价值观凝结着全体人民的共同价值追求，是当代中国精神的集中体现。传承和弘扬雷锋精神，并激发情感认同，有利于引导人们坚定爱国、敬业、诚信、友善的价值追求，是培育和践行社会主义核心价值观的生动体现；发扬爱国、奉献、敬业精神，有利于将个人奋斗融入党和人民的事业中，增强社会主义核心价值观的生命力、凝聚力和感召力；传承和弘扬雷锋精神，有利于使社会主义核心价值观内化于心、外化于行。

【活动意图说明】通过热点聚焦，分析弘扬雷锋精神的意义，引导学生能够利用马克思主义哲学的相关知识分析时政话题，树立科学精神。

环节四：小组合作，讨论弘扬“雷锋精神”的举措

教师呈现《雷锋日记》：雷锋同志在日记中写道：“我要把有限的生命，投入到无限的为人民服务之中去。”雷锋精神彰显了中国共产党人的先进本色，是弘扬伟大建党精神的生动写照。在新征程上，要深刻把握雷锋精神的时代内涵，更好地发挥党员、干部的模范带头作用，不断发展壮大学雷锋志愿服务队伍。让学雷锋在人民群众特别是青少年中蔚然成风，让雷锋精神在新时代绽放更加璀璨的光芒，为全面建设社会主义现代化国家、全面推进中华民族伟大复兴凝聚强大力量。

教师提问：请说明如何“让雷锋精神在新时代绽放更加璀璨的光芒”？

学生活动：阅读材料并感悟思考；小组讨论 5 分钟，小组代表发言。

小组代表回答 1：传承和弘扬雷锋精神要充分发挥人民群众的主体作用，树立主人翁

意识，始终把群众的利益放在第一位，人民群众是社会实践的主体，是历史的创造者；要爱岗敬业，从日常生活中的小事做起，全心全意为人民服务。

小组代表回答 2：运用新型传播样式，开展富有时代特色、现代元素的学雷锋活动；丰富拓展学雷锋活动的平台载体，使学雷锋活动更有时代感和吸引力；创新开展好扶弱助残、扶贫济困等活动，引导人们把“学雷锋”当作一种社会生活方式。

教师总结提升：我们要牢记初心使命，坚持人民立场，积极投身为人民服务的实践，勿以善小而不为；把握雷锋精神的时代内涵，不断发展壮大学雷锋志愿服务队伍，助力全面推进中华民族伟大复兴。

【活动意图说明】通过小组合作，讨论弘扬雷锋精神的举措，提高学生的公共参与能力。

七、作业设计

学校拟开展“学习雷锋精神系列”活动，请你帮助学校做一个活动策划。

要求：① 结合学科知识，说明开展此次活动的目的；② 说明活动具体内容并设计有特色的活动形式；③ 400 字左右。

参考文献

[1] 徐文劝．“雷锋精神”研究六十年 [J]．文化学刊，2023（6）：120−123．

[2] 王萌苏，张秀芹．新时代弘扬雷锋精神的理论逻辑与当代实践 [J]．北京教育（德育），2023（5）：62−66，85．

[3] 邓喆，张丽君．雷锋精神融入人生观教育的思考 [J]．高校马克思主义理论教育研究，2023（2）：36−41．

大学学段：弘扬雷锋精神　推进民族复兴

基本信息表					
教师	姚郁卉	学校	北京工业大学	学段	本科一年级
课程	思想道德与法治				
教科书版本及章节	《思想道德与法治》，高等教育出版社，2023 年版；第五章第三节第四目 锤炼个人品德。也可以结合第一章第二节 人生价值、第二章第二节 理想信念、第三章第二节 坚持爱国爱党爱社会主义等有关内容进行讲授				

一、学情分析

（一）教学内容分析

由于“雷锋精神”内涵的丰富性，本专题与教材内容的结合点较多。教师在教学活动设计中，不必面面俱到，应重点结合大学生的思想实际进行教学。因此，将本专题凝练为“传扬雷锋精神　广播雷锋火种”这一主题，旨在通过追问雷锋精神的时代价值，全面阐释雷锋精神的丰富内涵，引导学生自觉思考新时代如何弘扬践行雷锋精神，做到表里如一、知行合一，提升思想道德素质。本课共分以下三部分。

1. 第一部分　今天我们为什么要学雷锋

首先以一组数字的对比（雷锋仅仅活了 0.7912 万天，离开我们已经 2 万多天，但截至 2022 年年底，我国注册志愿者已超过 2.3 亿人，志愿队伍总数达 135 万个。在河南省，10 个人中就有一个“雷锋”，仅在河南省邓州，就有 2 万名“雷锋”）为切入点，引导学生感悟雷锋精神的永恒价值。然后从学习弘扬雷锋精神有助于个人树立崇高的理想追求，有助于匡正道德失范、提升社会文明程度，有助于凝聚干部群众推进复兴伟业等方面进行深入阐释。

2. 第二部分　我们要向雷锋学什么

我们不仅要学习雷锋的具体做法，更要学习雷锋的精神实质，尤其要深刻把握雷锋精神的时代内涵，不断增强思想共识和价值认同。结合本课程的内容，对于大学生来讲，可以重点学习“雷锋精神”四个方面的精神品质：以爱党、爱国、爱社会主义为崇高理想，以服务人民、助人为乐为价值取向，以敬业奉献、锐意进取为职业操守，以艰苦奋斗、勤俭节约为人生品格。

3. 第三部分　新时代应该怎样学雷锋

新时代学雷锋，要立足时代新使命，把握时代新特点，掌握新方法，解决新问题，“当好雷锋精神的种子”，把雷锋精神广播在祖国大地上。首先，要把雷锋作为我们学习的“标杆”和榜样，研究雷锋的成长之路；其次，要把学习雷锋精神与社会实践结合起来，积极参与志愿服务活动；最后，捍卫主流阵地，大力弘扬时代新风。

（二）学习者分析

总体来看，新时代的大学生大都是“00 后”，他们的整个学生时代正好和中国特色社会主义新时代重合，对新时代的辉煌成就有直接的感性经验。这些经验使他们具有强烈的爱国意识和较高的政治认同，有一定的价值观和道德品质，但还不够稳定，容易受到不良舆论或错误思潮的误导。同时，由于人生阅历尚浅，理论基础不够扎实，运用理论分析问题、解决问题的能力还有待进一步提高，把理论认识转化为自觉践行的能力也有待进一步增强。这种状况反映在对学习、弘扬和践行雷锋精神的问题上，存在以下三个方面的特点。

1. 对“雷锋精神”有初步认识，但缺乏整体性和系统性认识

通过小学和中学阶段的学习，多数同学了解雷锋助人为乐、勤俭节约的故事，了解雷锋精神的部分内涵，从思想上认同雷锋的做法。但由于对雷锋精神的丰富内涵缺乏全面认识，对雷锋精神的价值存在表面化、符号化的片面理解。对于为什么在新时代仍要大力弘扬雷锋精神、雷锋精神的时代内涵等问题缺乏系统而深入的理论思考。

2. 对“雷锋精神”的错误认识能作出正确判断，但缺乏深入分析批判的能力

新时代的大学生通过网络获取信息的能力强，有利于自主解决一些人生困惑。但由于网络信息鱼龙混杂，大学生尚未形成稳定的价值观，极易受到错误思潮的影响。同时，

由于尚未掌握马克思主义的立场、观点和方法，虽然能从感性上对诸如雷锋精神“过时论”“超前论”“吃亏论”等错误言论作出正确判断，但还不能从理论上进行深入分析和批判。这就需要教师在教学中有针对性地加以引导。

3. 对“雷锋精神”的理论学习较有兴趣，但在新时代如何践行“雷锋精神”方面存在一定的分歧

新时代的大学生大多数独立思考的能力较强，善于表达自己的观点，能够积极参加对雷锋精神的理论学习和课堂讨论，也愿意通过志愿服务等形式践行雷锋精神，增强自己的社会责任感。但有一部分同学存在知行脱节的问题。部分学生认为，雷锋精神虽然很崇高、很伟大，但会损害自己的利益，自己做不到，也不想做；也有同学认为，新时代与雷锋生活的时代相比，已经发生了很大的变化，雷锋的很多做法已经不符合新时代的要求了，但在新时代究竟如何学雷锋，自己也提不出切实可行的方案。教师应在充分调研的基础上，根据学生的思想情况进行有针对性的教育和引导。

二、教学目标

1. 认知要求

积极参加道德实践是提升道德修养的重要方法，而向道德模范学习、参与志愿服务活动都是重要的道德实践途径；雷锋是道德模范的典型代表，学雷锋就是参与志愿服务活动；学雷锋就要全面把握雷锋精神的丰富内涵，深刻认识新时代弘扬雷锋精神、参与志愿服务、争做新时代雷锋的重要意义。

2. 能力提升

培养大学生的系统思维，提高全面认识雷锋精神相关问题的能力；培养大学生的问题意识，在对错误思潮的辨析中提高明辨是非、善恶、美丑的能力；引导大学生把道德理论与道德实践相结合，在参与道德实践的过程中，实现知行合一。

3. 价值引导

通过分析“雷锋精神的价值是永恒的”，引导大学生认识雷锋精神与中华民族传统美德、革命道德的一致性。雷锋精神是社会主义核心价值观的生动体现，全面建设社会主义现代化国家、全面推进中华民族伟大复兴需要用雷锋精神凝心聚力，把全体人民凝聚在一起团结奋斗。雷锋精神的本质就是全心全意为人民服务，就是把爱国、爱党、爱社会主义统一起来，激发大学生从雷锋精神中汲取力量，像雷锋那样在为祖国、为民族、为人民的不懈奋斗中成就精彩的人生。

三、教学重点与难点

（一）教学重点

本节课重在围绕“传扬雷锋精神　广播雷锋火种”这一主题，引导学生深入剖析雷锋精神的时代价值，深刻认识雷锋精神的内核和实质，并通过研究雷锋的成长道路获得提升思想境界和道德品格的方法，注重向道德模范学习，注重通过志愿服务活动投身崇德向善的道德实践。

（二）教学难点

（1）在第一部分讲到雷锋精神的时代价值时，需要对雷锋精神的时代性与永恒性进行辩证分析，对雷锋精神“过时论”“超前论”等错误言论从理论上进行深入分析和批判，以澄清学生在雷锋精神的价值问题上的模糊观点。

（2）在第三部分讲到新时代应该如何践行雷锋精神时，要破解知行脱节的“瓶颈”，需要对践行雷锋精神的“易”与“难”进行理论分析，批判学习雷锋“吃亏论”，破除学生思想深处的障碍，强调“重在实践，贵在坚持”对高尚道德品格养成的重要意义。

四、教学方法与手段

（1）运用“学习通”课前进行关于“雷锋精神”的问卷调研，并根据调研结果有针对性地设计教学内容。

（2）采用教师讲授、启发式提问、课堂讨论相结合的互动式教学方法，充分运用“学习通”选人、抢答、投票、主题讨论等功能，激发学生参与课堂教学的积极性。

（3）运用课件、数据、案例、图片、视频等形式多样的素材和教学形式。

五、教学特色

（1）在教学理念上，把党和国家关于弘扬雷锋精神的最新理论成果和实践创新成果、本学科理论研究的新进展与大学生的思想实际统一起来，把思想领域热点、教材知识点、学生关注点有机结合起来，找准教学结合点。

（2）在教学内容上，在大、中、小一体化的视域下，注重教学内容的纵向衔接，关照大学生已有的知识基础，以实现教学内容的循序渐进、螺旋式上升。

（3）在教学模式上，课前通过“学习通”进行全员问卷调研，摸清学生关于雷锋精神的认识现状和思想实际，以增强教学的针对性；课堂教学设计注重问题导向，采取启发式、讨论式教学，激发学生的学习兴趣；推荐课后拓展阅读文献，课后作业突出实践性，进一步巩固课堂学习效果，体现本次课堂教学内容的特点。

（4）在教学手段上，以课堂教学为主，同时合理运用“学习通”问卷、主题讨论等功能，运用课件、教学案例、图片、视频等丰富多样的教学载体和教学资源，增强教学的趣味性、生动性和感染力、吸引力。

六、教学活动设计

【课程导入】从雷锋生命的短暂性、有限性和学雷锋活动的持续性、广泛性进行对比：雷锋仅仅活了 22 岁，7912 天。他离开我们已经 60 年了，但是，我们整个国家，从普通百姓到最高领导人，从 3 岁的娃娃到耄耋老人，学习他、追随他的脚步却从未停歇。全国志愿服务信息系统显示，截至 2022 年年底，我国注册志愿者人数已达 2.3 亿，平均每万人中就有 2300 人注册成为志愿者，约占总人口比例的 16.4%；志愿团体 135 万个，志愿项目 621 万个；累计志愿服务时长达 16.14 亿小时，人均志愿服务时长为 7.44 小时，全社会参与志愿服务热情高涨，无论是志愿者人数，还是志愿服务组织、志愿服务活动项目、参与志愿服务的时间都已经达到了相当规模。根据这段资料，提问：为什么“雷锋”没有被忘记，人们学雷锋志愿服务的热潮反而有增无减？在这里引导学生思考雷锋精神的永恒价值，引出第一部分的内容。

第一部分　今天我们为什么要学雷锋

从习近平总书记的讲话“雷锋精神是永恒的，是社会主义核心价值观的生动体现”讲起，引导学生思考“雷锋精神”为什么具有永恒的价值。可以借助“学习通”等教学软件设计问卷调研，了解学生对这个问题的看法。然后，从个人、社会、国家三个维度总结今天学习弘扬雷锋精神的重要意义。

1. 弘扬“雷锋精神”有助于个人提升思想道德素质

雷锋精神涉及服务人民、奉献社会的人生观和价值观，坚定的共产主义理想信念，爱国、爱党、爱社会主义相统一的爱国情怀，锐意进取、自强不息的创新精神，在道德方面涉及助人为乐的社会公德，爱岗敬业的职业道德，艰苦奋斗、勤俭节约的个人品德，内容丰富，涉及思想道德的方方面面。结合对雷锋精神“超前论”的分析批判，指出个人品德修养不可能一蹴而就，更不可能一劳永逸，需要按照有效的品德修养方法，不断向更高的道德境界攀登。其中，向道德模范学习就是一个重要的道德修养方法。雷锋是家喻户晓的道德榜样，是可以学、能够学的标杆，学习弘扬雷锋精神有助于大学生全面提升个人品德。

2. 有助于匡正道德失范、提升社会文明程度

有人说，雷锋是社会主义建设时期的典型，我们已经进入中国特色社会主义新时代，雷锋精神已经过时了，不适应今天的需要了。针对这一观点，可以从正、反两个方面的经典案例进行对比说明，雷锋精神对于匡正道德失范、提升社会文明程度的重要意义。“小悦悦事件”“高铁霸座事件”“重庆公交车坠江案”等所表现出来的道德领域的突出问题，都在说明人的道德素质有待进一步提高。同时，国家勋章获得者、“当代雷锋”、时代楷模、道德模范、中国好人等先进典型人物，他们在实践中自觉弘扬真善美、贬斥假恶丑。雷锋精神，是社会主义道德的示范者和引领者，有助于推动形成知荣辱、讲正气、做奉献、促和谐的良好社会风尚。

3. 有助于凝聚干部群众推进复兴伟业

以全国人民发扬雷锋精神、共同抗击新冠疫情取得巨大成功为例，结合一组抗疫图片，说明雷锋精神在凝聚干部群众的共同意志方面所产生的特殊作用。新冠疫情肆虐期间，全国人民踊跃捐款捐物，各地医疗队逆行出征，各行各业同仇敌忾、携手奋战，用爱心唱响了一方有难、八方支援的赞歌，标注了新时代公民道德素质的新高度。同时，结合新时代新征程我们的使命任务，阐明雷锋精神对于丰富人民精神世界、推进实现中国式现代化的重要意义。

第二部分　我们要向雷锋学什么

雷锋精神的内涵非常丰富，不同工作岗位的人、同一个人在不同的人生阶段都可以从雷锋身上找到可学之处。可以结合雷锋的典型故事和教材有关内容从以下四个方面阐释学

习雷锋精神的重点内容。

1. 以爱党、爱国、爱社会主义为崇高理想

通过调研发现，新时代的大学生普遍爱国，但有部分学生因为缺乏对党的了解、缺乏对社会主义优越性的认识，不能坚持爱党、爱国、爱社会主义的统一。针对这个问题，可以结合教材第二章第二节和第三章第二节的有关内容，从理论上阐释清楚。在当代中国，爱国主义的本质就是坚持爱国和爱党、爱社会主义高度统一；结合雷锋的名言和具体做法，引导大学生像雷锋那样，在实践中做到坚持爱党、爱国、爱社会主义相统一。

2. 以服务人民、助人为乐为价值取向

树立服务人民、助人为乐的人生价值取向，还是坚持个人主义、追求个人利益为价值取向，对于大学生来说，是一个必须从理论上阐释清楚的问题。结合雷锋的名言“人的生命是有限的，可是，为人民服务是无限的，我要把有限的生命，投入到无限的为人民服务之中去”，以及雷锋助人为乐的典型事例，引导学生自觉把服务人民、助人为乐作为人生追求，在服务人民、奉献社会的过程中实现自我价值。

3. 以敬业奉献、锐意进取为职业操守

敬业奉献是职业生活中的基本道德规范，体现从业者对工作极端负责、敬重自己所从事职业的道德操守，是从业者对工作勤奋努力、恪尽职守的行为表现；锐意进取体现的是从业者对待自己工作坚持追求上进、力图有所作为的精神状态。结合《雷锋日记》中雷锋对“螺丝钉精神”的认知，以及“螺丝钉”如何走进雷锋内心的故事，引导学生像雷锋那样愿做一颗永不生锈的“螺丝钉”，始终保持锐意进取的昂扬的工作态度。

4. 以艰苦奋斗、勤俭节约为人生品格

艰苦奋斗、勤俭节约是中华民族的传统美德，也是中国革命和建设取得成功的法宝。今天，我们已经解决了温饱问题，当代青年还需要艰苦奋斗吗？倡导艰苦奋斗、勤俭节约与追求美好生活矛盾吗？这些都是需要青年大学生认真思考并从理论上作出回答的问题。从雷锋艰苦奋斗、勤俭节约的故事，引导大学生正确认识艰苦奋斗、勤俭节约的时代意义，从而在实践中作出正确的人生选择。

第三部分　新时代应该怎样学雷锋

新时代学雷锋，要立足时代新使命，把握时代新特点，掌握新方法，解决新问题，“当好雷锋精神的种子”，把雷锋精神广播在祖国大地上。

1. 从雷锋的成长经历中获得方法与启示

毛泽东同志说：学雷锋不是学他哪一两件先进事迹，也不只是学他的某一方面的优点，而是要学他的好思想、好作风、好品德；学习他长期一贯地做好事，而不做坏事；学习他一切从人民的利益出发，全心全意为人民服务的精神。习近平总书记说：我们既要学习雷锋的精神，也要学习雷锋的做法，把崇高理想信念和道德品质追求转化为具体行动，体现在平凡的工作生活中，做出自己应有的贡献，把雷锋精神代代传承下去。理解掌握雷锋精神，就要研究雷锋的成长之路，了解雷锋事迹的思想动机，在实践中自觉以雷锋为榜样，把崇高的人生追求转化为一生坚持的行为习惯。

同时，雷锋的另一个形象不仅是他自己，而且还包括千千万万的学雷锋志愿者，以及

受到表彰的道德模范、时代楷模、中国好人等。学习雷锋精神要与学习身边的榜样结合起来。

2. 要把学习雷锋精神与社会实践结合起来，积极参与志愿服务活动

学习弘扬雷锋精神，重在实践，贵在坚持。从理论上阐明社会实践对于提高人的道德素质的重要意义，说明志愿服务不仅推动社会道德水平的提高，而且还有助于大学生实现人生价值，获得更为宽广的成长成才的人生舞台。可以结合河南省邓州“编外雷锋团”以及各行各业出现的立足岗位学雷锋、面向社会学雷锋、坚持不懈学雷锋的经典案例进行说明。结合大学生所学专业，选取贴近学生的生动案例，如农村扶贫开发、城市社区建设、环境保护、大型活动、抢险救灾、社会公益等领域，利用图片、视频等多种方式呈现他们的感人故事，提高理论学习的吸引力和感染力。

3. 捍卫主流阵地，大力弘扬时代新风

结合网络上质疑和否定“雷锋”的错误言论，指出西方国家利用网络西化、分化我们的事实，是美西方丑化中国、瓦解我们共识的惯用手段，鼓励大学生敢于亮剑，敢于发声，共同抵制抹黑雷锋的错误言论。例如，针对雷锋在日常生活中“新三年，旧三年，缝缝补补又三年”的做法与今天提倡追求美好生活的目标之间的矛盾，我们要用历史唯物主义的方法，指出雷锋这一做法产生的时代背景和历史意义。同时，结合习近平总书记针对“舌尖上的浪费”和国家粮食安全多次作出批示，倡导“厉行节约，反对浪费”，并在党的二十大报告中强调，在全社会弘扬勤俭节约精神，培育时代新风新貌，从而阐明雷锋“艰苦奋斗，勤俭节约”的精神在今天仍有不容忽视的时代价值。针对学习雷锋精神“吃亏论”，要分析批判其错误的根源和危害，深入分析眼前利益与长远利益、个人利益与集体利益、物质需要与精神需要等重要概念的辩证关系，扫清大学生学习、弘扬和践行雷锋精神的思想障碍。

小结：雷锋的生命定格在 22 岁，他永远都是大学生的同龄人。他和我们大学生一样，心怀梦想，喜欢文艺，喜欢拍照，喜欢读书。他的生命虽如昙花一现，但他敢于有梦、勇于追梦、勤于圆梦的人生故事，以他的名字命名的“雷锋精神”具有永恒的价值，将永远激励我们接续奋斗。我们要研究他的成长之路，学习他爱党、爱国、爱社会主义的崇高理想和坚定信念，学习他服务人民、助人为乐的价值取向，学习他敬业奉献、锐意进取的职业操守，学习他艰苦奋斗、勤俭节约的人生品格。我们大学生要像雷锋那样，坚定不移听党话、跟党走，怀抱梦想又脚踏实地，敢想敢为又善作善成。新时代新征程，我们大学生要立志做有理想、敢担当、能吃苦、肯奋斗的新时代好青年，让青春在为他人送温暖、为社会做贡献的过程中，在为全面建设社会主义现代化国家的火热实践中绽放绚丽之花。

七、课后作业

美国《时代周刊》曾称赞：雷锋品牌是中国人民也是全人类共同的精神财富。请结合本节课的内容，谈谈你对这句话的理解。

参考文献

[1] 中共中央宣传部宣传教育局，全国总工会宣传教育部，解放军总政治部宣传部宣传局 . 雷锋传人——郭明义 [M]. 北京：学习出版社，2011.

[2]《雷锋》杂志 . 新时代雷锋精神解读 [M]. 北京：人民出版社，2018.

[3] 黄亚洲 . 雷锋 [M]. 北京：天地出版社，2020.

[4] 朱佳木 . 雷锋精神 [M]. 北京：研究出版社，2020.

★ 专题八　塞罕坝精神 ★

一体化教学设计说明

一、教学内容简介

2017 年 8 月，习近平总书记对河北塞罕坝林场建设者的感人事迹作出重要指示，首次提出“塞罕坝精神”。他指出：“55 年来，河北塞罕坝林场的建设者们听从党的召唤，在‘黄沙遮天日，飞鸟无栖树’的荒漠沙地上艰苦奋斗、甘于奉献，创造了荒原变林海的人间奇迹，用实际行动诠释了绿水青山就是金山银山的理念，铸就了牢记使命、艰苦创业、绿色发展的塞罕坝精神。他们的事迹感人至深，是推进生态文明建设的一个生动范例。”

2021 年 8 月 23 日下午，习近平总书记来到塞罕坝机械林场尚海纪念林，同林场三代职工代表亲切交流，指出：“2017 年，我对你们的感人事迹作了一个批示，提出了塞罕坝精神，这已经成为我们中国共产党精神谱系的组成部分。塞罕坝精神，不仅你们需要继续发扬，全党全国人民也要学习弘扬，共同把我们的国家建设好，把绿色经济发展好，把生态文明建设好！”

从 1962 年至今，塞罕坝林场的建设者们听从党的召唤，在“黄沙遮天日，飞鸟无栖树”的荒漠沙地上艰苦奋斗、甘于奉献，创造了荒原变林海的人间奇迹，铸就了“塞罕坝精神”。塞罕坝精神以艰苦创业为核心，以科学创新和绿色发展为支撑，以无私奉献和爱岗敬业为价值取向。本专题结合大、中、小各学段特点，围绕塞罕坝精神进行教学内容和教学环节的一体化设计，推进青少年思想政治教育的接续性与针对性相统一。

二、一体化教学目标与思路

（一）一体化教学目标

本专题围绕“塞罕坝精神”这一重要学习专题，在小学、初中、高中、大学四个学段，在教学目标、教学内容、教学方法、课程资源、实践环节等方面分别依据本学段课标要求、教材和学生实际，重点讲清楚“塞罕坝精神”的科学内涵、重要意义和实践路径。通过实施“塞罕坝精神”大、中、小学一体化教学，学生将逐渐形成与“塞罕坝精神”相一致的价值观，树立正确的环境观念，培养环保意识和责任感，并具备创新和实践的能力，为可持续发展和社会进步做出贡献。

（二）一体化教学思路

基于教学一体化的整体设计思路，一体化设计要关注大、中（初中、高中）、小学四个学段学生的知识结构和认识特点，在教学内容、教学方法、教学方式等方面，体现循序渐进、螺旋式上升的特点。在教学中，要充分利用现代信息化教学手段和平台，将问题导向贯通教学始终，并关注、总结、交流不同学段在知识讲解与情感导向方面的学习反馈，推动一体化设计的深度发展。探索设计不同学段可交汇融合的实践环节，有助于推动大、中、小学思政课一体化育人实效。

◆ 小学学段：通过阅读故事、观看视频等教学环节，理解“绿水青山就是金山银山”的含义和内涵；借助观看视频、查阅新闻报道、交流讨论等活动，感悟爱护生态环境的重要性。激发学生情感，从身边小事做起，促使学生在生活中能够爱护生态环境。懂得绿水青山的保护不是一朝一夕之事，须久久为功。促使学生自觉从身边小事做起，肩负社会公民的责任，进一步落实道德修养中的社会公德和责任意识等相关内容。

◆ 初中学段：在小学高年级读本的基础上，呈现“塞罕坝”这一具体案例，通过三大环节的主体内容学习，引导学生在实践中感受中国共产党带领人民建设美丽中国的历程。环节一：塞罕坝的历史变迁——荒原变林海的人间奇迹，旨在引导学生从历史的角度认识塞罕坝在过去50多年中的历史变迁，促进学生理解荒原到林海的变化；环节二：塞罕坝的成功范例——绿色奇迹背后的“密码”，旨在引导学生从理论的角度分析塞罕坝生态发展的秘诀，进而总结塞罕坝精神的实质；环节三：塞罕坝的未来发展——接力传承，筑起绿色长城，旨在从实践的角度引导学生在分享榜样人物的过程中感受其宝贵的精神品质，同时思考作为一名中学生（消费者）如何助力生态文明建设。三个环节的设置将历史逻辑、理论逻辑和实践逻辑进行了紧密结合，从而培养学生的爱党、爱国情怀与艰苦奋斗精神。

从“一棵松”到百万亩人工绿海，塞罕坝每棵树的年轮里都记载着中国生态文明的发展进程。塞罕坝地处自然环境过渡地带，生态环境十分脆弱，并不断威胁周边地区生态安全。塞罕坝人大力弘扬塞罕坝精神，深刻理解和落实生态文明理念，筑牢京津生态屏障，同时也给当地人民生活、社会环境带来巨大变化，实现了塞罕坝地区的可持续发展。本案例可以引领学生分析土地荒漠化问题的形成原因和治理措施，理解“绿水青山就是金山银山”的深刻内涵。

◆ 高中学段：通过对塞罕坝前世“美丽高岭”到“茫茫荒原”的原因的解读阐释联系的普遍性，理解世界上的一切事物、现象和过程都处在相互联系之中，随着具体事物界限和范围的变化有内部、要素之间和外部事物之间的相互影响和相互作用；树立人和自然和谐相处的理念，学会正确看待人与自然界、人与社会、人与自身的普遍联系关系，自觉抵制用孤立的观点去认识问题、解决问题。通过对塞罕坝前世原因的具体分析，探讨自在事物联系和人为事物联系的异同，举例探讨联系的客观性与人的实践活动目的性之间的关系；树立人与自然和谐共生的理念，并坚定中国特色社会主义信念。通过塞罕坝今生“荒原”又变“高岭”的生态环境治理来分析政策的连续性和解决问题的迫切性，通过认识具体抽象，概括不同形式的具体联系，为认识问题提供联系观的指导，进一步理解一切以时间、地点、条件为转移。懂得善于分析和把握各种条件的重要性，深化对我国新发展理念、“五位一体”指导思想与时俱进的理解。

◆ 大学学段：在大学阶段，关于“塞罕坝精神”的教学和学习，要力图能够更加深入地贯彻和传承塞罕坝精神，使学生在理论知识的学习、实践活动的参与和社会发展中，更好地理解和应用塞罕坝精神的核心理念和价值观。强调理论与实践相结合，培养学生创新能力和实践能力。如通过课堂教学，引导学生深入了解塞罕坝精神的核心理念、治理经验和实践案例。组织学生进行专题研究，鼓励他们运用所学知识，提出解决方案，并参与相关社会组织和项目实践。促进学生的跨学科学习，培养综合素养，让学生了解环境科学、社会学、经济学等多个学科的知识，积极培养他们综合分析问题和解决问题的能力。强化实践环节，让学生有机会参与塞罕坝的实地考察和生态保护项目，通过亲身体验并参与实践活动，锻炼实践能力。

三、一体化教学结构图

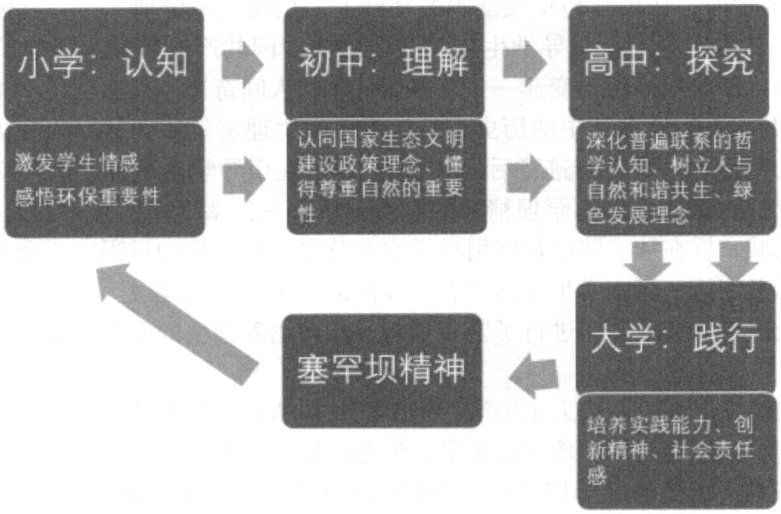

小学学段：感受美丽的“绿色明珠”

基本信息表					
教师	郎姗姗	学校	北京市第十一中学附属定安里小学	学段	小学五年级
教科书版本及章节	《习近平新时代中国特色社会主义思想学生读本》（小学高年级），人民教育出版社；第10讲 绿水青山就是金山银山，第2框题 让自然生态美景永驻人间				

一、学情分析

（一）教学内容分析

“让自然美景永驻人间”是人教版《习近平新时代中国特色社会主义思想学生读本》（小学高年级）第10讲“绿水青山就是金山银山”中的第2框题“让自然生态美景永驻人间”。本框题共分三目：栏目一“人与自然和谐共生”；栏目二“让自然美景永驻人间”；栏目三“像保护眼睛一样保护生态环境”。

随着环境问题日益得到社会的广泛关注，与之相关的教学内容对于学生而言并不陌生。因此，本课从“余村故事”讲起，采用“以点带面”的形式，选取代表性事例，拓展、丰富学习内容，创设多样的情境，促进学生参与到教学活动中来。并在拟真的问题情境中，以小组探究的方式，分享故事，感悟一代代中国人在实现“绿水青山”过程中的坚持和不懈努力，理解“绿水青山就是金山银山”的价值内涵。并能在致敬每一位坚守建设者的同时，树立“保护环境、从我做起”的环保意识，主动承担起相应的家庭、社会事务。

（二）学习者分析

1. 知识基础

在小学低、中年段的《道德与法治》课程教学中，有对环境、环保相关知识的渐进式学习。但是，学生对“绿水青山就是金山银山”的认知仅停留在表面上，不能较为深刻地理解其内涵。此外，小学高段的学科教学衔接初中阶段，对于学生社会责任教育日趋加强。

2. 能力基础

五年级学生有一定的理论分析能力。通过日常课程的学习，学生已初步认识到环境问题的紧迫性，具备一定环境保护意识的认知基础。但就学生自我发展与认知而言，关于“自己能为保护环境做些什么”还缺乏对于当下行动的规划。

3. 学生兴趣与发展要求

在教学中，教师要关注学生的年龄特征和兴趣特点，充分利用学生已经有的经验与认知，借助相关案例、视频以及图文资料，关联学生真实生活，打通教材与学生实际生活的联系，促进《道德与法治》课程标准（2022 年版）有关“道德素养”“责任意识”等核心素养要点及学段要求的实施与落实。

二、教学目标

通过阅读故事、观看视频等教学环节，理解“绿水青山就是金山银山”的含义和内涵；并借助观看视频、查阅新闻报道、交流讨论等活动，感悟爱护生态环境的重要性。激发学生情感，从身边小事做起，促使学生在生活中能够爱护生态环境。懂得绿水青山的保护不是一朝一夕之事，须久久为功。促使学生自觉从身边小事做起，肩负社会公民的责任，进一步落实道德修养中的社会公德和责任意识等相关内容。

三、教学重点与难点

（一）教学重点

理解“绿水青山就是金山银山”的含义和内涵。

（二）教学难点

激发学生情感，从身边小事做起，促使学生在生活中能够爱护生态环境。培养学生道德修养中的社会公德和责任意识核心素养。懂得绿水青山的保护不是一朝一夕之事，必须久久为功。

四、教学方法与手段

本课主要采用情景式教学的方法。在教学活动设计中，教师运用现代教育技术，激发学生学习兴趣。运用现代信息技术适时地将声音、图像、视频、动画及文字等信息进行处理，进行巧妙恰当地呈现，制成课件。创设良好的问题情境，补充学习的知识背景，使课文内容形象化，使学生对所要学习的课题产生浓厚兴趣。

五、教学特色

采用多种教学形式，如选择丰富且贴近现实的案例和震撼性的视频，让学生对课本中的材料获得更直观的感受，自行产生认知；注重师生互动，利用共同探讨的形式突出学生的主体作用。

六、教学活动设计

环节一：导入新课

导语：同学们，习近平总书记说过：“绿水青山就是金山银山。”大家理解这句话的含义吗？如果还不是很理解，那让我们一同观看“余村的故事”。（播放视频）

提问：为什么从前满目疮痍的余村如今变成了美丽的度假景区呢？

小结：2005 年 8 月 15 日，时任浙江省委书记的习近平在余村考察时，首次提出“绿水青山就是金山银山”的理念。“下决心停掉一些矿山，这个就是高明之举，绿水青山就是金山银山。”千万个小山村，由此走上发展中保护、保护中发展的新路。后来，余村的村支书将村庄重新规划，合理布局。从以前的“石头经济”到如今的“生态经济”，经过十余年的不懈努力，余村从一个污染严重的村庄，完美蜕变成“国家 4A 级旅游景区”。

追问：我们有了“绿水青山”后会拥有怎样的财富？

预设：丰富的动植物资源，大量的森林资源，清澈的水源，还有清新的空气，这是任何财富都无法替代的。

结语：现在，我们理解了什么是“绿水青山就是金山银山”。良好的生态环境就是最普惠的民生福祉，保护生态环境就是保护生产力。只有守住了“绿水青山”才能换来取之不尽、用之不竭的“金山银山”。

【活动意图说明】通过视频引发学生对自然生态美景的向往之情，激发同学兴趣，明确课题。

环节二：新授环节

1. 寻找“绿水青山”

（1）导语：同学们，我们身边就有许多如金山银山一般的绿水青山。让我们踏上寻找绿水青山之旅吧！

（2）出示漓江风景图片并提问：同学们，看这是哪里？

预设：漓江。

（3）追问：这又是哪里呢？（展示九寨沟美景图片）

预设：九寨沟。

（4）提问：有没有同学去过这两个地方？没去过的同学也可以通过这两张图片给我们讲讲你对图片中景色的第一印象？

（5）结语：看来，同学们的感受都是一样的，美丽的景色让人心旷神怡，令人向往。难怪习近平总书记这样说：“山峦层林尽染，平原蓝绿交融，城乡鸟语花香。这样的自然美景，既带给人们美的享受，也是人类走向未来的依托。”

【活动意图说明】亲眼所见、亲身经历的自然生态美景，给学生更深刻的印象，利用既有印象，让学生自发培养起对美好环境的向往之情。

2. 平语近人 1

（1）导语：常言道：“经书不厌百回读，熟读深思子自知。”“读”是非常有必要的，我们要本着“用心诵、慢慢读、字字清”的原则，大声诵读经典，让自己在琅琅书声中积累经典名言，陶冶情操。

（2）师生齐读：山峦层林尽染，平原蓝绿交融，城乡鸟语花香。这样的自然美景，既带给人们美的享受，也是人类走向未来的依托。①

（3）出示对比图片：绿水青山让人类与自然和谐共生，而生活在塞罕坝的人们也正享受着美好的生态环境。（播放现在塞罕坝的美景图）而以前的塞罕坝却呈现“黄沙遮天日，

---

① 习近平 . 2019 年中国北京世界园艺博览会开幕式上的讲话［R］. 2019-04-28.

飞鸟无栖树”的景象。（播放昔日塞罕坝的图片）

（4）从这两张图片中，你发现塞罕坝从过去到现在，发生了什么变化？

（5）除了环境变美了，你知道塞罕坝的变化，和我们的生活还有什么重要的联系吗？（播放视频）

（6）小结：对于塞罕坝的建设者来说，其神圣使命就是党赋予的“为首都阻沙源，为京津涵水源”。面对当时风沙南侵的严峻生态形势，几十年来，塞罕坝的建设者们把党赋予的使命责任化为自身的任务担当，历经风雨而初心不改，硬是在浩瀚荒漠上筑起一道牢固的“绿色屏障”，有效遏制了浑善达克沙地的南侵，涵养了水源，改善了生态环境，向党和人民交出了一份满意的答卷。

【活动意图说明】通过齐读的方式，让学生在大声阅读中声声入耳，字字入心，初步感知人与自然和谐共生，是生命共同体。

3.“地球卫士奖”

提问：塞罕坝怎么会建设成“森林广布，水草丰茂”的绿水青山呢？让我们一起阅读课本第63页的故事吧！

（1）出示阅读资料：塞罕坝三代人。

塞罕坝位于河北省承德市，这里有三代人60年接力、守护百万亩林海的故事。让我们一起来看看塞罕坝人跨越半个世纪植树造林的“时光轴”吧！

1962—1964年：第一代塞罕坝人“组建林场，向荒漠进军，在高原地区全光育苗”。

1984—2005年：第二代塞罕坝人“完成了六大林业尖端课题”。

2012年：第三代塞罕坝人将“最后九万亩石质荒山，全部实现造林绿化”。

有一首塞罕坝建设者吟就的“打油诗”：“渴饮沟河水，饥食黑莜面。白天忙作业，夜宿草窝边。劲风扬飞沙，严霜镶被边。雨雪来查铺，鸟兽绕我眠。老天虽无情，也怕铁打汉。满山栽上树，看你变不变。”

塞罕坝人用三代人跨越半个多世纪的努力造就了这片伟大的林海，让我们通过视频再次走近塞罕坝人。

（2）提问。看视频，找答案。是谁带来了塞罕坝的“绿水青山”？（播放“塞罕坝”视频）

（3）追问。通过视频，你能否为我们总结，三代塞罕坝人，50多年的时间，为这份“绿水青山”都做了什么？你感受到什么精神？

预设：坚持不懈、永不放弃、艰苦奋斗、绿色发展……

（4）结语。2017年8月，习近平总书记对塞罕坝林场建设者感人事迹作出重要指示，指出，55年来，河北塞罕坝林场的建设者们听从党的召唤，在“黄沙遮天日，飞鸟无栖树”的荒漠沙地上艰苦奋斗、甘于奉献，创造了荒原变林海的人间奇迹，用实际行动诠释了“绿水青山就是金山银山”的理念，铸就了牢记使命、艰苦创业、绿色发展的塞罕坝精神。他们的事迹感人至深，是推进生态文明建设的一个生动范例。

（5）总结提升。

① 导语。2017年12月，塞罕坝人用半个多世纪持续奋斗筑起的“绿色长城”获得世界赞誉，塞罕坝林场建设者荣获2017年联合国环保最高荣誉——“地球卫士奖”。他们的

精神既让我们感动又令我们自豪不已，那就让我们为这些可敬的塞罕坝人写一段《颁奖词》吧！

② 学生分享与展示所写的《颁奖词》。

预设：一个坚强的身影，一则奋斗的历程。他们不畏艰难，开拓向前；他们不辞劳苦，启航扬帆。他们将最美的青春，献给了塞罕坝。

【活动意图说明】 通过撰写《颁奖词》引发学生思考，加深学生感受，把塞罕坝精神内化为学生认识。让学生懂得要持之以恒地推进生态文明建设，为努力形成人与自然和谐发展的新格局尽自己的一份力量。

4. 设计环保标语

（1）导语：我们每个人都是生态环境的保护者、建设者、受益者，没有哪个人是旁观者、局外人、批评家，谁也不能只说不做、置身事外。

（2）发出邀请："蓝天、碧水、净土"的"三大保卫战"已经打响了，作为"环保小卫士"的你们，结合生活实际说一说，在这"三大保卫战"中，我们能够做什么？

预设 1：我们要增强环保意识，并呼吁大家都行动起来。

预设 2：注意卫生环境，不乱扔垃圾杂物。

（3）布置任务：请每一位同学设计一个"环保小标语"。（展示样例图片）

（4）总结：从同学们设计的标语中，我听到同学们传达出的保护环境的心声，那让我们将自己设计的标语贴在班级的宣传墙上，一同绘出地球更美的图画。

【活动意图说明】 通过设计标语活动，向更多的人宣传保护环境。把课堂内容延伸至课外。

5. 平语近人 2

（1）导语：请同学们再次齐读段落中的内容。

（2）师生齐读：大自然充满乐趣、无比美丽，热爱自然是一种好习惯，保护环境是每个人的责任，少年儿童要在这方面发挥小主人作用。①

【活动意图说明】 再次通过齐读的方式，加深学生印象，提升学生认同感，达到情感升华。

环节三：总结升华

同学们，我们今天通过学习深刻地理解了"绿水青山就是金山银山"的含义，同时也学习到塞罕坝人的精神，看到他们为了建设和守护绿水青山所做出的贡献。"绿水青山就是金山银山"已经成为习近平总书记统筹经济发展与生态环境保护所作出的重要论断。为我们在新时代营造绿水青山、建设美丽中国，转变经济发展方式，建设社会主义现代化强国提供了有力的思想指引，在全国开花结果。老师希望我们每个人从生活中的点滴做起，为建设守护我们的"绿水青山"做出我们的贡献。

---

① 习近平 . 北京市少年宫参加"快乐童年 放飞希望"主题队日活动中的讲话 [N]. 人民日报，2013-05-29.

七、作业设计

利用“钉钉学习平台”发放课后《电子调查问卷》，了解与掌握学生在本课的学习收获。并在班级《道德与法治资料册》中装订更多关于环境治理成功的故事，进行课后资料补充。学生可利用课余时间阅读这些资料，夯实大家对于“绿水青山”重要性的掌握，增强学生的环保意识。

参考文献

[1] 习近平．2019 年中国北京世界园艺博览会开幕式上的讲话［N］．人民日报，2019-04-28．

[2] 习近平．北京市少年宫参加“快乐童年　放飞希望”主题队日活动中的讲话［N］．人民日报，2013-05-29．

初中学段：塞罕坝荒漠变绿洲的生态奇迹

基本信息表					
教师	曾亚姣	学校	北京市第十一中学	学段	初中三年级
教科书版本及章节	《道德与法治》（九年级上册），人民教育出版社，2021 年 6 月第 2 版				

一、学情分析

（一）教学内容分析

本课时整合了《习近平新时代中国特色社会主义思想学生读本》和《道德与法治》（九年级上册）中有关生态文明建设的内容，引入了《道德与法治》（八年级下册）中党的相关知识。在小学高年级读本中，学生学习了“绿水青山就是金山银山”，认识到生态环境保护的重要性（人与自然和谐共生、让自然生态美景永驻人间）、保护生态环境的方法（像保护眼睛一样保护生态环境）。在小学高年级读本的基础上，通过呈现塞罕坝这一具体案例，引导学生在实践中感受中国共产党带领人民建设美丽中国的历程。

本节课的主体内容共有三大环节。环节一：塞罕坝的历史变迁——荒原变林海的人间奇迹，旨在引导学生从历史的角度认识塞罕坝过去 50 多年中的历史变迁，促进学生理解塞罕坝从荒原到林海的变化。环节二：塞罕坝的成功范例——绿色奇迹背后的“密码”，旨在引导学生从理论的角度分析塞罕坝生态发展的秘诀（党的领导、体制机制的创新、技术的发展、人民群众的艰苦奋斗），进而总结塞罕坝精神的实质。环节三：塞罕坝的未来发展——接力传承，筑起绿色长城，旨在从实践的角度引导学生在分享榜样人物的过程中感受其宝贵的精神品质，同时思考作为一名中学生（消费者）如何助力生态文明建设。三个环节的设置将历史逻辑、理论逻辑和实践逻辑进行了紧密结合，从而培养学生的爱党、爱国情怀与艰苦奋斗精神。

（二）学习者分析

1. *知识基础*

初二的学生对于生态环境建设、“绿水青山就是金山银山”等提法并不陌生，通过新闻也对环境治理的相关内容有所了解，在生活中也能够切实感受到周边生态环境的状况。

2. *能力基础*

初二的学生年龄尚小，在纵向的环境变化对比中缺乏亲身体验，即没有真正体会过环境由坏到好的历程，同时对于所学的理论内容认知比较模糊，缺乏系统的认识。

3. *发展要求*

通过将具体的情境和国家的治国理念、方针政策进行结合，在一定程度上解决学生理论与实践相脱节的问题，能够联系自己的生活实际感受到生态文明建设与自身的关系，同时激发青少年对于党和祖国的深切感恩和作为中华儿女的自豪感。

二、教学目标

通过塞罕坝的历史变迁——荒原变林海的人间奇迹活动，认识在新时代生态文明建设中取得的成就，认识到“五位一体”总体布局是决定中国发展的“棋局”，生态文明建设又是其中不可或缺的内容，从而认同国家治国理念和方针政策。

通过塞罕坝的成功范例——绿色奇迹背后的“密码活动”，旨在从理论的角度分析塞罕坝生态发展的秘诀（党的领导、体制机制的创新、技术的发展、人民的艰苦奋斗等），提升理论联系实际的能力。

通过塞罕坝的未来发展——接力传承，筑起“绿色长城”活动，思考生态文明建设与中学生有何关系，理解个人与社会、国家与世界的关系，了解美丽中国的建设离不开每一个人，初步形成环保意识和生态文明观，能够在日常生活中自觉践行生态文明的理念，培养责任担当。

三、教学重点与难点

（一）教学重点

塞罕坝的成功转型离不开党的正确领导，也离不开务林人献身祖国的“绿色事业”。“塞罕坝精神”需要一代又一代人的传承。

（二）教学难点

理解“牢记使命、艰苦创业、绿色发展”的“塞罕坝精神”的实质。

四、教学方法与手段

讲授法、情境教学法、讨论法。

五、教学特色

本节课使用多媒体进行呈现，有图片、文字等多类型材料。环节的设置注意凸显重要理论，力求在吸引学生注意力的同时，引导其思维跟随逻辑的脉络，加深学生对“塞罕坝精神”的深层次理解。

六、教学活动设计

环节一：导入新课——猜猜这是哪儿

在中国版图上，向北看有这样一个地方，在这个地方，爷爷种树，儿子种树，孙子还是种树。在这里出生的孩子很多人的小名叫苗苗、森森、小蝶，在这里的人们特别认同一句话：如果没有树木，人类将会怎样？如果没有森林，世界将会怎样？①你知道这个地方是哪儿吗？你知道这个地方记载着的故事吗？我们今天走进塞罕坝，了解一下荒原变绿洲的人间奇迹。

【活动意图说明】通过“感动中国人物”《主持词》的呈现，设置一定的悬念，在一定程度上可以调动学生的学习积极性，引导学生参与到教学中，同时快速引出本节课的主题内容。

环节二：塞罕坝的历史变迁——荒原变林海的人间奇迹

教师：你知道塞罕坝在哪里吗？观看下列文字材料，说说塞罕坝有什么？

学生：观看下列文字材料并回答问题。

【过去的塞罕坝】

“黄沙遮天日，飞鸟无栖地”的荒漠沙地；塞罕坝昔日茫茫荒原；55年前，塞罕坝黄沙漫天，只有一棵树（功勋树）。

【现在的塞罕坝】

“敢叫荒原成沃野、誓将沙地变新洲”；一望无际、蔚为壮观的滔滔林海；塞罕坝今日万顷绿洲。

教师总结：塞罕坝，历史上有“美丽高岭”的盛誉，它位于河北省最北部、内蒙古高原浑善达克沙地南缘，曾经水草丰美、森林茂密，是清朝皇家猎苑“木兰围场”的重要组成部分。但清朝末年开围放垦后，由于乱砍滥伐，过度放牧，加之山火不断，到20世纪中叶，原始森林已经荡然无存，成了林木稀疏、气候恶劣、人烟稀少、风沙肆虐的荒原沙地。如今的塞罕坝林场总经营面积为140万亩，其中林地面积为112万亩，森林覆盖率达到80%，林木总蓄积量达到1012万立方米。从图片中，我们可以直接看到在塞罕坝这片土地上发生了从荒漠变林海的人间奇迹。

【活动意图说明】通过呈现相关的文字材料，引导学生从材料中感受塞罕坝的前后变

---

① ［2017年度感动中国人物］绿水青山就是金山银山 塞罕坝林场建设者［EB/OL］.（2018-03-02）［2023-11-27］. https://tv.cctv.com/2018/03/02/VIDE8E7UTKgqv4nhuc6z4xjT180302.shtml.

化，从而直接理解荒漠变林海的人间奇迹。

环节三：塞罕坝的成功范例——绿色奇迹背后的“密码”

从刚才的分析中，我们看到的树木从无到有、从少到多的一种变化，既然塞罕坝堪称“人间奇迹”，这一奇迹一定带来了更多更加深远的影响，小组间的组员尝试从跨学科（地理、生物等学科）的角度进行分析。

教师总结：塞罕坝奇迹的发生实现了经济效益、社会效益、生态效益的统一。塞罕坝的森林生态系统被誉为“华北的绿宝石”，可以涵养水源、净化水质。塞罕坝林场的建设促进了就业，带动群众致富，促进了地方经济的发展。塞罕坝成为世界上最大的人工林，生物多样性也得以恢复。塞罕坝奇迹不仅是塞罕坝当地的奇迹，也是中国生态文明建设的奇迹。2017 年，在第三届联合国环境大会上，塞罕坝林场建设者荣获联合国环保最高荣誉——“地球卫士奖”。

过渡：大家觉得种树难吗？种很多树难吗？在恶劣环境中种很多树呢？我们一起进入下面的材料，揭秘绿色奇迹背后的“密码”。

【材料一】我们党一贯高度重视生态文明建设，20 世纪 50 年代，毛泽东主席就发出了“植树造林，绿化祖国”的伟大号召；20 世纪 80 年代初，又把“保护环境”作为基本国策；进入新世纪，又把“节约资源”作为基本国策。党的十八大以来，以习近平同志为核心的党中央把生态文明建设摆在现代化建设全局的突出位置，坚定不移贯彻新发展理念，不断深化生态文明体制改革，开创了生态建设和环境保护新局面。①

【材料二】塞罕坝林场的成功，正是贵在严格的制度，成在稳定的体制。多年来，塞罕坝林场因地制宜，坚持探索在生态脆弱地区的林场建设和管理模式，坚持加强森林资源管护等制度建设，在护林防火、有害生物防治、经营管理、质量考核等方面形成一套行之有效的制度成果，为林场提供了良好的发展环境。塞罕坝林场建立初期隶属于原国家林业部，1968 年归河北省林业厅管理。这种稳定的高层直管体制为林场提供了足额的资金保障、有力的技术支撑和稳定的人才队伍。林场因此步入良性循环，取得了举世瞩目的成就。②

【材料三】55 年来，塞罕坝人始终依靠科学技术，充分发挥知识分子作用，克服常人难以想象的巨大艰辛，与高寒、干旱、风沙、贫瘠做着顽强抗争。他们将林学理论同塞罕坝实际相结合，不断开展科技攻关、技术引导，摸索总结出全光育苗、“三锹半”植苗、困难立地造林等一套在高寒地区科学造林育林、改善生态环境的成功经验和先进理念，造林成活率达到 98% 以上。如果没有科技创新的有力支撑，这一切都是不可想象的。③

【材料四】林场的第一代职工、“六女上坝”的主人公陈彦娴说：“那时候的人们思想很单纯，没有想什么苦啊累啊的，只是想怎么把党交给的工作干好。”正是怀着这种“把党交给的工作干好”的简单质朴而真诚的信念，塞罕坝人历经磨难而不改初心。“林场还没有建成，我就是死，也要死在坝上！”这是塞罕坝林场首任党委书记王尚海书记留下的

① 刘奇葆 . 弘扬塞罕坝精神　大力推进生态文明建设 [J]. 党建，2017（10）：4.

② 秋石 . 绿色奇迹 可贵范例——塞罕坝林场生态文明建设的启示 [J]. 求是，2017（17）：3.

③ 秋石 . 绿色奇迹 可贵范例——塞罕坝林场生态文明建设的启示 [J]. 求是，2017（17）：3.

动人心魄的话语。王尚海原本在承德市区工作，接到组织调令，他立即带着全家上坝，不留一点儿后路，用实际行动展现了他对党和人民事业的忠诚。如今，遵从王尚海书记生前的遗愿，他被安葬在当初开展“造林大会战”的马蹄坑，一片茂密的“尚海林”成为他忠于党、忠于使命的永恒见证。艰苦创业，是塞罕坝精神的支撑。在工作和生活条件极端艰苦的环境中，几代塞罕坝人迎难而上，在荒原中植树，在沙地上建设，斗严寒、抗冰雪，用心血和汗水营造出浩瀚林海，也锻造了可歌可泣的艰苦创业精神。

教师总结：塞罕坝奇迹的取得离不开党的正确领导，是党领导人民群众克服艰难险阻，依靠顽强信念实现的。严格的制度和稳定的体制是塞罕坝生态文明建设的保障，科技创新是塞罕坝生态文明建设的有力支撑。三代塞罕坝人历经艰苦奋斗，在对创造良好生态环境坚持不懈的探索中，形成了适合当地发展的智慧结晶。正是在党的领导下、人民的艰苦奋斗下、制度体制技术的不断发展完善下创造了这一奇迹，形成了牢记使命、艰苦创业、绿色发展的“塞罕坝精神”。

【活动意图说明】通过呈现相关的文字材料，引导学生从多个角度出发分析塞罕坝奇迹背后的“密码”，同时从多学科的角度出发认识到塞罕坝不仅造福于当地，而且也为中国的生态文明建设提供了成功的范例，在分析中感悟和理解“塞罕坝精神”的实质。

环节四：塞罕坝的未来发展——接力传承，筑起“绿色长城”

“你们的责任非常重，要看好这片林子。”这是习近平总书记在塞罕坝月亮山视察时，对安长明和刘军夫妻的叮嘱。“塞罕坝要再接再厉，二次创业。祝你们在新征程上，再一次建功立业。”这是习近平总书记在塞罕坝“尚海纪念林”对林场职工的鼓励。过去，他们是“塞罕坝精神”的践行者；今天，他们是“塞罕坝精神”的接力人。塞罕坝奇迹的实现历经三代人，你还知道在塞罕坝奇迹建设中涌现出来了哪些“榜样人物”，与同学一起分享他们的故事和精神品质。

塞罕坝林场实践的成功，是将荒地变为绿水青山，再将绿水青山转化为金山银山的典型案例，绿色发展理念给我们的生活带来哪些变化？作为一名消费者，你打算如何行动？

【教师总结】为做好塞罕坝林场防火工作而不慎落下双腿残疾的孟继芝、一生致力于研究林场病虫习性的朱凤恩等都是突出的“榜样人物”，他们身上有着共同的精神品质——艰苦奋斗。而要实现伟大复兴的中国梦仍然要弘扬和培育艰苦奋斗的精神。塞罕坝人坚持绿色发展理念展现了中国作为负责任的大国对生态环境保护的决心。作为一名消费者，也要在生活中从自己做起去践行绿色发展的理念。

【活动意图说明】通过引导学生查阅并分享塞罕坝几代人的艰辛付出，引导学生感悟一代代“塞罕坝人”艰苦创业、牢记使命的责任担当，培养初中生的爱党、爱国情怀与艰苦奋斗精神。同时以弘扬“塞罕坝精神”为例，依据《道德与法治》（九年级上册）第三单元“建设美丽中国”的教学内容，让学生从自身实际出发分析如何做到绿色生活。

七、作业设计

参加“植树节”等活动，体验植树造林的艰辛与不易，在活动前查阅植树的相关内容，种植属于自己的一棵小树。

起草一份《环保倡议书》，传播你的环保理念。

课程思政：从一棵树到一片“海”

基本信息表					
教师	张营华	学校	北京市第十一中学	学段	初中一年级
教科书版本及章节	北京版《地理》（七年级下册），中国地图出版社，2022 年版；第八章第四节 西北地区				

一、学情分析

（一）教学内容分析

“西北地区”是北京版《地理》（七年级下册）第八章第四节的内容。本框题在学习这个内容的基础上，进一步以案例研究的方式，通过文字资料、地图、统计图、景观图，从“生态脆弱区”的概念入手，探究塞罕坝生态环境脆弱、发生土地荒漠化的原因及其危害。原因探究部分从自然原因和人为原因两个角度进行综合分析，同时着力总结和分析塞罕坝治理土地荒漠化的具体措施，探索该区域可持续发展的路径。

（二）学习者分析

1. 知识基础

学生通过对“中国四大地理区域”的学习，已具备一定的学科知识，初步了解区域地理学习的思路和方法。

2. 能力基础

学生通过学习，已初步掌握阅读图文资料获取信息的能力，但对于资料整合与结合多种要素综合分析问题的能力仍不足，学科综合素养有待提高。

3. 发展要求

需要进一步提高学生基于“真情境”解决“真问题”的能力，提高区域地理学习、综合分析的能力。

二、教学目标

（1）通过观看视频、查看文字资料等教学环节，了解塞罕坝生态环境的脆弱性以及过往生态环境恶化对当地和相关区域环境发展带来的威胁。

（2）通过“探究荒漠化的成因”环节的学习，从整体性角度分析塞罕坝土地荒漠化的自然原因和人为原因，了解塞罕坝生态环境的脆弱性，理解人类活动影响地理环境有不同的方式、强度和后果，懂得尊重自然的重要性和必要性。

（3）通过“探究塞罕坝土地荒漠化的治理措施”环节的学习，能够根据塞罕坝生态环境问题产生的原因有针对性地提出治理措施，培养综合分析问题的能力。

三、教学重点与难点

（一）教学重点

能依据图文材料，从整体性角度分析塞罕坝土地荒漠化的自然原因和人为原因，理解人类活动影响地理环境有不同的方式、强度和后果，懂得尊重自然的重要性和必要性。

（二）教学难点

能够根据塞罕坝生态环境问题产生的原因，有针对性地提出治理措施，学会综合分析问题。

四、教学方法与手段

落实地理新课程标准自主、合作、探究的学习方式，落实地理核心素养和新中考改革方案的要求。通过出示新闻图片、引用文字资料和播放视频片段等方式，创设引发学生思考的情境，设计以自主探究、合作体验为主的教学活动，学生通过协作探究体悟人类活动对自然环境的影响，激发学生主动思考和协作探究的精神。

五、教学特色

在学习《西北地区》教材内容的基础上，进一步以案例研究的方式，通过文字资料、地图、统计图、景观图，从“生态脆弱区”的概念入手，探究塞罕坝生态环境脆弱、发生土地荒漠化的原因及其危害。“原因探究”部分从“自然原因”和“人为原因”两个角度进行综合分析，同时着力总结分析塞罕坝治理土地荒漠化的具体措施，探索该区域可持续发展的路径。深化学生对“绿水青山就是金山银山”的理解，提高解决实际问题的能力。

六、教学活动设计

环节一：创设情景，导入新课

1. 出示图片

塞罕坝“功勋树”资料照片、塞罕坝百万亩林海。

2. 导语

老师展示塞罕坝景观今昔对比的动态图片，学生观察并思考塞罕坝的生态环境变化。

【活动意图说明】通过图片展示塞罕坝的前世今生，导入生态脆弱区自然环境在发展过程中发生的变化。

环节二：基于情境，学习新知——塞罕坝生态环境的脆弱性

出示“塞罕坝地区地理位置示意图”，判断塞罕坝地理位置特征。学生阅读“中国主

要气候类型分布图”“中国干湿状况图”“中国种植业和畜牧业分布图”，分析塞罕坝的地理位置在哪些方面体现了过渡性特点。

（1）预设。

塞罕坝地处温带季风气候和温带大陆性气候的过渡带，半湿润区和半干旱区的过渡带，种植业区和畜牧业区的过渡带。

（2）导语。

过渡性是生态脆弱区的显著特征，稳定性较差，容易受到外界的干扰发生退化演替，自我修复能力较弱，自然恢复时间较长。

【活动意图说明】通过材料和问题，引导学生认识到当地处于自然地理和人类活动的过渡带，了解过渡区生态环境的不稳定性和脆弱性。

环节三：运用资料，分析探究旧时塞罕坝荒漠化的成因

1. 给出材料

材料 1：塞罕坝位于河北省承德市围场满族蒙古族自治县境内，地处内蒙古高原的东南缘、内蒙古高原与冀北山地的交接处，地理坐标为：北纬 42°22′—42°31′，东经 116°53′—117°31′，总面积为 20029.8 公顷。

材料 2：塞罕坝为半固定沙丘，沙化严重，植被覆盖率低，水土流失相对较重。

材料 3：塞罕坝年降水量为 530 毫米，年平均蒸发量为 1388 毫米。年均 6 级以上的大风天数为 68 天，最多大风的年份达 119 天（1966 年），最少大风的年份为 41 天（1961 年）。大风主要出现在冬春季节，以西北风为主。

材料 4：清朝统治者因修建圆明园和承德避暑山庄而大量砍伐这里的木材，仅乾隆三十二年（1767 年）至乾隆三十九年（1774 年）的 8 年中，就从这里伐去古松 34 万株。到了清末，政治腐败、经济萧条，为弥补国库空虚和维持自己的挥霍，清朝统治者曾先后于同治元年（1862 年）和光绪二十七年（1901 年）宣布围场开禁，号召民众垦荒伐木，售卖林木，农牧活动日益增多。人们大肆砍伐森林，破坏草地，人口激增，树木被砍伐殆尽，加之山火不断，到解放初期，原始森林已荡然无存，土地已退化为草原荒丘，呈现“飞鸟无栖树，黄沙遮天日”的荒凉景象。

2. 探究

塞罕坝为何从当年的“皇家猎苑”退变为“飞鸟无栖树，黄沙遮天日”的景象？

预设：荒漠化的原因包括自然原因和人为原因，自然原因是指当地生态环境的脆弱性，脆弱的生态环境为荒漠化的发展提供了必要条件。在此基础上，人类活动又加剧了塞罕坝土地荒漠化的发展，是荒漠化的决定性因素。人类活动包括过度开垦、过度樵采、过度放牧、人口迅速增长，不断加大生态环境压力，加剧土地荒漠化。

【活动意图说明】引导学生从区域综合角度认识到自然地理环境中各要素相互作用、相互影响，认识到人类活动对地理环境产生的影响。通过探究上述问题，分析塞罕坝土地荒漠化的形成原因。

环节四：运用资料，分组探究——塞罕坝土地荒漠化的治理措施

1. 出示资料

从 1962 年开始，三代塞罕坝人时刻牢记改善自然环境、修复生态的建场初心，在“黄沙遮天日，飞鸟无栖树”的荒漠沙地上艰苦奋斗、甘于奉献，通过培育优质壮苗、攻克技术难关、加强森林抚育、严格资源保护等措施，为京津冀筑起了 93333 公顷阻沙源、保水源、拓财源的绿色生态屏障。与建场初期相比，林场林地面积增加了 3.8 倍，林木蓄积量增加了 30.4 倍，森林覆盖率由 11.4% 提高到 82%。

塞罕坝的年均大风天数由 83 天减少到 53 天。20 世纪 50 年代，北京年平均沙尘天数为 56.2 天；近年来，北京春季沙尘天数减少七成多。年均降水量由不足 410 毫米增加到 479 毫米；每年可涵养水源、净化水质 2.84 亿立方米，固碳 86.03 万吨，释放氧气 59.84 万吨。

2. 讨论

根据以上资料，归纳塞罕坝治理措施和成果。

【活动意图说明】引导学生结合塞罕坝土地荒漠化治理成果，总结归纳荒漠化防治措施。并结合所学知识，尝试提出荒漠化防治措施。认识到尊重自然、顺应自然的重要性与必要性，树立区域可持续发展和人地协调观。

环节五：课堂小结

从一棵松树，到世界最大的人工林海，塞罕坝林场的实践生动地向我们证明：对生态脆弱区，只要科学定位，久久为功，生态环境是完全可以修复重建的；对生态脆弱区，坚持人与自然的和谐共生，坚持绿色发展，也能将生态脆弱区变为绿水青山，绿水青山就是金山银山！

七、作业设计

分小组通过网络、图书馆查阅资料，了解库布齐沙漠的前世今生，分析库布齐沙漠的荒漠化形成的主要原因及其危害，归纳并阐述库布齐沙漠治理的具体措施，感受库布齐沙漠生态环境和人民生活水平的巨大变化，并绘制思维导图。

参考文献

[1] 黄子娟 . 从一棵树到一片“海”习近平牵挂的塞罕坝带来怎样的启示 [EB/OL].（2021-08-26）[2021-11-20]. http://www.ce.cn/xwzx/gnsz/szyw/202108/26/t20210826.36851025.shtml.

[2] 向夏莹 . 中国荒漠化治理世界领先 [J]. 生态经济，2017，33（4）：10-13.

[3] 张建龙 . 防治土地荒漠化　推动绿色发展 [N]. 人民日报，2019-06-17（10）.

高中学段：生态优先 守住绿水青山

基本信息表					
教师	郑红梅	学校	北京市第十一中学	学段	高中二年级
教科书版本及章节	思想政治必修 4《哲学与文化》，人民教育出版社，2020 年 7 月第 1 版；第 3 课第 1 框题 用联系的观点看问题				

一、学情分析

（一）教学内容分析

“用联系的观点看问题”是人教版《哲学与文化》第 3 课第 1 框题。本框题的内容是在“唯物辩证法”这一大单元概念下的起始课程，根据哲学常识和马克思主义辩证唯物论的学习，学生已初步掌握哲学和具体科学的关系，辩证唯物论的世界观和方法论在具体领域的指导意义，为本课综合分析唯物辩证法联系观奠定了基础。

联系的观点和发展的观点是唯物辩证法的总特征。普遍联系的观点是以承认事物的区别为前提，联系构成了运动、变化和发展。联系的普遍性、客观性、多样性观点为经济、政治、文化、社会和生态领域的发展、建设提供了世界观和方法论的指导，从具体联系的历史过程性、阶段性的特点出发，回应各个领域的突出问题。联系观的辩证思维能提供批判性、建设性的观点和具有创见性的解决方案，使社会中的人及决策主体作出正确的价值判断和价值选择，以此启示青年学生不断树立正确的世界观、人生观和价值观。

紧扣必修 4 的主线树立科学的世界观、人生观和价值观，本单元设计基于生态现象、社会现象的观察、认识和回应突出问题为出发点，在联系观的世界观和方法论的指导下，综合运用《经济与社会》《政治与法治》两本书中相关主干知识分析、论证、解决问题，树立唯物辩证法的联系观，自觉抵制形而上学的孤立观。

【主题中的位置】起始课程，从生活和具体科学的联系现象入手，概括和总结唯物辩证法联系观的哲学道理。

【课时核心内容】联系的特点。

【核心素养价值】学生通过联系观的世界观和方法论的学习，运用联系观的规律充分认识中国特色社会主义现实的社会发展、生态建设，增强对国家发展的政治认同，在阐述为什么以时间、地点、条件为转移中，树立理性、思辨精神。

【正确价值观念】树立人与自然和谐共生理念、绿色发展理念。

（二）学习者分析

1. 知识基础

本课时内容与学生的实际生活、已学的《政治与法治》《经济与社会》两本书中的知识相关联，能更好地提高学生课堂参与的积极性，学生有较高的兴趣和理论需求。

2. 能力基础

学生具备一定的互联网信息搜集、整理的能力，具备一定的时政观察能力和归纳概括能力。学生能对社会现象进行分析并归纳不同的观点，但需要运用抽象、演绎、综合分析的高阶思维深入认识社会发展的基本运行规律。

3. 发展要求

学生对于生态现象、经济社会现象有观察、了解、深入研究的现实需求，在学生已知内容和相关思维的基础上，不断完善学生对社会发展、自然规律的认知结构，培养学生的科学精神，提高学生的核心素养，为大学输送具有坚定理想信念的学子做好准备，为国家培养优秀人才打下坚实的基础。

二、教学目标

（1）通过对塞罕坝前世“美丽高岭”到“茫茫荒原”的原因的解读，阐释联系的普遍性，理解世界上的一切事物、现象和过程都处在相互联系之中，随着具体事物界限和范围的变化，表现为内部、要素之间和外部事物之间的相互影响和相互作用，使学生树立人和自然和谐相处的理念，学会正确看待人与自然界、人与社会、人与自身的普遍联系关系，自觉抵制以孤立的观点去认识问题、解决问题。

（2）通过对塞罕坝前世的原因分析，探讨自在事物联系和人为事物联系的异同，举例探讨联系的客观性与人的实践活动目的性之间的关系；树立人与自然和谐共生的理念，坚定中国特色社会主义的道路。

（3）通过塞罕坝“荒原”变“高岭”的生态环境治理过程，综合运用联系的特点分析我国治理政策的连续性、解决问题的科学性，深化对我国新发展理念、“五位一体”指导思想的理解。

三、教学重点与难点

（一）教学重点

联系的普遍性、客观性、多样性原理和方法论。

（二）教学难点

人为事物联系的客观性；用联系特点的原理和方法论综合性地观察、解释和分析生态现象，认同中国共产党的领导，认同中国特色社会主义道路。

四、教学方法与手段

案例分析、合作探究、启发。

五、教学特色

学科任务导向下的多维度评价构建：通过课堂探究、任务前置，课前引导性评价；通过课堂中合作探究形成性评价、学生的关键行为、知识系统；通过探究性作业设计，综合评价学生的学科素养。

六、教学活动设计

环节一：塞罕坝的前世——认识联系的普遍性

导入新课：学生汇报分享“塞罕坝”背景及其战略地位。

小组 1：汇报分享塞罕坝获得联合国“地球卫士奖”。

小组 2：汇报分享塞罕坝农场荣获“全国脱贫攻坚楷模”。

学生：根据汇报及材料，探究和分享“美丽高岭”变成“茫茫荒原”的原因。

教师：出示材料，总结探究的思维路径，并解读联系的内涵。

思考交流活动：解读列宁观点并举事例说明。

列宁曾说：“每个事物（现象、过程等等）是和其他的每个事物联系着的，一切……都是经过中介，连成一体，通过过渡而联系的。”

提问：如何理解列宁这句话的内涵？

举例：把三角形和圆联系起来考察，一种崭新的三角理论就发展起来了；把粒子性、波动性这种截然相反的特性联系起来考察，建立了量子力学；把生物有机体与环境联系起来考察，建立了生态学。

教师：总结联系的普遍性原理与方法论。

【活动意图说明】引导学生分析塞罕坝前世荒芜的具体原因关系，基于对联系普遍性的理解，树立人与自然和谐共生的价值观念。

环节二：塞罕坝的今生——分析联系的客观性

学生：回顾材料。

提问：归纳这些联系有什么异同？哪些是人为的联系？哪些是自在的联系？

教师：讲解云杉与极寒地的关系、与气候及水源的关系、沙地与塞罕坝的联系。这种联系在人类产生以前就存在了，我们称之为“自在事物的联系”；清政府、日本侵略者与塞罕坝的联系是人们实践活动的产物，具有“人化”的特点，我们称之为“人为事物的联系”。区分二者的关键就是看是不是人类实践的产物。

教师：启发学生思考人为事物的联系是人类实践活动的产物。为什么还说它不以人的意志为转移？试着举出其他领域类似的人为事物联系的例子。

教师：引导学生思考人为事物联系是客观的，一定阶段、一定时期不以人的意志为转移，塞罕坝环境经过实践活动的破坏就变成了“荒原”这个事实，是客观的。

学生：辩一辩活动“面对客观联系，人们是否能有所作为？”

正方：能作为（意识的能动作用、指导实践，根据规律的条件、形式利用规律，并没有创造规律，反对“环境决定论”，无所作为，反对夸大意志等。）

反方：不能作为（个人、个体如何实践推动国家的大建设。需要站在宏观的层面提出指导思想、战略引导。）

教师：提示实践的目的性和联系的客观性不矛盾。利用规律原理解释：规律是客观的、不以人的意志为转移，不能被创造不能被消灭；但人具有主观能动性，意识能够能动地认识、改造世界，通过多数人的实践活动认识、利用规律。

教师：总结联系的客观性原理及方法论。

【活动意图说明】通过对“基于实践基础上人为事物联系合规律性和合目的性”理论的辩证性解读，引导学生深刻理解“联系是普遍的、是客观的”，理解和认同我们党提出绿色发展、协调发展理念，“坚持人与自然和谐共生”的基本方略。引导学生深刻认识每个国家都应该在遵循生态社会发展普遍规律的基础上，探寻转变发展方式，认同中国特色社会主义发展道路，坚定中国特色社会主义信念。

环节三：塞罕坝的未来——美丽中国

学生：观看视频“荒原变林海”，探究分享活动。

提问：生态环境是如何治理成功的？谈一谈你对“塞罕坝精神”的理解。

教师：引导生成。

思路1：基于塞罕坝环境恶化的思维方式寻找治理措施。

思路2：发展理念上、政策转变上、品种培育上、塞罕坝人作用发挥上、继承上等。

学生：分组思考、书写并交流分享。

教师：在立足实际的新发展理念、“五位一体”格局、京津冀协同发展的部署下，55年塞罕坝人艰苦卓绝的奋斗，建设塞罕坝生态文明的生动范例。尊重规律，把握了树木品种、生物类型与极寒极地的联系、“功勋树”与现在林海的联系、生态屏障示范与生态建设、经济、政治的联系；开禁放垦与“绿化祖国”政策、新发展理念的联系；国家政策与当前突出问题、主要矛盾变化、国情变化的联系……这些具体的措施就是把握住了联系的多样性、条件性原理及方法论。

“塞罕坝精神”总结：勇于创新、忠诚担当、团结协作、精益求精等。

教师总结：塞罕坝的未来是美丽中国无穷的远方，无数的人们都和我有关。“塞罕坝精神”是中国共产党人精神谱系的组成部分，全党、全国人民都要发扬这种精神，把绿色经济和生态文明建设好。塞罕坝要更加深刻地理解生态文明理念，再接再厉，在新征程上不断建功立业。

【活动意图说明】引导学生理解联系的特点，了解条件性的内涵。通过案例分析理解唯物论与辩证法结合，提高综合认识问题和解决问题的能力。并认同党和国家的正确决策，深刻感受“中国共产党为什么能”，体会“塞罕坝精神”是中国共产党人精神谱系的组成部分，坚定“四个自信”。

七、作业设计

1. 分小组通过网络、图书馆查阅资料，深入了解《白河流域生态治理》或《北京千年运河文化遗产与生态环境保护》，每个小组形成一份 800 ~ 1000 字的调查研究报告。

研究提示：主要问题概要、原因概述、治理措施简述、多元参与情况、你的认识。

备注：需在主流媒体查阅数据与文献。

2. 结合以上内容，请研究小组组员运用唯物辩证法的联系观和《政治与法治》一书中的相关知识，谈一谈你对“守护白河，还村民一口干净水”的认识？

参考文献

[1] 从一棵树到一片“海”塞罕坝精神的“绿色接力”[EB/OL].（2021-08-24）[2022-10-20]. http://news.cctv.com/2021/08/24/ARTIjz7ztC8INvzkMID6q0II210824.shtml.

[2] 习近平对塞罕坝林场建设者感人事迹作出重要指示强调持之以恒推进生态文明建设 [N]. 河北日报，2017-08-30（1）.

[3] 刁艳芳，王刚，张倩，等. 河道生态治理工程 [M]. 郑州：黄河水利出版社，2019.

[4] 本书编写组. 马克思主义基本原理 [M]. 北京：高等教育出版社，2023.

大学学段：弘扬塞罕坝精神　建设美丽中国

基本信息表					
教师	黄晓红	学校	北京工业大学	学段	本科一年级
课程	习近平新时代中国特色社会主义思想概论				
教科书版本及章节	《习近平新时代中国特色社会主义思想概论》（2023 年版），高等教育出版社、人民出版社；第十二章 社会主义生态文明建设				

一、学情分析

（一）教学内容分析

河北省塞罕坝机械林场历经半个多世纪的艰苦奋斗，以三代人的努力，成功治理了华北百万亩沙化土地，实现了由“荒山沙漠”到“林海湿地”的华丽转身。2017 年 8 月，习近平总书记对河北塞罕坝林场建设者感人事迹作出重要指示，首次提出“塞罕坝精神”。塞罕坝林场是中国特色社会主义生态文明建设的重要组成部分，“塞罕坝精神”是中国共产党人精神谱系的重要内容。

社会主义生态文明建设专题围绕以下四个问题展开：为什么建设生态文明？建设什么样的生态文明？怎样建设美丽中国？如何共谋全球生态文明建设之路？前面已围绕两个问题，重点学习了提出社会主义生态文明建设的背景和贯彻社会主义生态文明建设六大原则之后，本讲围绕“怎样建设美丽中国”展开讨论学习。

“怎样建设美丽中国”重在实践。2018 年 5 月 18 日，习近平总书记《在全国生态环境保护大会上的讲话》中指出：“要深入实施山水林田湖草一体化生态保护和修复，开展大规模国土绿化行动，加快水土流失和荒漠化石漠化综合治理。”

本教案内容设计旨在通过讲解河北省塞罕坝机械林场的建设历程，感受和理解“塞罕坝精神”的内涵和历史背景，引导青年学生从“塞罕坝精神”中获得重要启示，进而深入思考如何践行和实践“塞罕坝精神”，提高青年学生实现中华民族伟大复兴和社会主义生态文明建设的社会责任感和使命感。

（二）学习者分析

1. 知识基础

大学阶段学习者需要对“塞罕坝精神”有深刻的认识和理解。通过学习塞罕坝林场的发展历史、环境保护经验等内容，培养对大自然的敬畏和热爱，培养良好的环保意识。学生在此阶段主要通过课堂学习、实地考察等方式来深入了解和学习“塞罕坝精神”，掌握环境保护和可持续发展的理论知识。

2. 能力基础

学习者在理论知识学习的基础上，将进一步开展“塞罕坝精神”的探讨和应用。通过学习塞罕坝治理、土地复垦、生态恢复等实践经验，深入探讨创新、奋斗、共享的核心价值。通过研究塞罕坝治理的管理经验和科学技术，培养创新思维和解决问题的能力。此阶段的学习者可以参与一系列实践项目、社会实践、科研活动等，以实际问题为导向，发展创新能力和实践能力。

3. 发展要求

学习者将进一步深化对塞罕坝精神的研究和实践。将针对塞罕坝在实践中遇到的社会、经济和环境问题，进行系统分析和综合研究；将学习环境科学、可持续发展理论、社会创新等跨学科知识，培养领导力和影响力；参与社区服务、企业实践、科研课题等活动，通过解决实际问题和推动社会发展，践行塞罕坝精神的核心价值观。

二、教学目标

1. 认知目标

理解塞罕坝精神的核心理念、原则和内涵，包括环保意识、奋斗精神、拼搏精神、创新精神等。通过课堂学习，了解塞罕坝精神的形成和实践，培养对环境保护和绿色发展的认知。

2. 能力目标

培养实践能力和创新能力。通过学习塞罕坝林场建设的案例，培养解决问题的能力、团队合作的能力，以及创新思维和实际行动能力。帮助大学生注重问题意识、探究精神的培养，提升理论联系实际、分析问题和解决问题的能力，培养主动思考、注重实践、知行合一的态度和习惯。

3. 情感与价值目标

培养社会责任感、荣誉感和公益意识。通过学习塞罕坝精神，人们可以体验到奉献和责任的重要性，培养对社会贡献和环境保护的价值观和情感认同。学习塞罕坝精神，通过认知、培养能力和价值观的塑造，以培养具有环保意识、实践能力和社会责任感的公民。

三、教学重点与难点

（一）教学重点

（1）理解“塞罕坝精神”的具体内涵、价值理念和实践意义。

（2）理解创新发展、绿色发展理念的重要性和必要性。

（3）培养学生正确的价值观、社会责任感和生态保护意识。

（二）教学难点

（1）如何弘扬和践行“塞罕坝精神”。

（2）培养学生的创新思维、团队协作和实践能力。

四、教学方法与手段

结合多媒体视听资料播放，采用讲授、讨论、案例分析等多种教学方法相结合的形式进行教学，加深学生对“塞罕坝精神”的理解和感受。

（1）讲授法：通过教师的讲解，让学生了解塞罕坝机械林场的历史和已取得的成就，掌握“塞罕坝精神”的内涵和实践意义。

（2）讨论法：通过小组讨论，让学生分析生态文明建设和绿色发展的重要性和必要性，并讨论如何发扬“塞罕坝精神”，参与环保事业。

五、教学活动设计

环节一：介绍塞罕坝机械林场的历史与已取得的成就

通过观看视频，老师结合图文资料进行讲解。

塞罕坝机械林场位于河北省张家口市，成立于1962年，总经营面积达140万亩，是中国最大的人工林场，也是世界上面积最大的沙地人工林。塞罕坝机械林场的建设者们克服了极端恶劣的自然环境，经过50多年的艰苦努力，终于建成了一片浩瀚林海，成为守卫京津的重要生态屏障。

这片林海不仅为华北地区提供了重要的水源涵养和防风固沙功能，而且还提供了丰富的生态资源和生态价值，创造了巨大的生态效益和经济收益。塞罕坝的生态系统非常丰富，包括森林生态系统、草原生态系统、湿地生态系统等，这些生态系统构成了一个稳定和完整的生态系统。塞罕坝是一个重要的生物多样性保护区，拥有丰富的野生动植物资源。塞罕坝机械林场优越的自然生态条件和丰富的森林资源，对于生态平衡和促进生物多样性具有重要价值，也为当地的经济发展提供了重要的支撑。近年来，塞罕坝机械林场积极推进生态旅游和特色农业，成为当地的新兴产业之一。塞罕坝机械林场的建设者们开展了大量科学研究和技术创新，他们采用现代化的林业管理方式和技术，开展科学造林、抚育和管理，加强森林防火和病虫害防治等工作，为中国现代林业的发展做出了重要贡献。

塞罕坝机械林场的建设者们始终坚持“人与自然和谐共生”的理念，为中国生态文明建设提供了重要的思路和方案，为推进可持续发展，提供了宝贵的经验和启示。塞罕坝机械林场的建设对于全球应对气候变化具有重要的启示意义，被认为是中国应对全球变暖的重要措施之一。

塞罕坝意为“美丽的高岭”，但是20世纪60年代的塞罕坝却一点儿也不美丽，是一片荒漠沙地，常年风沙肆虐。1962年，平均年龄不到24岁、来自18个省、区、市的369人来到这里，经过三代塞罕坝人50多年的艰苦创业，如今塞罕坝已建成了百万亩人工林海。塞罕坝林场的建设者们被誉为“塞罕坝人”，他们的奋斗精神感染了全国乃至全世界，被联合国环境规划署授予“地球卫士奖”。

（观看视频：塞罕坝精神）

【活动意图说明】教师先给学生讲解塞罕坝机械林场的历史和已取得的成就，让学生对塞罕坝机械林场的发展历程有一个初步的了解，进而引入“塞罕坝精神”的专题学习。

环节二：学习理解“塞罕坝精神”的深刻内涵

通过学习、领悟习近平总书记关于“塞罕坝精神”的重要讲话，探究“塞罕坝精神”的内涵和实践意义。

1. 学习习近平总书记重要论述

2017年8月，习近平总书记对河北塞罕坝林场建设者感人事迹作出重要指示，首次提出“塞罕坝精神”。习近平总书记指出：“55年来，河北塞罕坝林场的建设者们听从党的召唤，在‘黄沙遮天日，飞鸟无栖树’的荒漠沙地上艰苦奋斗、甘于奉献，创造了荒原变林海的人间奇迹，用实际行动诠释了绿水青山就是金山银山的理念，铸就了牢记使命、艰苦创业、绿色发展的塞罕坝精神。他们的事迹感人至深，是推进生态文明建设的一个生动范例。”

2021年8月23日下午，习近平总书记来到塞罕坝机械林场“尚海纪念林”。“尚海纪念林”位于原“马蹄坑造林会战区”，是塞罕坝精神的发源地、百万亩林海的起源地。在考察时习近平总书记发表重要讲话，指出：“塞罕坝林场建设史是一部可歌可泣的艰苦奋斗史。你们用实际行动铸就了牢记使命、艰苦创业、绿色发展的塞罕坝精神，这对全国生态文明建设具有重要示范意义。抓生态文明建设，既要靠物质，也要靠精神。要传承好塞罕坝精神，深刻理解和落实生态文明理念，再接再厉、二次创业，在实现第二个百年奋斗目标新征程上再建功立业。”

2. 理解“塞罕坝精神”的深刻内涵

“塞罕坝精神”是指河北省塞罕坝机械林场的职工们在艰苦的条件下，坚持不懈地进行森林建设和生态环境改善的精神。塞罕坝精神是爱国主义、集体主义、社会主义精神的具体体现，是中华民族艰苦奋斗传统美德的体现，是社会主义核心价值观的生动反映。

“塞罕坝精神”的内涵主要包括以下三个方面。

（1）牢记使命。

塞罕坝机械林场的建设者们在塞罕坝的艰苦环境下，以苦为荣，以苦为乐，以苦为福，艰苦创业，无私奉献，把个人的理想追求与国家和人民的利益相结合，在塞罕坝上造林、护林、管林，把青春献给了祖国和人民。

（2）艰苦创业。

塞罕坝机械林场的建设者在极其恶劣的自然环境和气候条件下，克服重重困难，凭借着顽强的斗志和不屈不挠的精神，经过数十年的艰苦创业，将荒原变成了美丽的林场。这种不怕苦、不怕累、不怕难的创业精神，是“塞罕坝精神”的核心。

（3）绿色发展。

塞罕坝机械林场的建设者在选择树种时注重生态平衡，选择适合当地环境的树种进行种植，并通过科学管护实现森林资源的可持续利用。这种绿色发展的理念，体现了人与自然和谐共生的思想，是我们应当遵循的发展原则。

【活动意图说明】教师分步骤地解析塞罕坝精神的核心内容和价值观，让学生了解塞罕坝精神的起源和背景，深入理解塞罕坝精神的内涵，体会塞罕坝精神对当前社会的重要意义。

环节三：解析“塞罕坝精神”的核心价值和实践意义

通过观看视频和老师结合图文资料进行讲解，让学生了解塞罕坝的历史变迁，认识到生态文明建设和绿色发展的重要性和必要性，领悟“坚持绿色发展是发展观的深刻革命”，理解塞罕坝精神和生态文明建设的重要意义。

（观看央视纪录片：塞罕坝机械林场的“出生证”）

塞罕坝位于河北省承德市围场满族蒙古族自治县北部，曾是清代皇家猎苑“木兰围场”的重要组成部分，曾经是水草丰沛、林木茂密的原始森林，后因开围垦荒等原因，生态环境遭到了严重破坏，逐步退化成荒漠沙地。20世纪60年代初，为“改变当地自然面貌，保持水土，为减少京津地带风沙危害创造条件”，国家决定在这一地区建设一座大型国有林场，进行大规模的植树造林工程，恢复植被，阻断风沙，防止沙漠的扩张和保护环境。这项工程以塞罕坝为中心展开，通过引进现代林业技术，采用大面积人工造林的方式，种植了大量的杨树和马尾松等树种。来自18个省、区、市的127名大中专毕业生奔赴塞罕坝，与当地林场的242名干部职工一起，组成一支创业队伍，开始了筚路蓝缕、战天斗地的拓荒之路。

“塞罕坝精神”的核心包括艰苦奋斗、团结协作和开拓创新。面对恶劣环境和巨大困难，几十年来，三代塞罕坝人牢记“为首都阻沙源、为京津涵水源”的神圣使命，坚持不懈地进行科学试验和实践，摸索出适应当地条件的绿化技术和管理方法。他们进行了大规模的固定沙地和水土保持工程，不断尝试不同树种的种植和绿化模式。他们坚信只有通过协作合作，发扬集体主义精神，才能克服个人面临的困难和挑战。同时，他们还积极推动科学技术的应用，在实践中不断开拓创新，摸索出了一套适合当地环境的绿化模式和管理经验。在55年的努力下，原本的沙漠地区变成了一个生态环境良好、植被丰富的地方，塞罕坝的造林成就被誉为“中国绿化事业的奇迹”。

目前，塞罕坝机械林场有林地面积达到115.1万亩（1亩≈0.0667公顷），森林覆盖率为82%，林木蓄积量为1036.8×10^4立方米，每年可涵养水源2.84×10^8立方米，固定二氧化碳86.03×10^4吨，释放氧气59.84×10^4吨，为京津冀区域生态筑起一道坚固的屏障。

2021年8月23日，习近平总书记在考察塞罕坝机械林场时，同林场三代职工代表亲切交流，看着守林护林人的队伍越来越壮大，习近平总书记倍感欣慰，指出：“2017 年，我对你们感人事迹作了一个批示，提出了塞罕坝精神，这已经成为我们中国共产党人精神谱系的组成部分。塞罕坝精神，不仅你们需要继续发扬，全党全国人民也要学习弘扬，共同把我们的国家建设好，把绿色经济发展好，把生态文明建设好！”

【活动意图说明】教师通过分析生态文明建设和绿色发展的重要性和必要性，让学生领悟“坚持绿色发展是发展观的深刻革命”，认识到生态文明建设对人类未来的重要性，从而增强青年学生对绿色发展和环境保护事业的认识和热情。

环节四：小组讨论“新时代青年如何践行和实践塞罕坝精神”

1. 讨论题目

“塞罕坝精神”对我们有哪些启示？如何践行和实践“塞罕坝精神”？

引导学生进行小组讨论和发言。

2.“塞罕坝精神”对我们的启示

（1）坚持不懈，艰苦奋斗。

塞罕坝机械林场的建设者在建设林场的过程中遇到了无数的困难和挫折，但他们从来没有放弃，勇敢迎接挑战，一直坚持下去，最终实现了绿地森林的丰饶。这告诉我们，无论遇到怎样困难的环境或挑战，都要保持积极的心态、坚毅的决心和持久的努力，勇往直前，不轻言放弃；只要有坚定的信念和不屈不挠的毅力，就可以克服和战胜困难，久久为功，最终实现自己的梦想和目标。

（2）科技创新，勇于实践。

塞罕坝林场的建设者们贯彻创新发展的理念，坚持科学创新和实践探索，不断推进科技创新和技术进步，提高森林资源的科学管理水平和保护水平，通过科技创新推动绿色发展。这启示我们，在面对问题和困难时，要敢于探索、善于创新，勇于实践，要善于运用科学的方法进行思考和解决，不断探索新的途径和方法；要在实践中不断积累经验、发现问题，并通过创新解决问题。

（3）绿色发展，科学发展。

塞罕坝机械林场的建设者贯彻绿色发展的理念，注重生态平衡，选择适合当地环境的树种进行种植，通过科学管护实现森林资源的可持续利用，保护当地野生动植物的生态系统，在全球范围内推动了生态文明建设的进程，促进人类社会的可持续发展。这启示我们，在追求发展的过程中，必须注重绿色发展和可持续发展，实现人与自然和谐共生；当代青年应该关注环境保护问题，培养生态环境保护意识，坚持绿色发展，为社会的可持续发展贡献力量。

（4）团结协作，勇于担当。

塞罕坝林场的建设者们怀着高度的社会责任感，以改善生态环境为己任，注重团结协作，发扬集体主义精神，推动生态文明建设，促进社会和谐发展。这告诉我们，要有担当精神，不仅要追求个人的成功和幸福，而且还要积极承担社会责任，为社会做出自己的贡献，推动社会的进步和发展；要学会相互帮助，携手合作，懂得发挥团队的力量，集思广益，注重协作交流，相互支持和鼓励，共同努力，共同面对和解决问题。

（5）爱岗敬业，无私奉献。

塞罕坝机械林场的建设者经受种种困难和挑战，始终牢记使命，坚守着理想信念，爱岗敬业，无私奉献。他们在恶劣的自然环境下，坚定地向前迈进，利用当地的草原植被和天然种子，通过大规模的反循环植树造林，让荒漠变成绿洲。这告诉我们，只有具备强烈的工作热情、敬业和奉献精神，才能够做好自己的本职工作，才能够更好地服务于社会，服务于祖国和人民。在艰苦的条件下，不畏艰难，勇敢面对挑战，坚定地相信只有努力才会带来成功。

六、老师总结

生态兴则文明兴，作为中国共产党人精神谱系的组成部分，塞罕坝精神为推动绿色发展、建设生态文明提供着源源不竭的精神力量，大力弘扬和践行塞罕坝精神，坚定不移贯彻绿色发展理念，走生态优先、绿色发展之路，持之以恒推进生态文明建设，“美丽中国”的目标一定可以实现！

【活动意图说明】教师组织学生进行小组讨论，让学生在小组内讨论如何发扬“塞罕坝精神”，参与绿色发展和环境保护事业，培养学生为实现中华民族伟大复兴而努力奋斗的社会责任感和使命感。

七、课后作业

（1）邀请相关领域的专家学者举办讲座和座谈。

（2）组织学生开展社会实践，参观塞罕坝林场，并撰写实践报告。

参考文献

[1] 贯彻新发展理念　弘扬塞罕坝精神 [N]. 人民日报，2021-08-26（1）.

[2] 颜欢，韩硕 .“塞罕坝展现了中国生态文明建设奇迹”（外媒看中国）[N]. 人民日报，2021-08-26（3）.

[3] 耿建扩，陈元秋 . 绿水青山造福人民——塞罕坝精神述评 [N]. 光明日报，2021-11-17（9）.

[4] 李建成，宋平 . 传承好塞罕坝精神，筑牢京津生态屏障 [N]. 河北日报，2023-05-06（1）.

[5] 弘扬塞罕坝精神　共建美丽中国 [EB/OL].（2021-11-20）[2022-02-15]. http://www.ce.cn/xwzx/gnsz/gdxw/202111/20/t20211120_37100196.shtml.

[6] 塞罕坝精神 [EB/OL].（2021-08-24）[2022-02-15]. http://xitheory.china.com.cn/2021-08/24/content_77711193.htm.

[7]《红色财经·信物百年》：塞罕坝机械林场的“出生证”[EB/OL].（2021-08-04）[2021-11-20]. https://search.12371.cn/2021/08/04/V1DE1628089560839375.shtml.

★ 专题九　改革开放精神 ★

一体化教学设计说明

一、教学内容简介

改革开放精神是中国共产党人精神谱系的重要组成部分，是党和人民弥足珍贵的精神财富，是中华优秀文化传统和不懈奋斗精神在改革开放伟大实践中的延续和升华，是激励新时代改革开放再出发、更好坚持和发展中国特色社会主义的强大精神动力。其蕴含的精神实质和文化内核是学校开展思想政治教育的重要教育资源。改革开放精神是激励青少年艰苦奋斗的宝贵精神财富，必须大力弘扬、传承创新。要将之融入大、中、小学思政课一体化的教学中，使其成为一种渗入国民教育的精神传承，使中国共产党的辉煌历史得以铭记，这不仅是精神传承的需要，而且是塑造青少年积极的精神品质与道德人格的需要，是培养时代新人的需要。本专题将以习近平总书记重要论述为指导，在大、中、小各学段思政课中，结合学生学段特点，聚焦改革开放过程中铸就的伟大改革开放精神，进行教学内容的有序、合理设计，深化改革开放史学习的育人效果。

二、一体化教学目标与思路

（一）一体化教学目标

本专题围绕“改革开放精神”这一重要学习专题，在小学、初中、高中、大学四个学段，从教学目标、教学内容、教学方法、课程资源、实践环节等方面分别依据本学段课标要求、教材和学生实际，重点讲清楚改革开放精神的科学内涵、重要意义和弘扬路径，引导青少年衷心拥护中国共产党的领导和我国社会主义制度，矢志不渝听党话跟党走，争做社会主义合格建设者和可靠接班人。

（二）一体化教学思路

基于教学一体化的整体设计思路，一体化设计要关注大、中（初中、高中）、小学四个学段学生的知识结构和认识特点，在教学内容、教学方法、教学目标方面分别依据各学段课标要求、教材和学生实际，突出阶段性特点，又体现循序渐进、螺旋式上升的同向接续，实现一体化育人目标。

◆ 小学学段：课程目标重在培养道德情感。这个阶段围绕道德启蒙，通过讲述改革开放的故事，尤其是借助学习改革开放以来人民生活的巨大改变，认识到“改革开放”这一国策的正确和先进。还可通过多媒体、教材等媒介将改革开放40多年发生巨变的图片和影像直观地呈现给学生，对学生进行情感熏陶，启发学生感悟改革开放带来的各种变化，让学生对国家产生感性认识，培养学生对中国共产党的朴素感情。本学段的重点和难点是在故事启蒙中激发学生对改革开放的真切感受，使其理解今天的美好生活离不开中国共产党的领导和改革开放的政策。只是在不同年级有不同的讲述方式和讲述深度，一般从低年级到高年级，故事也由浅入深。

◆ 初中学段：课程目标重在打牢思想之基。从历史视域引导学生了解改革开放中的重大历史事件，认识改革开放的意义，激励学生传承改革开放精神，增强国家意识和国情观念。通过进行初步理性思考，确立正确的政治判断和政治观点，将个人成长与祖国发展相统一，与时代同向、与民族发展同步，提升政治觉悟，强化做社会主义建设者和接班人的思想意识。本学段的重点和难点在于通过体验和感悟改革开放中的重大事件和伟大成就，增强对改革发展的认知。

◆ 高中学段：课程目标重在提升政治素养。这个阶段围绕政治认同，运用以知识建构为主的教学方法开展常识性学习，提升学生的政治素养。通过问题的引入、情境的创设、小组的合作探究，开启常识性学习，引导学生通过观察、实践、辨析和反思，增强社会理解和辨别能力，坚定正确的政治方向，形成做社会主义建设者和接班人的政治认同，同时融入改革开放精神教育，有利于提升高中生的理想选择与道德境界。本学段的重点和难点是在实践参与中，揭示改革开放精神的内涵，增强对中国特色社会主义的自信心和自豪感，提高运用知识分析和解决问题的能力，为大学阶段的学习奠定基础。

◆ 大学学段：课程目标重在深化使命担当。这个阶段围绕理想信念，由经验思维过渡到理论思维，从学理认知升华为理想信念，进而正确认识和主动接续时代责任，增强实现中华民族伟大复兴中国梦的使命担当。将改革开放精神科学、合理地融入大学生思想政治教育，可以引导当代大学生深入研究改革开放精神的逻辑内涵，深刻领悟改革开放精神的价值意蕴，引导大学生确定自己在新时代的努力方向、发展道路和人生目标，贯通理论与实践、世界与中国、课堂和现实，将大学生的爱国情、强国志、报国行统一于中国特色社会主义伟大实践中，成长为具有远大理想信念、高尚道德品质、丰厚文化知识、强烈爱国主义情操的新时代青年，更好地承担起实现中华民族伟大复兴中国梦和建成社会主义现代化强国的历史使命和时代责任。本学段的重点和难点在于将无形抽象的改革开放精神具体化在个人现实理想中，提高运用科学理论分析问题、解决问题的能力，并转化为不断增强“四个自信”，努力为中华民族伟大复兴努力奋斗的自觉践行。

三、一体化教学结构图

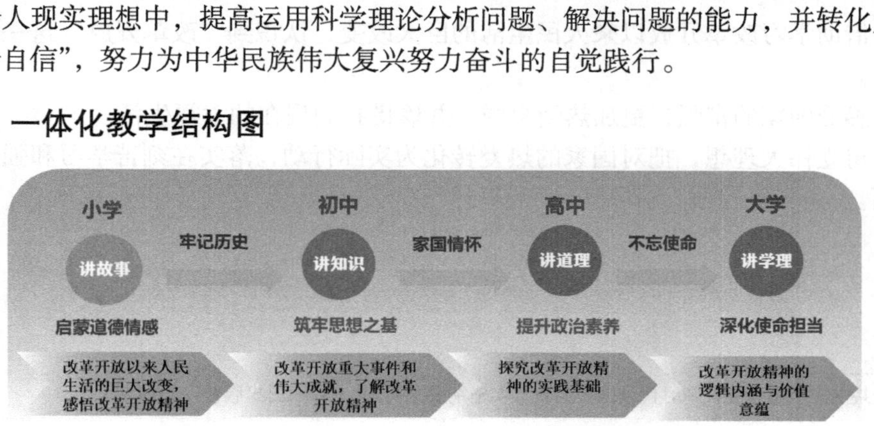

小学学段："画"出家乡新变化

基本信息表					
教师	王丹妮	学校	北京市东城区定安里小学	学段	小学四年级
班会	主题班会				

一、学情分析

（一）教学内容分析

《新时代爱国主义教育实施纲要》中明确指出，要深入开展中国特色社会主义和中国梦教育。①

2019年是新中国成立70周年和改革开放40周年的节点，利用改革开放以来社会主义现代化建设的伟大成就说话，在历史与现实、国际与国内的对比中，引导同学们深刻认识中国共产党为什么"能"、马克思主义为什么"行"、中国特色社会主义为什么"好"，从而立志争做新时代的奋斗者、追梦人。

（二）学习者分析

1. 知识基础

学生步入知识储备的积淀期，个性、人格的初步养成期和情绪、情感的提升期。

2. 能力基础

他们更加关注社会，并希望在实践中和社会活动中锻炼自己、展示自己。

3. 学生兴趣与发展要求

他们目标意识强烈，有了比较自觉的自我发展要求，进而形成人生目标，产生职业倾向并立志为之不懈努力。

二、教学目标

（1）借助学习改革开放以来人民生活的巨大改变，认识到"改革开放"这一国策的正确和先进。

（2）感受国家的富强，更加热爱祖国，并珍惜我们现在的幸福生活。

（3）树立伟大理想，把对国家的热爱转化为实际行动，落实在刻苦学习和强健体魄等各个方面。

① 中共中央、国务院，新时代爱国主义教育实施纲要［M］. 北京：人民出版社，2019.

三、教学重点与难点

（一）教学重点

借助学习改革开放以来人民生活的巨大改变，认识到“改革开放”这一国策的正确和先进。

（二）教学难点

树立伟大理想，把对国家的热爱转化为实际行动，落实在刻苦学习和强健体魄等各个方面。

四、教学方法与手段

讨论法、小组合作、情境体验。

五、教学特色

前期以学生实际生活为切入点，从小“家”变化看中国发展，激发学生参与度。情境设计可操作性强，实际效果较好。活动形式立足学生情感体验，从学生调查成果展示到家长采访，再到学生微课展示，在学生真实体验基础上学习国家政策。小剧排练、展示和同唱歌曲的环节再次进行情感提升，“志向卡”和行动制定又将思想认识落地到实际行动。

关注学生学段特点，制定的培养目标契合学生发展阶段，学生在自主的学习过程和有趣的情景设计中，能够循序渐进地体会改革开放这一基本国策的科学性和先进性。在学习国家科技、经济、军事等方面的巨大发展后，提升学生的民族荣誉感，确立努力目标并落实在实际行动中。

六、教学活动设计

环节一：“画”家乡，感国富民强

1.“画”家乡变化

主持人：各位乘客大家好，欢迎乘坐“富强号”列车，我是列车长。今天让我们来一次幸福旅行，去感受我国改革四十多年的巨大变化。前方到站“我们的家乡”，先让我们一起去看看咱班同学们老家的变化吧！

以小组汇报的形式分别从衣、食、住、行四个方面展现家乡变化。

（1）衣。

小组以照片形式展现人们穿着的变化，包括服装的颜色、款式、材料、质量、产地。组员小徐、小端展示同学们在家里找到的衣服“水洗签”。同学们通过观察发现，很多衣服的“水洗标”都是“中国制造”，其中还有很多来自国外的衣服。结合由从事服装生产和销售的家长那里了解的信息，他们还为大家介绍服装行业的发展情况。

（2）食。

小组展示改革开放以前人们的饮食情况资料，再由组员介绍家乡的特色美食。在“生日”和“年夜饭”两个主题的小片中，不变的是家人的笑脸，变化的是餐桌上食物的种类、数量、品质等。还有很多地方特色美食，在保留原有风味的基础上精益求精，品相和用料更加讲究，甚至形成了产业，远销国外。同学们在了解数据、欣赏图片和“美食节”小视频的过程中，对比人们饮食情况变化，由“以吃饱为目的”到“以吃好吃健康为目的”的转变，感受现在生活的幸福。

（3）住。

小组展示自己家的老照片以及现在家里住房的照片，再展示搜集的城市变化图。特别是来自山西的同学展现了祖孙三代居住环境的不同，村里人从住窑洞到住平房，再到住进建筑品质更高的装配式住宅，变化之大令人惊叹。同学们在欣赏照片的过程中，体会人们在住房方面的巨大变化，感受城市发展的迅猛。

（4）行。

小组从家乡交通情况和交通工具两个方面进行展示。交流中，有同学分享家长十几年前来北京工作，逢年过节乘车回老家，堪比同学们看过的电影——《人在囧途》。以前每次回家都要用将近 3 天的时间，现在老家有急事，坐高铁或者飞机当天就到了。接着又分享了自己暑假回老家的过程。大家从绿皮车、快车、动车、高铁，感受出行时间上的巨大变化；从乘坐长途汽车到私家车，感受舒适度的巨大变化。同学们都感受到科技的飞速发展给人们出行所带来的巨大变化。

2. 听过去故事

（1）小李的妈妈：《妈妈上学的故事》。

小李的妈妈为大家讲述她上学时候的事。那时候，八九十个同学挤在一间教室，她上学时候背的布包坏了，怕被教训都不敢告诉家长。所有的学习用品都很珍惜，所有的本子都是两面写满字。每天上学走土路，到了冬天，路上有长长的冰条，她就打着滑去上学，特别快。那时候，虽然艰苦，但人们也能够苦中作乐。

（2）小陈的妈妈：《爱拼才会赢》。

小陈的妈妈为大家讲述了自己二十多年前来北京打拼的经历。最开始，小陈的妈妈在理发店里打工，经过几年的努力，她成为一名美发师。后来又赶上国家支持自主创业，给有想法、又肯努力的人提供了很多资金支持，还兴办了很多新兴产业的孵化园区。小陈的妈妈抓住机会，开了第一家美发店，18 年后的今天，小陈的妈妈已经在北京开了好几家店面了。同学们不仅感受到国家政策给老百姓带来的福利，还十分佩服小陈的妈妈的努力拼搏。

（3）小潘的爷爷：《舌尖上的中国》。

小潘的爷爷为大家讲述了他小时候的艰苦生活。20 世纪 50 年代初的中国正经历抗美援朝战争，那时候小潘的爷爷每天能吃饱饭就很好了，根本没有水果和零食可以吃，每天还要下地干活，去收比他还要高很多的农作物，今天同学们的幸福生活是他小时候根本不敢想象的。听了小潘爷爷的话，同学们深感幸福生活来之不易，要更加珍惜现在丰富而又美味的食物。

【活动意图说明】在听故事的过程中，同学们时而忍俊不禁，时而默默叹息。在长辈的讲述里，大家仿佛看到了一个个时代的缩影，对比今天的幸福生活，同学们感受到了国家的繁荣富强。

环节二：小课堂，知强国之路

主持人：乘客们，改革开放让我们的家乡发生了翻天覆地的变化，人民生活质量的提升是以前的人们无法想象的。那么，你们知道产生这些变化的原因是什么吗？前方即将到达“改革开放学院”站。

小老师：大家好，欢迎来到“改革开放学院”，今天我们来上“改革微课”。

（1）同学们进行“改革开放”这一国策的学习，了解改革开放的历史背景和重要意义。

（2）观看《厉害了我的国》纪录片的片段，感受改革开放对国家经济、科技、军事等方面的巨大影响。

（3）大家充分交流学习感受，深化对改革开放和中国特色社会主义的理解。

【活动意图说明】通过“小课堂”环节的学习，同学们对改革开放有了更清楚的认识，并对中国特色社会主义道路有了更深刻的认识，明确中国特色社会主义道路就是强国之路，坚持走强国之路就要坚持改革开放。

环节三：小舞台，立强国之志

主持人：亲爱的乘客们，前方到站“幸福小剧场”，请大家拿好我们的《入场券》——《志向卡》，一起观看小剧。

（1）小演员表演。

奶奶：改革春风吹进门，中国人民抖精神！离开温州40年，终于回来了。这导游怎么还不来？

小导游：奶奶，您好！我是您今天的专职导游，欢迎您回家！

奶奶：好好，今天带我去哪里转转啊？

小导游：咱们先去五马街逛逛吧。

奶奶：诶？这是五马街吗？

小导游：是啊，奶奶。您看，这不是“五味和”和“金三益”吗？

奶奶：哎哟，这道路的变化可太大了！尘土飞扬的马路变得四通八达，可真是认不出来了！

小导游：奶奶，咱们再去科技园看看吧。

奶奶：我的天，这高铁也太快了，我这打个瞌睡的工夫就到了？

志愿者：奶奶，您好！我是小志愿者，我来为您讲讲温州的城市变化吧！

奶奶：这孩子够精神的呀，但你这么小，能知道什么呢？

志愿者：奶奶，身为小学生，我们必须努力学习历史，知道过去人们艰苦奋斗的历程，才能接好建设祖国的“接力棒”呀！您看，这是温州城市的新规划，商业楼、立交桥拔地而起，除此之外，还建有生态资源带。

奶奶：这点好！这点好啊！习近平总书记就说，绿水青山就是金山银山啊！同学们，你们的家乡还有哪些变化呀？

观看表演后，同学们积极分享自己感受，还列举了自己家乡的很多变化。比如，去医院看病更方便了；超市东西更丰富了，还能自己结账；还能在网上和国外的老师对话等。

主持人：是啊，同学们，改革开放让中国腾飞，关注生态文明建设才能使发展可持续。让我们歌颂改革开放，坚定强国道路，永远跟党走！让我们在《志向卡》上写下我们的新志向，为祖国的发展立志，为民族的富强立志。

（2）同学们填写《志向卡》：大声宣读自己的志向，张贴在“志向栏”。

（3）歌曲“串烧”：《春天的故事》《走进新时代》《我和我的祖国》。

3. 课堂总结

同学们，“富强号”列车没有终点，但它驶往中国梦的方向。今天我们从小“家”的变化见证国家的发展，知道什么是改革开放，明确中国特色社会主义道路，坚定建设祖国的理想。

七、作业设计

一个参观：鼓励同学们和家长一起参观《复兴之路》大型展览。

一场电影：鼓励同学们和家长一起观看《厉害了我的国》《我和我的祖国》等电影。

十个行动：在《志向卡》的基础上，制定十个行动，并进行落实情况的“周评价”和“月评价”，学期末进行家校共同评价。

参考文献

中共中央、国务院. 新时代爱国主义教育实施纲要[M]. 北京：人民出版社，2019.

初中学段：探寻改革开放足迹

基本信息表					
教师	韩旭	学校	北京市前门外国语学校	学段	初中三年级
教科书版本及章节	《道德与法治》（九年级上册），人民教育出版社，2021年6月第2版；第1课第1框题坚持改革开放				

一、学情分析

（一）教学内容分析

“坚持改革开放”是人教版《道德与法治》（九年级上册）第1课第1框题。该框题的内容是通过回顾近代以来中国人民追求国强民富的历史进程，阐述了只有社会主义才能救中国。改革开放是决定当代中国命运的关键抉择；解放和发展社会生产力、实现共同富裕，是建设社会主义现代化强国的应有之义。实现中华民族伟大复兴，就要坚持以人民为中心，坚持全面深化改革，最终实现共同富裕。本框题包括“改革开放促发展”和“中国腾飞谱新篇”两目。第一目主要讲的是近代以来中华民族如何追求强国富民的目标，改革开放的历程及必要性。第二目主要讲的是改革开放以来我国在各个领域取得的成就。

（二）学习者分析

1. 知识基础

学生们在八年级时从宪法的角度已经学习了我国相关的制度，对我国的根本政治制度、基本政治制度、基本经济制度等有了一定的了解。这些都为本节课的学习打下了知识基础。

2. 能力基础

九年级学生具有一定的知识基础和社会认知，在“中国腾飞的历史进程”“中国取得的伟大成就”等方面，都有一定的认识。虽然他们具有一定的抽象思维和辩证思维能力，但是看问题容易片面化、表面化，对改革开放的重要性等问题理解得不够深入，认识不足，需要进一步引导。

3. 发展要求

从学生的成长经历来看，他们对改革开放带来的生活之变并不清楚，他们觉得生活本就如此，丧失了探究本源的动力。因此，改革开放之前的历史回顾是很有必要的，对中国发展的变化历程也有了深入的理解，并能真正懂得改革开放的重要性，这将进一步增强学生们的使命感、责任感和参与感。

二、教学目标

通过回顾近代以来中国人民追求国强民富的历史进程，了解党史、新中国史，改革开放史，知道党的百年奋斗重大成就和历史经验，从而领悟伟大建党精神的内涵，能够通过自己的方式弘扬爱国情感。

通过第二目的学习，探究中国特色社会主义的伟大成就，理解中国共产党在建设中国特色社会主义过程中的领导作用，铸牢中华民族共同体意识，坚定对中国特色社会主义的高度认同。

通过探究新时代作为青少年能为国家建设做出哪些贡献，了解我国在全面建成社会主义现代化强国的新征程上，青年的责任和担当，要树立为中华民族伟大复兴而奋斗的理想信念。自觉拥护党和国家的改革开放政策，传承改革开放的精神，做改革开放的拥护者、支持者和参与者。

三、教学重点与难点

（一）教学重点

改革开放的意义。

（二）教学难点

改革开放的必要性。

四、教学方法与手段

情景式教学、小组合作探究。

五、教学特色

（1）创设情境，激发了学生的探究意识，主动积极地投入学习中。通过视频资料、图片展示及案例探究等方式，在课堂教学中充分创设情景。让学生们能够迅速融入情景中进行讨论和分析，调动了学生们参与课堂主动思考的积极性和主动性。让学生积极主动地投入学习中，极大地增强了学生的学习兴趣，学生的学习状态积极踊跃，效果颇佳。

（2）充分挖掘教材内容，紧跟时代发展的步伐。充分结合新时代以来我国在各领域发展取得的成就，通过问题链的方式帮助学生们探寻改革开放的原因和内容，并理解改革开放的重要性。根据教材内容中“小岗村的案例”，结合视频资料帮助学生们进行深入的探讨。尤其将小岗村人民身上的勇于探索创新的精神如何在新时代中更好地传承和发扬。

（3）善用“问题串”，教学环节环环相扣，捕捉学生思考路径，逐条突破本节课重点和难点。通过寻、探、感、悟四个环节将改革开放的原因、内容、成就和地位四个重要的内容进行连贯性地梳理，帮助学生们将本课的重点和难点知识逐一进行攻破。

（4）巧妙进行作业设计。通过“改革开放四十年，我的家庭变化”主题调研活动，进一步对本节课的内容进行深化和理解。将理论知识和家庭实际情况进行结合，帮助学生们更好地感悟改革开放的重要性，进而能从自己做起不断传承和发扬改革开放精神。

六、教学活动设计

环节一：导入新课

展示2022年年底至2023年年初我国在军事领域、经济领域、人民生活水平等方面取得的成就和发生的变化。并引导学生思考：看到这些已取得的成就，你最大的感触是什么？这些成就的取得得益于什么？

【活动意图说明】通过图片、数据的展示，快速创设情景，带领学生们体会近年来我国在各领域取得的伟大成就，树立自信心和自豪感，并通过问题的设置引出本课的课题。

环节二：寻改革开放之源

活动一：图片展示中国近代历史发展中的大事件。探寻中国为什么需要进行改革开放的原因。

提问：近代中国遭受前所未有的苦难的原因是什么？近代中华民族矢志不渝的奋斗目标是什么？谁能带领中华民族实现强国富民的目标呢？她又作出了哪些努力？

活动二：观看视频《庆祝中国共产党成立100周年大会》。

提问：结合视频和教材的内容，说明中国共产党是如何带领人民走向强国富民之路的？

总结：中国共产党团结带领中国人民完成了新民主主义革命，建立了中华人民共和国，中国人民终于站起来了；完成社会主义革命，确立社会主义基本制度；进行改革开放新的伟大革命，不断推进社会革命。

【活动意图说明】发挥学生的主体作用，让学生知道近代中华民族奋斗目标的实现不是一蹴而就的；知道中国共产党团结带领中国人民进行改革开放新的伟大革命，实现了中国人民从站起来、富起来、到强起来的伟大飞跃。从而树立热爱党、拥护党的意识，认同改革开放是决定当代中国命运的关键抉择。

环节三：探改革开放之本

活动一：视频介绍改革开放的具体内容。

提问：中国共产党带领人民是如何进行改革开放的？改革开放的标志是什么？

活动二：结合书上材料探寻“惊天一声雷”。

提问：① 为什么村民要冒着巨大的风险进行改革？② 小岗村村民身上体现出的精神是什么？今天我们还需要这种精神吗？③ 你认为是谁领导了改革开放？

总结：改革开放的标志是1978年召开了党的十一届三中全会；从农村到城市，从试点到推广，从经济体制改革到全面深化改革。在安徽省小岗村建立了家庭联产承包责任制；我国的基本经济制度是公有制为主体、多种所有制经济共同发展，按劳分配为主体、多种分配方式并存的社会主义市场经济体制。

【活动意图说明】对教材资源进行再开发，通过视频和教材内容的结合，引导学生的注意力，以此激发学生的兴趣。让学生知道改革开放是我国的一项伟大创举。

环节四：感改革开放之成

活动一：观看视频《改革开放40年：中国经济“逆袭史”》。

提问：结合视频和教材内容，说明自改革开放以来，我国取得了哪些巨大的成就？

活动二：数据说改革。通过各领域的数据信息，分析改革开放取得的伟大成就。在综合国力方面：创造人类历史上的伟大奇迹，显示了中国力量；在人民生活方面：中国人民过上了幸福生活；在对世界的影响方面：中国已经成为世界经济增长的主要“稳定器”和动力源，成为影响世界的重要力量。

【活动意图说明】主要通过视频资料、数据资料让学生理解改革开放所取得的成就，教师针对数据材料，帮助学生进行答题技巧的梳理。这样学生们既了解了改革开放所取得的成就，领悟了改革开放的正确性，同时又掌握了此类材料的解题方法。

环节五：悟改革开放之重

学生通过资料已经知道了我国实施改革开放以来取得的辉煌成就，再利用图片的形式进行回顾。

提问：中国腾飞说明了什么？

总结：改革开放是决定当代中国命运的关键抉择，中国特色社会主义是实现中华民族伟大复兴的必由之路；只有改革开放，才能发展中国，发展社会主义，发展马克思主义；改革开放是当代中国最鲜明的特色。

【活动意图说明】通过图片回顾，再次感悟改革开放带来的巨大变化，为我国取得如此辉煌的成就而自豪，从而更加认同改革开放是中国命运的关键抉择，从而更加拥护党和国家的改革开放政策，增强主人翁意识，做改革开放的参与者与推动者。

环节六：课堂总结 巩固升华

改革开放是由中国共产党提出的关键抉择，依靠广大人民的团结奋斗，取得了辉煌的成就，改革开放使得我国的综合国力增强、人民生活幸福、国际地位提高。在中国特色社会主义进入新时代的今天，我们始终坚持“为中国人民谋幸福、为中华民族谋复兴”的初心和使命，相信富强、民主、文明、和谐、美丽的社会主义现代化强国之路终将实现，我们也要为美好的明天努力加油。

【活动意图说明】回顾课堂板书内容，突出了本节课的重点和难点，夯实了基础；《结束语》起到了情感的升华，再次让学生树立坚持和拥护中国共产党的坚强领导。

七、作业设计

以“改革开放四十年，我的家庭变化”为主题进行调研，通过对家庭成员、长辈的采访，探寻改革对家庭变化的影响。

要求：①能够列举衣、食、住、行等方面的变化。

②能够从多方面分析变化的原因。

③能够从多个角度说出对改革开放的认识。

④作为新时代的青少年，畅想一下2035年的自己、家庭和国家都会是什么样？

我的家庭变化调查活动表格

<table>
<tr><td colspan="3">改革开放四十多年来，我的家庭变化调查表</td></tr>
<tr><td colspan="3">概括：（可简要概述自己的家庭情况，从自己了解的角度进行对比）</td></tr>
<tr><td rowspan="5">变化对比内容</td><td>衣</td><td></td></tr>
<tr><td>食</td><td></td></tr>
<tr><td>住</td><td></td></tr>
<tr><td>行</td><td></td></tr>
<tr><td>休闲娱乐</td><td></td></tr>
<tr><td>原因</td><td colspan="2"></td></tr>
<tr><td>认识</td><td colspan="2"></td></tr>
<tr><td>被采访对象</td><td colspan="2"></td></tr>
</table>

课程思政：从浙江嘉兴看改革开放

基本信息表					
教师	豆瑟瑟	学校	北京市第十一中学	学段	高中一年级
教科书版本及章节	历史必修《中外历史纲要》（上），人民教育出版社，2019 年 8 月第 1 版；第十单元第 28 课 中国特色社会主义道路的开辟与发展				

一、学情分析

（一）教学内容分析

本主题选自《中外历史纲要》（上）“中国特色社会主义道路的开辟与发展”一课。本课讲述了自 1978 年以来中国发展进程中的相关史实，涉及党的十一届三中全会、平反冤假错案、农村和城市的经济体制改革、对外开放等重点内容。从纵向上看，本课承接上一单元，中华人民共和国成立后，中国共产党在社会主义建设方面进行了艰辛的探索，为中国特色社会主义道路的开辟奠定了重要基础，同时引出第 29 课，改革开放以来我国取得的巨大成就。从横向上看，第二次世界大战后，资本主义世界又爆发了经济危机，全球化危机频发，资本主义世界遭受前所未有的危机与挑战。而中国特色社会主义开创了有别于资本主义世界历史的新进程，为其他社会主义国家提供了借鉴，这对于我们把握全球史观具有重要意义。

（二）学习者分析

1. 知识基础

学生已经有了一定的学习基础，在初中八年级的历史学习中或通过其他媒介，了解了有关中国特色社会主义建设的知识。

2. 能力基础

学生能够自主学习，并且经过几个月的学习与训练，初步具备了一定历史学科核心素养，了解唯物史观，具备从史料中提取信息并进行分析并得出历史结论的能力，有利于开展个人自主探究和小组合作探究活动。

3. 发展要求

学生求知欲望强，但历史思维能力有待提高，对于改革开放的认识需要进一步深化。

二、教学目标

（1）以浙江省嘉兴为例。通过梳理党的十一届三中全会后改革开放的历史进程，了解改革开放以来的重要史实及其成就；运用地图了解对外开放的内容，培养时空观念的历史素养。

（2）通过阅读和分析史料，感受改革开放不同阶段的基本特征及其内在联系，培养史料实证、历史解释的核心素养。

（3）通过浙江省嘉兴的变化，了解中国改革开放前、后翻天覆地的巨变，感受中国特色社会主义道路的优越性，培养家国情怀素养。

三、教学重点与难点

（一）教学重点

中共十一届三中全会的内容及其历史意义。

（二）教学难点

改革开放和社会主义现代化建设的基本经验。

四、教学方法与手段

主要使用情境教学法、讨论法。

五、教学特色

（1）情景体验。以浙江嘉兴的发展变化为切入点，以小见大，看整个中国改革开放以来翻天覆地的变化。通过一个个真实的情境，将学生带入那个时代，感受那一历史阶段的风起云涌。通过解读历史材料，学习“改革开放精神”。

（2）学生为主。本教学设计坚持“以学生为中心”这一理念，强调学生学会知识、掌握技能，注重学生课堂生成，在有限的课堂上发掘出无限的可能。或通过史料营造情境，或抛出问题让学生自行搜集史料、解决问题，强调自主探究和小组合作探究相结合，并在此过程中贯穿学法指导，授人以渔，促进学生素养的全面提升。

六、教学活动设计

环节一：导入新课

教师提问：四十多年前的嘉兴，还只是一个“县城”，基础设施落后；改革开放四十多年来，嘉兴政民勠力同心，实现了大城之变。如今的嘉兴，基础设施日臻完善，城市品质不断提升，城乡面貌日新月异。改革开放四十多年，历经几次格局变化和规划调整，“大嘉兴”的格局跃然而出。那么，嘉兴为什么会发生如此翻天覆地的变化呢？

学生回答：改革开放。

【活动意图说明】学生通过教师的讲述，对比嘉兴前后的变化，同时教师提出问题，引出“中国特色社会主义道路”的概念，为后面的教学内容做好铺垫。

过渡：改革开放使嘉兴这座拥有悠久革命传统的“红船之城”焕发了崭新的面貌，那么改革开放改得是什么呢？下面，让我们以嘉兴为例，来学习这一内容：从嘉兴看改革开放。

环节二：讲授新课

（一）解放思想，实事求是——伟大的历史转折

1. 背景介绍

问题：依据材料，分析改革开放前嘉兴的经济形势。

"土政策"使平湖县（今平湖市）养羊量大降

吴兴县养羊事业之所以能够大规模地发展，关键是这个县各级党委注意因地制宜发展畜牧业，认真落实养羊的经济政策和措施。平湖县恰恰相反，各级领导对养羊不够重视，特别是前几年，在林彪、"四人帮"所谓"割资本主义尾巴"的极左思潮的影响下，规定了一些"土政策"，如禁止社员私人割草，各社、队还把河面水草全部收归集体。对交队的羊肥也不按质论价。羊是靠吃草活的，地里的草不准私人割，河面的水草又归集体，社员拿什么来养羊呢？全县羊的饲养量自然大大减少。①

……

学生：改革开放前，嘉兴部分制度僵化，导致经济停滞不前。

教师：没错。不仅当时的嘉兴是这样，而且全国的经济也是如此。有资料显示，在改革开放前，国民经济增长缓慢，工业生产在 1974 年、1976 年停滞不前，1976 年只增长了 0.6%，钢产量倒退 5 年，财政连续 3 年出现赤字。②1978 年 5 月，"真理标准问题的讨论"在全国范围内展开。这次讨论强调实践是检验真理的唯一标准，否定了"两个凡是"的错误观点，重新确立了实事求是的马克思主义思想路线，纠正了长期以来束缚人们的"左"的错误，成为拨乱反正和改革开放的思想先导，为历史性转折作了重要的思想理论准备。1978 年 12 月，在北京召开了中国共产党第十一届中央委员会第三次全体会议。

2. 学生梳理教材

① 以邓小平的《解放思想，实事求是，团结一致向前看》为指导，停止使用"以阶级斗争为纲"的错误口号，作出把党和国家工作重心转移到经济建设上来，实行改革开放的战略决策。

② 重新确立了党的思想路线、政治路线和组织路线，形成以邓小平为核心的第二代领导集体，恢复了党的民主集中制的优良传统。

③ 审查解决了历史上遗留的一批重大问题和一些重要领导人的功过是非问题。

【活动意图说明】教师带领同学们研读教材，建立起教师与学生之间的联系，充分利用教材学习相关知识。

3. 归纳总结

教师出示材料，引导学生结合所学，分析党的十一届三中全会召开的历史意义。

现在就应当适应国内外形势的发展……把全党工作的着重点和全国人民的注

① 节选自《人民日报》1979 年 1 月 10 日第 2 版。

② 见教科书内容。

意力转移到社会主义现代化建设上来。

……

为了保障人民民主，必须加强社会主义法制，使民主制度化、法律化，使这种制度和法律具有稳定性、连续性和极大的权威，做到有法可依、有法必依、执法必严、违法必究。

坚持实事求是、一切从实际出发、理论联系实际的原则，我们党才能顺利地实现工作中心的转变，正确改革与生产力迅速发展不相适应的生产关系和上层建筑。①

学生总结指出党的十一届三中全会的意义：党的十一届三中全会，实现了新中国成立以来党和国家历史上具有深远意义的伟大转折，开启了改革开放和社会主义现代化建设新时期。

【活动意图说明】学生通过课堂学习，史料解读，加深对党的十一届三中全会召开的历史意义的理解。正是因为党的十三届三中全会的召开，才使国家在政治制度、法治建设方面发生了重大转变，实现了新中国成立以来伟大的历史转折。

教师：总之，党的十一届三中全会开始了中国从“以阶级斗争为纲”到以经济建设为中心、从僵化半僵化到全面改革、从封闭半封闭到对外开放的历史性转变，具体表现为改革开放。

（二）敢闯敢试，开拓创新——对内改革

1. 农村经济体制改革

材料一：

让生产队自己安排效果好

浙江省海宁县狮岭公社党委从失败中总结教训，纠正瞎指挥的坏作风，让生产队自己安排生产，收到了好效果。

林彪、“四人帮”横行时期，这个公社农业生产上搞强迫命令，闹得粮食连续四年减产，“四人帮”被粉碎后，这种流毒仍然存在。例如，1977 年的早稻生产，公社党委不问高温干旱的情况，固执地狠抓搁田，命令全公社电灌机站一律不准放水灌溉。结果高温逼熟，早稻一季就减产 137 万斤，平均每亩损失 109 斤……

这两件事深刻地教育了狮岭公社的党委成员。他们总结了经验教训，采取了一些切实有力的措施改正错误，收到了良好效果。

……

四、充分发挥社员代表大会的权利，尊重生产队自主权。公社宣布，生产队有权根据本队实际，确定耕作制度、种植面积。可以搞一年三熟，也可以搞一年两熟。②

① 节选自《中国共产党第十一届中央委员会第三次全体会议公报》，收录于《三中全会以来重要文献选编》（上），人民出版社，1982 年版。

② 节选自《人民日报》1979 年 1 月 17 日第 2 版。

材料二：

嘉兴县新联大队实现高产低成本

加强管理，紧缩开支，靠发挥粮食生产优势致富，去年人均分配331.6元。

……

新联大队平均每人有二亩多耕地，以种植水稻为主。队办企业和多种经营收入甚微。1979年与1977年相比，大队粮食总产量增加598万斤，而农业生产费用占总收入的比例却由22.8%下降到20.5%。去年全大队平均每人生产粮食3005斤，提供商品粮1727斤；社员人均分配收入比1977年增加了119元，每年增加近60元。去年全大队粮食平均亩产超过2000斤，社员人均分配331.6元。这里的农民说："种粮食夺高产，同样可以致富。"

这个大队粮食生产做到高产低成本，重要的一条是实行了"三包一奖赔"的联产计酬责任制。大队对下属生产组包产量、包工分、包成本。成本按过去3年的平均水平，超支赔80%，节支全奖，这个奖赔比例多年来未变。

"三包一奖赔"责任制推动着新联大队的干部社员认真实行经济核算，新联大队每办一件事都要拨拨算盘珠。①

……

材料三：

农村经济"活"起来了——浙江杭嘉湖地区农村市场见闻

立夏前后，记者在浙江杭嘉湖地区，访问了一些农村市场，看到的是一片兴旺景象：乡村小店，门庭若市；早晨的"露水集"，人挤得水泄不通；夜晚，办在村头的"夜交会"，购销两旺。人们都说：好久没见过这么繁荣的市场了，党的好政策带来了兴旺，农村经济开始"活"起来了。

……去年这个地区农村商品销售额近3亿元，比1975年增加近一倍。仅据嘉善、海宁、安吉三个县统计，今年一季度的农村商品销售额，比去年同期增加了29.9%。许多高档品现在都变成了"热门货"。有一次，吴兴县商业部门进了几十台电视机，但接到社队要货的《申请单》就有几百张。高档毛质呢绒现在是紧俏商品。②

教师提出问题：农村经济体制改革的内容是什么？有什么影响？

学生小组合作讨论：

① 农村经济体制改革的主要内容是，废除人民公社旧体制，实行家庭联产承包责任制。

② 主要影响有：农民有了生产和分配的自主权，克服了过去分配中的平均主义弊端，极大地调动了农民的生产积极性，促进了农业的发展，解决了中国人的吃饭问题，稳定了农村，促进了农村建设和发展；推动了城市改革。

教师：不仅农村经济有了很大发展，城市也发生了翻天覆地的变化。我们以一个人物为例，解读城市的经济体制改革。

① 节选自《人民日报》1980年11月8日第2版。

② 节选自《人民日报》1979年5月26日第2版。

2. 城市经济体制改革

嘉兴改革人物步鑫生

立志改革，开拓进取——在全国轻工业厅局长会议上的发言[①]

……

我们海盐衬衫总厂的前身是1956年组织起来的缝纫合作社，当时只有30多名社员。到1975年的20年间，企业发展十分缓慢。全厂固定资产净值只有202000元，企业的全部自有资金也不到5万元，年利润只有5000多元。全厂73名职工中，90%已经到了退休年龄，但无法享受退休待遇，处境相当困难。党的十一届三中全会以后，我们按照集体所有制经济的特点，在改革中进行大胆探索，取得了可喜的成果，使企业恢复了生机，面貌发生了变化。具体表现在四个方面：

第一个变化是：生产得到迅速发展。

第二个变化是：生产条件大大改观。

第三个变化是：产品畅销，任务饱满。

第四个变化是：经济效益不断提高。

……

几年来，我们海盐衬衫总厂能够得到较快的发展，主要是贯彻执行了党的十一届三中全会正确的路线、方针和政策，在当地党委和有关部门的支持下，冲破了一些阻力，进行了一系列改革的探索。

一、打自己的牌子，闯自己的路子，努力搞活经济

1. 立足国内市场，创出三个牌子

在经营方针上，我们坚持“打牌子，闯路子，创特色”。牌子打出以后，我们通过电视、电台、报纸、杂志、路牌、霓虹灯等作广告的形式造舆论，两年来共花了广告费近10万元，在产品宣传上先声夺人。

2. 搞好信息反馈，增强应变能力

……

二、冲破束缚生产力发展的条条框框，立志进行改革

1. 从企业改革需要出发，大胆选拔干部

2. 从厂纪厂风抓起，整顿劳动纪律

3. 从打破“大锅饭”入手，改革分配制度

4. 从集体经济特点出发，修订《劳保制度》

5. 从本厂实际出发，调整劳动时间

……

小组合作探究（限时6分钟）：依据材料并结合所学，谈一谈：步鑫生为什么要改革？改革什么？改革后的效果怎么样？

小组代表回答：

---

① 节选自《人民日报》1984年3月10日第2版。

① 改革的原因：增强企业活力。

② 改革的主要内容有以下三个方面：

一是管理体制改革。政企分开，简政放权，企业成为自主经营、自负盈亏的生产者和经营者。

二是所有制改革。变单一的公有制经济为以公有制经济为主体，多种所有制经济共同发展。

三是分配体制改革。实行以按劳分配为主体，多种分配方式并存的分配制度。

③ 改革后的效果：生产力得到解放和发展，经济效益不断提高，为其他企业改革提供了经验。

教师补充：关于“经济体制改革”的总体认识。

【活动意图说明】通过嘉兴县生产队以及企业家步鑫生的实例，展现了农村和城市经济体制改革的内容与效果，加强学生对改革的理解。

（三）开放包容，兼容并蓄——对外开放

浙江加快开放　呼应浦东开发——一批经济技术开发区正加紧建设①

本报杭州 11 月 1 日电 记者赵相如报道：浙江省党政领导干部连日来集中学习党的十四大文件，领会精神实质，并联系浙江实际，实施全省对外开放总体布局，进一步提高对外开放程度，呼应和配合浦东的开发开放。

近些年来，浙江省已有一批开发区，截至 9 月底已引进项目 971 个，总投资额 14 亿元，吸引外资金额达 5 亿多美元。特别是宁波北仑港工业区和经济技术开发区，今年以来已出口创汇 7421 万美元，实现利税 1.13 亿元，比去年均有大幅度增长。杭州市到 9 月底吸收外资已超常规发展，批准外商投资企业及总投资均超过前 9 年累计的总数。钱江投资区和高新技术产业开发区完成了“四通”的基础工程，已有 16 个建设项目正在抓紧开工前的各项基础工作。国际机场建设、沪杭高等级公路建设、千岛湖对外开放开发、杭州市内老城区改造等都有不同程度的进展。温州、嘉兴、湖州、绍兴、舟山、椒江等较大经济开发区启动工作均已全面展开。

浙江省委、省政府要求各级干部在学习党的十四大精神的基础上，继续解放思想，更新观念，转换脑筋，在进一步对外开放上用足用好已经出台的各项改革措施，充分研究利用浦东的优惠政策，特别是外高桥保税区的政策，创造条件使浙江省的政策法规与国际惯例对接。

同时，在沪杭高速公路沿线和枫泾、乍浦两点之间形成一个广泛接受浦东辐射的扇面，进而带动腹地的建设。对一批效益好的骨干企业，搞外资嫁接改造，赋予丝绸行业一批创汇企业自营出口权。

问题：依据材料并结合所学，分析为什么要建立经济特区、开发区？

学生：① 国家贫困，人民生活水平低，向往美好生活；国家领导人具有开放的意识，

① 节选自《人民日报》1992 年 11 月 2 日第 1 版。

并召开了党的十一届三中全会，并作出对外开放的伟大决策。② 世界经济一体化进程加快；“亚洲四小龙”经济腾飞的借鉴作用；20 世纪 70 年代，国际关系的缓和。

1. 经济特区

（1）经济特区的设立。

1980 年 5 月，中央决定在深圳、珠海、汕头、厦门设立经济特区。1988 年 4 月 13 日，设立海南经济特区。

【**想一想**】为什么经济特区建立在沿海地区？

① 靠近国际市场；

② 历史上这些地方与海外有密切交往；

③ 交通便利；

④ 有许多海外华侨、外籍华人的祖籍在这里。

（2）“经济特区”的含义及特点。

经济特区是指国家划出一定的范围，在引进外资、减免税收等方面给予特殊优惠，以此引进外资、外国的先进技术和管理经验，推动国家经济的发展。

“特”的表现：第一实行特殊的经济政策；第二实行不同于内地的经济管理体制。经济活动以市场调节为主。

我国设置的经济特区不是政治特区，它的前提是在中国共产党的领导下、中华人民共和国完全行使主权管辖，在政治上坚持四项基本原则，在思想文化上坚持社会主义方向。

（3）经济特区设立的作用。

特区外向型经济的建立与发展，对沿海地区实行外向型经济战略，具有探索和示范作用。特区的改革，为全国提供了宝贵经验。

2. 对外开放的新格局

教师总结：我国对外开放形成由经济特区、沿海开放城市、沿海经济开放区、沿江和沿边开放城市、内地的新格局。但是在改革开放实行后，社会上出现了不同的声音。根据材料并结合所学知识，如何认识姓“资”姓“社”的争论与建立社会主义市场经济体制的争论。

> 材料：我国经济体制改革确定什么样的目标模式，是关系整个社会主义现代化建设全局的一个重大问题。这个问题的核心，是正确认识和处理计划与市场的关系。传统的观念认为，市场经济是资本主义特有的东西，计划经济才是社会主义经济的基本特征。①

学生思考后回答：资本主义也可以有计划，社会主义也可以有市场；计划和市场不是社会主义和资本主义的区别。这是一场深刻的思想解放，推动了社会主义市场经济改革目标的确立。

3. 确定建立社会主义市场经济体制目标

学生自主梳理教材，通过课前学案认识社会主义市场经济体制。

① 江泽民. 加快改革开放和现代化建设步伐，夺取有中国特色社会主义事业的更大胜利——江泽民在中国共产党第十四次全国代表大会上的报告（1992 年 10 月 12 日）[EB/OL].（1992-10-12）[1992-10-12]. https://www.gov.cn/test/2007-08/29/content_730511.htm.

（1）“市场经济”的含义：是一种通过市场需求强弱的变化来自然调整资源配置，实现推动和调节经济发展的经济模式。

（2）社会主义市场经济体制的特征：社会主义市场经济除了有市场经济的基本特征外，还有一些自己独特的地方，主要体现在：社会主义制度决定它要坚持以公有制为主体，多种所有制并存；坚持全体人民共同富裕的发展目标；坚持国家宏观调控下的市场机制，而不是完全放任的市场机制。

（3）建立社会主义市场经济体制目标确定过程：1978 年，党的十一届三中全会决定改革开放；1978 年后，农村、城市开始进行经济体制改革；1980 年，开始对外开放；1982 年，党的十二大提出“建设有中国特色的社会主义”；1987 年，党的十三大提出社会主义初级阶段理论，确定“一个中心，两个基本点”的基本路线；1992 年，邓小平发表南方谈话；1992 年，党的十四大提出我国经济体制改革的目标是建立社会主义市场经济体制。

【活动意图说明】学生依据材料、课堂学习知道对外开放及社会主义市场经济体制目标确立的意义，并在学习过程中充分理解中国特色社会主义道路的曲折与成就，培养家国情怀。

环节三：小结

通过学习本课，你认为“改革开放精神”的内涵是什么？

学生：要求解放思想、实事求是，提倡敢闯敢试、开拓创新，主张开放包容、兼容并蓄，强调科学发展、务求实效。

结束语：改革开放精神与时俱进。不仅是上述精神内涵，党培育产生的具体精神形态主要包括：小岗精神，拓荒牛精神和特区精神，女排精神，浦东精神，九八抗洪精神，抗震救灾精神，北京奥运精神，改革先锋精神（含孔繁森精神、杨善洲精神等）等。这些都是不同时空条件下的改革开放精神。改革开放精神不是某个领域、某个地方、某一时间段、某一时间点上的具体精神形态，而是涵盖改革开放全方位、全过程的主要精神形态，是这一时期各种具体精神形态主题的集中概括。伟大改革开放精神与伟大改革开放实践互为支撑、相互促进、相得益彰，在走向中华民族复兴道路上矗立了新的丰碑。

【活动意图说明】回归本课主题，解读“改革开放精神”的具体内涵，深化学生对于“改革开放精神”的认识。

七、作业设计

改革开放以来，不仅是嘉兴，全国各地都发生了翻天覆地的变化。以你的家乡为例，利用多种形式展现改革开放前后家乡的巨大变化。

要求：① 搜集、拍摄两张展现改革开放前后家乡变化的照片，并注明时间；② 根据两幅照片，写一篇小论文，观点明确，逻辑清晰，史论结合。

参考文献

中共嘉兴市委宣传部等 . 人民日报看嘉兴 [M]. 杭州：浙江人民出版社，2018.

高中学段：改革实践这样走来

基本信息表					
教师	孙立佳	学校	唐山市第二中学	学段	高中一年级
教科书版本及章节	思想政治必修 1《中国特色社会主义》，人民教育出版社，2020 年 7 月第 2 版；第 3 课第 1 框题 伟大的改革开放				

一、学情分析

（一）教学内容分析

“伟大的改革开放”是统编版必修 1《中国特色社会主义》第 3 课第 1 框题。本框题围绕党的十一届三中全会开启的改革开放历程，讲述党的十一届三中全会取得的成果及意义，改革开放进程中的重要事件，阐释改革开放的重要意义以及启示。

（二）学习者分析

1. 知识基础

高一年级学生对改革开放的知识有了一定的了解，在本书的第二课已经学习了社会主义革命和建设，这为本框题的学习打下了知识基础。

2. 能力基础

高一年级学生思维活跃，学习积极性高，有着较高的学习兴趣，但是分析问题和解决问题的能力较差，对事物缺乏理性认识。

3. 发展要求

要以课程标准和教材为依据，以发展学生思想政治学科核心素养为目标，重视基础知识和基本理论的教学，增强学生对改革开放的情感体验，有意识地培养学生的归纳总结和知识迁移能力。

二、教学目标

政治认同：通过了解改革开放背景，体会全面深化改革的必要性；通过探究改革开放的历程，体悟改革开放精神；理解坚持党的全面领导是坚持和发展中国特色社会主义的必由之路。

科学精神：明确党在十一届三中全会上所作出的实行改革开放的重大决策是符合我国国情的，是符合我国社会发展规律的。能够运用中国特色社会主义相关理论分析问题、解决问题。

法治意识：增强法治意识，推进国家治理体系和治理能力现代化。

公共参与：明确改革开放对我国的重大影响，理解改革永无止境，积极支持改革，参与改革。

三、教学重点与难点

（一）教学重点

改革开放的进程和改革开放的历史意义。

（二）教学难点

改革开放的进程。

四、教学方法与手段

议题式教学，设置情境，探究讨论，启发式教学。

五、教学特色

注重让学生自主学习与合作性学习，以探究活动为载体，发挥学生的主体作用；通过时事材料，使课本知识更形象地展现出来，增强学生的学习体验，提高学习积极性；在教学中循循善诱，帮助学生把握重点和难点。

六、教学活动设计

环节一：导入新课

“中国人民具有伟大梦想精神，中华民族充满变革和开放精神。”“改革开放铸就的伟大改革开放精神，极大丰富了民族精神内涵，成为当代中国人民最鲜明的精神标识！”①

40 多年时光荏苒，中国发生了巨大变化。在中国共产党的领导下，中国人民在改革开放 40 多年的奋斗中取得了巨大成就，也铸就了伟大的改革开放精神。改革开放是在怎样的背景下展开的？改革开放是怎样进行的？改革开放给我们带来了什么？带着这些问题走进我们的课堂，结合改革实践历程，体悟改革开放精神。

【活动意图说明】通过习近平总书记的讲话引出本课课题，引发学生思考，为后面的合作探究做好铺垫。

环节二：讲授新课——揭开改革开放的序幕

党的十一届三中全会是划时代的，开启了改革开放和社会主义现代化建设历史新时期。当时，世界经济快速发展，科技进步日新月异。我国由于“文化大革命”十年内乱，经济濒临崩溃的边缘，人民温饱都成问题，国家建设百业待兴。在党和国家面临何去何从的重大历史关头，邓小平同志振聋发聩地指出：“如果现在再不实行改革，我们的现代化事业和社会主义事业就会被葬送。”在邓小平同志领导下和老一辈革命家支持下，党的十一届三中全会冲破长期“左”的错

① 习近平．在庆祝改革开放四十周年大会上的讲话（2018 年 12 月 18 日）[M]．北京：人民出版社，2018.

误的严重束缚，果断结束“以阶级斗争为纲”，重新确立马克思主义的思想路线、政治路线、组织路线，作出把全党工作重点转移到社会主义现代化建设上来、实行改革开放的历史性决策，实现了新中国成立以来党的历史上具有深远意义的伟大转折，开启了我国改革开放和社会主义现代化建设的新时期。①

1. 情境探究

结合材料回答，改革开放的历史背景、党的会议名称，并概括这次会议的伟大意义。

2. 学生展示

背景：“文化大革命”结束后，党和国家面临何去何从的重大历史关头。

会议：党的十一届三中全会。

意义：党的十一届三中全会开启了改革开放历史新时期，全会明确指出党在新时期的历史任务是把我国建设成为社会主义现代化强国，揭开了改革开放的序幕。

3. 教师总结

在党和国家面临何去何从的重大历史关头时，1978 年 12 月，党的十一届三中全会在北京召开。根据当时中国国情，大会重新确立了马克思主义的思想路线、政治路线和组织路线，作出了实行改革开放的历史性重大决策。伟大的社会主义改革开放，正是从这次全会揭开序幕。改革开放呈现出解放思想、实事求是的政治自觉、思想自觉、理论自觉与行动自觉，从而不断推进马克思主义中国化、时代化、大众化的进程，不断开辟当代马克思主义发展新境界。

【活动意图说明】通过引导学生分析材料，并结合课本知识体会改革开放召开的背景，明确改革开放的重大决策是符合国情的，体悟解放思想、实事求是的思想。

环节三：讲授新课——改革开放的历程

艰难困苦，玉汝于成。40 年来，我们解放思想、实事求是，大胆地试、勇敢地改，干出了一片新天地。从实行家庭联产承包、乡镇企业异军突起、取消农业税牧业税和特产税到农村承包地“三权”分置、打赢脱贫攻坚战、实施乡村振兴战略，从兴办深圳等经济特区、沿海沿边沿江沿线和内陆中心城市对外开放到加入世界贸易组织、共建“一带一路”、设立自由贸易试验区、谋划中国特色自由贸易港、成功举办首届中国国际进口博览会，从“引进来”到“走出去”，从搞好国营大中小企业、发展个体私营经济到深化国资国企改革、发展混合所有制经济，从单一公有制到公有制为主体、多种所有制经济共同发展和坚持“两个毫不动摇”，从传统的计划经济体制到前无古人的社会主义市场经济体制再到使市场在资源配置中起决定性作用和更好发挥政府作用，从以经济体制改革为主到全面深化经济、政治、文化、社会、生态文明体制和党的建设制度改革，党和国家机构改革、行政管理体制改革、依法治国体制改革、司法体制改革、外事体制改革、社会治理体制改革、生态环境督察体制改革、国家安全体制改革、国防和军队改革、党的领导和党的建设制度改革、纪检监察制度改革等一系列重大改革扎

① 中共中央宣传部 . 习近平新时代中国特色社会主义思想学习问答［M］. 北京：人民出版社，2021.

实推进，各项便民、惠民、利民举措持续实施，使改革开放成为当代中国最显著的特征、最壮丽的气象。①

改革，即对内改革，就是在坚持社会主义制度的前提下，自觉地调整和改革生产关系同生产力、上层建筑同经济基础之间不相适应的方面和环节，更好地实现广大人民群众的根本利益。

改革开放精神，就是不断突破体制和利益的藩篱，勇敢去试、大胆去闯。对内改革从农村到城市、从试点到推广、从经济体制改革到全面深化改革，不断推进理论创新、制度创新。实践证明，唯改革才有出路。

1. 情境探究

结合教材第 32 ~ 33 页，以小组为单位，列出我国对内改革的历程。（提示：可以从起始阶段、新阶段、新的发展阶段等三个阶段展开）

2. 学生展示

（1）第一阶段（起始阶段）。

①党的十一届三中全会后，农村改革率先取得突破，家庭联产承包责任制得以推行，乡镇企业迅速发展；

②党的十二届三中全会的召开，标志着中国改革重点从农村转向城市，企业改革迈出重要步伐。

（2）第二阶段（新阶段）。

① 1992 年邓小平南方谈话和党的十四大明确建立社会主义市场经济体制目标；

② 1993 年召开的党的十四届三中全会就建立社会主义市场经济体制进行部署；

③ 2003 年召开的党的十六届三中全会围绕完善社会主义市场经济体制进行部署。

（3）第三阶段（新的发展阶段）。

① 2013 年召开的党的十八届三中全会作出全面深化改革的重要部署，提出要使市场在资源配置中发挥决定性作用和更好发挥政府作用，全面深化改革取得重大突破；

② 2018 年召开的党的十九届三中全会，提出深化党和国家机构改革；

③ 2019 年召开的党的十九届四中全会专题研究了坚持和完善中国特色社会主义制度、推进国家治理体系和治理能力现代化的问题；

④ 2021 年，《中华人民共和国国民经济和社会发展第十四个五年规划和 2035 年远景目标纲要》对全面深化改革和实行高水平对外开放作出部署。这使得改革开放向纵深推进，推动经济社会发展取得历史性伟大成就。

开放，即对外开放，是加快我国现代化建设的必然选择，符合当今时代的特征和世界发展的大势，是必须长期坚持的一项基本国策。在世界多极化、经济全球化、文化多样化、社会信息化深入发展的今天，世界各国安危与共、命运相连，越来越成为你中有我、我中有你的命运共同体。中国的发展离不开世界，世界的繁荣也需要中国。改革开放要求我们向世界学习一切先进理念、技术和管理，借鉴人类文明一切优秀成果，体现了开放包容、兼容并蓄的品格。

① 习近平 . 在庆祝改革开放四十周年大会上的讲话（2018 年 12 月 18 日）[M]. 北京：人民出版社，2018.

1. 情境探究

结合教材第 32 ～ 33 页，以小组为单位，列出我国对外开放的历程。（提示：可以从起始阶段、新阶段、新的发展阶段等三个阶段展开）

2. 学生展示

（1）第一阶段（起始阶段）。

全方位、多层次、宽领域的对外开放格局基本形成。

① 1980 年，深圳、珠海、汕头、厦门四个经济特区设立，标志着我国对外开放迈出关键步伐；

② 1984 年，开放了大连、青岛等 14 个沿海港口城市；

③ 1988 年，设立海南省，并把海南开辟为经济特区；

④ 1990 年，开发开放上海浦东；

⑤ 1992 年，开放沿长江的 5 个城市，又开放 17 个内陆省会城市，同时从东北、西北到西南开放了一系列沿边城市，我国全方位、多层次、宽领域的对外开放格局基本形成。

（2）第二阶段（新的阶段）。

2001 年成功加入世界贸易组织。

（3）第三阶段（新的发展阶段）。

① 2013 年，设立中国（上海）自由贸易试验区；

② 2017 年，党的十九大提出形成全面开放新格局；

③ 2021 年，《中华人民共和国国民经济和社会发展第十四个五年规划和 2035 年远景目标纲要》对全面深化改革和实行高水平对外开放作出部署。这使得改革开放向纵深推进，推动经济社会发展取得历史性伟大成就。

【活动意图说明】通过学生小组合作探究，充分发挥学生主体作用，调动学生学习积极性，掌握我国对内改革和对外开放的历程，从中体悟解放思想、实事求是，开拓创新、勇于担当，开放包容、兼容并蓄的精神品格。

环节四：讲授新课——改革开放的意义

40 年来，我们始终坚持以经济建设为中心，不断解放和发展社会生产力，我国国内生产总值由 3679 亿元增长到 2017 年的 82.7 万亿元，年均实际增长 9.5%，远高于同期世界经济 2.9% 左右的年均增速。我国国内生产总值占世界生产总值的比重由改革开放之初的 1.8% 上升到 15.2%，多年来对世界经济增长的贡献率超过 30%。我国货物进出口总额从 206 亿美元增长到超过 4 万亿美元，累计使用外商直接投资超过 2 万亿美元，对外投资总额达到 1.9 万亿美元。我国主要农产品产量跃居世界前列，建立了全世界最完整的现代工业体系，科技创新和重大工程捷报频传。我国基础设施建设成就显著，信息畅通，公路成网，铁路密布，高坝矗立，西气东输，南水北调，高铁飞驰，巨轮远航，飞机翱翔，天堑变通途。现在，我国是世界第二大经济体、制造业第一大国、货物贸易第一大国、商品消费第二大国、外资流入第二大国，我国外汇储备连续多年位居世界第一，中国人民在富起来、强起来的征程上迈出了决定性的步伐！

……

40年来取得的成就不是天上掉下来的，更不是别人恩赐施舍的，而是全党全国各族人民用勤劳、智慧、勇气干出来的！我们用几十年时间走完了发达国家几百年走过的工业化历程。在中国人民手中，不可能成为了可能。我们为创造了人间奇迹的中国人民感到无比自豪、无比骄傲！①

习近平总书记《在庆祝改革开放40周年大会上的讲话》中明确指出改革开放40年来我国发展的成就，结合习近平总书记重要讲话和教材第34 ~ 35页分析。

1. 分析回答下列问题

（1）改革开放的主体力量是什么？

（2）改革开放取得了哪些成就？有什么意义？

（3）改革开放的脚步能停止吗？

2. 学生展示

（1）改革开放的主体力量——人民。

（2）改革开放的重大意义：

一是改革开放极大地改变了中国的面貌、中华民族的面貌、中国人民的面貌、中国共产党的面貌。中华民族迎来了从站起来、富起来到强起来的伟大飞跃，中国特色社会主义迎来了从创立、发展到完善的伟大飞跃，中国人民迎来了从温饱不足到小康富裕的伟大飞跃。中华民族正以崭新姿态屹立于世界的东方。

二是改革开放是党和人民大踏步赶上时代的重要法宝，是坚持和发展中国特色社会主义的必由之路，是决定当代中国命运的关键一招，也是决定实现“两个一百年”奋斗目标、实现中华民族伟大复兴的关键一招。

（3）改革开放的脚步能停止吗？

实践发展永无止境，解放思想永无止境，改革开放也永无止境，停顿和倒退没有出路。对外开放是中国的基本国策。当今世界是开放的世界，开放带来进步，封闭必然落后。改革开放只有进行时，没有完成时。

实践证明，实践发展永无止境，解放思想永无止境，改革开放也永无止境。新时代实现现代化强国的战略目标，实现中华民族伟大复兴需要大力弘扬改革开放精神，坚定不移继续走好改革开放之路，走中国特色社会主义道路。

【活动意图说明】引导学生结合我国发展最新实际，了解我国改革开放取得的成就，明确改革开放对我国的重大影响，理解改革开放永无止境。

七、作业设计

2018年是我国改革开放40周年。党中央决定，围绕庆祝改革开放40周年，以党中央、国务院名义表彰一批为改革开放做出杰出贡献的个人。对受表彰个人授予“改革先锋称号”，颁授改革先锋奖章，对受表彰的外籍人士颁授中国改革友谊奖章。

请选取一位你关注的改革先锋，说说他为国家和社会发展做出了哪些贡献？“改革先

① 习近平．在庆祝改革开放四十周年大会上的讲话（2018年12月18日）[M]．北京：人民出版社，2018.

锋”体现了怎样的精神？

参考文献

[1] 习近平. 在庆祝改革开放40周年大会上的讲话（2018年12月18日）[M]. 北京：人民出版社，2018.

[2] 中共中央宣传部. 习近平新时代中国特色社会主义思想学习问答[M]. 北京：人民出版社，2021.

大学学段：弘扬改革开放精神　凝聚民族复兴伟力

基本信息表					
教师	冯子珈	学校	北京工业大学	学段	本科二年级
课程	毛泽东思想和中国特色社会主义理论体系概论				
教科书版本及章节	《毛泽东思想和中国特色社会主义理论体系概论》（2023年版），高等教育出版社；第六章 邓小平理论				

一、学情分析

（一）教学内容分析

本专题围绕“改革开放精神”这一主题，具体从“改革开放是决定当代中国命运的关键一招”“改革开放精神的内涵本质与核心要义”“改革开放精神的价值意蕴与弘扬路径”三个方面展开讲授，旨在帮助学生深入理解“改革开放铸就的伟大改革开放精神，极大地丰富了民族精神内涵，成为当代中国人民最鲜明的精神标识”，改革开放是中国摆脱贫穷落后的必由之路，也是实现中华民族伟大复兴的必由之路。在新时代继续把改革开放推向前进，离不开伟大改革开放精神的传承和弘扬。

第一部分，通过对改革开放史的回溯，生动展现改革开放所取得的历史性成就，彰显改革开放的时代意义，表明改革开放是决定当代中国命运的关键一招，改革开放铸就了伟大改革开放精神，改革开放精神是在改革开放的伟大实践中淬炼的。在新时代继续推进改革开放，实现中华民族伟大复兴，离不开对改革开放精神的弘扬和发展。

第二部分，通过案例呈现、讨论互动，帮助学生深化对“改革开放精神”内涵本质与核心要义的理解。改革开放精神是解放思想、实事求是的创新精神，是敢闯敢试、敢为人先的开拓精神，是互利合作、命运与共的包容精神以及脚踏实地、埋头苦干的务实精神。

第三部分，结合新中国成立以来、改革开放以来、党的十八大尤其是党的二十大以来的重要论述和重要实践，阐释清楚改革开放精神的时代价值，在此基础上创设提问引导学生立足自身发展，分享如何有效融入改革开放伟大实践，弘扬伟大改革开放精神，如何更好担当民族复兴的重任，共同探讨新时代改革开放精神的实践要求与弘扬路径。

第四部分，以理论与实践相结合的思路为指引，引导学生围绕改革开放精神在中华大地的生动实践，在课下以小组形式开展调研活动，形成《调研报告》。《调研报告》在课堂上进行分享、展示。帮助学生在这个过程中深刻领会改革开放精神赋予改革开放伟大实践的精神力量，由此激发大学生在中国特色社会主义现代化国家新征程中的责任担当和主体意识。

（二）学习者分析

1. 善于独立思考分析，但需要借助教师专业引领

移动互联网技术的高速发展，使得信息传递与交流方式都呈现深度的多元化与丰富化，当前正在经历一个由媒介变革所引领的全媒体时代，人工智能技术的应用和各种新媒体的不断涌现改变了学生交流方式，进而影响学生的思维方式、行为方式。一方面，当代大学生获取的信息更加多元多样，他们思想活跃、善于思考，乐于主动探索新领域和新知识；另一方面，受到年龄和阅历的限制，他们的心智尚未完全成熟，对于多样化的信息缺乏判断能力，很容易陷入杂乱无章、盲目多元，甚至“三观”不正的窘境。譬如，对于“改革开放精神”内涵和核心要义等相关问题，学生们可能有初步的认识，但真正让他们详细、全面、专业地进行阐释，又欲言又止，或答非所问，不知道该从何处下手解释，抑或是受到部分网络不良信息的诱导，错误解读改革开放精神，容易陷入历史虚无主义的泥沼，因此需要对其加强教育引导。

2. 善于表达交流展示，但思维逻辑力有待提升

新时代大学生群体绝大部分都是热情奔放、积极乐观，都能较为自信地展示自我，善于与同学、老师沟通交流。对于诸如践行“改革开放精神”等话题，学生们都能或多或少表达自己的看法和认识，并不吝啬共享交流。但是，学生们的认知领域比较窄，语言表达（或文字表达）逻辑性较差，通常是想到哪里就说到哪里，突然想到什么就说什么，毫无结构章法，侧面反映出学生的思维逻辑力相对欠缺。

3. 善于自主探究学习，但问题意识和实践素养有待增强

成长在新时代的“00”后大学生，从小的成长环境使他们具有更广阔的视域和更广泛的兴趣爱好，具有一定的自主学习探究意识，对一些问题有自己的看法认知。但与此同时，这些认知往往还停留于表层，深入探究其本质、根源的能力还不够，缺乏学习的问题导向，更难于将所学内容与自身联系贯通起来。对于我国改革开放变化、改革开放精神引领力等知识点，学生们虽了解其内容表述，但并未准确把握此变化与自身究竟有什么关系，不能将改革开放精神内化为激励自身前行的精神力量，对青年所肩负的使命担当尚不清晰，未能结合自身实际深刻领会改革开放与自我成长、新时代青年发展与民族复兴伟大梦想的契合。问题意识、生活导向、实践素养不够，自身感受度、主人翁意识等还有待于进一步提升。

二、教学目标

（一）认知目标

运用马克思主义唯物史观，引导学生学习探究中国共产党带领人民取得伟大成就的精神力量。引导学生深刻感悟我国改革开放的伟大意义，充分认识到改革开放是实现中华民族伟大复兴的关键一招，全面把握改革开放精神的内容本质、核心要义和价值意蕴。引导

学生深刻认识新时代青年肩负传承弘扬改革开放精神、凝聚起奋勇向前的磅礴力量的重要意义。

（二）能力目标

通过改革开放发展进程以及改革开放精神的讲解，逐步培养学生历史性思维逻辑；通过对新时代我国全面深化改革的多维度解析，提升学生多维度视角认识、分析、研究问题的能力，引导学生注重理论与实践相互结合。

（三）情感与价值目标

引导学生从改革开放精神中汲取奋进力量，将伟大改革开放精神内化为促进自身成长成才的精神品质并转化为实际行动，激发学生的爱国热情与时代记忆。特别是在全面认知新时代我国全面深化改革、推进社会主义现代化建设事业的过程中，逐步培养起对中国特色社会主义进入新时代的情感认同，坚定“四个自信”，并自主、自觉、自愿地为建成社会主义现代化强国、实现中华民族伟大复兴中国梦贡献自己的力量。

三、教学重点与难点

（一）教学重点

本节课重在围绕着“弘扬改革开放精神 凝聚民族复兴伟力”这一主题，从中国共产党带领人民为实现民族复兴而开辟的改革开放和社会主义现代化的伟大征程中，引导学生深刻感悟我国改革开放的伟大意义，全面把握改革开放精神的内容本质、核心要义和价值意蕴，充分认识到改革开放精神极大地丰富了民族精神内涵，成为当代中国人民最鲜明的精神标识。激励新时代大学生从改革开放史学习中提升思想境界、汲取奋进力量、激励时代担当。

（二）教学难点

一方面，通过全面回顾我国改革开放史，引导学生认识其内在的历史性与现实性，讲清楚伟大改革开放精神的内涵本质、核心要义，充分体现伟大改革开放精神这一教学内容的学理性和知识性，此为第一大难点；另一方面，要凸显伟大改革开放精神的价值意蕴，讲清楚中国特色社会主义进入新时代，如何全面认识新时代推进我国全面深化改革的目标任务，引导学生树立多维度认知思维，并实现价值塑造，此为第二大难点。

四、教学方法与手段

（1）专题讲授式教学法，立足教材的同时，针对学生思想实际和现实热点组织教学；

（2）问题式教学法，抛出问题、创设疑问，引导学生思考探究；

（3）互动式教学法，教师讲授、启发式提问以及讨论相结合；

（4）案例式教学法，由案例作为教学材料，结合教学主题，通过讨论、问答等师生互动的教学活动设计，帮助学生理解和解析问题；

（5）运用 PPT、使用视频播放，以及图片、动画等多媒体教学形式；

（6）利用板书进行本节重要知识点的文字提示，直观解析其与讲解过程之间的关系；

（7）结合实践环节，引导学生围绕改革开放精神在中华大地的生动实践开展相关调研活动，在实践中深入领会改革开放精神的价值意蕴。

五、教学活动设计

【课程导入】视频播放：用播放视频的方式引入本节课的主题。1978 年 10 月 24 日，邓小平参观了日本日产汽车公司，得知该厂人均每年汽车生产量为 94 辆后，深有感触地说，比中国最先进的长春第一汽车制造厂的人均年产量竟多出 93 辆。同样是生产汽车，日本竟是中国的几十倍，面对巨大的差距，邓小平陷入沉思。他指出，如果现在再不实行改革，我们的现代化事业和社会主义事业就会被葬送。改革开放势在必行。从此在中华大地上我们开启了从农村到城市、从沿海到内地、从经济领域到其他各个领域的渐进式改革开放之路。改革开放极大地改变了中国的面貌。

【教学意图】通过导入这段视频，引发学生学习兴趣和思考改革开放为什么能够成功？然后聚焦主题——改革开放铸就了伟大改革开放精神。“改革开放铸就的伟大改革开放精神”，是习近平总书记提出的一个具有战略意义的重大命题和科学论断，高度概括了改革开放精神的形成规律及其价值定位。伟大改革开放精神，是中国共产党领导下的中国人民在改革开放伟大实践中铸就的精神风貌、精神气概和精神品质，是中华民族的优秀品格与时代特征相结合的必然产物，是改革开放伟大实践能够顺利推进的重要精神支撑。

【教学用时】5 分钟。

第一部分　改革开放是决定当代中国命运的关键一招

本部分旨在帮助学生理解、掌握改革开放的伟大历史与现实意义，改革开放铸就了伟大的改革开放精神，改革开放是决定当代中国命运的关键一招，也是决定实现“两个一百年”奋斗目标、实现中华民族伟大复兴的关键一招。

第一，改革开放是提高我国经济实力、实现综合国力由弱变强的历史必然，使中国从经济全球化的旁观者变成经济全球化的参与者、贡献者和引领者。改革开放以来，我们迅速从一个物资匮乏的国家变成“世界工厂”，完成经济发展方式的转型升级，由此带动了社会治理方式全方位的进步，我国经济总量不断迈上新台阶，综合国力和国际竞争力由弱变强，成功实现由低收入经济体向上中等收入经济体的历史性跨越。与此同时，中国对世界经济的贡献率多年来超过 30%。中国积极参与全球治理，在国际反恐、应对气候变化、为贫困国家和地区提供援助等方面展示了负责任大国的形象。特别是“一带一路”倡议和构建人类命运共同体的提出，体现了中国为世界繁荣发展提供中国方案、贡献中国力量的责任担当。

第二，改革开放是改善人民生活、实现人民对美好生活向往的历史必然，激发广大民众活力，提高广大人民群众幸福感和获得感。改革开放以来，我国人民群众得到的实惠最多、生活水平提高得最快，城乡居民生活由温饱不足到总体小康再向全面小康迈进，社会保障从低水平到建立制度框架再到全覆盖，综合国力迈上新台阶。1978—2020 年，我国城镇化率由 17.92% 提升到 60% 左右，城镇居民人均可支配收入从 343.4 元提升到 43834 元，农村居民人均可支配收入从 134 元提升到 17131 元，社会消费品零售总额从 1559 亿元提升到 391981 亿元。改革开放的过程就是人民群众所蕴含的磅礴力量不断释放的过程。中国改革开放之所以能成功，根本原因在于改革开放顺应了中国人民要发展、要富裕、要美好生活的愿望和诉求，赢得了广大人民群众的极大拥护和支持。

第三，改革开放铸就伟大改革开放精神，新时代新征程继续把改革开放推向前进，实现中华民族伟大复兴离不开改革开放精神的传承和弘扬。党的十一届三中全会是伟大的历史性转折，改革开放以来的实践是前无古人的探索，正是历史性转折，才会带来精神上的历史性变化，才会产生全新的精神。改革开放实践的特点决定伟大改革开放精神的特点。在伟大实践中孕育伟大精神，又以伟大精神鼓舞伟大实践。改革开放精神是在改革开放过程中不断淬炼的，改革开放精神不是某个领域、某个地方的精神，而是涵盖全方位的精神。改革开放精神也不是某一时间段、某一时间点的精神，而是涵盖全过程的精神。中国共产党在领导中国人民自觉在理论和实践互动的创新中，不断培育和铸就新的精神。伟大改革开放精神是对过去的各方面各领域精神进行的集中概括，是在以往不同时期总结的基础上进行的最新总结。新时代新征程上需要在改革开放伟大实践中弘扬伟大改革开放精神。

【教学意图】贯通、强化学生在大学之前学段的知识储备，注重几门大学思政课内容的内在衔接，讲清楚改革开放是当代中国发展进步的活力之源，是我们党和人民大踏步赶上时代前进步伐的重要法宝，帮助学生从理论基础及内在逻辑层面理解改革开放的重大意义，理解改革开放铸就了伟大改革开放精神，理解实践与精神的相互作用。

【教学设计】此部分重在原理阐述上，以教师讲授为主，逻辑性和学理性较强，坚持历史逻辑、理论逻辑、实践逻辑以及价值逻辑相统一，史论结合，帮助学生夯实理论知识基础。

【教学用时】20 分钟。

第二部分　全面理解改革开放精神的内涵与核心要义

学习改革开放精神，首先要对“什么是改革开放精神”有一个正确、全面的认知，改革开放精神的内涵与核心要义是贯穿于改革开放全过程并引领和支配其向前演进的特定的思想观念和价值原则，它不仅是改革开放精神的内在精义和灵魂，也是伟大的改革开放时代赖以运行和发展的精神源泉和动力，主要包括但不限于以下四个方面。

1. 改革开放精神是解放思想、实事求是的创新精神

案例呈现：1978 年 5 月 11 日，刊发于《光明日报》的《实践是检验真理的唯一标准》一文掀起了一场有关“真理标准问题”的大讨论；12 月 13 日，邓小平同志在中央工作会议闭幕会上所作的《解放思想，实事求是，团结一致向前看》讲话成为一次重要的动员令；12 月 18 日，党的十一届三中全会在北京召开，拉开了改革开放的序幕；那一年的寒夜，安徽省凤阳县小岗村 18 位庄稼汉按下鲜红手印，拉开了我国农村改革的序幕。一场大讨论，一个动员令，一次重要的会议，一声改革的“春雷”。从此，改革成为时代强音，开放成为时代潮流。

分组讨论：通过几组案例展示，引导学生深刻体会没有思想的大解放，就不会有改革的大突破。解放思想、实事求是的创新精神使改革开放获得前行的动力，破解了思想观念、体制机制的障碍。同时，通过案例中安徽凤阳县小岗村今昔发展对比（40多年前，安徽省凤阳县小岗村18位衣衫褴褛的农民，在一间低矮破旧的茅草屋里立下“生死契约”，摁下鲜红手印，搞起“大包干”；2021年2月3日，“中国农村改革第一村”小岗村迎来第四年分红。当时只想“活下去”，现在做到了“富起来”，各项改革风生水起，老百姓吃住穿用不再愁，家家住上小洋楼），进而引入习近平总书记于2018年4月13日在《庆祝海南建省办经济特区30周年大会上的讲话》：“改革开放的过程就是思想解放的过程。没有思想大解放，就不会有改革大突破。”引发学生深入思考改革开放精神当中“解放思想、实事求是”这一核心要义。

2. 改革开放精神是敢闯敢试、敢为人先的开拓精神

案例呈现：2021年9月24日，习近平总书记在向“2021中关村论坛”视频致贺中指出，“中关村是中国第一个国家自主创新示范区”，“中国支持中关村开展新一轮先行先试改革，加快建设世界领先的科技园区，为促进全球科技创新交流合作作出新的贡献”。从20世纪80年代的“电子一条街”，成长为如今的“中关村国家自主创新示范区”，以及全球科技创新的制高点和风向标，中关村这块“改革试验田”，经过多年发展，已经成为我国创新发展的一面旗帜，为全国提供了一批可复制、可推广的“中关村经验”。在这里，诞生过我国第一家民营科技企业，第一家不核定经营范围的企业，第一家无形资产占注册资本100%的企业，第一家有限合伙投资机构，第一个政府引导基金，第一部科技园区地方立法……从无到有，中关村的发展历程，既是一部创新史，也是一部改革史。

分组讨论：通过中关村发展的案例展示，帮助学生深刻领会改革开放精神中敢闯敢试、勇于创新的开拓力量，并开展师生互动，引导学生运用历史思维、结合亲身经历讨论：除了案例中的故事，中国改革开放伟大征程中还有哪些敢闯敢试、敢于创新的做法，彰显改革开放的精神伟力？（例如，改革开放中的中国制造、中国创造、中国建造惊艳世界，“鲲鹏”展翅，“蛟龙”入海，“天眼”巡空，“悟空”探天……一大批重大科技成果相继问世，等等）

通过案例呈现、讨论互动，进一步加深学生的感受度，引导学生充分认识到没有敢闯敢试、敢于创新的改革开放精神，就没有中国特色社会主义道路，就没有一系列的新经验、新事物、新奇迹，就没有惊艳世界的中国制造、中国创造、中国建造。

3. 改革开放精神是互利合作、命运与共的包容精神

视频播放：2021年11月初，习近平总书记在第四届中国国际进口博览会开幕式上发表主旨演讲的画面。习近平总书记在讲话中强调：“中国愿同各国一道，共建开放型世界经济，让开放的春风温暖世界！”向世界传递出中国坚定扩大开放、携手各国合作共赢的时代强音。

师生互动：由视频中习近平总书记的讲话出发，设置提问讨论、回答问题环节。请举例说明新时代对外开放的新探索、新实践？（这个环节可以由教师先进行引导，从改革开放40多年的发展历程出发，讲述从蛇口设立中国第一个外向型经济开发区，到兴办深圳、珠海、汕头、厦门、海南等经济特区；从东部沿海率先开放到沿江、沿边和中西部内陆地

区全面开放；从“引进来”到“走出去”，充分利用国际国内两个市场、两种资源……40多年来，中国始终以开放的胸怀面对世界，发展快车驶上正轨。引导学生对这一问题展开思考，从而能够聚焦到“一带一路”倡议上来。）作为新时代对外开放的新探索、新实践，“一带一路”倡议结出累累硕果：雅万高铁、中老铁路、瓜达尔港、汉班托塔港等一大批基础设施项目扎实推进；构建了广泛的朋友圈，我国已与140个国家、32个国际组织签署了合作文件；探索了促进共同发展的新路子，符合世界绝大部分国家谋求发展的共同愿望。

通过视频与互动，引导学生在历史与现实的实践分析中体会理解改革开放历程中所蕴含的开放包容、兼容并蓄的宽广胸怀，以及互利共赢、美美与共的天下情怀。

4. 改革开放精神是脚踏实地、埋头苦干的务实精神

案例呈现：中建集团的陆建新总工程师在建设深圳国贸大厦的时候，住的是用毛竹搭建的简易工棚，外面下大雨，里面下小雨，夏天蚊虫叮咬，冬天四面透风。即便是在这样艰苦的环境下，陆建新和全体施工人员依然胸怀梦想、干劲十足，创造了举世闻名的“三天一层楼”的“深圳速度”。

引用数据：1978年，我国的经济总量仅占全球的1.8%；如今，我国的经济总量超100万亿元，占全球经济比重超过17%；1978年，中国人均GDP为385元人民币；如今，人均GDP跨过1万美元大关，步入中高收入国家行列；1978年，贫穷是大多数中国人共同面对的难题；如今，历史性地解决了绝对贫困问题，全面建成小康社会……通过一系列的数据对比，引导学生深刻认识到脚踏实地、埋头苦干的务实精神使改革开放落到了实处，带来了实实在在的变化。

【教学意图】在改革开放40多年的伟大实践中涌现出很多典型事例和典型人物，将这些典型事例和人物作为讲述改革开放精神的生动案例，帮助学生在改革开放伟大实践的具象化感知中，加深其对改革开放及改革开放精神的理解。

【教学设计】此部分重在案例呈现，配合课堂讨论互动，教师注重引导和提炼，旨在引导学生深化对“改革开放精神”内涵本质与核心要义的理解和体会，具有一定发散性和灵活性。

【教学用时】25分钟。

第三部分　深刻把握“改革开放精神”的价值意蕴与弘扬路径

1. 改革开放精神是对民族精神内涵的极大丰富，是当代中国人民最鲜明的精神标识

改革开放精神是在改革开放时期形成和发展的，体现了中华民族在改革开放条件下积极的思想观念、价值取向、精神风貌和社会风尚，引领了时代发展的进步潮流。任何时代精神，都是民族精神在新的时代条件下的具体体现。因此，改革开放精神赋予了中华民族精神以最新的时代内涵，是对伟大创造精神、伟大奋斗精神、伟大团结精神、伟大梦想精神的丰富和发展。改革开放精神是当代中国人民精神风貌的集中体现，是激发社会活力的强大精神力量。从历史维度看，改革开放精神是我们这个时代区别于革命和建设时期的重

要精神标识；从空间维度看，改革开放精神是中国人民区别于其他国家的重要标志。

2. 改革开放精神为实现中华民族伟大复兴凝聚力量

改革开放是一场“追赶超越”式的伟大实践，是社会主义发展史上的一次伟大尝试，对于在新的历史条件下坚持和发展中国特色社会主义具有极其重要的指导意义。大力弘扬改革开放精神，在实践中不断丰富和发展改革开放精神，凝聚亿万人民的磅礴伟力，坚定不移地走改革开放的正确道路、强国道路、富民道路，在新的历史条件下创造中华民族新的更大奇迹，为实现中华民族伟大复兴而奋斗。

3. 新时代新征程青年大学生要明确改革开放精神的实践要求与弘扬路径，为实现中华民族伟大复兴贡献青春力量

提问互动：结合自身实际，谈谈青年大学生该如何弘扬改革开放精神？

在互动交流中引导学生认识到作为新时代青年，我们应当学习并弘扬伟大改革开放精神，肩负起中华民族伟大复兴的历史使命（譬如，坚定马克思主义理想信念；深入学习“四史”尤其是改革开放史，重温历史、感知历史，透过历史挖掘其时代价值和本质内涵，从而在历史中汲取继续深化改革开放的智慧与力量；强化创新进取的使命担当等，带领学生感悟改革开放精神力量，在改革开放精神的激励下，以逢山开路、遇水架桥的坚毅和勇气，将改革开放进行到底）。

【教学意图】青年决定改革开放的未来，如何使青年自觉融入改革开放事业，是全面深化改革的“时代之问”。加强青年对改革开放史、改革开放精神重大价值意义的理解，强化其担当民族复兴大任的使命自觉是大学思政课“立德树人”的内在要求。因此需要引导他们弘扬改革开放精神，将改革开放进行到底，努力实现人民对美好生活的向往，努力创造更多更大的奇迹，实现价值塑造与引领的目标。

【教学设计】此部分着重理论阐释，将学生在《习近平新时代中国特色社会主义思想概论》《形势与政策》《四史》等课程中的相关内容“激活”“串联”，在弘扬路径内容部分可加强课堂互动，鼓励学生讲故事、讲体会、讲思考，教师注重引导。

【教学用时】25 分钟。

第四部分　实践环节设计

引导学生围绕伟大改革开放精神在中华大地上的生动实践，参考《改革开放专题教师指定题库》或自选课题，在课下以小组形式开展调研活动，体会改革开放精神的价值意蕴，形成完整的《调研报告》。

【教学意图】充分利用社会大课堂对大学生进行伟大改革开放精神的培育，即在思政课小课堂的基础上深化实践教学，从而巩固和强化学生对课堂知识的理解和认识，使其所掌握的知识外化为行动。理论与实践相结合，在实践中深化对理论的认识和理解。

【教学设计】调研活动从小角度切入，联系“五位一体”总体布局和“四个全面”战略布局、围绕北京在改革开放进程中推动各项事业发展的生动实践，发生新的历史性变化中彰显的改革开放精神展开调研，并撰写调研报告和分享调研心得。

【教学用时】10 分钟（布置实践任务，调研分享用专门课时）。

第五部分　课程总结及思考探究

用思维导图的方式总结本节课的主要内容，帮助学生梳理思路，把握重点。本节课程围绕“弘扬改革开放精神　凝聚民族复兴伟力”主题，重点讲授改革开放是决定当代中国命运的关键一招，改革开放的伟大实践铸就了伟大改革开放精神；讲授改革开放精神的内涵与核心要义，包括解放思想、实事求是的创新精神，敢闯敢试、敢为人先的开拓精神，互利合作、命运与共的包容精神以及脚踏实地、埋头苦干的务实精神；在引导学生深刻把握其核心要义的基础上，深入领会改革开放精神的时代价值和重大意义，它极大丰富了民族精神内涵，成为当代中国人民最鲜明的精神标识，为实现中华民族伟大复兴凝心聚力，激发学生自觉融入改革开放事业、弘扬伟大改革开放精神、推动中华民族伟大复兴的使命担当。

【教学用时】5 分钟。

六、课后作业

从家史中学党史，通过长辈访谈，或者选取家中一件有意义的老物件讲述时代变迁，体现改革开放的成果，感悟改革开放精神力量，并将访谈结果和心得体会在课上分享。

参考文献

[1] 习近平．高举中国特色社会主义伟大旗帜　为全面建设社会主义现代化国家而团结奋斗——在中国共产党第二十次全国代表大会上的报告 [M]. 北京：人民出版社，2022.

[2] 习近平．在庆祝改革开放 40 周年大会上的讲话 [M]. 北京：人民出版社，2018.

[3] 习近平．习近平谈治国理政：第 1–4 卷 [M]. 北京：外文出版社，2022.

[4] 邓小平．邓小平文选：第 2 卷 [M]. 北京：人民出版社，1994.

[5] 邓小平．邓小平文选：第 3 卷 [M]. 北京：人民出版社，1993.

[6] 中共中央文献研究室．邓小平年谱（一九七五——一九九七）：上、下 [M]. 北京：中央文献出版社，2004.

[7] 中共中央文献研究室．三中全会以来重要文献选编：上、下 [M]. 北京：中央文献出版社，2011.

专题十　载人航天精神

一体化教学设计说明

一、教学内容简介

2021 年 7 月 1 日，习近平总书记《在庆祝中国共产党成立一百周年大会上的讲话》中强调，“一百年来，中国共产党弘扬伟大建党精神，在长期奋斗中构建起中国共产党人的精神谱系，锤炼出鲜明的政治品格。”这些精神，集中彰显了中华民族和中国人民长期以来形成的伟大创造精神、伟大奋斗精神、伟大团结精神、伟大梦想精神，彰显了一代又一代中国共产党人“为有牺牲多壮志，敢教日月换新天”的奋斗精神。其中，“载人航天精神”就是党在改革开放和社会主义现代化建设新时期形成的伟大精神之一，深刻展现了我们党在这一时期团结带领人民艰苦奋斗、探索宇宙、问鼎苍穹的豪迈气概和英雄本色，彰显了在中国共产党的领导下，中国航天科技实现跨越式发展，引领中国高新技术突飞猛进和创新发展的时代历程。本专题主要聚焦党的百年伟大精神谱系中的“载人航天精神”进行全面系统的讲解，结合大、中、小各学段特点和实际，有针对性地围绕主题进行整体教学方案的一体化设计，实现青少年思想政治教育的接续性与针对性相统一。

二、一体化教学目标与思路

（一）一体化教学目标

本专题围绕“载人航天精神”这一专题展开，以航天事业、航天精神引领学生实现自身发展为主线，将小学、初中、高中、大学四个学段相串联，在教学目标、教学内容、教学方法、课程资源、实践环节等方面分别依据本学段课标要求、教材和学生实际，重点讲清楚载人航天事业的由来、发展历史、科学内涵、重要意义和实践指向，激发青少年热爱祖国、奉献祖国的情感，把对科技进步的追求和创新创造的热情贯穿于学业全过程，并融汇在事业追求中，为国家高科技自立自强发展做出应有的贡献，在实现中华民族伟大复兴的时代洪流中踔厉奋发、勇毅前进。

（二）一体化教学思路

大、中、小一体化教学整体设计需要在聚焦本讲共同的主题——“载人航天精神”的基础上，进行整体教学思路设计。一方面，要关注大、中（初中、高中）、小学四个不同学段学生的认知能力、知识储备、思维特点和学习能力，在教学内容、教学方法、教学手段等方面体现层层递进、步步深入、螺旋上升的特点；在具体教学中要充分利用现有的多种教学手段和网络平台，扩展教学的广度，提升丰富性，从问题入手，注重提出问题、解决问题的问题导向式教学。另一方面，要在课上、课间、课后关注学生对知识的理解和运用情况，教师要及时总结并与学生交流学习体验，加强反馈，有助于压实大、中、小学思政课一体化育人实效。

◆ 小学学段：针对小学生年纪尚小，理解力、思考力等尚不成熟的特点，课堂教学采用较为活泼的互动方式，将知识点寓于以下三个环节中，通过学生的实际参与达到传播知识、思政育人的作用。主要设计思路是："载人航天精神我知道"环节，让学生知道载人航天四个"特别"的精神；"载人航天精神我领悟"环节，引导学生感悟"能吃苦、能攻关、能战斗、能奉献"的精神；"载人航天精神我践行"环节，以登月航天员标准引导学生反思自己的差距，克服不足。

◆ 初中学段：初中生已经基本具备了探究能力，但是其领悟力、判断力、认知力还较为薄弱，本阶段内容主要以师生互动的形式展开，增强实效性，利于学生接受。主要设计思路是：导入新课环节，以《东方红》引入主题，引起兴趣；在"解密伟大成就，感受精神内涵"环节，教师给出材料，提出问题，学生合作探究完成，探索载人航天精神内涵；在"汲取伟大信仰，领悟精神价值"环节，通过小组讨论和展示，在理解"载人航天精神"内涵的基础上，结合社会发展现状感悟"载人航天精神"的当代价值和意义；"积极参与实践，弘扬航天精神"环节，主要是通过提问的方式回顾本讲所学，启发学生在学习中发扬"载人航天精神"。

◆ 高中学段：高中学生在知识结构、理解力上进一步成熟，可以在讲授中穿插一定的理论性内容，帮助学生更好掌握"载人航天精神"。主要设计思路（班会）：开始阶段（观看视频），领略中国航天的超燃瞬间，引起学生兴趣；展开阶段（知识问答），让学生简单回顾我国航天事业的前沿进展和伟大成就的相关知识；深入阶段（知识分享），学生结合物理、化学、地理等学科知识，进行航天知识分享，增强对航天知识的理解；总结阶段（树立目标），学生代表分享对航天精神的感悟和对自己未来的人生规划。

◆ 大学学段：大学生心智逐渐成熟，具备一定程度的独立思考、判断、领悟的能力。因此针对大学生的特点在授课时主要围绕"中国载人航天开创了一项什么样的伟大事业""中国载人航天孕育了一种什么样的伟大精神""新时代如何以载人航天精神凝聚青年力量"三个维度展开讲授，引用典型事例、典型人物讲清楚"载人航天精神"的内涵，引用习近平总书记的相关论述深化主题，引导大学生关注"载人航天精神"背后的深层次内涵，帮助学生从理论深度向实践的广度跨越，将理论运用于日常的学习中，锻炼意志品质，迎接人生挑战，为工作和继续深造做好理论和实践准备。

三、一体化教学结构图

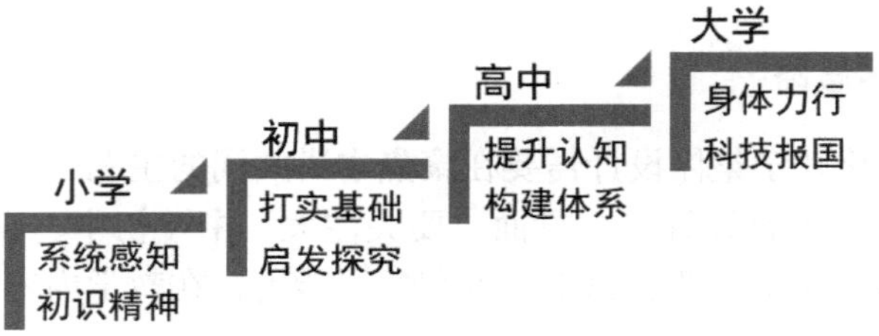

小学学段：播种航天精神　童心筑梦太空

基本信息表					
教师	邓红杰	学校	北京市第十一中学附属定安里小学	学段	小学六年级
教科书版本及章节	统编版《道德与法治》（六年级下册），人民教育出版社；第四单元 让世界更美好，第8课 科技发展造福人类				

一、学情分析

（一）教学内容分析

本课取自统编版《道德与法治》（六年级下册）第四单元的第8课，由“对世界的不断探索”“科技改变世界”和“科技让梦想成真”三个框题组成。它与第9课日益重要的国际组织、第10课我们爱和平同属第四单元。这一单元主要从科技发展的主题出发，引导学生了解科学技术给人们生活带来的影响，理解自己所处的科技时代，通过感受多姿多彩的世界，激发自己的无穷梦想。为实现梦想，努力学习科学知识，积极弘扬科学精神，促进科学思想的传播。本单元三课是递进的关系，从古至今，了解科技对人类生活的正面影响。本课聚焦三次科技革命对世界的影响，重点突出信息时代给学生带来的感同身受的影响，使学生认识到科技对世界的改变，引导学生从小爱科学、学科学，同时能够善用科学，让科学真正地造福人类。

（二）学习者分析

1. 知识基础

学生在科学学科及时事新闻方面对中国的航天工程，尤其是载人航天工程有一定了解，神舟十六号成功发射，三位航天员与神舟十五号航天员在太空汇合，学校广播站也进行了及时播报。

2. 能力基础

经过五年的校园生活，六年级的大部分学生基本能独立思考，且勤于思考，善于思考。在课前资料的搜集、整理及课上交流、分享等探究性学习能力也在不断提高。

3. 学生兴趣与发展要求

科学技术与我们的生活密切联系，在活动的过程中，培养学生理解科学技术与社会发展、人类生活关系的能力，在学习中提高学生正确利用科技成果的认识水平。

二、教学目标

通过“载人航天精神我知道”环节，引导学生了解中国载人航天工程的发展，通过填图竞赛激发学生认识中国航天员及航天工作者们，运用习近平总书记的话，让学生知道载人航天的四个“特别”的精神。在“载人航天精神我领悟”环节，利用学生小组探究后的分享，引导学生感悟“能吃苦、能攻关、能战斗、能奉献”的精神，以此深刻领悟到“特别能吃苦”精神背后是求索路上对梦想的笃定和坚守。“特别能攻关”精神背后是航天科学家勇于登攀、敢于超越的进取意识，科学求实、严肃认真的工作作风。“特别能战斗”精神背后是坚定的理想信念、爱国热情、强烈的责任担当等价值观。“特别能奉献”精神背后是淡泊名利、默默奉献的崇高品质。通过“载人航天精神我践行”环节，以登月航天员为榜样，引导学生反思自己的差距，在今后的学习生活中为自己的目标、梦想付出努力。为实现中华民族伟大复兴的中国梦奉献自己的力量，成为具有责任担当的时代新人，做有理想、有追求、有担当、有作为、有品质、有修养的社会主义建设者和接班人。

三、教学重点与难点

（一）教学重点

了解中国载人航天事业成就，增强民族自豪感。

（二）教学难点

体悟载人航天人特别能吃苦、特别能战斗、特别能攻关、特别能奉献的精神，将个人梦想与国家相连，用我们的智慧和力量，将美好蓝图变为美好现实，实现个人社会价值。

四、教学方法与手段

首先，通过课前学情调研收集的方式了解学生的问题，根据整理后的问题开展小组课前随机抽取，再通过课前的小组协作搜集视频、图片、故事等资料。其次，课上通过小组分享的形式解密问题，老师设计填图竞技活动引导学生学习，用补充资料引领课堂深入展开。最后，拓展升华，引导学生完成以《对话 2030 的自己》为主题写一封信，将本课精神实践应用。

五、教学特色

课堂活动有趣有效，利用学生课前知识进行组内协作和组间竞技，完成填图游戏。孩子们一开始就要团结一心迎接挑战，面对困难要想方设法去完成，组内同学要有强大的奉献意识。此活动正契合了载人航天人“特别能吃苦、特别能攻关、特别能战斗、特别能奉献”的四个“特别”精神。

课堂内容结合学生提出的问题展开，引导学生“课前自主探究 + 小组协作梳理”探寻答案。课上小组“分享交流 + 思考探究”，揭示载人航天精神。课后全班协力拓展航天知识，完成知识手册。在课前、课上、课后，学生是真正的学习主体，全程进行自主探究。

六、教学活动设计

环节一：“载人航天精神”我知道

（一）填图大战，激趣导入

（1）导入：小组竞技，填图大战。看看哪个组作答正确的多，获胜组有特殊奖励。下发填图资料，计时 1 分钟。

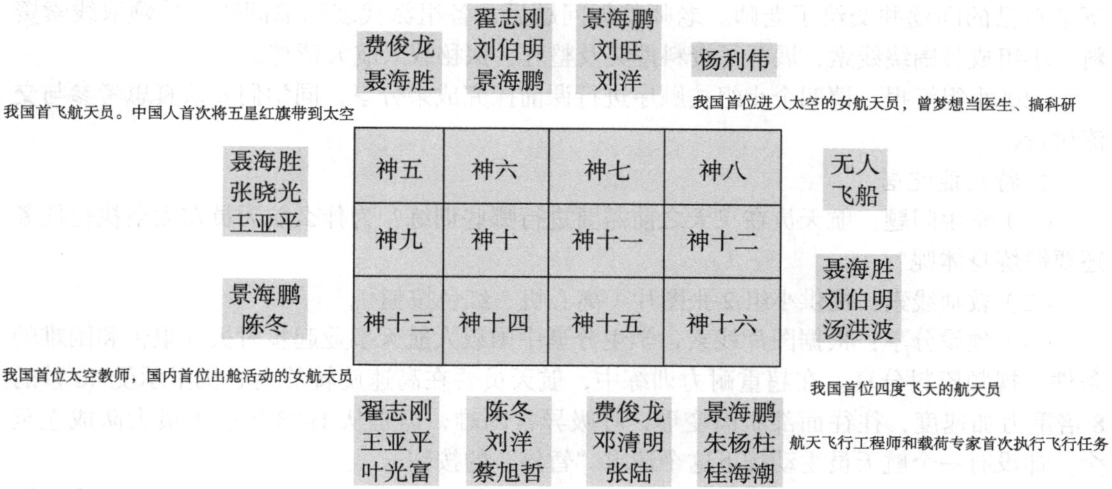

（2）小组分享，完成填图，评选获胜组，下发神秘资料袋。（神舟飞船发射日志）

（3）预设：学生通过分享，合力填全图片资料，了解从神舟五号到神舟十六号的航天员。

（4）小结：2023 年我国实施载人航天工程 31 年，成功将 20 名航天员送入太空。

（二）学习“习语”，初识精神

（1）导入：20 名航天员圆梦太空，他（她）们凭借着哪些精神，托举起中华民族的尊严与自豪？让我们跟着习近平总书记的相关论述，一起来了解。

我们培养造就了一支特别能吃苦、特别能战斗、特别能攻关、特别能奉献的高素质人才队伍，培育铸就了伟大的载人航天精神。广大航天人展现出了坚定的理想信念、高昂的爱国热情、强烈的责任担当、良好的精神风貌，你们不愧是思想过硬、技术过硬、作风过硬的英雄团队。①

（2）预设：学生认真阅读并分享收获。

（3）小结：“载人航天精神”分别是：特别能吃苦、特别能战斗、特别能攻关、特别

① “联播 +”和总书记一起感悟伟大航天精神［EB/OL］.（2022-10-02）［2022-11-25］https://news.cctv.com/2022/10/02/ARTIYMwR7u0f9KkFTzWZ7wJ2221002.shtml.

能奉献。

【活动意图说明】本环节通过小组合作的方式引导学生走进我国载人航天工程，从首次独立掌握载人航天技术，到“多人多天”在轨飞行关键技术的突破，回顾航天员历史性地实现多个“首次”，为载人航天所取得的成绩而骄傲，并在习近平总书记的“金句”中初识“载人航天精神”。

环节二：“载人航天精神”我体悟

（1）导入：课前老师问大家：对中国载人航天想要了解哪些问题，同学们用小纸条写下了自己的问题并交给了老师。老师整理问题后，各组派代表抽取问题，并领取线索资料。小组成员围绕线索，展开了资料搜集及整理，探秘载人航天精神。

（2）小组汇报：请四个小组按顺序进行课前探究成果分享，同学们要认真思考参与交流讨论。

1. 特别能吃苦

（1）学生问题：航天员在飞天之前需要进行哪些训练？为什么航天员在太空执行任务还要锻炼身体呢？

（2）教师线索：提供小组 2 张图片（离心机、红色按钮）。

（3）预设分享：根据图片线索，学生分享中国载人航天事业起步时极其艰苦和困难的条件。视频资料分享。在超重耐力训练中，航天员要在高速旋转的离心机里承受 40 秒的 8 倍重力加速度，往往面部肌肉变形，呼吸异常困难，但是从 1998 年航天员大队成立至今，却没有一个航天员主动按下这个请求“暂停”的按钮。

（4）问题：是什么“特别”的精神力量支撑着航天人承受着常人难以想象的困难和压力来经受住“魔鬼训练”？

（5）小结：正是由于在航天人心中，祖国的分量最重、人民的利益最大，他们才能始终以报效祖国、成就航天事业为最高荣誉，中国的载人航天之路才能铸就辉煌、创造奇迹。

【活动意图说明】通过图片、视频及故事分享，让学生认识到“特别能吃苦”不仅是指能忍受物质条件的艰苦，而且更包括克服身体的辛苦、战胜意志的困苦，进而深刻领悟到“特别能吃苦精神”背后是求索路上对梦想的笃定和坚守。

2. 特别能攻关

（1）学生问题：太空授课、太空育种等科学活动给人类生活带来哪些影响？

（2）教师线索：提供小组 2 张图片（太空育种、太空授课）。

（3）预设分享：根据问题及图片线索，学生通过文字、播放视频“天宫课堂”，说明中国航天育成品种的数量和推广应用范围均处于世界第一位。我国多次利用返回式卫星、神舟飞船、天宫空间实验室和其他返回式航天器搭载植物种子，除粮食、蔬菜、水果、油料等农作物品种外，还创制出林草花卉、中草药新品种和制药、酿酒等微生物新菌种，获得了广泛应用和良好的社会效益，航天育种技术成果助力脱贫攻坚。航天员在轨介绍展示中国空间站工作生活场景，演示微重力环境下细胞学实验、物体运动、液体表面张力等现象，并与地面课堂进行实时交流。

（4）问题：我国航天工作者是如何发挥“载人航天精神”突破技术难题和尖端课题，独立研制和发射卫星成为全面迈入“空间站时代”的国家？

（5）小结：在“载人航天精神”的指引下，一代又一代航天人扎根科研，攻克一个个“卡脖子”的技术难题，打造一件件国之重器，向我们展示了中国精神、中国力量。

【活动意图说明】“知难而进、锲而不舍”“特别能攻关”精神背后是航天科学家勇于登攀、敢于超越的进取意识，是科学求实、严肃认真的工作作风。“太空授课、太空育种等活动意图的分析”，旨在调动学生探究的兴趣，开阔国际视野和思路，深入理解领悟并践行我国和平利用太空、构建人类命运共同体的理念。

3. 特别能战斗

（1）学生问题：中国载人航天取得巨大成绩的背后都有哪些人的付出？

（2）教师线索：提供小组 1 张图片、习近平总书记重要讲话。

（3）预设分享：戚发轫被任命为神舟飞船总设计师，已年过花甲的他倍感压力，但面对国家需要，他还是挑起了这副重担。黄春平、刘竹生、王永志、袁家军等通过视频或图片分别讲述他们的故事。

习近平总书记指出：“伟大事业都成于实干。”[①] 中国载人航天事业的成功，不是靠空喊口号喊出来的，而是靠一代代航天人的汗水和泪水换回来的，是靠全国 100 多个行业、3000 多个单位、几十万科技大军风餐露宿、废寝忘食、一步一个脚印走出来的。实干兴邦、实干创造业绩，这是载人航天事业留给我们的宝贵经验。新时代是奋斗者的时代，我们要学习航天人“特别能吃苦”的精神，以兴邦为己任，不负时代韶华。只要我们每一个人在民族复兴征程中各尽其责、各尽所能，苦干实干，14 亿多中国人就定能激荡出无往不至、无坚不摧的磅礴力量，中国特色社会主义的伟大航船就一定能行稳致远、破浪前行！

（4）问题：航天人哪些难能可贵的精神品质诠释着“特别能战斗”的载人航天精神？

（5）小结：杨利伟、聂海胜、刘伯明、汤洪波等新一代航天人前赴后继为航天事业不断创造辉煌，此外还有无数无名的航天工作者参与工程研制、建设和试验。他们自觉把个人理想与祖国命运、个人选择与党的需要、个人利益与人民利益紧密联系在一起，始终以发展航天事业为崇高使命，以报效祖国为神圣职责，呕心沥血，奋力拼搏。

【活动意图说明】通过讲航天人故事，还原和反映历史原貌，让学生感受载人航天精神“特别”背后坚定的理想信念、爱国热情、强烈的责任担当等价值观，领悟航天人热爱祖国、为国争光的坚定信念。

4. 特别能奉献

（1）学生问题：航天员的太空之旅有什么危险？想了解航天员的飞天梦！

（2）教师线索：提供小组 1 张图片、习近平总书记重要讲话。

（3）预设分享：东风革命烈士陵园长眠着 700 多位献身航天伟业的英烈……；杨利伟的自传《天地九重》里讲述了他在神舟五号载人飞船上经历的惊魂 26 秒生死考验；邓

① 习近平．为实现我国探月工程目标乘胜前进．为推动世界航天事业发展继续努力［EB/OL］.（2019–02–20）［2021–10–18］. http://www.xinhuanet.com/politics/leaders/2019–02/20/c_1124142795.htm.

清明的坚守。

（4）问题：航天人的什么品质值得我们学习？

（5）小结：正是由于在航天人心中祖国的分量最重、人民的利益最大，他们才能始终以报效祖国、成就航天事业为最高荣誉，中国的载人航天之路，才能铸就辉煌、创造奇迹。

【活动意图说明】通过故事、视频等方式，让学生感受载人航天精神“特别能奉献”背后淡泊名利、默默奉献的崇高品质，让学生真真切切感受什么是航天人、航天情、航天魂。

环节三：“载人航天精神”我践行

（一）2030，向梦想进发

（1）导入：2030年你们多大了？试想一下，2030年你正在做什么？

（2）预设：十八九岁，可能正在上大学，也可能正从事着自己喜欢的职业。

（3）过渡：2030年前，中国人将首次登月，你觉得登月航天员应具备哪些条件呢？

播放视频：中国载人航天工程办公室主任助理季启明表示：预备航天员选拔兼顾空间站和登月任务需求，登月任务对航天员更具挑战，可能需要有更强的心理素质、更好的体能、更强的自主工作能力和自主决策能力。

（4）提问：不论学习还是工作，你觉得如何继承、发扬载人航天精神？

（5）预设：遇到困难不退缩；在挑战面前勇敢面对；尽自己所能为国家发展做出贡献……

（6）小结：继承和发扬载人航天精神，对实现中华民族伟大复兴的强国梦具有十分重要的意义。我们要从小培养热爱祖国、为国争光的坚定信念；增强勇于登攀、敢于超越的进取意识。

（二）对话9年后的自己

（1）活动：写给9年后自己的一封信。

（2）分享：小组内读一读写给自己的信，交流感受。

（3）小结：让我们将载人航天精神践行在学习中及生活中，在新征程中书写自己对祖国的热爱，做新时代的“追梦”人！

【活动意图说明】本环节通过登月航天员标准到学生自己现在的学习和生活，再到9年后的自己，践行载人航天精神，通过各种形式抒发自己的感悟和理想，为报效祖国竭尽全力。强化精神品质，激励学生要做有理想、有追求、有担当、有作为、有品质、有修养的社会主义建设者和接班人。

（三）课堂总结

让我们高声读出“载人航天精神”。你们发现了吗？航天精神里重复最多的两个字是“特别”，载人航天精神贵在“特别”，也难在“特别”。飞天梦是强国梦的重要组成部分，假如没有“特别”的梦想、“特别”的精神，就不可能有“特别”的业绩。把“特别能吃苦、特别能战斗、特别能攻关、特别能奉献”落实在行动上，就是要用高质量的精神状态、高质量的工作标准来要求自己。为实现中华民族伟大复兴的中国梦奉献自己的力量，让我们做有理想、有追求、有担当、有作为、有品质、有修养的社会主义建设者和接班人。

七、作业设计

《载人航天知识小宝库》全班总动员，每人设计制作一个版面，共同完成一本《手册》，并在班级中传阅。

初中学段：奔向星辰大海　少年志在太空

基本信息表					
教师	林春秀	学校	北京市第十一中学	学段	初中三年级
教科书版本及章节	统编版《道德与法治》（九年级上册），人民教育出版社，2022年版；第三单元 文明与家园，第5课 守望精神家园				

一、学情分析

（一）教学内容分析

本课是人教版《道德与法治》第5课第2框题。教学内容依据的是2022年课标中“中华优秀传统文化教育”的部分。本框题的内容是建立在大单元整体解读的背景下，在已掌握的核心知识基础之上，结合不同时期“载人航天精神”的具体表现，来进一步探讨“载人航天精神”的内涵以及“载人航天精神”的意义。通过学习，让学生进一步感受个人成长与民族文化和国家命运之间的联系，提高文化认同感、民族自豪感，感受伟大的载人航天精神给予我们的动力，凝聚价值追求，守护好精神家园。

因此，本节课设计了以下教学环节：解密伟大成就，感受精神内涵；汲取伟大信仰，领悟精神价值；积极参与实践，弘扬航天精神。

（二）学习者分析

1. 发展要求

初中学生正处于世界观、人生观和价值观形成的关键时期，随着年龄的增长以及学科知识的积累，七八年级关于尊重、诚信、关爱他人等一系列中华传统美德的学习，结合时政热点了解载人航天事件的发展过程、做新时代科技创新好少年等主题系列活动，让九年级的学生对“载人航天精神”有了一定的认知，对爱国有一定的情感认同，为教学奠定了良好的基础。

2. 能力基础

随着经济全球化与信息技术的发展，历史和现实的、本土和外来的、先进和腐朽的等各种各样的文化相互激荡。在这一大环境下，学生受其心理发展水平、认知能力及辨别是非能力的限制，在一定程度上动摇了对国家的认同和自信，从而缺乏继承发展中华民族精神的行为实践。

3. 知识基础

从载人航天英雄模范身上找寻民族精神，构筑共同的精神家园，使学生打牢中华文化底色，弘扬载人航天精神，对学生的健康成长，对文化强国的建设具有重要意义。学生通过回顾历史、解码内涵、实践共鸣更深刻地认识和学习“载人航天精神”。

二、教学目标

依据通过分析航天英雄模范的优秀事迹，加强革命传统教育，理解“载人航天精神”的内涵，增强对中华民族精神的认知能力，提升思想道德修养，坚定政治认同。通过小组合作探究活动的设置和参与，理解“载人航天精神”的当代价值，形成自觉传承和弘扬“载人航天精神”的积极行动，增强社会责任感，坚定文化自信。

三、教学重点与难点

（一）教学重点

了解“载人航天精神”的内涵、中国共产党人的精神谱系。

（二）教学难点

理解“载人航天精神”的当代价值。

四、教学方法与手段

（1）教法：讲授法、讨论法、任务驱动法。
（2）学法：自主学习法、探究学习法、合作学习法。

五、教学特色

（1）结合时政热点。我国载人航天事业的发展是几代航天人共同努力的结果，神舟载人航天飞船的顺利发射，也彰显着我国航天科技事业的伟大成就。因此，学生必须了解我国航天事业的最新成就，进而从内心深处认同党的领导、认同社会主义制度的优越性，从而坚定道路自信、理论自信、制度自信、文化自信。

（2）小组合作探究。通过小组合作探究，让学生在智慧火花的碰撞下更加深刻地理解和感悟“载人航天精神”的价值和意义，增强政治认同，传承航天文化。

六、教学活动设计

环节一：导入新课

学生聆听音乐《陕北民歌：东方红》，并回答音乐的名称和时代背景。教师介绍“东方红一号”的历史背景：1970 年 4 月 24 日，“东方红一号”卫星由“长征一号”运载火箭从酒泉卫星发射场发射升空，10 分钟后，卫星顺利进入轨道。中国成为世界上第五个独立研制并发射人造卫星的国家。接着，播放神舟十六号载人航天飞船的相关视频。

【活动意图说明】“东方红一号”卫星的发射成功以及神舟十六号载人航天飞船的顺利入轨，两段视频和相关内容的介绍，时间上的纵向对比，让学生更加直观和深刻地了解我国航天事业的伟大成就和飞速发展，进而引出本节课话题，筑牢中学生航天梦、强国梦，增强政治认同。

环节二：解密伟大成就，感受精神内涵

（1）导入：伟大事业孕育伟大精神，伟大精神推动伟大事业。如今，我国不仅是世界上第五个独立研制和发射卫星的国家，还是第三个把人类送上太空的国家，也是一个已经全面迈入空间站时代的国家。

（2）小组探究：我国航天事业取得了如此突出的成就，那么其中所孕育的“载人航天精神”的具体内涵都有哪些呢？

材料一：播放中国航天员训练时的视频。

（1）提问：看完视频后，我们能从航天员的身上学到哪些精神品格？是什么精神力量支撑着航天人承受着常人难以想象的困难和压力来经受住“魔鬼训练”的考验？

（2）总结：“特别能吃苦”是中国航天人艰苦奋斗的真实写照。

材料二：使命艰巨，所以光荣。

戚发轫，中国工程院院士，“东方红一号”卫星技术负责人之一。1992 年，党中央正式批复实施载人航天工程，随后载人飞船立项，戚发轫被任命为神舟飞船总设计师，那一年，他已经 59 岁了。戚发轫见证了中国航天从无到有、从弱到强的历程，被称为“行走的航天百科全书”。

面对人才关和技术关等问题，戚发轫挑起了这个重担，这是一场与困难较量、同时间赛跑的战斗。整整 7 年，戚发轫带着团队像上了发条一样，铆足了劲儿，加班加点，终于克服了一大批具有自主知识产权的核心技术，进行了大量可靠性和安全性实验。1999 年 11 月，我国第一艘无人飞船——神舟一号发射成功，这意味着中国航天用短短七年走完了发达国家用三四十年走过的路，正是中国航天人用战斗的状态和雄姿才创造出了这样的奇迹。

（1）提问：戚发轫身上的哪些精神品质值得我们学习？

（2）总结：“特别能战斗”是中国航天人攻无不克的真实写照。

材料三：

2021 年 7 月 16 日，我国亚轨道重复使用运载器飞行演示验证项目首飞取得圆满成

功。国家国防科技工业局新闻宣传中心抖音号“中国军工”发布了相关视频，视频内容只有3行文字和背景音，没有展示具体画面。“中国军工”在评论区称：“过于先进，不便展示。”这意味着我们始终瞄准世界一流，努力实现关键技术的重大突破，把关键技术掌握在自己手里，这也展示了中国航天人卓越的攻关能力和创新能力。

（1）提问：航天事业的发展最重要的是什么？我们为什么要独立自主研发相关技术？

（2）总结：“特别能攻关”是中国航天人探索创新的真实写照。

材料四：

出示照片：位于酒泉卫星发射中心附近的东风革命烈士陵园，距离载人航天发射场7公里，这里安葬了753位为了中国航天事业忠诚奉献、英勇献身的英雄先烈。

出示图片：杨利伟《太空日记》，描述杨利伟进入太空后的经历和感受，回顾起飞船发射的上升阶段，火箭与飞船产生低频共振时，他用常人难以企及的意志力，挺过了最艰难的26秒，并写道：“在痛苦的极点，我真的以为自己要牺牲了。”

（1）提问：我们可以从航天人的身上学到什么？

（2）总结：“特别能奉献”是中国航天人忘我牺牲的真实写照。

（3）小结：2016年12月，习近平总书记在会见天宫二号和神舟十一号载人飞行任务飞行员及参研参试人员代表时，概括总结了“特别能吃苦、特别能战斗、特别能攻关、特别能奉献”的载人航天精神，并鼓励大家勇攀高峰、不断前行，为建设航天强国和世界科技强国建功立业。

【活动意图说明】通过四个材料的综合探究，让学生在观看视频、阅读材料的同时，去理解、去感受航天人身上的精神品格以及“载人航天精神”的具体内涵。

环节三：汲取伟大信仰，领悟精神价值

（1）导入：中国的载人航天事业是中华民族伟大复兴道路上的一座丰碑，它的实践经验、它的伟大精神都闪烁着时代的光芒，激励着我们沿着中国特色社会主义道路、朝着实现“两个一百年”奋斗目标努力前行，所以“载人航天精神”意义重大。

“载人航天精神”是“两弹一星”精神的发扬光大，是以爱国主义为核心的民族精神和以改革创新为核心的时代精神的生动体现，是民族精神、时代精神与航天实践相结合的产物，是我国航天事业发展的不竭动力。

（2）小组探究：从载人航天精神中我们都可以汲取到哪些力量？载人航天精神的意义有哪些？

（3）小结：

① 载人航天精神激励我们胸怀梦想。习近平总书记指出，伟大事业都始于梦想。嫦娥九天揽月回，中国北斗苍穹，神舟托举飞天梦……一个个充满浪漫与诗意的名字，展现出中华民族上下五千年的文化底蕴与文化传承，更承载着中华民族自古以来就有的飞天梦想腾飞升空。假如没有古老的飞天梦，没有中国共产党作出实施“两弹一星”工程和载人航天工程的伟大决策，没有一代代航天人“一张蓝图干到底”“一棒接着一棒跑”的韧劲儿，中国载人航天事业就不可能取得成功、创造奇迹。当前，“十四五”规划和2035年远景目标吹响了向第二个百年奋斗目标进军的嘹亮号角，蓝图已绘制，梦想已起航，我们要

以特别能战斗、特别能奉献的精神状态投身全面建设社会主义现代化国家的伟大实践，用我们的智慧和力量将美好蓝图变成美好现实。

② 载人航天精神激励我们矢志创新。习近平总书记指出，伟大事业都基于创新。中国载人航天事业之所以成功，根本原因在于始终坚持走独立自主、自力更生的发展道路，主要依靠自身力量，根据国情国力自主发展航天事业，满足国家现代化建设的基本需求。国际空间站由美、俄、加、日等16国联合，先后经历12年完成，而中国空间站由我国自主建造，实现了产品全部国产化、部组件全部国产化、原材料全部国产化。习近平总书记多次谆谆告诫，自主创新是我们攀登世界科技高峰的必由之路，不能总是用别人的昨天来装扮自己的明天。因此，我们要学习航天人"特别能攻关"的进取精神，深刻把握科技发展大势，坚持科技自立自强，努力克服"卡脖子"技术，为建设科技强国贡献力量。

③ 载人航天精神激励我们脚踏实地。习近平总书记指出，伟大事业都成于实干。中国航天事业的成功，是靠一代代航天人的汗水和泪水换来的，是靠全国100多个行业、3000多个单位、几十万科技大军风餐露宿、废寝忘食，一步一个脚印走出来的。实干兴邦、实干创造业绩，这是载人航天事业留给我们的宝贵经验。

【活动意图说明】通过小组讨论和展示，让学生在理解"载人航天精神"内涵的基础上，结合社会发展现状和自身实际，进一步感悟"载人航天精神"对当代发展的价值和意义。

环节四：积极参与实践，少年志在太空

作为新时代的少年，我们应该如何弘扬载人航天精神呢？刚才我们探讨的、了解的那些人物都是离我们较远的时代英雄、民族脊梁，但其实在我们身边也有许多埋头苦干、默默付出的"榜样人物"。

（1）提问：你身边的榜样是谁？理由是什么？

（2）小结：奋斗不只是响亮的口号，而是要在做好每一件小事、完成每一项任务、履行每一项职责中见精神，在实践中去积极弘扬载人航天精神，从内心深处认同、理解并践行"特别能吃苦、特别能战斗、特别能攻关、特别能奉献"的载人航天精神。

【活动意图说明】实践出真知，理论学习离不开实践的指引，学生结合自身实际，从内心深处认同党的领导、认同社会主义制度优越性，从而坚定道路自信、理论自信、制度自信、文化自信。

【课堂小结】新时代是奋斗者的时代，我们要学习航天人特别能吃苦的精神，以兴邦为己任，不负时代韶华。人类在浩瀚的宇宙面前是渺小的，但人类的探索精神是伟大的，广大青年是祖国的未来，新时代的中学生要汲取伟大载人航天精神力量，借助精神"天梯"，不畏难不怕苦，学好本领，积攒能量，今后在各自的领域贡献青春智慧。

七、作业设计

撰写《解说词》。如果中国科技馆请你来做解说员，请你任选一个展区确定主题，再运用学科相关知识撰写《解说词》。

【活动意图说明】设计撰写《解说词》的作业能够激发学生主动探究意识，调动学生参与任务的积极性，在基于真实情境的问题解决中培养学科素养，进一步激发学生更全面了解载人航天历史、感悟载人航天精神、传承和发展航天文化。

参考文献

刘梅.在实践中奔向“星辰大海”——“载人航天精神”课程开发案例[J].人民教育，2021（10）.

主题班会：智识解码太空　青年挺膺担当

基本信息表					
教师	王薇	学校	北京市第十一中学	学段	高中一年级
班会	主题班会				

一、学情分析

（一）班会内容分析

党的二十大报告指出“要着力造就拔尖创新人才”，进一步强调了创新的重要性，也意味着我国对创新的重视程度达到了新的高度。同时，党的二十大报告还要求，加强国家科普能力建设。习近平总书记指出，科技创新、科学普及是实现创新发展的两翼，要把科学普及放在与科技创新同等重要的位置。近年来，在关键核心技术上“卡脖子”问题和现象，引起了国家和人民的关注。

中小学阶段是创新素养培养、创新人才成长的关键时期，同时也是传播科学知识，弘扬科学精神、树立科学思想、掌握科学方法、倡导科学理性的关键时期。帮助学生挖掘自己的兴趣和特长，引导学生将个人理想与国家需求相结合，我国航天事业取得的伟大成就是进行主题班会思政教育的重要素材和形式。载人航天精神凝炼于中国航天事业的发展进程中，是中华民族宝贵的精神财富，也是中学思想政治教育优良的教育资源和精神源泉，将航天精神融入思想政治教育对开展德育工作具有重要意义。

（二）学习者分析

1. 知识基础

学生在物理课中已经学习过万有引力的相关知识，对航天科技相关的理论也已经有了相关了解。学生平时会通过各种媒体和途径关注我国航天事业的进展和取得的成就，对航天领域有一定的兴趣基础。

2. 能力基础

学生具有较强的理解能力和学习能力，能够通过资料收集等形式自主获得和学习相关的信息和知识。

3. 发展要求

鼓励学生发展较为稳定的兴趣，并通过自己的努力实现从兴趣到特长转变，树立正确的人生目标，引导学生了解国家对未来创新科技人才的需求。

二、班会目标确定

1. 认知目标

通过知识竞答，了解我国航天事业的前沿进展和取得的伟大成就，学习航天精神，了解国家对未来创新科技人才的需求。

2. 情感目标

通过对我国航天事业发展历史的学习，增强民族自信心与自豪感，树立远大人生理想。

3. 行为目标

通过自我分析和反思，发展较为稳定的兴趣，并通过自己的努力实现从兴趣到特长的转变。

三、教学方法与手段

典型案例学习、知识竞答、学生分享。

四、班会特色

本节班会结合物理学相关知识，关注国家科技发展的重大进展与战略需求，帮助学生提升学习兴趣，树立远大目标，拓展课内知识，了解物理知识在人类生产生活实际中的重大价值，开阔学生视野，鼓励学生发展较为稳定的兴趣，并通过自己的努力实现从兴趣到特长的转变，树立正确的人生目标，引导学生了解国家对未来创新科技人才的需求。

五、教学活动设计

环节一：开始阶段（观看视频）

“嫦娥彩袖舞天边，万户英魂冲云巅。”早在古代中国，头顶的苍穹就载满了人们的向往。新中国成立以来，中国航天从美丽的神话转向勇敢的实践。下面请同学们观看视频，感受祖国航天事业的伟大成就，领略中国航天超燃瞬间。

【活动意图说明】通过对我国航天事业发展历史的学习，增强民族自信心与自豪感，树立远大人生理想。

环节二：展开阶段（知识问答）

学生自由组成五组战队，每组学生选一个 PPT 上的形状各异的小火箭，每个小火箭对应了不同的题目，回答问题，并计分。通过这些题目，让学生简单回顾我国航天事业的前沿进展和伟大成就的相关知识。

（1）问：人类已研制出几种载人航天器？

答：已研制出三种：宇宙飞船、航天飞机、空间站。

（2）问：世界首张近距离拍摄的月背影像图是谁拍摄的？

答：中国嫦娥四号探测器成功在月球背面的预选区域着陆，并传回了世界首张近距离拍摄的月背影像图。

（3）问：我国的神舟号飞船由几个舱段组成？

答：神舟号飞船是我国自主研制的载人飞船，采用“三舱一段”构型，即由轨道舱、返回舱、推进舱和附加段构成。

（4）问：飞船返回地面时，是所有舱段都返回吗？

答：不是。飞船返回地面时，只有返回舱一个舱返回地面。返回舱与轨道舱分离后，轨道舱可以留在轨道上继续工作半年左右。

（5）问：中国首艘货运飞船天舟一号成功升空是什么时间？

答：2017 年 4 月 20 日，中国首艘货运飞船天舟一号，在文昌航天发射场发射成功。

（6）问：载人航天器各有什么用途？

答：宇宙飞船和航天飞机，主要用于接送航天员和货物；空间站在太空长期运行，不返回地面，主要用于观天看地、研究空间科学、太空生产和在轨服务等。

（7）问：航天员上天之前要进行什么训练？

答：航天员的训练主要分为四个阶段：基础训练阶段、航天专业技术训练阶段、航天飞行任务模拟训练阶段和发射场发射准备阶段。

【活动意图说明】通过知识竞答，了解我国航天事业的前沿进展和已取得的伟大成就，学习载人航天精神，了解国家对未来创新科技人才的需求。

环节三：深入阶段（知识分享）

学生结合物理、化学、地理等学科知识，进行航天知识分享，增强对航天知识的理解。

（1）火箭发射的原理是什么？

火箭发射的原理：火箭是以热气流高速向后喷出，利用产生的反作用力向前运动的喷气推进装置。它自身携带燃烧剂与氧化剂，不依赖空气中的氧助燃，既可在大气中飞行，又可在外层空间飞行。

火箭在飞行过程中随着火箭推进剂的消耗，其质量不断减小，是变质量飞行体。现代火箭可用作快速远距离运送工具，如作为探空、发射人造卫星、载人飞船、空间站的运载工具，以及其他飞行器的助推器等。如用于投送作战用的战斗部（弹头），便构成火箭武器。火箭是目前唯一能使物体达到宇宙速度、克服或摆脱地球引力、进入宇宙空间的运载工具，而火箭速度是由火箭发动机工作获得的。

（2）为什么发射卫星要用多级火箭？

发射卫星和飞船使用多级火箭是为了克服地球引力和实现有效载荷的推进速度，因为在进入太空的过程中，需要逐渐减小质量并增加速度。

克服地球引力：地球的引力对于物体来说是一种阻碍，需要克服才能进入太空。多级火箭的设计可以通过逐级脱落的方式减少火箭的总质量，从而降低所需的推力来克服地球引力。每个级别的火箭完成任务后会分离，减少负载，使整个系统更轻，进一步提高速度。

提供推进速度：进入太空需要达到足够高的速度。多级火箭的设计可以利用每个级别的火箭燃料燃烧产生的推力来提供更高的速度。每个级别的火箭点火后会加速整个系统，然后分离，将有效载荷带入更高的轨道。

（3）为什么我国火箭大多在凌晨发射？

一是便于设计奔月轨道。据中国航天科技集团一院火箭设计师钱航介绍，月球探测与火星探测都属于深空探测，在火箭发射轨道设计上，要考虑到地月相对位置关系，因此相比通信卫星等发射任务约束条件更多。他说："此次发射'嫦娥五号'月球探测器，要在满足地球与月球位置关系、火箭射向和滑行时间、探测器地月转移时间、返回器再入航程等约束条件下，选择最合适的发射窗口。经过综合考虑，大家认为，在凌晨发射最有利于'长征五号'遥五火箭的奔月轨道设计，可以满足上述各种约束条件。"

二是减少太阳活动对于"嫦娥五号"的影响。钱航介绍说："太阳活动对于'嫦娥五号'来说既复杂又麻烦，特别是爆发的太阳风会干扰电子信号，影响地面科研人员操控'嫦娥五号'。"钱航指出，"长征五号"在凌晨飞向宇宙的时候，正好地球可以把太阳光遮蔽住，从而避免过多太阳辐射对"嫦娥五号"产生影响。

三是凌晨天气状况比较稳定，基本不会出现突然的天气变化，有利于火箭发射。"云层少而薄，更有利于信号传播；相反，厚云层会阻碍电磁波传播，影响地面科研人员对'嫦娥五号'的控制。"据钱航讲，在"长征五号"发射之前很多天，专家们就开始对气象进行深入研究，以确保发射时间段拥有最佳的天气状况。

四是为了方便观测。"凌晨，环境亮度比较低，云层稀薄，运载火箭喷射着火焰飞向太空时非常显眼和突出。"钱航表示，选择在这个时候让火箭发射升空，可以让地面的探测仪器更好地跟踪"嫦娥五号"，科研人员也更容易看到"嫦娥五号"的运行轨迹。同时，由于凌晨空气比较凉爽，"长征五号"的整流罩温度相对低，从而保证更稳定可靠的工作状态。

五是让蓄电池及时地补充能量。由于蓄电池容量有限，"长征五号"必须及时获得太阳的光照。"凌晨发射，'长征五号'飞行到数万公里后，蓄电池就能够以最大的光照夹角源源不断地获得光照能源，从而可持续地工作。"

【活动意图说明】通过知识分享，结合课内学生学习的相关学科知识，了解我国航天事业的前沿进展和伟大成就，学习载人航天精神，引导学生树立远大的人生理想。

环节四：总结阶段（树立目标）

由学生代表分享对载人航天精神的感悟和对自己未来的人生规划。

航天人，正带领中国进入新航天时代。航天事业的成熟，体现了一个国家的综合科技水平，关乎一个国家在太空时代的生死存亡。在和平年代，不能忘了时刻守护我们的英雄们，向航天人致敬，向英雄致敬。"长征万里飞天阙，嫦娥千年落凡尘。"希望同学们，能牢记祖国航天事业的曲折与成就，在今后的学习中更加努力，争取为我国的航天事业贡献自己的力量！

【班会后延伸教育活动设计】

首先，鼓励持之以恒，关注日常践行。提醒牢记自己的理想和目标，时刻提醒自己，每月推选出一位班级“小标兵”，以榜样带动努力学习和不怕困难的品质。两个月后，再次召开班会，一起讨论、分享自己的改变，及其带来的影响。其次，形成家校合力，共促习惯养成。教师通过微信与家长沟通，共同帮助学生持之以恒地践行理想。

六、教学反思

本节主题班会将学科知识与思政教育进行有机结合，针对学生发展和国家社会发展需求，引导学生树立正确人生目标，报效祖国，并且落实在日常的学习和生活中，让班会的精神精准“滴灌”和“润泽”每一位学生的成长。载人航天领域蕴藏着丰富的思想政治教育资源，本节班会坚持以社会主义核心价值观为导向、坚持发掘和传播正能量、坚持保障国家文化安全的原则，通过丰富的活动形式，利用历史发掘与现实总结相结合的方法达到了班会的育人价值和功能。

参考文献

[1] 文波，等．航天点亮梦想 创新引领未来——成都华西中学开展航天科普教育的实践与探索 [J]．中国现代教育装备，2023（8）．

[2] 周尚霞．挖掘航天教育资源　夯实校本德育教学 [C]．2023 年教育教学国际学术论坛．

[3] 张颖博．“航天精神”融入思政课教育的新模式研究——以北华航天工业学院航天精神进课堂为例 [J]．科教文汇，2021（23）．

[4] 寇鹏．航天科普进校园　携手共筑航天梦——航天教育专家做客史家小学．雷锋，2019（6）．

[5] 黄腾达．初中物理教学中渗透航天科技思政教育的实证研究 [J]．教学管理与教育研究，2022，7（9）．

[6] 何欢欢．载人航天精神融入大学生思想政治教育的意义 [J]．中国军转民，2022（6）．

[7] 周琳娜．航天精神融入思想政治教育的育人价值和策略 [J]．宿州教育学院学报，2019，22（3）．

[8] 周焱．我国载人航天领域思想政治教育资源开发利用研究 [M]．衡阳：南华大学，2019.

高中学段：青年传承创新　助力造梦太空

基本信息表					
教师	刘硕	学校	北京中学	学段	高中二年级
教科书版本及章节	统编版必修 4《哲学与文化》，人民教育出版社，2022 年版；第 7 课第 3 框 弘扬中华优秀传统文化与民族精神				

一、学情分析

（一）教学内容分析

本课是统编版高中思想政治必修4《哲学与文化》第7课第3框弘扬中华优秀传统文化与民族精神的相关内容。教学内容依据课程标准中领会对中华优秀传统文化进行创造性转化、创新性发展的重要意义，弘扬民族精神作为背景基础，结合学生的实际学情，通过讲述载人航天故事，感悟载人航天精神，体悟新时代如何弘扬民族精神。让学生厚植家国情怀，提升民族自豪感和荣誉感，树立文化自信。本课设计了以下三个教学环节：讲好载人航天故事，感悟新时代载人航天精神，弘扬新时代载人航天精神。

（二）学习者分析

1. 知识基础

从讲述载人航天故事的过程中，感悟载人航天精神的丰富内涵，在课堂讨论与课前及课后的自主学习实践中认同载人航天精神，在结合自身学习生活实际的过程中，认识载人航天精神在作为中国共产党人精神谱系的一部分、中华民族精神的重要组成中所发挥的巨大作用。

2. 能力基础

学生具有较强的理解能力和学习能力，能够通过资料收集等形式自主获得和学习相关的信息和知识。

3. 发展要求

学生在高中学段正处于价值观形成阶段，发展点在于用科学的思想铸魂育人、启智润心，用中华民族精神筑牢学生的政治认同和“四个自信”，帮助学生认识到自身的理想与国家发展战略之间的关系，引导学生树立正确的世界观、人生观和价值观。

二、教学目标

通过讲好载人航天故事，弘扬新时代载人航天精神，让学生坚持中国特色社会主义道路自信、理论自信、制度自信、文化自信。理解中华民族精神的基本内涵、主要表现、意义、形成和发展，以及如何弘扬中华民族精神，能够自觉讲好载人航天故事，积极弘扬新时代载人航天精神。

三、教学重点与难点

（一）教学重点

了解“载人航天精神”的内涵、中国共产党人的精神谱系。

（二）教学难点

理解“载人航天精神”的当代价值，弘扬中华民族精神。

四、教学方法与手段

（1）教法：讲授法、讨论法、议题式情境教学法。
（2）学法：自主学习法、探究学习法、合作学习法。

五、教学特色

本课践行学生是课堂教学的主体，在课堂呈现过程中，以学生小组汇报、讨论、议题分享为主题，深入探寻讲好载人航天故事。教师引导学生深入学习运用学科知识和学科理论，如学科的思想观点、思维方法以及情感因素，挖掘教材的深邃内涵。引导学生认同社会主义制度优越性，坚定“四个自信”。教师在教学环节中以点评和小结的形式出现，在这个过程中也有利于充分发挥学生作为学习和研究的主体作用和教师的主导作用。

借助多媒体手段，综合运用演示应用软件、视频文件等演示的实例分析、纪录片短片等内容，深入浅出，图文并茂，可以使学生课堂感知更加立体多样，是教学活动设计呈现和教学目标达成的有效辅助方式。

结合时政热点，将情景案例融入课堂教学，鼓励学生积极参与讨论，可以极大地调动学生参与课堂活动的积极性，凸显学生才是课堂教学的主体，更好地给学生以代入感，引导学生做弘扬新时代载人航天精神的宣传员，结合自身人生理想规划，树立正确的世界观、人生观和价值观。

六、教学活动设计

环节一：导入新课

学生观看2021年12月9日中国空间站首次太空实验课《天宫课堂》片段，太空授课教师宇航员王亚平老师现场做实验讲解奇妙的太空科技，视觉近距离感受我国空间科学研究的成就。

【设计意图说明】通过播放视频，让学生跟随宇航员的讲述直观感受太空世界的奇妙、我国空间科学研究的成就、载人航天技术的发展与进步，通过看到宇航员老师的几个现场小实验又能够感受到载人航天技术的研究与发展和我们生活的紧密联系，启发学生的学习兴趣，引出本课的议题。

环节二：讲好载人航天故事，传播航天精神

中国的载人航天事业经历了一个发展过程，是建立在“两弹一星”为代表的老一代科学家在空间科学研究基础上发展起来的，是有着光辉的历史传统的。在我国载人航天事业的发展历程中也有很多的航天故事，课前同学们结成了研究性学习小组，查阅了相关资料，确立了讲述主题，下面请每个小组同学汇报。

（1）第一组同学：回首30载飞天路，凝结了无数的辛酸与泪水，中国航天忍辱负重前行，终于笑傲世界。回想1970年4月24日中国首颗人造卫星“东方红一号”发射升空，当时所有人都眼含热泪观看“东方红一号”人造卫星飞过夜空；2003年10月15日，

中国第一艘载人航天飞船神舟五号发射升空，中国成为世界上第三个将人类送入外太空的国家；2005 年 10 月 12 日，神舟六号发射升空，首次完成多人多天的航天任务；2007 年 10 月 24 日，中国首颗绕月人造卫星“嫦娥一号”发射升空，探月时代正式开启；2008 年 9 月 25 日，神舟七号飞船发射升空，实现了中国历史上第一次太空漫步；2011 年 11 月 1 日，神舟八号飞船发射升空，中国首次进行交会对接……2023 年 5 月 30 日，神舟十六号发射任务圆满成功。细数我国在载人航天领域取得的一个又一个的伟大成就，中国航天自主研发，砥砺前行，在创新中不断壮大、发展。

（2）第二组同学：中国航天员邓清明，用一生默默准备，但绝不允许当任务来临的时候，我却没有准备好。“备份”25 年，邓清明终于圆梦。

（3）第三组同学：30 年默默耕耘，7 次“托举”中国航天员飞上太空的中国航天员系统总设计师黄伟芬，让我们一起聆听中国航天员背后的“无名英雄”的故事。

（4）第四组同学：阅读以下两封信。

①《带着我的梦想上天宫》——来自西藏的中学生次仁达杰写给中国空间站天宫宇航员的信，以及航天员费俊龙的回信。

② 2022 年 5 月 2 日，习近平总书记在五四青年节前夕写给中国航天科技集团空间站建造青年团队题为《弘扬“两弹一星”精神载人航天精神，为航天科技实现高水平自立自强再立新功》的回信。

（5）小组讨论：从这些载人航天的故事中，大家能感受到什么样的精神品格？这些精神品格发挥了怎样的作用？

【设计意图说明】在这一环节，通过学生自己的课前研究性学习和课上的汇报，调动学生的学习兴趣；通过多样化的故事内容呈现，有宏观的历史线索的梳理，有微观细致的人物故事，引导学生讨论载人航天精神的具体表现和在我国发展历程中的重大作用。

环节三：感悟航天精神内涵，厚植文化自信

载人航天精神品质与爱国主义精神的关系，在不同时代变的是什么？不变的又是什么？

材料一：航天人热爱祖国、为国争光的坚定信念。浩瀚太空对人类的要求极为苛刻。在超重耐力训练中，航天员要在高速旋转的离心机里承受 40 秒的 8 倍重力加速度，往往面部肌肉变形，呼吸异常困难，但手边请求“暂停”的红色按钮，20 年来从没有人按过。

材料二：航天人独立自主、敢于超越的进取意识。中国航天科技集团五院在工程论证、立项时，就大胆提出技术大跨越思路，跨过国外从单舱到多舱 40 年历程，直接研制国际上第三代飞船，拿出了独具中国特色的“三舱方案”。

材料三：航天人攻坚克难、勇于登攀的品格作风。20 世纪 90 年代，中国的长征系列运载火箭已经形成了 12 种不同类型的火箭，具备了发射载人飞船的能力和技术物质基础。为支撑载人航天事业，中国航天科技集团一院的科技人员又重点突破了高可靠性等三道难关。为保证“长征二号”F 火箭具备高可靠性，科技人员采用了 55 项新技术，解决了一系列技术难题。

材料四：航天人淡泊名利、默默奉献的崇高品质。一人飞天凝结万人心血。载人航天

工程是一项宏大的系统工程，有超过10万名技术人员团结协作托举起英雄飞天，他们的坚守与飞天的辉煌一起，书写了中国航天史上厚重的一页。

经过几代航天人奋斗拼搏凝聚而成的载人航天精神，不仅是托起飞天梦的精神之翼，更是全体中国人民宝贵的民族精神财富。

教师总结：① 伟业铸就精神，精神造就伟业。载人航天事业发展至今，假如没有特别的梦想、特别的精神，就不可能创造特别的业绩。特别能吃苦、特别能战斗、特别能攻关、特别能奉献是伟大的载人航天精神重要的精神内涵。

载人航天精神更是"两弹一星"精神在新时期的发扬光大，是以爱国主义为核心的民族精神和以改革创新为核心的时代精神的生动体现。

② 变是与时俱进，具体内涵（个性）因时而变；不变的是基本特征（共性），体现文化的相对稳定性。中华民族精神为中国发展和人类文明进步提供了强大的精神动力，集中体现了中华民族的整体风貌和精神特征，体现了中华民族共同的价值追求，是中华民族永远的精神火炬。

【设计意图说明】引导学生在探究中国航天取得非凡成就的精神内涵中感叹祖国的伟大，理性分析中国航天人在研究过程中是如何做到坚持一切从实际出发、实事求是的，进而认同伟大的载人航天精神，坚信中国航天勇攀高峰，取得更大的胜利。最后，引导学生关注自身发展与规划，认识到应从自身做起，努力为中国航天事业继续书写新篇章而贡献力量。

环节四：弘扬载人航天精神，树立理想信念

作为新时代的高中生，同学们是不是对自己未来大学学习的专业有自己的规划，对未来的人生也有职业规划呢？

习近平总书记指出："当代中国青年生逢其时，施展才干的舞台无比广阔，实现梦想的前景无比光明。""新时代的中国青年要以实现中华民族伟大复兴为己任，增强做中国人的志气、骨气、底气，不负时代，不负韶华。不负党和人民的殷切希望。""希望广大航天青年弘扬'两弹一星'精神、载人航天精神，勇于创新突破，在逐梦太空的征途上发出青春的夺目光彩，为我国航天科技实现高水平自立自强再立新功。"

【学生活动】同学分享自己的职业规划和人生理想。

【设计意图说明】在航天文化熏陶下，引导学生去主动探究，深入思考。学生通过参与各种主动学习活动来感悟世界，获得多方面体验，进而促进自身价值的提升；在航天精神滋养下，学生能够自觉承担起社会责任，以实际行动践行"让中华民族伟大复兴"这一历史使命，从而树立正确的世界观、人生观、价值观，最终实现培育时代新人的目的。

【课堂小结】载人航天精神作为中国共产党人精神谱系的重要内容之一，要将其进行深入学习和解读，融入同学们的学习和实践活动中深入感悟。理解载人航天精神的丰富内涵，要从自身做起，传承、发扬载人航天精神，彰显中华民族精神的力量，做好中国载人航天精神的宣传员和践行者。

七、作业设计

以"致敬航天人，奋进新征程"为主题，结合时政热点材料命制一道主观试题，理论知识可以涉及必修一《中国特色社会主义》、必修二《经济与社会》、必修三《政治与法治》、必修四《哲学与文化》、选择性必修一《当代国际政治与经济》的相关内容，既可单一模块纬度也可学科内综合。

要求：① 材料选取以官方资料为准；

② 命题提问指向要清晰；

③ 题目文字量控制在 300 字以内；

④ 表述清晰、逻辑严密、条理清晰。

参考文献

[1] 习近平．弘扬“两弹一星”精神载人航天精神　为航天科技实现高水平自立自强再立新功 [N]. 新华社，2022-05-02.

[2] 余建斌．发扬载人航天精神　奋力创造新的辉煌——中国共产党人的精神谱系之十八 [N]. 人民日报．2021-09-19（6）.

[3] 袁金凤，郭世军．高中思政课教学运用航天资源的意义和原则 [J]. 中学政治教学参考，2022（35）：66-68.

大学学段：弘扬航天精神　投身复兴伟业

基本信息表					
教师	李辰洋	学校	北京工业大学	学段	本科一年级
课程	习近平新时代中国特色社会主义思想概论				
教科书版本及章节	1.《习近平新时代中国特色社会主义思想学生读本》（大学），人民出版社，2021 年，第五章 铸就中华文化新辉煌； 2. 张荣臣，蒋成会:《力量——中国共产党的伟大精神》，红旗出版社，2021 年，第二十二章航天精神； 3. 党的二十大报告——五、实施科教兴国战略，强化现代化建设人才支撑				

一、学情分析

（一）教学内容分析

本专题围绕“弘扬载人航天精神　凝聚新时代青年力量”这一主题，从三个主要的问题入手，坚持问题导向，层层递进向学生讲述载人航天精神，即“中国载人航天开创了一项什么样的伟大事业”“中国载人航天孕育了一种什么样的伟大精神”“新时代如何以载人航天精神凝聚青年力量”三个方面。其根本目的在于帮助学生由浅入深地理解载人航天精神的形成、发展、内涵和时代价值，进一步使学生明确载人航天精神是中国共产党百年伟大精神谱系的重要组成部分，“航天科技是科技进步和创新的重要领域，航天科技成就是国家科技水平和科技能力的重要标志”。

第一部分，中国载人航天开创了一项什么样的伟大事业。通过具体事例“三十年筑梦星辰大海”“万人会战造神舟”“死在戈壁滩、埋在青山头”分别展开论述，将中国载人航天事业与坚持以人民为中心相结合，向学生传达出中国载人航天经过30多年的发展，取得了巨大成就，这是一项艰巨的事业、是一项英雄的事业，更是一项人民的事业，回应问题，使学生在整体上对载人航天进行认识和把握。

第二部分，中国载人航天孕育了一种什么样的伟大精神。结合典型事例，向学生讲述“特别能吃苦、特别能战斗、特别能攻关、特别能奉献”的载人航天精神，通过习近平总书记关于载人航天事业和精神的重要论述，进一步讲清楚中国航天人发扬航天精神的重要意义，号召当代大学生透过现象看本质，结合马克思主义基本原理，使学生从具体事例所彰显的精神维度过渡到实践维度，看到载人航天精神背后是艰苦奋斗、是敢于斗争的坚韧品格，是科技报国的使命担当，是无怨无悔的坚定信仰，从而增强教育意义，使学生入脑入心。

第三部分，新时代如何以载人航天精神凝聚青年力量。引用习近平总书记的指示：“建设航天强国要靠一代代人接续奋斗。希望广大航天青年弘扬‘两弹一星’精神、载人航天精神，勇于创新突破，在逐梦太空的征途上发出青春的夺目光彩，为我国航天科技实现高水平自立自强再立新功。”从而引发学生思考，自己毕业后或工作或深造应该如何发扬载人航天精神，激发大学生在中国特色社会主义现代化新征程中的责任担当和主体意识。

（二）学习者分析

1. 知识基础

一方面，党的二十大报告中重点强调，科技自立自强，不断完善科技创新体制，加强科技基础能力建设，强化科技战略咨询，提升国家创新体系整体效能等，标志着党中央对科技人才、科技创新的重视达到了新的高度。这些内容在党的二十大报告主题解读时已经向学生讲解，学生已经有了认识和了解。另一方面，关于“中国载人航天”“载人航天精神”的内涵，当代大学生也都有一定程度的关注和了解，尤其是在新时代，科学技术的迅猛发展，利用短视频直播的形式观看火箭、卫星等发射，以及2023年3月在国家博物馆举办的“中国载人航天30周年成就展”等成为线下科普航天知识、学习航天精神的重要途径，这些都为大学生了解和认识中国航天事业提供了机会、打开了窗口。同时，一些大学生的专业直接与航天领域相关，如飞行器制造、航天装备制造等，这也为部分大学生了解中国载人航天精神提供了途径。但是也要看到，中国共产党的百年伟大精神具有丰富性、系统性、历史性、时代性等特点，学习载人航天精神时需要结合其历史和时代特点深刻解读，在精神形成过程、意义、价值等方面还需要结合当代大学生的特点和所处时代主题进一步地深化、提升，从其精神实质中汲取奋斗力量，转化为实际行动。

2. 能力基础

授课对象大部分为“00后”学生，他们成长与生活的时代、社会，以及家庭组成等背景更加现代化，这些因素综合决定了“00后”学生的与众不同。首先，当代大学生具有较强的自我认知，思维活跃，接受新鲜事物速度快，学习能力强。其次，善于将科技运用于日常生活中，创新能力、迁移能力强。再次，当代大学生具有较强的网络使用能力，可以利用互联网及其衍生品进行信息的收集和知识的学习，但呈现出一定的碎片化和分散化的特征，其整合信息的能力有待加强。最后，面对科技的日新月异，“00后”大学生筛选信息的能力较弱，分辨真伪的能力以及将信息转化为实际应用、理论与实践相联系等的能力依然有待加强。

3. 小结

针对以上分析，在教学中首先要深入了解当代大学生的关注点、关心点和关切点，掌握其思维动向，将载人航天相关的视频、案例等作为课程引入，激发学生的兴趣；其次，在知识讲解过程中，要将高校思政课的理论性与中小学道法、德育等的教育教学相区分，在理论深度和实践广度上要继续拓展和深挖；再次，在大学课堂教学中，教师要始终注重培养学生的自我认知和将理论寓于实践的能力，加强课程的引导性和启发性，激励学生主动探究，并与社会生活相联系，鼓励学生认识到从校园到社会的整体连贯性，提高大学生分析问题和解决问题的能力；最后，教育教学的整个过程最终要以实现大学生思政教育的长效性、有效性和实用性为目标，坚持理论引领实际，实现大学生自身价值。

二、教学目标

1. 认知目标

通过中国载人航天的历史发展，向学生传递一种信念——中国共产党始终重视中国高科技的发展，始终将探索宇宙、遨游太空作为世界大国所必须具备的战略需要。将载人航天精神寓于中国共产党的百年伟大精神之中，运用马克思主义发展的观点、联系的观点，引导学生全面把握、深入理解“中国载人航天开创了一项什么样的伟大事业”“中国载人航天孕育了一种什么样的伟大精神”“新时代如何以载人航天精神凝聚青年力量”三个主题板块。层层递进，使学生了解载人航天精神的内涵及其背后的深刻含义，帮助学生领会载人航天精神在当今时代的特殊意义，在中国传统文化中的引领作用和时代价值，深刻认识“加快实施创新驱动发展战略，加快实现高水平科技自立自强”对于中国式现代化的积极意义。

2. 能力目标

聚焦当代大学生问题意识、实践探究、比较思维、创新能力等的培养，提升大学生理论联系实际、自主创新创造的能力，引导大学生养成勤于思考、主动学习、内外兼修的良好品格。

3. 情感与价值目标

在教育教学活动设计中，积极引导当代大学生树立远大理想，激发大学生对于宇宙的探索和未知领域的好奇心，鼓励其大胆探索和实践，勇于攀登科学高峰等。帮助大学生在学习和实践中坚定理想信念，立大国志、做大国事，在成长的道路上不断汲取奋进力量，勇担历史责任，主动投身全面建设社会主义现代化国家新征程。积极回应并践行党的二十大报告中所指出的：“广大青年要坚定不移听党话、跟党走，怀抱梦想又脚踏实地，敢想敢为又善作善成，立志做有理想、敢担当、能吃苦、肯奋斗的新时代好青年，让青春在全面建设社会主义现代化国家的火热实践中绽放绚丽之花。”

三、教学重点与难点

1. 教学重点

第一，在讲授载人航天事业时，要坚持从历史的角度出发，历史与现实相结合的方法，既不能太直白，又不能太生硬，要考虑到学生的接受程度，结合党史和新中国史课程，从其中引出党的百年奋斗伟大精神，帮助学生真正理解载人航天事业的艰巨性、复杂性，认识到载人航天事业是我们党一直不断坚持的事业，是我们党30年来追求航天科技进步、科技创新的真实写照。第二，在讲解载人航天精神内涵时，要对应具体事例、典型人物和典型团队等，要以习近平总书记的讲话作为根本依据，展开讲述载人航天精神的四个“特别”，为使学生充分领悟，需要深挖其背后的含义，引导学生积极深入思考。第三，在讲解青年学子如何从载人航天精神中汲取奋斗力量时，要通过对载人航天精神具体内容的回顾展开，紧扣主体，从工作和深造等角度引发学生思考，帮助学生从理论上升到实践，引导学生在理论联系实际的过程中切身体会我们党百年来伟大精神的力量，深刻理解习近平总书记对航天青年同时也是对广大青年发出的号召：“希望广大航天青年弘扬‘两弹一星’精神、载人航天精神，勇于创新突破，在逐梦太空的征途上发出青春的夺目光彩，为我国航天科技实现高水平自立自强再立新功。”

2. 教学难点

本专题讲授的难点在于：一方面，如何使看似距离学生较远的载人航天事业恰如其分地走进学生心中，进而使学生自然而然地对其产生兴趣，将载人航天精神入脑入心；另一方面，如何使学生全面深入细致地了解和理解载人航天精神的内涵以及实质；同时在这一基础上如何使学生将载人航天精神寓于自己的生活和学习实际中等，这些都是本专题在讲授时大学教师面对的难点问题，需要整体思考、系统备课。

四、教学方法与手段

（1）以教师讲授为主，学生讨论、师生互动相结合等教学方法为辅。

（2）运用多媒体设备播放教学PPT、微视频等，同时在日新学堂、雨课堂、班级微信群等媒介进行课后答疑，使课上与课下有机衔接。

（3）书写重点内容板书、上传课程资料、逻辑衍生图等到日新学堂，丰富专题内容，帮助学生对本专题内容进行整体把握。

（4）课下实践巩固提高。指导学生参观中国科技馆、中国航天博物馆、中国天文馆等，使学生真切了解中国载人航天事业的发展，将载人航天精神内化于心、外化于行，在实践中深入领会载人航天精神的价值意蕴。

五、教学活动设计

【课程导入】课堂互动：展示两幅我国航天员人物和火箭实物的图片，引发学生思考：这些人是谁？他们为什么如此穿着？这些火箭是做什么的？为什么每一个都不同？

在与学生讨论交流后引起学生兴趣，引导学生思考：这样的一群人和一枚枚火箭有什么样的紧密联系？他们背后承载了什么样的艰巨事业？

由此引出本讲主题：弘扬载人航天精神　凝聚新时代青年力量。

引用习近平总书记的话：“发展航天事业，建设航天强国，是我们不懈追求的航天梦。党中央作出实施载人航天工程重大战略决策以来，航天战线的同志们秉持航天报国的理想和追求，艰苦奋斗，自强不息，开拓进取，取得了举世瞩目的伟大成就。”围绕主题继续追问，引出本讲的三个基本问题：第一，中国载人航天开创了一项什么样的伟大事业；第二，中国载人航天孕育了一种什么样的伟大精神；第三，新时代如何以载人航天精神凝聚青年力量。由此帮助学生对本专题的内容和逻辑结构有初步了解。

【**教学意图**】通过实例、实物和图片引导学生思考，带着问题进入专题学习。

【**教学用时**】5 分钟。

第一部分　中国载人航天开创了一项什么样的伟大事业

本部分旨在帮助学生认识、了解中国载人航天的发展历史、历程以及关键节点，从总体上全面展示和把握中国载人航天这一伟大事业及其对国家发展建设的重要意义，从而为后续理解、掌握载人航天精神的内涵和实质打下了坚实的基础。

第一，中国载人航天开创了一项艰巨的事业。

自 1992 年中国载人航天工程立项实施以来，经过几代航天人的接续奋斗，中国航天事业走出了一条具有中国特色的发展之路，中国昂首屹立于世界航天大国之列。从 1992 年中国载人航天“921 工程”正式立项到 2003 年，中国将首位航天员杨利伟送入太空，用了十年的时间；再到 2013 年首次实现与“天宫一号”绕飞手控交会对接，又是一个十年；2022 年 12 月，习近平总书记宣布中国空间站全面建成，中国载人航天“三步走”战略变为现实，我们又用了一个十年。从 1992 年到 2022 年，整整 30 年的坚守和付出，中国航天人始终把中国航天从无到有的重任扛在肩上，逐梦星辰大海，建成了属于我们自己的空间站。中国载人航天艰巨的事业从构想变为了现实。从无人飞行到载人飞行，从一人一天到多人多天，从舱内实验到出舱活动，从单船飞行到组合体稳定运行……载人航天工程 30 年的建设发展，是建设创新型国家和科技强国的重要内容，是实现中国梦、航天梦的具体实践，在展现综合国力、服务国家战略、推动科技创新、促进经济社会发展等方面都发挥了重要作用。

第二，中国载人航天开创了一项人民的事业。

引用习近平总书记的话，“江山就是人民，人民就是江山”“新时代的伟大成就是党和人民一道拼出来、干出来、奋斗出来的！”引导学生思考人民在航天事业中的作用所在。通过具体事例增加生动性和说服力，使学生更直观地感受到人民的伟力。神舟系列飞船首任总设计师戚发轫说，神舟飞船总体设计工程量巨大，涉及众多的系统和元器件、零部件以及烦琐的操作系统。中国载人航天功勋钱学森也曾说：“航天是系统工程，不能靠一个人，要靠一大堆人。”正是航天事业的特殊性，可以说每一次航天领域的重大突破都是一场大兵团作战，需要举全国之力，公安干警、保障人员，甚至需要每一位航天人员家人背后的支持和付出。航天工程极其庞大，可谓是万人会战造神舟！中国载人航天事业正是在亿万人民的支持下、努力下、奋斗下拼出来的，它是一项艰巨的事业，人民的事业，更是一项英雄的事业。中国航天需要全体人民的支持，中国载人航天工程是一项人民的事业。

第三，中国载人航天开创了一项英雄的事业。

中国载人航天之所以在30年的时间内取得了如此巨大的成就，其背后的重要原因在于这些把青春和热血奉献给中国载人航天事业的科研工作者。通过具体事例向学生讲清楚中国载人航天事业承载了几代人的艰辛付出，使学生真切地感受到为了中国的航天梦，老一辈、新一代的航天人做出了重大贡献和牺牲，使学生感受航天精神的神圣。

760多位为中国载人航天和国防事业牺牲的烈士，长眠于东风革命烈士纪念园，他们的平均年龄仅有27岁。2013年，习近平总书记来到东风烈士纪念陵园敬献花圈，看望在航天征程上牺牲的烈士。同样，每当飞天归来，我们的航天员都要看望中国载人航天的前辈们。特别是杨利伟等中国航天功勋人物，时刻不忘为中国航天事业做出重大贡献的科研工作者。老一辈的航天人和新时代的航天人，不论是谁，不论在哪个时代，他们都用实际行动诠释了“死在戈壁滩，埋在青山头”的铮铮誓言。我们能够深刻地感受到中国载人航天事业又是一项英雄的事业。

【教学意图】强化认识，通过党的百年精神谱系整体性介绍，再到具体的载人航天精神，使学生先明确教学内容，同时从整体上了解载人航天事业，为后续载人航天精神的展开学习和理解打下基础。此外，本部分也可以帮助学生从现实层面、宏观角度认识中国载人航天的发展历程，致敬中国载人航天事业。

【教学设计】此部分重在事、理结合，以事例阐述道理，容易理解和记忆，帮助学生从典型事例中看到中国载人航天事业的艰辛与伟大。本部分以教师讲授为主，帮助学生压实对于中国载人航天事业的全面认识。

【教学用时】25分钟。

第二部分　中国载人航天孕育了一种什么样的伟大精神

引用习近平总书记的论述展开本部分。习近平总书记指出：“我们培养造就了一支特别能吃苦，特别能战斗，特别能攻关，特别能奉献的高素质人才队伍，培育铸就了伟大的载人航天精神。广大航天人展现出了坚定的理想信念，高昂的爱国热情，强烈的责任担当，良好的精神风貌。”

在第一部分介绍中国载人航天事业的基础上，通过实例讲解载人航天精神，并引导学生深挖其背后的重大价值，进一步帮助学生理解载人航天精神的内涵和外延，引导学生透过现象看本质。

第一，中国载人航天事业孕育了“特别能吃苦”的载人航天精神。

我国载人航天起步晚，底子差，在当时面临着技术空白、产业薄弱的窘迫局面，但是中国航天人却在艰苦的条件下激发了更大的斗志。中国人民志愿军第20兵团开赴荒漠戈壁，白手起家，建立了中国规模最大、技术水平一流的发射中心。航天工作者靠肩挑背扛，也要建设我们自己的全动力发射系统。2022年11月29日，神舟十五号发射窗口期，酒泉卫星发射中心遭遇了40年不遇的极寒天气，最终在平均年龄39岁的团队守护之下，神舟十五号克服了低温挑战，顺利升空。除此之外，我们英雄的航天员更是要经受日复一日的艰苦训练，八大类100多个项目时刻挑战着航天员们的心理和生理极限。但是，面对这些，神舟十五号的航天员张璐坚持了12年，费俊龙坚持了17年，邓清明更是坚持了

25年。

习近平总书记指出，老一辈航天人的功勋已经牢牢铭刻在新中国史册上，不管条件如何变化，自力更生，艰苦奋斗的志气不能丢。由此引导学生认识到，“特别能吃苦”的本质是中国航天人“自力更生，艰苦奋斗”的真实写照。

第二，中国载人航天事业孕育了“特别能战斗”的载人航天精神。

以时间为序，通过回顾中国载人航天发展历程中的特殊事件，引发学生思考。时间回到2000年12月，在神舟二号发射的前十天，由于工作人员检修失误，发射平台被意外启动撞向火箭，致使火箭被撞扁、撞伤18处。发射总指挥黄春平与总设计师刘竹生火速奔向事发现场，亲自爬上11层平台查看，他们20多个小时没有合眼，查找问题、弥补损失。经过评估检测，对被撞的储箱、整流罩和一些其他重要部件进行了维修和重新更换，最终发射团队决定按计划于1月10日进行发射，并成功将神舟二号飞船送上了太空。

中国航天人是一支敢打硬仗，善打硬仗的队伍。习近平总书记在党的二十大报告中指出，前进道路上我们必须要牢牢把握五个重大原则，其中之一就是必须坚持发扬斗争精神。由此引导学生认识到，“特别能战斗”的本质是中国航天人敢于斗争、直面挑战，展现了中国人特别能战斗的坚韧品格。

第三，中国载人航天事业孕育了“特别能攻关”的载人航天精神。

选取“胖五”作为经典案例向学生讲述神舟五号飞船的故事。通过中国“神舟”系列火箭的发展历程，引发兴趣和共鸣，纵向深入展现航天人员的科技攻关实践，升华特别能攻关的载人航天精神。“胖五”是网友们对“长征五号”运载火箭的昵称。为什么叫它“胖五”？因为它体型非常巨大，直径5米，高度57米，总重量超过了900吨。在“胖五”上运用的国际领先技术达到了95%，而国际惯例是不超过30%。如此高规格的先进技术的运用是为了使火箭的承载能力一次提升2.5倍。2017年7月2日，“长征五号”遥二火箭发射，火箭飞行至346秒时，其中的一个发动机突然出现故障，发射任务失败，接下来一切“归零”。科研团队加紧科研攻关，重新研制了8台发动机，试车时间13902秒。要知道“长征五号”系列火箭发动机在一开始研发时耗时13年，研制了16台发动机，试车3万多秒。然而在归零后的两年半时间内，研制团队完成了之前13年工作量的一半，可谓是一场航天技术的大攻关、大联合、大会战。终于在908天之后的2019年12月27日，“胖五”第三次发射取得圆满成功。除此之外，看中国长征系列运载火箭的发展历程，从第一代到第五代，不仅仅是外观形态的变化，更重要的是长征系列火箭研制技术的突破和运载能力的不断提升。

引用习近平总书记的话。习近平总书记指出：“航天科技是国家科技水平和能力的重要标志，航天科技成就是国家科技水平和科技能力的重要标志。”“星空浩瀚无比，探索永无止境，只有不断创新，中华民族才能更好走向未来。”从而引导学生认识到，“特别能攻关”的本质是中国航天人自立自强，科技报国的使命担当。

第四，中国载人航天事业孕育了“特别能奉献”的载人航天精神。

本部分从前述的事例转向具体任务，选取航天员的典型事例来讲述，将道理聚焦英雄的航天员身上，拉近与学生的距离，便于学生理解和掌握。

王亚平——执行过神舟十一号、神舟十三号飞行任务，并且是中国首位进驻空间站，首位出舱活动的女航天员。在八大关、百余个航天员训练项目中，她和男航天员一样训练，没有丝毫的松懈。从神舟十一号到神舟十三号，9年的时间，她始终在航天道路上锤炼自己，甚至没有多余的时间陪伴家人，在面对不到5岁的女儿时，她也只是轻声地说了一句，“妈妈去太空给你摘星星去了”，之后就毅然决然地踏上了飞天之路。她就是这样一位愿意为中国航天事业奋斗终身的追梦人。

另外一位航天员邓清明更是为了飞天一刻而等待、奉献和坚守了25个春秋。1998年，邓清明作为中国首批14名航天员进入中国人民解放军航天员大队。2010年，他被选为神舟九号飞行任务备份航天员，接下来的神舟十号、神舟十一号的飞行任务依然如此，但他从不放弃。不管主份备份，都是航天员的本分。邓清明都一直秉持着这样的信念，在自己的航天员岗位默默地奉献，一次次与飞天失之交臂，但又一次次重新出发，他光荣地执行神舟十五号载人飞船飞行任务，邓清明终于圆梦飞天。

通过以上两位航天员的生动事迹，引用习近平总书记所说的，“我们注重传承优良传统，发扬特别能吃苦、特别能战斗、特别能攻关、特别能奉献的载人航天精神，彰显了坚定的中国特色社会主义道路自信、理论自信、制度自信、文化自信，为坚持和发展中国特色社会主义增添了强大的精神力量”。从而引导学生认识到，“特别能奉献”的本质是中国航天人不计得失、无怨无悔、忘我牺牲、甘于奉献的坚定信仰。

【教学意图】立足于中国载人航天中发生的典型事件和真实人物，以此作为课程讲授的案例，引出载人航天精神的四个“特别”，并进行分点讲解和论述，将理论与实际相结合，使学生深刻理解并学懂、弄通载人航天精神的内涵和本质意义，引发学生进一步思考，即如何在实践中发扬载人航天精神。

【教学设计】此部分着重事、论结合，将30年来中国载人航天事业中发生的大事、涌现的典型人物等“激活”并将其“串联”在四个“特别”之中，用故事讲道理、以思考促实践，从而深化对载人航天精神的理解，引导学生提炼其背后的本质内涵。

【教学用时】20分钟。

第三部分　新时代如何以载人航天精神凝聚青年力量

在明确了中国载人航天是一项什么样的伟大事业，这样的伟大事业孕育了什么样的伟大精神之后，紧接着教师继续启发学生作为新时代的大学生，应该如何以载人航天精神凝聚新时代青春力量？

首先，以习近平总书记的话启发学生思考：“伟大事业孕育伟大精神，伟大精神引领伟大事业。”“建设航天强国要靠一代代人接续奋斗。希望广大航天青年弘扬‘两弹一星’精神、载人航天精神，勇于创新突破，在逐梦太空的征途上发出青春的夺目光彩，为我国航天科技实现高水平自立自强再立新功。”其实不仅仅是航天青年，对于我们每一位青年学子来讲，都要从载人航天精神中汲取智慧和力量。其次，针对学生毕业后工作与深造的两条路径，启发学生讨论如何将载人航天精神运用于自身。最后，教师总结，并提出要求。

在学习上，我们要不断勇攀科学高峰。秉承求真求实、刻苦钻研的精神，在实践上锐意进取，探索创新。不断充实自己的头脑，锻炼本领，克服本领恐慌。在工作上，要发扬敢于斗争、善于斗争的精神。拼搏进取，发扬先人后己、无私奉献的忘我精神，勠力奋发前行，汲取新时代的奋斗力量，撸起袖子加油干！

习近平总书记在党的二十大报告当中号召，青年强则国家强，广大青年要让青春在全面建设社会主义现代化国家的火热实践中绽放绚丽之花。

【教学意图】将前述第一部分与第二部分的内容整合贯通，在内化于心的基础上外化于行，把载人航天精神的内涵和本质落实到当代大学生的实际学习和将来的工作中，帮助学生进一步理解载人航天精神的重要意义和实践价值。

【教学设计】该部分主要是从前两部分的理论讲解中抽离出来，使学生将学习到的载人航天精神运用于自身的学习和实践中，在教学中鼓励学生畅所欲言，学生之间、师生之间可以交流如何从自身出发，将载人航天精神落实到当代大学生的学习中。

【教学用时】25 分钟。

第四部分　实践环节设计

引导学生围绕“中国载人航天事业和载人航天精神”这一主题，在课下以小组形式开展调研活动，将载人航天精神充分发扬在各个方面，并将调研结果和心得在课上分享。

【教学意图】理论与实践相结合，将载人航天精神的历史与新时代中国载人航天事业的发展相结合，使学生深切感受到中国科技快速发展、自立自强的现实。同时在实践中深化对理论的认识和理解。

【教学设计】调研活动可自选，教师也可推荐，例如，参观航天博物馆、观看航天纪录片、采访航天员等，围绕“中国载人航天”这一主题展开即可，并撰写调研报告，将调研心得在课上进行分享。

【教学用时】10 分钟（布置实践任务，调研分享用专门课时）。

第五部分　课程总结及思考探究

习近平总书记在北京人民大会堂会见天宫二号和神舟十一号载人飞行任务航天员及参研参试人员代表时强调，我们注重传承优良传统，发扬特别能吃苦、特别能战斗、特别能攻关、特别能奉献的载人航天精神，彰显了坚定的中国特色社会主义道路自信、理论自信、制度自信、文化自信，为坚持和发展中国特色社会主义增添了强大精神力量。伟大事业催生伟大精神，伟大精神推动伟大事业。载人航天事业是中华民族伟大复兴道路上的一座丰碑，它的实践经验和伟大精神闪烁着时代的光芒，激励我们沿着中国特色社会主义道路、朝着实现全面建设社会主义现代化国家新的征程笃定前行。实践证明，只要我们矢志不渝地自主创新、勇攀高峰，就一定能逐梦更远的星辰大海，不断标注中国航天发展的新高度。蓝图已经绘制，梦想已经起航。深厚博大的载人航天精神和快速发展的航天事业，必将激发全民族探索和创新的热情，鼓舞全国人民奋发图强、勇敢前进。

综上，本节课主要从三个问题入手，一起探讨了中国载人航天开创了一项什么样的伟大事业，这样的伟大事业孕育了一种什么样的伟大精神，以及作为青年学子，我们应该如何在新时代新征程上从载人航天精神中汲取智慧和力量。

【教学用时】5 分钟。

六、课后作业

结合本节所学知识，围绕“航天梦·青春梦·奋斗梦”写一篇课前《演讲稿》，下节课与大家分享。

参考文献

[1] 习近平．高举中国特色社会主义伟大旗帜　为全面建设社会主义现代化国家而团结奋斗——在中国共产党第二十次全国代表大会上的报告 [M]. 北京：人民出版社，2022.

[2] 习近平．习近平谈治国理政：（1–4 卷）[M]. 北京：外文出版社，2022.

[3] 秦宣．习近平新时代中国特色社会主义思想学生读本：大学 [M]. 北京：人民出版社，2021.

[4] 张荣臣，蒋成会．力量——中国共产党的伟大精神 [M]. 北京：红旗出版社，2021.

[5] 李杰，中国空间技术研究院．神舟记忆——纪念中国载人航天 30 周年 [M]. 北京：中国宇航出版社，2022.

[6] 赵小津，中国空间技术研究院．精神的力量——航天精神引领中华民族探索浩瀚宇宙 [M]. 北京：人民出版社，2022.

专题十一　劳模精神

一体化教学设计说明

一、教学内容简介

“劳模精神”是中国特色社会主义核心价值观的重要体现，其核心内涵包括爱岗敬业、争创一流、艰苦奋斗、勇于创新、淡泊名利、甘于奉献等。劳模精神源自中国共产党人的奋斗历程，是中华民族自强不息精神的体现，具有深厚的历史积淀和现实意义。学习劳模精神，可以增强社会责任感，培养奉献精神，使学生成长为有理想、有担当的时代新人。因此，劳模精神是各个教育阶段都需要学习的重要内容，是学生取得全面发展的重要途径。

二、一体化教学目标与思路

（一）一体化教学目标

本专题围绕“劳模精神”，在小学、初中、高中、大学四个学段，从教学目标、教学内容、教学方法、课程资源、实践环节等方面分别依据本学段课标要求、教材和学生实际，对该专题进行递进式的学习。总体教学目标要通过劳模精神的教学，帮助学生树立劳动光荣、劳动崇高的价值认同，将劳模精神内化为自觉践行的动力，积极投身国家现代化建设事业，在知与行中践行社会主义核心价值观，成长为有社会责任感和奉献精神的时代新人。

（二）一体化教学思路

小学学段：引导学生初步认识劳模精神，树立劳动光荣的观念。

初中学段：要解析劳模事迹，理解其核心内涵。

高中学段：要联系社会发展，提升其践行自觉。

大学学段：要深入探讨劳模精神的历史积淀与时代价值，推动其投身实践。

基于教学一体化的整体设计思路，一体化设计要关注大、中、小四个学段学生的知识结构和认识特点，体现循序渐进、螺旋式上升的教学方法，最终达到引导学生深入领会劳模精神的历史渊源、时代精髓和实践要求，明确劳动对个人成长和社会进步的意义，在劳动实践中体悟劳模精神，最终成长为有理想、有道德、有责任、有担当的社会主义事业建设者和接班人。

◆ 小学学段：小学阶段的教学充分考虑了学生的认知特点和学习需求，采取启蒙教学的方式来引入劳模精神。教学注重运用视频、讲故事等形式，让学生直观感受劳模精神的内涵。如利用袁隆平的故事视频，启发学生对科学家的敬佩之情。并组织学生讨论身边的劳动榜样，理解劳模精神的普遍意义。此外，设计了“传承卡”“任务卡”等环节，引导学生将劳模精神融入自身生活，通过具体行动予以践行。在方法上，小学阶段善用讲故事法、问题引导法、小组合作学习法等，激发学生主动参与。总体上来说，小学阶段的教学贴近学生认知水平和生活实际，主要是启蒙式教学策略，旨在引起学生对劳模精神的兴趣，为后续学习打下基础。

◆ 初中学段：初中阶段的教学立足学生对社会主义核心价值观的初步认知，采用案例解析的方式加深对劳模精神的理解。如通过赵占魁、邓稼先等不同时期劳模的事迹分析，让学生认识劳模精神的历史积淀和发展变化。教学着重解析劳模精神的核心内涵，如爱岗敬业、创新精神等，培养学生的辩证思维能力。还组织学生就弘扬劳模精神进行探讨，以提高其自主思考能力。在方法上，初中阶段注重采用讨论教学法、问题引导法等，加强师生互动和生生互动。总体而言，初中阶段在认知和能力方面都要求较高，教学力求探究式，旨在帮助学生深入解析劳模精神的内涵，为后续的实践践行打下基础。

◆ 高中学段：高中阶段的教学深入剖析了劳模精神与社会进步发展的关系，引导学生主动践行。教学紧密结合高中思想政治课必修教材内容，以劳动者的职业选择变迁为切入点，引出劳模精神在不同历史时期的体现。以高凤林的故事为例，解析劳模精神的内涵，如爱岗敬业、乐于奉献等。强调新时代要继承和弘扬劳模精神，与实现中华民族伟大复兴的中国梦相联系。此外，教学通过组织“对话 2035”活动，引导学生树立正确的人生目标，将个人发展与国家发展相结合。在方法上，高中阶段注重情境体验，如使用视频资源，还采用诗歌朗诵、演讲比赛等形式，激发学生的情感体验。总体来看，高中阶段教学通过剖析劳模精神的现实意义，促进学生主动践行，实现个人发展与社会发展相统一。

◆ 大学阶段：大学阶段的教学着重从理论高度深化对劳模精神的认识，从历史角度深入剖析劳模精神的内涵。大学阶段的教学着重从理论推动其内化于心和外化于行。教学内容突出阐释马克思劳动观与劳模精神的关系，通过马克思劳动观认识劳动的崇高地位，为劳模精神提供理论依据。此外，还详细解析了劳模精神的历史沿革，以及当代劳模的核心特质。在教学方法上，大学阶段既采用讲授法系统阐释理论要点，也组织学生讨论，强化交流互动并注重调动学生的主观能动性。此外，设置情景模拟、实践调研等环节，促进所学知识的转化和运用。总体来看，大学阶段教学目标是引导学生深刻理解劳模精神的历史积淀和现实意义，推动其自觉践行，成长为社会主义事业的建设者和接班人。

三、一体化教学结构图

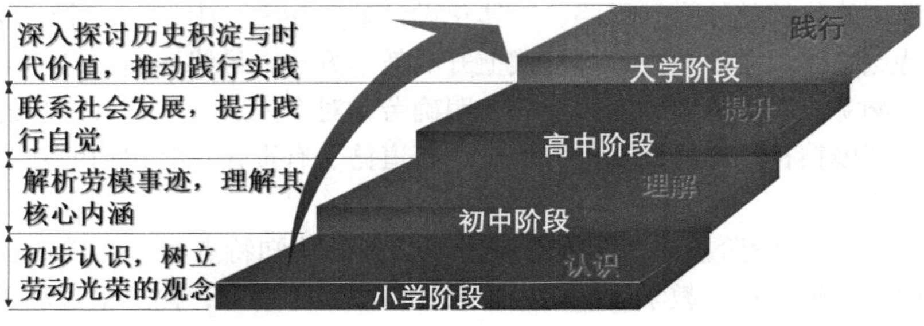

小学学段：讲述劳模故事　启蒙劳动意识

基本信息表					
教师	常倩	学校	北京市第十一中学附属精忠街小学	学段	小学四年级
教科书版本及章节	1.《道德与法治》（四年级下册），人民教育出版社，2022 年；第三单元 美好生活哪里来，第 9 课 生活离不开他们； 2.《习近平新时代中国特色社会主义思想学生读本》（小学高年级），人民教育出版社，2021 年；第八讲 人无精神则不立，国无精神则不强				

一、学情分析

（一）教学内容分析

本课选自统编版《道德与法治》（四年级下册）第三单元美好生活哪里来第 9 课生活离不开他们和《习近平新时代中国特色社会主义思想学生读本》（小学高年级）第八讲人无精神则不立，国无精神则不强的部分教学内容。

其中，第三单元美好生活哪里来共分三课。第 7 课我们的衣食之源，首先从“一粒米”的生产过程入手，引导学生初步了解农业生产。并以此为范例引导学生了解农业生产与人们生活的密切关系，认识到农业是人们的衣食之源。第 8 课这些东西哪里来，以生活中常见的工业产品为切入点，引入工业生产的学习内容，引导学生了解工业生产对人们生活的重要意义，并认识到我国正从“中国制造”迈向“中国创造”，科技创新能力显著提升。第 9 课生活离不开他们，旨在帮助学生认识到各行各业劳动者的劳动对人们生活的重要意义，懂得劳动者之间是平等的，引导学生体会劳动者的艰辛，并能用实际行动感谢他们辛勤劳动。

《人无精神则不立，国无精神则不强》这一专题内容是人教版《习近平新时代中国特色社会主义思想学生读本》（小学高年级）第八讲第 1、2 框题的教学内容。本课聚焦社会主义核心价值体系，引导学生齐读“习语”，领悟中国精神，学习和了解中国特色社会主义事业总体布局“五位一体”内容中的文化建设内容。

本课将统编版《道德与法治》的教材内容和《习近平新时代中国特色社会主义思想学生读本》（小学高年级）的专题内容有机整合。在教学内容设计中，将劳模精神渗入其中，促使学生在课堂学习中体会到劳模精神在任何时候都需要、都不过时，是伟大时代精神的生动体现，珍惜荣誉，传承劳模精神，进而落实《道德与法治课程标准》（2022 年版）“道德修养”相关要点的学段要求。

（二）学习者分析

1. 知识基础

通过四年级下册“生活离不开他们”一课学习后，大部分四年级的学生对于为我们服务的各行各业的劳动者都有着一定的了解，并且能从心中感谢劳动者给人们生活带来的便利，学会尊重各行各业的劳动者。但是，基本只是停留在听说过劳动模范，可以说出家喻户晓的劳动模范和简单的事迹。但是，学生还没有将具体的劳模精神与我们的生活有机融合在一起，或者还没有仔细思考过我们生活中有些行为就是劳模精神的体现。他们的思维认知能力与社会生活经验都不太丰富。

2. 能力基础

四年级学生有一定的独立思考和探究能力。在课堂学习中更倾向于利用交流与合作进行课前学习，课上分享。教师在此过程中，应该注重教学素材的筛选和辨别，鼓励学生根据有针对性的学习资料，自主学习，主动探究劳模精神的价值内涵。

3. 学生兴趣与发展要求

四年级学生价值观正在积极地建构中，但对于精神世界和道德世界并没有一个系统感知和认识。因此，本课重在启蒙感悟伟大时代精神，通过讲故事，让小学生相信，一个有精神、有道德、有信仰、有诚信、有精神价值追求的人是值得大家尊重的。从小学开始，劳模精神在任何时候都需要，是伟大时代精神的生动体现，珍惜荣誉，知道传承劳模精神。

二、教学目标

通过劳模袁隆平爷爷的故事启蒙环节，引导学生感受劳模精神的所在，并逐渐聚焦到各行各业的劳模身上，发现其精神具有共性，逐渐感受到劳模精神在我们身边，从而体会劳模精神的基本内容及意义。增强劳动意识，懂得劳动光荣，劳动不分贵贱。在课前鼓励同学们寻找自己身边的劳动榜样，在课上通过分享身边的劳动模范故事的环节，体会劳模的精神其实就在我们身边，引导学生将其精神与自己的生活结合在一起，理解“幸福是奋斗出来的”这句话的真正含义，并愿意用实际行动在日常生活中践行劳模精神，争做新时代好少年。通过本节课的“传承卡”“任务卡”，引导学生将劳模精神与自己的生活结合在一起。认同劳模精神在任何时候都需要，是伟大时代精神的生动体现，愿意传承劳模精神。

三、教学重点与难点

（一）教学重点

知道劳模精神的内容，体会劳模精神的基本内容及意义。增强劳动意识，懂得劳动光荣、劳动不分贵贱。

（二）教学难点

知道劳模精神就在我们身边，并愿意将其精神与自己的生活结合在一起。

四、教学方法与手段

（1）本课内容在设计的过程中，充分地运用了故事启蒙法，运用视频让学生直观感受劳模精神带来的震撼，将本课要达成的教学目标与视频资料等融合在一起，在《杂交水稻之父——袁隆平》这一视频的烘托下，让学生更加深刻地感受到了精神的强大和重要。

（2）结合运用小组研究、讨论、分享等环节，给同学们不同的任务意识，并通过完成“精神卡”，帮助同学们进一步探讨研究，为“劳模精神”在生活中的体现做铺垫。

（3）返回教材巩固结论法，经过课堂中的讨论和提炼，经过课堂中的大量感受后，学生已经可以将本节课的目标融入心中，再次返回教材进行提升，让本节课的目标扎根于学生的内心。

五、教学特色

（1）体现大、中、小思政课一体化的逻辑规律。在前期实践探索的基础上，小学、初中、高中、大学四个学段，在教学内容、教学方法、教学目标方面分别依据本学段课标要求、教材和学生实际，突出阶段性特点，又体现循序渐进、螺旋式上升的同向接续，实现共同育人目标。

（2）设计符合学情的故事背景。围绕劳模故事，学习人物精神。通过对故事的学习，启发学生崇敬模范、致敬模范、向模范学习，培养爱党、爱国的情感和做社会主义建设者和接班人的美好愿望。这些都是我们大思政一体化课程的教育目标。

（3）启蒙教学助力学生成长。本课充分运用故事启蒙法，运用视频让学生直观感受劳模精神带来的震撼，将本课要达成的教学目标与视频资料等融合在一起，在视频的烘托下，让学生更加深刻地感受到精神的强大和重要。在教学中，教师运用小组研究、讨论、分享等环节，给同学们不同的任务意识，并通过完成“任务单”，帮助同学们进一步探讨研究，感受“劳模精神”在生活中的体现。引导学生将本节课的目标融入心中，理解“幸福是奋斗出来的”这句话的真正含义，并愿意用实际行动在日常生活中践行劳模精神，争做新时代好少年。

六、教学活动设计

环节一：回顾旧知，引出课题，初步了解“劳模精神”

（1）出示上节课劳动者图片。

（2）导入：同学们，上节课对于为我们服务的各行各业的劳动者都有了一定的了解，我们从心底感谢劳动者给人们的生活带来的便利，同学们也愿意用自己的方式来尊重各行各业的劳动者。

（3）提问：请同学们思考一个问题：“我们都知道劳动者他们都是十分辛苦的，如此辛苦，为什么他们还能坚持做下去呢？”

预设：因为他们为人民服务；因为大家需要劳动者；因为他们也需要养家……

（4）总结：对于劳动者的理解，我们同学们都有着自己的见解，今天就让我们一起认识劳动者中的模范，走进劳动模范的内心中去体会他们的精神所在吧。

【活动意图说明】通过上一节课的知识铺垫，引入本课主题，让同学们在理解劳动者的辛苦基础上，进一步思考“为什么”，从而为接下来了解“劳模精神”做好铺垫。

环节二：课前分享交流，劳模故事汇

（一）走进劳模故事，体会精神所在

劳模——袁隆平爷爷的故事

（1）导语：同学们，袁隆平被誉为“杂交水稻之父”，这是我们都耳熟能详的称谓。他是新中国十大劳模之一，为解决中国人的温饱问题和保障国家粮食安全做出了杰出贡献，同时也深刻地影响和改变了世界，为世界和平与社会进步树立了丰碑。他都经历了什么？下面让我们通过一个短片来了解他的故事吧！

（2）聆听袁隆平的故事。

播放视频：“把杂交水稻印在货币上！”袁爷爷墓前收到一份特别的“礼物”。

（3）提问：同学们，通过看短片你感受到袁爷爷他是怎样研究水稻的呢？袁爷爷的梦想是什么？

预设：袁爷爷每天都会下地去观察水稻，他和团队居然从几万株水稻中发现了 6 株不一样的水稻，太厉害了；袁爷爷的水稻试验假如今年失败了，那么第二年又会重新开始，他从没放弃过……

（4）布置学习任务并追问：同学们，袁隆平院士数十年如一日地坚守，从 1960 年开始接触杂交水稻，袁隆平院士便把自己的一生奉献给了这份事业，从此在湖南安江技校的田间便多了一道身影，风雨无阻。

思考：袁爷爷身上什么精神值得我们学习？（请同学们分小组讨论，书写“精神卡”）。

（5）总结：直至 90 岁高龄的袁隆平院士依然未曾停下前行的脚步，依然奋斗在一线，为杂交水稻技术的发展，为中国的发展贡献着自己的力量。袁隆平院士的精神值得我们每个人学习。

（二）劳模在身边，精神放光芒

（1）导语：有同学可能会说：“老师，袁爷爷是科学家太厉害了……我可能做不到！”同学有这样的想法，我很理解。下面我们再听一听更多劳模的故事，听听他们都是在怎样的岗位上艰苦奋斗！

（2）课前分享交流：请课前收集全国劳模代表人物故事的同学们一起分享劳模故事。

① 一抓准——张秉贵；

② 一人脏换来万人净——时传祥；

③ 纺织战线一面旗帜——赵梦桃。

（3）提问：同学们，听了这些劳模的故事，你们感受到了什么？这些在平凡工作岗位上的劳动者，他们身上又具有什么精神呢？

（4）总结：没错！这些工作在平凡岗位的劳动者中也涌现了许许多多的劳动模范，他们同样有着劳模的精神，同样是时代的楷模。（板书：劳模精神）

（5）追问：同学们，请你们想想，我们身边有没有普通劳动者也体现着劳模精神呢？（警察、公交司机、老师……同学们经常见到的劳动者……）

【活动意图说明】通过感受劳模精神所在，并逐渐聚焦到各行各业的劳模身上，发现其精神具有共性，逐渐感受到劳模精神在我们身边。

环节三：弘扬劳模精神，争做最美少年

（1）出示课本内容。习近平总书记也曾经说过："如果一个社会没有共同的理想，没有共同的目标，没有共同价值观，整天乱哄哄的，那就什么事也办不成。"

（2）提问：今天一起认识了这么多劳模，我们只是为了了解和敬佩吗？是的，他们的精神是值得我们学习的。不过，作为新时代的少年，我们又该如何践行劳模精神呢？

（3）布置"传承卡"。

要求：结合今天我们发现的这些劳模精神，老师准备了"传承卡"。按照"传承卡"小组讨论完成（6张"传承卡"分别为劳模精神24个字，每组分别依据其中一个，结合自己的行动举例说明）。

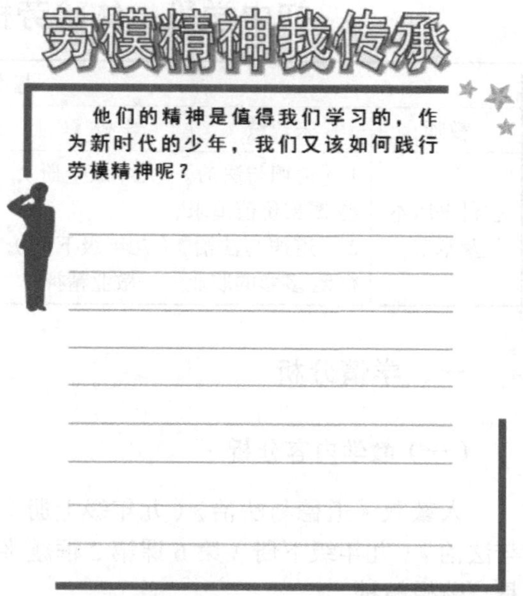

（4）小组分享，并将"传承卡"贴在黑板上。（板书："传承"）

（5）齐读：一切民族英雄，都是中华民族的脊梁，他们的事迹和精神都是激励我们前行的强大力量。

（6）总结：任何时候都需要劳模精神，更离不开我们的传承！

【活动意图说明】将劳模精神与自己的生活结合在一起。认同劳模精神在任何时候都需要，是伟大时代精神的生动体现，愿意传承劳模精神。

【课堂总结】弘扬劳模精神，争做时代楷模。每个人不一定都能成为劳模，但每个人都能学习和践行劳模精神。或许我们不是每个人都能像袁隆平院士那样为国家、为世界做出那么巨大的贡献，但只要我们时刻践行劳模精神，就都能在自己平凡的岗位奋斗出自己的一番事业。劳模离我们并不遥远，劳模就在我们身边。

七、作业设计

（1）课前：同学们提前寻找全国劳模的故事。课前鼓励同学们了解更多的劳模故事，从中感受其精神所在。

（2）课中：在任务情景中，完成"精神卡"和"传承卡"。通过两项卡片的完成，同学们从发现精神到将精神与自己的生活具体结合后的行为表现，记录其中，进行总结梳理后，得到在我们生活中如何践行劳模精神的方式。

（3）课后：结合学校少先队以及校外活动，利用"家校共育"将劳模精神内化于心。通过长期的巩固，让本节课的目标扎根于学生的内心。

参考文献

[1] 李晓东，胡玲．新版课程标准解析与教学指导小学道德与法治 [M]．北京：北京师范大学出版社．2022.

[2] “把杂交水稻印在货币上！”袁爷爷墓前收到份特别的“礼物”[N]．农民日报，2023-07.

初中学段：体验劳模事迹　感悟人生价值

基本信息表					
教师	宋智慧	学校	北京市前门外国语学校	学段	初中三年级
教科书版本及章节	1.《道德与法治》（九年级上册），人民教育出版社，2017 年 7 月第 1 版；第 5 课第 2 框题 凝聚价值追求； 2.《道德与法治》（九年级下册），人民教育出版社，2017 年 11 月第 1 版；第 6 课第 2 框题 多彩的职业——敬业精神				

一、学情分析

（一）教学内容分析

人教版《道德与法治》（九年级上册）第 5 课第 2 框题凝聚价值追求和人教版《道德与法治》（九年级下册）第 6 课第 2 框题多彩的职业——敬业精神，这两框题的主要内容是“劳模精神”。

劳模精神是 2021 年党中央批准的中央宣传部发布的中国共产党人 46 种精神谱系之一。劳模精神是劳模运动的精神结晶，当今劳动模范评选活动的起源可以追溯到陕甘宁边区时期的劳模运动。当时这一运动的开展，极大地激发了边区人民的劳动热情，在促进边区生产和建设发展的同时，支援了抗战，打破了国民党反动派疯狂的军事围剿和残酷的经济封锁，铸就了内涵丰富的劳模精神，谱写了我国劳模运动史上的不朽篇章。

进入新时代以来，习近平总书记将“劳模精神”表述为：爱岗敬业、争创一流，艰苦奋斗、勇于创新、淡泊名利、甘于奉献六个词汇，这是对新时代中国特色社会主义精神的生动体现，是每一位劳动者应该追求的目标。劳动创造了中华民族，造就了中华民族的辉煌历史，也必将创造出中华民族的光明未来。

习近平总书记在全国教育大会上的讲话中指出：“要在学生中弘扬劳动精神，教育引导学生崇尚劳动、尊重劳动，懂得劳动最光荣、劳动最崇高、劳动最伟大、劳动最美丽的道理，长大后能够辛勤劳动、诚实劳动、创造性劳动。”初中《道德与法治》课必须贯彻落实这一指示精神。

“劳模精神”这一课主要是从民族精神的意义和价值出发，让学生理解中华民族精神的内涵与品格，进而自觉传承和弘扬民族精神，重视对社会主义核心价值观的培育和践行，增强对中国特色社会主义文化的价值认同与自信。

（二）学习者分析

1. 知识基础

学生在小学阶段已经通过“我是班级值日生”一课对敬业精神有了初步的了解；通过“我们的衣食之源”“这些东西哪里来”两课了解了劳动的重要性。这就使得初二年级学生对“劳动创造了历史，劳动创造了人本身”有了一定的了解。对“劳模精神”背后所蕴含的爱岗敬业、争创一流，艰苦奋斗、勇于创新，淡泊名利、甘于奉献有了一定的认识。

2. 能力基础

初中生正处于世界观、人生观、价值观形成的关键时期，本课所涉及的劳模人物及其事迹，虽然学生们在平时就有一定的了解，但还是要在讲授中引导学生多挖掘这些劳模人物身上的共性，并由感性认识上升为理性认知，以便更好地进行情感态度价值观的教育。

3. 发展要求

在初二年级的部分学生中，有好逸恶劳、不尊重劳动和劳动者的现象；部分学生存在不劳而获、坐享其成的思想苗头。通过本课的学习，弘扬劳模精神，树立正确的劳动价值观，强化学生人人争做社会主义建设者和接班人的思想意识。

二、教学目标

通过本课第一环节的学习，使学生知道我国自古以来就有敬业乐群、忠于职守（事思敬，执事敬，修己以敬——孔子）、精益求精（天下大事必作于细——老子）、专注（艺痴者技必良）的传统。近、现代以来，又涌现出“边区的一面旗帜——赵占魁”“把一切献给党——吴运铎”“铁人王进喜”；改革开放以来，邓稼先、袁隆平、洪家光等紧跟时代、勇于创新、务求实效、淡泊名利的劳模人物以及广受赞誉的劳模精神，极大增强了学生对中华民族精神的认同感。

通过本课第二环节的学习，使学生感知劳动创造的成就感、幸福感，领会劳动对个人和社会的价值，形成劳动光荣的道德认同感。正确认识敬业精神的各种表现，形成诚实劳动、劳动创造美好生活的意识，立志做未来合格的建设者。

通过本课第三环节的学习，使学生自觉培育和践行劳动观点，自觉分担集体和家庭的工作责任。体会敬业精神的重要性，树立责任意识。在正确认识劳动的基础上，逐步确立更为开阔的择业观，增强社会责任感，努力学习，提高各方面素养，为精彩的明天做好准备。

三、教学重点与难点

（一）教学重点

“劳模精神”的思想内涵和现实要求。

（二）教学难点

培育和弘扬“劳模精神”。

四、教学方法与手段

（1）讲授法，采用启发式提问并结合时事进行分析，在讨论中通过互动式自主探究。
（2）多媒体教学手段。
（3）利用板书对本节重要知识点加以总结，直观解析其与讲解过程之间的关系。

五、教学特色

（1）根据小学学段我是班级值日生、我们的衣食之源、这些东西哪里来等课的内容的知识结构，并根据初二年级学生的认知特点，在教学设计中遵循循序渐进、螺旋式上升的规律。
（2）在教学设计中，以问题导向贯穿教学始终，激发学生兴趣点和思考力。
（3）在材料的运用上，以案例说明和视频引用共用，提升学生认知理解的感受度。
（4）师生互动，讨论汇报，引导学生自主探究问题的能力与信心。

六、教学活动设计

环节一：导入新课

出示邓稼先、洪家光、袁隆平三位劳动模范的图片。
提问：大家请看照片，这三位人物有的同学熟悉，有的同学不熟悉。但是，他们有一个共同的称呼，你知道是什么吗？
小结：劳动模范。
板书课题：劳模精神。
【活动意图说明】创设情境，导入课题。

环节二："劳模精神"的内涵与现实要求

（一）"劳模精神"的历史

1. 出示劳动模范赵占魁、吴运铎的图片
在陕甘宁边区时期，在党中央的直接领导下，边区军民开展了轰轰烈烈的劳模运动。劳模运动的开展，极大地激发了边区人民的劳动热情，在促进边区生产和建设发展的同时，支援了抗战，打破了国民党反动派疯狂的军事"围剿"和残酷的经济封锁，铸就了内涵丰富的"劳模精神"，谱写了我国劳模运动史上的不朽篇章。那一时期产生了"边区的一面旗帜"赵占魁、"军工事业开拓者"吴运铎等劳动模范。
2. 出示劳动模范孟泰、王进喜的图片
新中国成立之初，以闻名全国的"孟泰精神"为代表，体现了工人阶级强烈的主人翁责任感，艰苦创业、勤俭节约的高尚情操。社会主义建设时期"铁人"王进喜的模范事迹集中体现了中国工人阶级为国争光，为民族争气的爱国主义精神；独立自主、自力更生的艰苦创业精神；胸怀全局、为国分忧的奉献精神。

3. 出示劳动模范邓稼先、袁隆平等人的图片

改革开放以来，邓稼先、袁隆平、洪家光等模范人物体现了解放思想、实事求是，紧跟时代、勇于创新，知难而进、一往无前，艰苦奋斗、务求实效，淡泊名利、无私奉献的为社会主义现代化事业不懈奋斗的时代精神。

改革开放以来，全国劳动模范和先进工作者表彰大会劳模名单

年份	授予机关	劳模名单
1989 年	国务院	申纪兰、邓稼先、蒋祝英、聂卫平等
1995 年	国务院	徐虎、申纪兰、孔繁森等
2000 年	国务院	徐虎、李素丽、吴登云等
2005 年	国务院	许振超、姚明、宋鱼水、王顺友等
2010 年	国务院	窦铁城、李瑞英等
2015 年	国务院	巨晓林、白永明等
2020 年	国务院	洪家光、周家荣、刘双燕、刘丽、胡洪玮、潘从明等

（二）“劳模精神”的内涵

提问：从不同时期的劳动模范的先进事迹中，我们看到了在这些事迹背后所蕴含的劳模精神。现在我想请同学帮我总结一下新时期劳模精神的实质与内涵是什么？

小结：劳模精神是一种人文精神，代表的是一个时代的价值观、道德观，展示的是中华民族顽强拼搏、自强不息的崇高品格和与时俱进、开拓创新的精神风貌。劳模精神具体包括爱岗敬业、争创一流，艰苦奋斗、勇于创新，淡泊名利、甘于奉献六个方面。

1. 爱岗敬业

出示图片提问：你知道孔子说的“执事敬，事思敬、修己以敬”这句话的含义吗？

小结：“执事敬”是指行事要严肃认真，不怠慢；“事思敬”是指做事要专心致志，不懈怠；“修己以敬”是指加强自身修养，保持恭敬谦逊的态度。

这就体现了劳模精神中的敬业。敬业是从业者基于对职业的敬畏和热爱而产生的一种全身心投入的认认真真、尽职尽责的职业精神状态。中华民族历来有敬业乐群、忠于职守的传统。敬业是中国人的传统美德，也是当今社会主义核心价值观的基本要求之一。

出示图片提问：你知道老子说的“天下大事必作于细”这句话的含义吗？

小结：这句话是指对每一件产品、每一道工序都精益求精，凝心聚力，追求极致的职业品质。这就是习近平总书记所总结的“劳模精神”的第一项：爱岗敬业。

2. 争创一流

出示图片提问：你知道庄子记载的“庖丁解牛游刃有余”的典故吗？

小结：这个典故要说明的问题是：做事要专注，要具有执着坚持的精神。这是一切劳动模范必须具备的精神特质。即一种几十年如一日的坚持与韧性。做事要心无旁骛，在每一个产品上不断积累优势，在各自领域成为“领头羊”。这就是习近平总书记所总结的“劳模精神”的第二项：争创一流。

3. 艰苦奋斗

材料：影响几代人的劳模——孟泰。

提问：建国初期，孟泰从泥土中挖出旧备件上万件，建立起闻名全国的“孟泰仓库”，而现在我国经济蓬勃发展，物质资料逐渐丰富，还需要再发扬艰苦奋斗的精神吗？

小结：艰苦奋斗是劳模精神的本质。艰苦奋斗是中华民族的优良传统，也是劳模精神的根本内涵。劳模之所以能够成为劳模，最根本的是依靠艰苦奋斗创造出了不平凡的业绩。所有的奋斗都是艰辛的，没有艰辛就不是真正的奋斗。这就是习近平总书记所总结的劳模精神的第三项：艰苦奋斗。

4. 勇于创新

出示图片：煤矿“心脏”的“老中医”王斌俊的故事。

全国劳动模范、矿井机电维修工王斌俊从一名技校生成长为国家级技能大师，完成了30余项优秀科技攻关成果，其中，5项获得“国家实用新型专利”，1项获山西省“五小”成果竞赛一等奖。

提问：王斌俊身上反映出了怎样的劳模精神？

小结：创造精神是一个国家和民族发展的不竭动力，也是推动人类文明不断向前发展的重要力量，创新技术给生产和生活带来了便利，国家的建设需要创新。勇于创新是习近平总书记所总结的劳模精神的核心。

5. 淡泊名利和甘于奉献

材料：影响几代人的劳模——邓稼先。

提问：为什么绝大多数人是在邓稼先去世前的一个多月才第一次听说他的名字？

小结：邓稼先为发展国防科技事业隐姓埋名28年，甘当无名英雄。淡泊名利是劳模精神的灵魂，淡泊名利是一种境界。一代代劳模不会只看重眼前的利益，而是胸怀大志，心无杂念，用纯粹的心投入所从事的事业中。甘于奉献是劳模精神的底色，奉献是一种态度，是一种行动，也是一种信念，一代代劳模在自己的岗位上用劳动为祖国和人民奉献一切。在奉献中实现自己的人生价值，体现了无私奉献的优秀品质和报效祖国、服务人民的崇高追求。

【活动意图说明】让学生了解劳模事迹、感悟劳模精神是一种人文精神，是社会主义核心价值观和中华传统文化的结晶。劳模精神代表的是一个时代的价值观、道德观，展示的是中华民族的崇高品格和与时俱进、开拓创新的精神风貌。

环节三：奋斗的青春最美丽

提问：你怎样看待“佛系青年”这一现象？

小结：这种观念是错误的，是对自古以来奋斗精神这一主流价值文化的颠覆与解构，与朝气蓬勃的青年精神背道而驰，与当今中国昂扬向上的精神风貌格格不入。

提问：有人说，青春就像一场情窦初开的初恋，青涩短暂却又刻骨铭心。还有人说，青春可以用三次冲动来形容：一次奋不顾身的爱情，一次说走就走的旅行，一次全力以赴的梦想。也有人说，青春就像是去淋雨，明知道会感冒，却还想再来一次。你认为“青春”是什么？

小结：践行劳模精神，奋斗的青春最美丽。

奋斗的青春最美丽（板书）

奋斗是青春的底色，没有哪一代人的青春是容易的。学习的压力，对未来生活和工作的焦虑，对成长的渴望，让我们拥有成长的烦恼。要想摆脱这些烦恼，就要践行劳模精神，因为奋斗的青春最美丽。有人说，世界上有两种光芒最耀眼，一种是太阳的光芒，另一种就是你努力的模样。努力劳动，能为自己创造幸福；在为自己创造幸福的同时，也带给他人以幸福。我们应热爱劳动，劳动不仅是人类文明进步的源泉，而且还是打开幸福之门的“钥匙”。

劳动的意义在于帮助我们满足生存的物质需要，更重要的是，劳动还能帮助我们完善内心，完成自我实现。劳动不仅为我们实现幸福提供了物质条件，而且劳动的过程本身就是一种幸福体验。

【活动意图说明】让学生感知劳动创造的成就感、幸福感，领会劳动对个人和社会的价值，形成劳动光荣的道德风尚。培养学生践行劳模精神，做好职业准备。在劳动中实现自己的人生价值，努力实现报效祖国、服务人民的崇高追求。

环节四：课堂总结

今天我们学习了“劳模精神”，劳模精神是社会主义核心价值观和中华传统文化的具体体现。其中，爱岗敬业是本分，争创一流是追求，艰苦奋斗是作风，勇于创新是使命，淡泊名利是境界，甘于奉献是修为。

希望同学们从现在开始努力学习，践行劳模精神，为明天做一个守本分、有追求、讲作风、担使命、有境界、有修为的社会主义事业合格的劳动者做好准备。

七、作业设计

来自15年后的一封信。

同学们：通过自己的努力劳动，15年后我们将实现自己的人生梦想。请同学们站在未来的角度，回看现在的自己，给自己寄一封来自15年后的信。在信中，你可以向现在的自己介绍15年后你的工作状态是什么样的？是否有了更长远的计划？对14岁的自己有什么嘱托？

参考文献

用劳动创造托起中国梦［N］. 人民日报，2013-05-01（1）.

主题班会：讲好劳模故事　汲取榜样力量

基本信息表					
教师	马梦郁	学校	北京市第十一中学	学段	初中二年级
班会	主题班会				

一、班会内容分析

本次班会围绕“劳模精神”这一主题展开，具体内容包括：

（1）介绍“劳模精神”的内涵和特点：通过介绍“劳模精神”的含义，让学生了解劳模是怎样成为榜样的，以及劳模所具备的优秀品质和精神力量。

（2）分享劳模事迹：精心选择几位具有代表性的劳模，向学生讲述其感人肺腑的事迹，包括奋斗历程、工作成就和社会贡献，以此激发学生的学习动力。

（3）学习劳模的优秀品质：通过劳模事迹分享，引导学生认识劳模在学习和工作中所展现出来的优秀品质，如勤奋刻苦、坚持不懈、团结协作等，鼓励学生向优秀榜样学习。

（4）培养创新思维：借助劳模的故事，启发学生进行思辨和讨论，培养学生的创新思维和解决问题的能力，提高学生的综合素养。

（5）形成团队合作意识：组织互动式教学和小组讨论，培养学生的团队合作意识和沟通能力，让学生体会到团队合作的重要性。

（6）引导学生产生情感共鸣，培养社会责任感：通过情感真实的表达，使学生与劳模产生情感共鸣，从中感受到对劳模的崇敬和敬爱。同时，引导学生认识到劳模的社会贡献和社会责任感，激励学生树立正确的社会价值观。

（7）总结和反思：在班会的最后，对本次班会进行总结和反思，让学生分享自己的感受和体会，回顾班会内容，加深对劳模精神的理解和认识。通过本次班会，学生能够深刻理解劳模精神的重要性，认识到劳模是优秀榜样，激励学生树立正确的学习态度和价值观。同时，学生也能够从劳模事迹中获得感动和鼓舞，激发学生的学习动力，培养学生积极向上的精神。整个班会将以情感共鸣、知识启迪和精神滋养为主线，让学生在班会中感受到真情实感，受益匪浅。

二、学习者分析

1. 知识基础

学生在接触“劳模精神”这一主题前，通常已经学习了一些相关内容，例如学习劳动与生产实践、学习社会主义核心价值观等。因此，在班会中可以侧重深化学生对劳模精神的了解，包括什么是劳模精神、劳模的典型特征和优秀品质、劳模精神对社会发展和个人成长的重要意义等。

2. 能力基础

学生在认识和理解“劳模精神”的过程中，需要运用一定的思维能力和分析能力。因此，在班会中可以设计一些启发性的问题或增加一些讨论环节，引导学生思考、交流和表达自己对劳模精神的认识和感受。同时，也可以通过故事、影像资料等多样化的形式，激发学生的感情共鸣，培养学生的情感表达能力。

3. 发展要求

劳模精神是社会主义核心价值观的重要组成部分，也是人们共同的价值追求。对于学生而言，班会的目标是引导他们形成正确的人生观、价值观。因此，在班会中，需要强调劳模精神对于个人成长和发展的重要影响，鼓励学生勤奋学习、勇于创新、热爱劳动、关心他人，培养学生积极向上的精神面貌和品质。同时，也可以通过班会鼓励学生树立远大的理想和目标，不断提高自身综合素质，进一步培养学生的道德品质和社会责任感，为建设美好家园、建设美好社会做出积极贡献。

三、班会目标确定

1. 认知目标

通过教师讲授劳模事迹以及学生进行分组相互讨论，让学生了解劳模精神的内涵和特点，认识劳模作为优秀榜样的重要作用，引导学生向劳模学习，树立正确的学习态度和价值观。

2. 情感目标

通过学习劳模事迹，激励学生培养勤奋刻苦、坚持不懈、团结协作、自强不息等优秀品质，以及积极向上的情感态度。通过感人肺腑的劳模故事和案例，激发学生的学习兴趣和学习动力，使学生产生积极向上的情感体验。通过班会中真实情感的表达，让学生与劳模产生情感共鸣，使学生在情感上感受到对劳模的崇敬和敬爱。通过学习劳模的社会贡献和社会责任感，引导学生树立正确的社会价值观，激励学生为社会做出积极的贡献。

3. 行为目标

通过互动式教学和小组讨论，培养学生的团队合作意识和沟通能力，促进班级凝聚力和团结合作。启发学生在班会中进行思辨和讨论，培养学生的创新思维和解决问题的能力，提高学生的综合素养。

本次班会的目标是通过讲述劳模的故事和事迹，激励学生向优秀榜样学习，培养学生的优秀品质和积极向上的精神，以及促进学生全面发展。通过班会的教育引导，让学生在学习和生活中不断追求进步，树立正确的人生观和价值观，为将来的发展打下坚实基础。

四、教学方法与手段

教学方法和手段对于班会的成形以及最终能够达到教学效果起着至关重要的作用。以下是设计的一些适用于本节班会的教学方法和手段。

（1）讲故事法：通过讲述劳模的感人事迹，以故事的形式向学生传递劳模精神，引发学生的共鸣和情感体验。

（2）小组讨论：将学生分成小组，进行劳模事迹分享的讨论，激发学生的思考和交流，培养学生的团队合作意识。

（3）视频展示：播放与劳模有关的纪录片或短片，让学生直观感受劳模的奋斗历程和优秀品质。

（4）问题引导法：通过提出问题，引导学生主动探讨和思考，培养学生的批判性思维和创新性思维能力。

（5）反思分享：鼓励学生分享自己对劳模事迹和班会内容的感受和体会，促进学生的反思和成长。

（6）角色扮演：让学生扮演劳模或劳模身边的人物，加深对劳模事迹的理解和体验。

（7）图片展示：通过图片展示劳模的工作场景和社会贡献，让学生更加直观地认识劳模精神。

（8）制订行动计划：鼓励学生根据班会内容，制订自己的学习和生活行动计划，培养学生的自主学习和自我管理能力。

（9）感受分享：引导学生表达对劳模的崇敬和感激之情，使学生产生情感共鸣和社会责任感。

（10）技能训练：结合劳模的事迹，进行一些实践技能训练，如写作、演讲等，培养学生的综合能力。

五、班会特色

本次班会的主题是“劳模精神”，通过本次班会，我们向学生介绍劳模精神的内涵和重要性，鼓励他们在学习和生活中学习劳模榜样，努力奋斗，培养积极向上的价值观和精神品质，促进他们形成勤奋学习、刻苦钻研的良好学习态度，以及团结协作、勇于担当的优秀品质。本次班会旨在启发学生积极向上的人生观和价值观，引导他们树立正确的目标和追求，为未来的学习和成长打下坚实的基础。班会特色如下。

（1）强调劳模精神：班会的主题聚焦于“劳模精神”，强调劳动模范的优秀品质、崇高精神和积极向上的榜样作用，旨在引导学生向劳模学习，树立正确的人生观、价值观和学习态度。

（2）启发式教学：班会设计以启发式教学为主要特点，通过引发学生的思考和讨论，鼓励学生自主探索和发现劳模精神的内涵，培养学生的创新思维和解决问题的能力。

（3）融入实践案例：班会内容融入实际生活中的劳模事迹和典型案例，通过生动的故事和真实的事例感染学生，让学生感受劳模精神的伟大力量和影响。

（4）激发情感共鸣：班会通过感人肺腑的情感表达，引起学生的情感共鸣，让学生从内心产生对劳模的崇敬之情，并激发学生积极向上的情感动力。

（5）互动式教学：班会设计鼓励学生参与互动，采用小组讨论、角色扮演、互动游戏等形式，增强学生的参与度，培养学生的团队合作和沟通能力。

（6）融合多元化元素：班会融合多元化的元素，如视频、音乐、图片等多种资源，以及现代高科技手段，增强了班会的趣味性和吸引力。

（7）关注个体成长：班会注重关注学生的个体成长和发展，关心学生的学习、生活和情感需求，从而实现班会的个性化和因材施教。

（8）长效引导：班会不仅是一次教育活动，而且也是一种长效的教育引导。通过多次的班会学习，形成学生对劳模精神的深刻认识和理解。

（9）实现全面发展：班会关注学生的全面发展，不仅关注学习成绩，而且还关注学生的品德、品质、社会责任感等方面的培养。

（10）建立“班级文化”：班会作为“班级文化”的组成部分，有助于学生树立班级荣誉感和集体荣誉感，有利于形成班级的凝聚力和团结合作。

班会作为学生教育管理的一种形式，通过对“劳模精神”的传达和引导，可助力学生形成正确的人生观、价值观和学习态度，培养学生的优秀品质和综合素养，推动学生全面发展，为学生的未来发展奠定坚实基础。

六、教学活动设计

环节一：开始阶段

教师在班会开始前，将一张大海报或幻灯片展示在黑板上，上面有多张照片，每张照片上都有一位劳模。海报上方可以写上“劳模之星”字样。

当班会开始时，教师解释海报的内容，介绍这些劳模都是因为优秀的工作表现和出色的成绩而被表彰的榜样。

教师请学生进行小组讨论，让学生自由选择一位劳模事迹等进行分享。每个小组有3～5分钟的时间，一名学生可分享所选择的一位劳模，介绍该劳模的先进事迹和取得的成就，其他组员可以提出问题，或表达对这位劳模的赞赏。

教师在讨论过程中做记录，鼓励学生展示分享，可以适时给予鼓励和点评。

【活动意图说明】通过这个学习活动，学生将了解到劳模精神的内涵和重要性，并对一些优秀的劳模人物有更深入的了解，激发学生的学习兴趣和对劳模精神的认知。

环节二：展开阶段

教师向学生介绍一位劳模的事迹和取得的成就。既可以选择历史上的著名劳模人物，也可以选择当地或现代的优秀劳模，确保学生能够与之产生共鸣。

在介绍过程中，教师鼓励学生思考以下问题：

① 这位劳模是如何通过自己的努力取得成就的？

② 他/她在工作和学习中有哪些值得我们学习的品质？

③ 他/她在面对困难和挑战时是如何坚持不懈的？

④ 他/她的成就给我们的学习和生活带来了哪些启示？

教师播放一段相关的视频或音频，让学生更直观地了解劳模的事迹和精神。学生可以在观看或听取后表达自己的感受和体会。

教师引导学生进行小组讨论，让学生分享自己对劳模事迹和精神的理解和感悟。每个小组有5～10分钟的时间，其中一名学生主持讨论，其他组员可以积极参与。

【活动意图说明】通过学习活动的展开阶段，将帮助学生深入了解劳模精神，通过真实的事例，激发学生对劳模精神的共鸣和认同，为后续的学习活动和反思打好基础。

环节三：深入阶段

首先，教师向学生介绍劳模精神的内涵是“爱岗敬业、争创一流、艰苦奋斗、勇于创新、淡泊名利、甘于奉献”等方面。通过具体的例子和故事，引导学生深入理解劳模精神的内涵和重要性。

其次，教师组织学生进行小组活动。每个小组选取一个劳模精神的内涵，通过“头脑风暴”和讨论，设计一个与之相关的场景或情境，以展示劳模精神价值的体现。例如，可以编排一段话剧、制作海报或漫画，或者创作歌曲、诗歌等。

再次，学生以小组进行展示，其他组的组员进行评价和点评。

最后，教师在展示结束后，引导学生深入分析和思考，探讨劳模精神在现实生活中的应用和意义。

【活动意图说明】通过学习活动的深入阶段，将帮助学生进一步理解劳模精神的内涵，通过参与设计和展示，培养学生的合作意识和创新能力，使学生在班会中得到全面的学习和发展。同时，通过对劳模精神内涵的深入探讨，激发学生对劳模精神的认同和崇尚，进一步巩固学生的学习成果。

环节四：总结阶段

教师向学生分享一段有关劳模精神的名人名言或警句，或者播放一段励志视频。通过这些内容，激发学生对劳模精神的感悟和思考。

教师组织学生进行集体讨论，学生可以分享在学习活动中的收获和体会，谈论自己对劳模精神的理解和认识。同时，学生也可以提出对劳模精神的疑问或感兴趣的问题。

在讨论的过程中，教师积极引导学生，对学生的观点和见解给予肯定和鼓励，同时补充和解答学生提出的问题，确保学生对劳模精神有更全面的认识。

最后，教师进行总结发言，强调劳模精神的重要性和价值，并鼓励学生将所学的劳模精神运用到日常学习和生活中。教师可以用简洁明了的语言，给学生留下深刻的印象。

【活动意图说明】通过学习活动的总结阶段，将加深学生对劳模精神的理解和认识，激发学生追求卓越的精神，为个人的学习和发展打下坚实的基础。同时，学生也会在班会中感受到集体的力量，形成团结向上、共同进步的氛围，使班会更具特色和价值。

七、教学反思

在本次班会中，教师选择了讲故事法、小组讨论和问题引导法等教学方法，以“劳模精神”为主题向学生传递正能量和优秀品质。整体上来讲，本次班会取得了一定的效果，但也发现了一些可以改进的地方。

班会可以肯定的地方有：首先，故事讲述的方式引起了学生的兴趣，他们认真聆听了劳模的感人事迹。小组讨论激发了学生的积极参与和团队合作，学生之间的交流更加活跃，思维更加开放。其次，问题引导法促使学生深入思考，提高了他们的批判性思维能力。

需要改进的地方有：首先，本次班会在时间安排上稍显仓促，导致部分学生没有足够的时间发表意见和表达自己的看法，应留出更多的交流和讨论时间，让每个学生都有机会参与其中。其次，在小组讨论环节，部分学生过于依赖某几个同学的意见，导致其他学生参与度较低。教师应更加注重小组成员的分工和协作，确保每个学生都能充分参与讨论。此外，部分学生在反思分享环节表现得较为保守，可能因为他们对主题的理解程度不够或者对自己的表达能力缺乏信心。针对此现象，教师应采取更加灵活的方法，鼓励学生用多种方式进行分享，比如写下自己的感受、绘制思维导图等，让每个学生都能找到适合自己的表达方式。

总体来说，本次班会是一次成功的教学活动，但也有一些可以改进的地方。通过不断反思和改进，相信下次的班会将会更加精彩，为学生提供更加丰富多样的学习体验，促进学生全面发展。

参考文献

[1] 教育部．中小学班主任工作手册[M]. 北京：北京师范大学出版社，2011.
[2] 张家祥．教师教育学[M]. 北京：北京师范大学出版社，2016.
[3] 蔡秋菊．课堂教学改革与提高学生综合素质[M]. 长沙：湖南教育出版社，2016.

高中学段：青春对话劳模　点燃强国梦想

基本信息表					
教师	马蕴雅	学校	北京市第十一中学	学段	高中一年级
教科书版本及章节	思想政治必修 2《经济与社会》，人民教育出版社，2020 年 7 月第 2 版；综合探究“践行社会责任 促进社会进步”				

一、学情分析

（一）教学内容分析

本课整合了人民教育出版社高中思想政治必修 2《经济与社会》综合探究“践行社会责任 促进社会进步”的教材内容。依据《普通高中思想政治课程标准》（2017 年版 2020 年修订）内容的要求：“阐明劳动对社会发展和进步的意义，弘扬劳动精神，树立崇尚劳动、热爱劳动的观念。”党的十八大以来，习近平总书记在多次讲话中深刻阐述了尊重劳动，关心劳动者，弘扬劳动精神、劳模精神和工匠精神等内容，其深邃的思想为决胜全面建成小康社会、夺取新时代中国特色社会主义伟大胜利、实现中华民族伟大复兴的中国梦提供了强大的思想引领和精神支撑。2018 年 9 月 10 日，习近平总书记在全国教育大会上的讲话强调：“培养德智体美劳全面发展的社会主义建设者和接班人”，这是弘扬劳动精神、倡导劳动教育思想的集中体现。高中思想政治必修 2《经济与社会》第二单元经济发展与社会进步的综合探究“践行社会责任 促进社会进步”，围绕劳动、创新创业、绿色消费、脱贫共富等主题开展合作探究，其中“探究一”强调劳动是价值的唯一源泉，是个人获取收入的基本途径，引导学生弘扬劳动精神、学习劳模精神、践行工匠精神，树立劳动最光荣、劳动最伟大、劳动最崇高、劳动最美丽的观念，引导学生尊重劳动、热爱劳动。结合该教学内容，本课以“职业选择的变迁”作为切入点，结合学生对社会主义市场经济的认识，分析中国职业发展的变迁，深入挖掘劳模高凤林职业生涯的典型故事，明晰新时代劳动者的责任与担当，引领学生从社会进步看个人发展，落实新发展理念，助力学生逐步树立人生志向，将个人理想与实现中国梦紧密结合，在经济生活中主动承担社会责任，全面理解经济发展与个人发展的关系，推动社会进步。

（二）学习者分析

1. 知识基础

本课结合高中思想政治必修 2《经济与社会》第二单元经济发展与社会进步的综合探

究内容，学生已具备经济学基本素养，能够运用经济学相关知识分析问题。

2. 能力基础

学生拥有运用习近平新时代中国特色社会主义经济思想思考和分析问题的能力，但对问题缺乏分析的理性和深度，分析问题比较片面，不善于用发展的眼光、辩证的思维分析问题。

3. 发展要求

通过学习，学生从劳模精神的角度更加深刻地理解个人发展与国家发展的关系，将个人选择与国家发展紧密结合，助力中国梦的实现。

二、教学目标

通过根据已有经济学知识，分析不同时代职业特点并预测未来职业发展方向，提高理论联系实际的能力，正确认识劳动者必备素质，对职业世界与社会发展充满好奇，增强对国家道路的认同感。

通过观看视频《大国工匠高凤林——火箭焊工第一人》，探究新时代劳动楷模的案例，体会新时代劳动者的责任与担当，主动思考劳动、劳动者的内涵与意义，向劳动模范学习，正确认识劳动的价值，树立尊重劳动、热爱劳动的思想，并能够转化为自己的行动。

通过“对话 2035 · 见字如面”环节，学生理性思考个人理想，逐渐树立个人价值与社会价值统一的价值观念。

三、教学重点与难点

（一）教学重点：“劳模精神”的内容

中华民族自古以来就具有勤劳勇敢的中华民族精神，诚实劳动不仅是传统美德，也是宝贵的精神财富，劳模精神、工匠精神都是劳动精神的丰富和发展。新时代要继承和弘扬劳动精神，传承优秀品格，让中华民族伟大复兴的中国梦在劳动奋斗中闪耀。立足新时代，学生应在探究活动中深入理解劳模精神的内容和意义，认同社会主义核心价值观，承担社会责任。

（二）教学难点：弘扬“劳模精神”推动社会发展

党的十八大以来，习近平总书记在多次讲话中都深刻阐述了尊重劳动，关心劳动者，弘扬劳动精神、劳模精神和工匠精神等内容，其深邃的思想为决胜全面建成小康社会、夺取新时代中国特色社会主义伟大胜利、实现中华民族伟大复兴的中国梦提供了强大的思想引领和精神支撑。本课以阐述劳动精神对个人成长、经济发展、社会进步的作用，帮助学生在实践中明确其重要性，树立自觉投身社会主义现代化建设的价值取向。

四、教学方法与手段

（1）利用资源。播放《大国工匠高凤林——火箭焊工第一人》等教学资源，以增强学生在课堂学习中的真实感。以小组合作方式引导学生开展探究学习，增强学生学习的主动性和积极性，让课堂呈现出鲜活而灵动的生命力。

（2）技术手段。利用 PPT、视频等技术，通过声音和影像的真实感，使学生形象化地体会所学内容。

五、教学特色

（1）充分发挥以教师为主导，以学生为主体的作用。通过创设真实情境，设计层层递进的问题，给予学生更大的空间进行深入的探究与思考，在师生互动、生生互动中凸显学生的主体作用，引导学生掌握学习内容，提升学科核心素养。

（2）展现高中学段思政课学科型活动课程的特性。实现思想政治课价值性与知识性相结合。通过寻找各行各业中默默付出的普通劳动者身影，引发劳动光荣的共鸣，认同劳动的意义与价值，懂得尊重劳动，探究劳动的意义。通过探究我国职业变迁历程，初步明晰新时代对劳动者的素质要求，感知经济社会发展与个人发展的关系，使学生正确认识劳动者必备素质，对职业世界与社会发展充满好奇，增强对国家道路的认同感。通过分析劳动楷模事迹，引导学生理解劳模精神，理解个人价值与社会价值的统一，树立尊重劳动、热爱劳动的思想，并能够转化为自己的行动。通过展望 2035，学生自主探究个人理想与国家发展的联系，逐步树立正确的人生志向。

（3）本课教学将思想政治学科教学与学生生涯理想教育相融合，选取职业选择的变迁作为生涯教育的融合点，结合学生对社会主义市场经济的认识，分析中国职业发展的变迁，深入挖掘大国工匠高凤林职业生涯的典型故事，明晰新时代劳动者的责任与担当，引领学生从社会进步看个人发展，落实新发展理念，助力学生逐步树立人生志向，将个人理想与实现中国梦紧密结合，在经济生活中主动承担社会责任，全面理解经济发展与个人发展的关系，推动社会进步。

六、教学活动设计

环节一：导入新课 激趣启发

学生活动：学生思考并回答以下问题。

（1）说一说身边劳动者的最美瞬间，他们分别为社会做出了什么贡献？

（2）什么是劳动？劳动有何意义？

（3）我们在社会生活中如何才能实现劳动？

教师活动：最美的劳动者是起早贪黑的清洁工人、仁者之心的医生，逆向而行的消防员，也是众人所熟知的将毕生心血都倾注在粮食生产上的水稻专家袁隆平，解决关键技术难题被誉为“抓斗大王”的包起帆……他们有的从事脑力劳动，有的从事体力劳动，创造着精神和物质财富，推动着人类文明的发展。通过就业，劳动者们在自己的工作岗位上孜孜以求、精耕细作、突破陈规，开拓创新，实现和追逐着自己的职业梦想。

【活动意图说明】学生通过寻找各行各业中默默付出的普通劳动者身影，引发劳动光荣的共鸣，认同劳动的意义与价值，懂得尊重劳动，探究劳动的意义，初步了解通过就业实现劳动，推动社会不断向前发展。

环节二：创设情境　学生探究

学生活动：不同时代出现不同的热门职业。改革开放40多年来，出现过很多热门的职业，又有很多职业随着时代的发展消逝在历史的烟云之中。从时代背景出发，以“改革开放40年，中国职业发展变迁”为主题，开展关于“中国职业发展”的探究活动，探寻和感悟职业发展背后的力量。根据如下问题开展探究。

（1）结合时代发展背景，说一说20世纪80年代、90年代、21世纪初期以及现在和以后热门职业选择是什么？

（2）分析以上材料反映出职业变化的原因是什么？

（3）请你预测未来职业发展趋势会是怎样的？

（4）未来社会被机器人取代风险高和风险低的职业分别有怎样的特点？

（5）某同学根据“政府工作人员被机器替代风险高”产生了学习政治相关学科无用的观点，针对该问题你如何看待？

（6）以上分析对你的就业准备有怎样的启示？

教师活动：改革开放40多年，中国市场经济体制不断完善，更加深入地融入世界经济发展中。社会职业的兴衰与变迁也是时代发展与变迁最具人格化的注脚，特别是当我们进入互联网时代，有些职业悄然消失，有些职业还在延续，还有许多新的职业在不断涌现并不断成熟，这一切都反映了中国经济发展的历程与需要，社会对劳动者素质的要求在不断提高。作为一名未来的劳动者，我们需要将个人发展与社会发展紧密结合，树立正确的就业观念，提高个人职业素养，培养自己各方面的能力，以更好地适应时代发展的需要。

【活动意图说明】围绕探究主题，组织学生进行研究成果汇报展示和主题讨论，在信息分享、观点交锋、事理明辨中，学生运用《经济与社会》中所学的有关我国基本经济制度、我国社会主义市场经济体制、新发展理念等相关知识，初步明晰新时代对劳动者的素质要求，感知经济社会发展与个人发展的关系。

环节三：案例分析　提升价值

教师引导：根据前面的分析，我们发现随着时代的变迁，劳动者素质需要不断提高，我们感受到“职业的变化”，我们又是否可以找寻到哪些职业发展中不变的力量指导我们的人生方向呢？

学生活动：请一起观看《大国工匠高凤林——火箭焊工第一人》视频，探究中国航天科技集团有限公司第一研究院首席技能专家、中国长三甲系列运载火箭“心脏”焊接者高凤林的生涯故事。高凤林37年来，先后为90多枚火箭焊接过“心脏”，占我国火箭发射总数的近四成，先后攻克了航天焊接200多项难关。为了攻克难关，他常常不顾环境危险，直面挑战，为此多次负伤。有很多公司多次高薪聘请高凤林，但是都被他婉言拒绝，因为在他心目中为火箭筑“心”、为民筑梦才是他毕生的追求与理想。学生思考并回答以下问题。

（1）视频中哪些细节打动了你？

（2）这些细节体现了人物怎样的精神？

（3）如何看待劳动创造的个人价值？

（4）新时代为何要在全社会范围内弘扬劳模精神和工匠精神？

教师活动：通过观看视频，能够总结出许多打动人心的细节，这些细节无不展现出高凤林爱岗敬业、争创一流、勇于创新、淡泊名利、甘于奉献、艰苦奋斗的劳模精神。一代人有一代人的使命，劳动的内涵在更新，劳模的标准在“进阶”，而劳模精神始终是不变的秘籍。作为新时代的中学生应该大力弘扬劳模精神，在用自己的智慧与毅力创造价值的同时，懂得用劳模精神指引前进的方向，做服务社会的先锋。

【活动意图说明】学生了解劳动的含义与意义，明确劳动者的地位与作用，树立尊重劳动、向劳动模范学习的意识，理解劳模精神的内涵与意义，认识个人价值与社会价值的统一性，主动做劳模精神的践行者和社会进步的推动者。

环节四：课堂展示　规划自我

学生活动：以“对话 2035 · 见字如面”为主题，为 2035 年已成为新时代劳动者的自己写一封信。畅想 2035 年，你将成为一名怎样推动社会发展的新时代劳动者？

教师活动：“为生命做一名跨国界医生”“为公正做一名国际法庭律师”“为明天做一名乡村支教教师”“为人类未来做一名人工智能工程师”……在理想确立的过程中，每位同学不仅基于自己的兴趣爱好、专业特长、生活需要等因素，更是逐步树立在工作中精益求精的精神品格，能够将个人理想与社会发展相结合，主动承担社会责任，为实现中国梦贡献自己的力量。

【活动意图说明】以“对话 2035 · 见字如面”为主题开展学生自主探究，不仅能够激发学生参与课堂的热情，发挥学生的主观能动性，而且还能够提升学生知识的迁移能力。引领学生逐步深入思考新时代背景下个人理想，主动建立个人发展与社会发展相联系，逐步深化认识，避免活动的表面泛化。在价值认同的学习过程中，学生提升社会责任感，树立正确的人生志向。

七、作业设计

（1）拓展学习：阅读熊丙奇撰写的《高中生职业生涯规划》，推荐观影《我和我的祖国》，帮助学生了解和体验社会的全新方式，了解中国社会发展过程中如何实现个人价值与社会价值的统一。

（2）以“学习小组”为单位，寻访一位身边的劳动模范，每个小组提交一篇《寻访报告》，并于课上进行报告展示。要求：小组进行分工合作，设计《寻访报告》的结构，撰写一篇不少于 1000 字的报告，逻辑合理，论证充分。

参考文献

[1] 习近平 . 决胜全面建成小康社会　夺取新时代中国特色社会主义伟大胜利：在中国共产党第十九次全国代表大会上的报告 [M]. 北京：人民出版社，2017.

[2] 尹昱珺 . 百年历程中劳模精神的历史演进及时代价值 [J]. 党史博采（下），2021（10）.

[3] 本报评论员．必须大力弘扬劳模精神、发挥劳模作用[N]．人民日报，2021-09-22（1）．

大学学段：传承劳模精神　筑梦时代华章

基本信息表					
教师	赵曼	学校	北京工业大学	学段	本科一年级
课程	思想道德与法治				
教科书版本及章节	《思想道德与法治》（2023 年版），高等教育出版社；第三章 继承优良传统弘扬中国精神				

一、学情分析

1. 知识基础

当代大学生通过基础教育阶段的学习，对劳模精神的基本内涵和历史渊源已有初步认识。他们已了解劳模精神是中华民族精神的重要组成部分，是源自中国共产党人的奋斗历程。学生们对“爱国敬业、争创一流，艰苦奋斗、勇于创新，淡泊名利、甘于奉献”这24 字的核心要义有一定的感性认识。然而，大学生对劳模精神的深层内涵、历史发展和当代价值的理解还不够全面和深入。对于劳模精神如何体现爱国主义情感、敬业精神、奋斗意志和创新精神等方面的认识有待深化。学生们在认识劳模精神如何彰显人的主体性、体现共产党员先锋模范作用，以及如何成为中国特色社会主义核心价值观的集中体现等理论问题上，仍有提升空间。

2. 能力基础

与小学生兴趣广泛、初中生多元思维、高中生理论联系能力相比，大学生有以下显著特点：第一，大学生有更强的抽象思维能力和逻辑推理能力。他们能够理解劳模精神背后的价值追求，在学习中不仅要记住劳模事迹，更要融会贯通，探讨其历史脉络和现实意义。第二，大学生有更强的自主学习能力和批判思维能力。他们能够区分劳模精神的核心内涵和时代局限性，对劳模精神进行解构和重构，并内化为自身的价值取向。第三，大学生具有较强的社会实践能力。他们愿意将学习的劳模精神观念转化为自身的行动策略，在实践中检验真理，成为新时代的奋斗者。

3. 基于以上情况，在教学中要注意：大学生的世界观、价值观还在形成过程中，容易受到各种思想和信息的影响。如果不能接受正确的价值引领，可能就会产生价值迷茫。部分大学生的自控能力较弱，不能主动自律，需要外部的约束和激励。因此，在传授劳模精神时，需要因材施教，关注大学生的思想特点和能力需求，采取启发式教学，树立典型，强化实践，帮助学生放眼时代洪流，实现自我超越。

二、教学目标

1. 认知目标

本课程的认知目标主要是希望学生能够深入、全面地理解劳模精神的历史渊源、核心内涵和时代价值，具体包含以下四个方面：一是希望学生能够掌握劳模精神形成的历史背景。包括它与中国共产党人革命实践的关系，与中华民族奋斗历程的联系，以及它在不同历史时期的主要代表人物。二是希望学生能够理解劳模精神的核心内涵。它倡导的奋斗精神、创新精神、奉献精神的具体内容，以及它所体现的价值理念，如集体主义、民族精神等。三是希望学生能够认识劳模精神的历史积淀及现实意义。既要掌握它在不同历史时期的主要贡献，也要认识它对当代中国特色社会主义的重要作用。四是希望学生能够明确劳模精神的核心要义及其实践要求，即努力成为担当民族复兴大任的时代新人，以实际行动践行劳模精神。通过对上述关键要点的学习，学生可以全面、系统地掌握劳模精神的相关知识，达成课程的认知目标。

2. 能力目标

一是提高学生的辩证思维能力。要求学生在学习中区分劳模精神的核心内涵和时代局限性，对其进行解构和重构，形成符合时代发展的新的认识。二是增强学生的批判性思维能力。通过对典型劳模的分析，启发学生区分劳模精神的本质和表象，正确看待不同时期的劳模典型。三是提升学生的语言表达和交流能力。组织学生就劳模精神所蕴含的价值理念进行讨论，能够理性而又充满情感地表达自己的见解。四是培养学生的独立思考能力。在学习中消除依赖性，能够对劳模精神进行原创性的思考，形成自己的见解。五是增强学生的社会实践能力。将劳模精神的核心价值转化为检验社会实践的行动方针，在实践中不断完善自身。六是提高学生的团队合作能力。通过集体学习，培养学生的协作精神，在共同探讨中获得认识的提高。通过课程学习，期望学生在思想品德、学习能力、社会实践等方面都能得到提升，为今后服务社会奠定坚实基础。

3. 情感与价值目标

一是培养学生对劳动和奋斗的钦佩之情。通过劳模事迹的感染，使学生产生崇高的劳动情感，尊重劳动，热爱劳动。二是增强学生的民族自豪感和荣誉感。感受劳模为民族发展做出的巨大贡献，由衷地为中华民族的伟大精神所感动。三是强化学生的集体主义观念。要认识个人发展必须依托集体，学会在集体中融洽合作。四是坚定学生的理想信念。以劳模精神激励学生树立远大理想，坚定向上向善的人生目标。五是增强学生的社会责任感。劳模的奉献精神会感染学生，使其产生为社会进步而贡献的强烈意愿。六是培养学生自觉贯彻劳模精神的行动自觉。将劳模精神内化为自觉行动的动力，努力成长为有用之才。通过课程的学习，希望学生在情感和价值观念上都能得到升华，在知与行中体现劳模精神，成为有社会责任感的大学生。

三、教学内容

（一）马克思的劳动观

马克思曾高度评价劳动的社会意义，强调劳动在人的自我实现中的重要作用。马克思认为，劳动是人区别于动物的根本标志，劳动创造了人类文明，也塑造和形成了人自身。劳动不仅创造物质财富，而且还创造人的精神世界。劳动同时还是人实现自我价值的重要方式，是人在社会中实现自身的路径。马克思的这一劳动观，赋予劳动以崇高的意义。它揭示了劳动在人的存在和发展中的核心地位，为我们正确看待劳动和劳动者的价值提供了理论基础。马克思劳动观的意义在于充分肯定劳动的社会价值和人的主体作用，我们应在这一基础上继续丰富劳动价值的内涵，以适应时代发展。马克思的劳动观为我们正确理解劳模精神提供了理论基础。

（二）“劳模精神”的历史脉络

劳模精神是在中国共产党领导下的社会实践中逐步形成和发展的。在不同历史时期，劳模都代表了当时的进步方向和先进文化，体现了中华民族自强不息、顽强奋斗的精神品格。土地革命战争时期的劳模秉持无私奉献的革命精神；新中国成立初期的劳模坚韧不拔、自力更生；改革开放后的劳模勇于进取、开拓创新；新时代的劳模兼具知识型、技能型、创新型、管理型的特质。在长期奋斗中，劳模积淀和传承了乐于奉献、艰苦创业、坚忍不拔的宝贵精神。这些精神在新的条件下得以丰富和发展，以适应时代需要，推动国家发展。劳模的精神力量激励并引导着中国人民为实现中华民族伟大复兴的中国梦而持续奋斗。

（三）当代“劳模精神”的核心内涵

当代劳模秉持积极进取的奋斗精神，具有强烈的责任担当，将个人理想融入国家发展的伟业之中。一是坚守理想信念，忠诚党和人民事业。劳模要坚定马克思主义信仰，坚守为中国特色社会主义奋斗的共同理想，要保持共产党人的政治本色。要牢记初心使命，全心全意为人民服务，发挥模范带头作用。二是发扬奋斗精神，要开拓、进取、创新和务实。劳模要发扬艰苦奋斗、勇于探索的精神，与时俱进，敢于创新，勇于改革。要立足岗位，创造出色业绩，在工作中更好体现担当作为。三是践行社会主义核心价值观，守正创新，弘扬劳模精神。要坚守社会主义核心价值观，发扬劳模的奉献情怀、创造精神、奋斗品格，在新时代不断丰富奋斗内涵，与时俱进，勇于创新，让劳模精神闪耀时代光芒。

（四）“劳模精神”的实践要求

劳模精神的核心在“奉献”二字。大学生要将劳模精神作为自觉行动的动力，勤奋学习，锤炼身心；热爱集体，团结同学；发挥专业所长，回报社会；积极投身实践，学以致用。在知行合一中践行劳模精神，成长为担当中华民族复兴大任的时代新人。一是坚定理想信念，增强担当民族复兴大任的责任感和使命感。二是发扬奋斗精神，勤奋学习，努力成为知识型、技能型人才。三是积极投身实践，运用专业知识，服务社会，回报国家。四是发扬无私奉献精神，在集体中融洽合作，为他人着想。五是勇于改革创新，锐意进取，开拓奋斗新局面。六是严以修身，弘扬劳模精神，努力成为新时代的合格建设者。

四、教学重点与难点

（一）教学重点

（1）弄清马克思劳动观的核心观点和意义，作为学习劳模精神的理论基础。

（2）掌握劳模精神形成的历史脉络，看到它代表先进文化和民族精神的历史积淀。

（3）把握当代劳模精神的核心内涵，包括坚守理想信念，勇于改革创新等方面。

（4）明确劳模精神的实践要求，知行合一，在实践中践行劳模精神。

（5）结合青年学生的特点，引导学生在学习中获得精神力量。

（二）教学难点

（1）解释马克思劳动观中的一些重要概念和观点，如劳动的社会意义、劳动对人的塑造作用等，这些对大一学生来说可能还比较抽象和难以理解。

（2）分析不同历史时期劳模精神的内容和特点，需要对各个历史阶段有足够的了解才能准确加以概括。

（3）表达当代劳模精神的核心内涵，避免空泛化，需要准确把握其实现形态。

（4）根据学生的实际情况，设计引导学生践行劳模精神的具体途径，既要有针对性，也要引导学生主动思考。

（5）在有限的课时内，让学生系统掌握劳模精神的来龙去脉与现实意义，需要教学设计的科学性。

五、教学方法与手段

（1）讲授法。向学生系统讲授劳模精神的历史源流、核心内涵等知识点，使学生掌握理论基础。

（2）案例教学法。选用不同历史时期的劳模典型事迹进行案例分析，使学生深入理解劳模精神。

（3）讨论教学法。组织学生就劳模精神的现实意义进行讨论，启发学生主动思考，提高学习兴趣。

（4）角色扮演法。让学生扮演不同的劳模人物，感受劳模情怀，加深理解。

（5）情景教学法。设置劳模奋斗的情景，让学生在模拟情境中体会劳模精神。

（6）多媒体教学手段。使用 PPT、视频等直观展示劳模事迹，增强感染力。

六、教学活动设计

【课程导入】在课前，教师准备一段 2 ~ 3 分钟的励志视频，视频展示辛勤劳作的劳模们以及他们取得的成就。

教师准备一段大学生社会实践的视频。视频中展示了某大学生社团组织的暑期“三下乡”活动场景——学生们来到偏远农村，听取村民需求，帮助修缮危房，教授村里孩子们知识，并开展文艺活动。

放映结束后，教师提问：“同学们，视频中这些辛勤工作、取得非凡成就的劳模给我们什么启发？这两段视频给同学们带来什么感受？”

【教学意图】通过这种生动直观的视频导入，可以抓住大一学生的注意力，让他们在积极的情绪中进入课题。请几位同学回答老师的问题，引出“劳模精神”的概念。

【教学用时】10 分钟。

第一部分　马克思的劳动观

本部分通过详细而系统地讲授，旨在帮助学生理解、掌握马克思劳动观的核心观点，包括劳动的社会意义、劳动对人的塑造作用等。

第一，马克思关于劳动的社会意义的论述。

马克思认为，劳动是人区别于动物的标志，劳动创造了人类的文明和财富，推动了人类社会的发展。劳动将人和动物进行了区分，动物只能适应自然，而人类可以通过劳动去主动适应和改造自然。马克思强调劳动创造了人类的物质财富，食物、衣着、居住环境等物质条件都是通过人类劳动创造而来。马克思阐明劳动是社会发展的决定性力量。人类只有通过劳动生产物质生活资料，才能摆脱野蛮状态，形成文明社会。马克思认为劳动推动了人类精神世界的发展。劳动不仅创造物质财富，而且还创造科学、艺术等非物质财富。

通过这些论述，马克思高度评价了劳动的社会意义，劳动是人类文明进步的根本动力。

第二，马克思认为劳动对人的塑造作用。

劳动不仅创造物质财富，更重要的是创造和塑造人自身。劳动提高了人的能力，丰富了人的内心世界。马克思认为劳动改变了人的自然属性，塑造了人的本质属性。通过劳动，人从自然存在变成了社会历史的存在。马克思指出劳动提高了人的能力和水平。劳动使人获得解决问题的技能，也增强人的身体素质。他还强调劳动丰富了人的内心世界。劳动不仅创造物质财富，而且也创造精神财富，开拓人的智力空间。马克思阐明劳动塑造人的全面发展。劳动促进人的物质需求和精神需求同时得到满足和发展。马克思还认为劳动推动人格的形成。劳动使人实现自身价值，增强责任感，有利于人格的完善。马克思从多个角度阐明了劳动对人的塑造作用。

第三，劳模精神是马克思劳动观的生动实践。

马克思劳动观为劳模精神提供了理论基础。马克思阐明了劳动的崇高地位和作用，这让劳模的劳动奋斗具有了价值根基。劳模精神是马克思劳动观的生动实践。劳模用自己的实际行动践行了马克思劳动观的核心要义，充分彰显了劳动的价值。劳模精神丰富和发展了马克思劳动观的内涵。不同时期的劳动模范把马克思劳动观的要求体现在自己的实践中，使劳动观的内涵与时俱进。马克思劳动观为劳模精神的继承与弘扬提供了思想指导。劳模要坚持马克思劳动观的核心观点，在新的条件下继承和发扬劳模精神。

【教学意图】通过详细讲解马克思的劳动论述，增强学生对马克思劳动观的整体认识，让学生充分理解劳动的社会意义。帮助学生深入领会马克思关于劳动对人塑造作用的思想，使学生意识到劳动对个人成长的重要性。引导学生联想到劳模精神，认识到劳模精神是马克思劳动观的生动实践，两者关系密不可分。激发学生的学习兴趣，使其主动思考劳动对个人、社会的意义，培养劳动价值观。

【教学设计】本部分以教师讲授为主，该部分重在原理阐述，通过马克思劳动观的学习，启发学生树立正确的人生观、价值观，为后续内容奠定基础。

【教学用时】25 分钟。

第二部分 “劳模精神”的历史脉络

劳动模范是劳动者中的杰出代表，劳模精神是劳动实践的结晶，反映了一个民族在特定历史时期的精神状况和价值取向。在中国共产党的领导下，中国劳模群体在不同历史时期彰显了民族自强不息、顽强奋斗的品格，展现了与时俱进、开拓创新的精神，体现了中华民族的时代思想和情感。每一代劳模都在其所处的历史条件下，以超越的精神状态和崇高的品德为后人树立了典范。因此，研究劳模精神的历史脉络，需要着眼不同历史阶段的社会背景和劳模群体的实际情况，以历史和发展的视角深入考察劳模精神的时代内涵，从中汲取继承民族精神、实现中华民族伟大复兴的思想力量。

第一，革命战争时期的劳模典型：英雄。

劳模精神的萌发孕育于革命战争年代，这一时期劳模典型的树立与表彰是涵盖在英模表彰中的。举一个具体实例来看这一时期的劳模典型。

张初元（1913—1997 年），山西省宁武县旧堡村人，著名的抗日英雄，晋绥边区“五面旗帜之一”。抗战时期，他的“劳武结合”模范事迹在晋西北及晋绥边区广为传颂，他因此受到毛泽东、朱德、刘少奇、周恩来等党和国家领导人的亲切接见和宴请。1960 年 5 月，他出席了全国民兵第一次代表大会，一生中被毛主席亲切接见过 7 次。20 世纪 40 年代，为应对日军的“三光”政策，张初元充分发挥聪明才智，创造性地组织起民兵变工互助组，实现了民兵力量与生产力量的有机结合。在这个组织中，广大民兵在平时与群众一起生产，一旦有敌情，可以马上参与战斗，确保了生产与战斗两项任务的落实。这一“劳武结合”的做法后来得到了党中央的充分肯定，在各个根据地推广实施。在战争年代，一大批民兵一手拿锄头劳动，一手提枪战斗，保卫生产，支援战争，劳武之间联系十分紧密。在这种劳武结合的实践中，根据地的自给自足能力明显提高，人民生活明显改善，根据地建设也得到加强。“劳武结合”的创始人张初元也因此受到边区人民的赞扬，他的事迹还被写进了歌曲而广为传唱。

学生讨论：这个时期的劳模有什么特点？

第二，壮大劳模队伍：实干者。

新中国成立初期，中国共产党继承革命战争时期的做法，广泛发动群众开展劳动竞赛和大生产运动，动员广大劳动人民积极投身社会主义建设。从 1950 年起，国家先后召开了九届“劳模表彰大会”，共表彰了一大批来自工农业生产一线的劳动模范、先进工作者，他们中的杰出代表如时传祥、王进喜、钱学森、陈景润、袁隆平等一大批国人皆知的劳动模范。这些劳模在艰苦环境中锻炼出坚韧的品格，发扬了吃苦耐劳的美德。他们甘当“老黄牛”，舍我其谁地为新中国建设做贡献。甘于奉献的“时代内核”鼓舞和激励着中国人民自力更生、艰苦奋斗，在社会主义初级阶段各方面建树了伟大业绩，树立了光辉楷模，对中华民族的进步发挥了重大作用。

快速播放一段劳模在各行各业发挥模范带头作用的视频，启发学生在实现自我的过程中践行劳模精神。

第三，劳模精神顺应时代发展：创新者。

2015 年，习近平总书记在全国劳动模范和先进工作者表彰大会上发表重要讲话，强调："'爱岗敬业、争创一流，艰苦奋斗、勇于创新，淡泊名利、甘于奉献'的劳模精神，生动诠释了社会主义核心价值观，是我们的宝贵精神财富和强大精神力量。"2016年4月26日，习近平总书记在知识分子、劳动模范、青年代表座谈会上又强调指出：劳动模范是劳动群众的杰出代表，是最美的劳动者。"劳动模范身上体现的'爱岗敬业、争创一流，艰苦奋斗、勇于创新，淡泊名利、甘于奉献'的劳模精神，是伟大时代精神的生动体现。"党的十八大以来，习近平总书记对学习及弘扬劳模精神发表了多次重要论述，并将"弘扬劳模精神"写入党的十九大报告，成为习近平新时代中国特色社会主义思想的重要内容。新时代的劳模们切实践行着"勇于创新、不断深耕"的重要素质与特征。

第四，本部分小结。

劳模是中国在进行社会革命和建设中涌现出的杰出劳动者，是广大劳动群众的优秀代表。一代又一代的劳模在不同的成长环境中，在中国从站起来到富起来再到强起来的历史进程中，展现出不畏艰辛、开拓奋进、创新求变、舍我其谁的崇高精神。劳模的产生和发展是在中国共产党领导下、在社会主义制度推动下的结果，具有鲜明的社会属性和时代特征。可以说，劳模和劳模精神的发展历程就是中国社会变迁和民主革命、社会主义革命斗争的历史，是中国社会主义建设发展壮大的历史，也是实现中华民族伟大复兴中国梦的奋斗历程。在这一发展过程中，劳模积淀了宝贵的精神财富，为我们当代弘扬劳模精神提供了历史经验和现实启示。

【教学意图】通过具体的劳模事迹，启发学生认识劳模精神在不同历史时期的主要特征，如革命年代的无私奉献，新中国成立初期的实干精神等。帮助学生看到劳模精神随时代发展而不断丰富发展的内涵，培养学生的历史观念，让学生领会劳模精神在中国发展历程中的重要作用和地位。引导学生在学习中感受不同时代劳模的精神感染力，增强其奋斗的精神力量。

【教学设计】此部分着重史论结合，将学生在《中国近现代史纲要》《形势与政策》等课程中的相关内容结合串讲，在"讲故事"中理解劳模精神的历史脉络。该部分可加强课堂互动，鼓励学生讲故事、讲案例，教师注重引导和提炼。

【教学用时】20分钟。

第三部分　当代"劳模精神"的核心内涵

当代劳模内心怀着无限热忱，充满着对党和人民事业的忠诚与热爱。他们树立起"全心全意为人民服务"的根本宗旨，将个人理想融入实现中华民族伟大复兴的国家发展事业中。当代劳模敢于直面问题，勇于改革创新，与时俱进，在工作岗位上创造出色业绩。他们自觉承担起时代赋予的历史责任，以永不懈怠的奋斗精神和开拓进取的精神状态，为国家和民族的发展做出新的更大贡献。

第一，坚守理想信念，忠诚党和人民事业。

当代劳模要坚定马克思主义世界观和方法论，牢记为中国特色社会主义奋斗的共同理想，牢记实现中华民族伟大复兴的初心使命，保持共产党人的理想信念和政治本色。要坚持全心全意为人民服务的根本宗旨，站稳人民立场，时常深入基层一线调研，了解群众需求，积极回应人民期盼，以实际行动践行为人民服务的初心，发挥表率和带头作用。

第二，发扬奋斗精神，开拓进取创新务实。

当代劳模要发扬共产党人艰苦奋斗的优良作风，舍小家为大家，甘于吃苦耐劳，自觉投身国家发展大局，不怕牺牲奋斗到底。要坚持立足本职工作，治标治本，真抓实干，在岗位上创造出色业绩。劳模还要发扬勤俭节约的劳模精神，生活俭朴，力戒奢靡，严格遵守党纪国法。要坚持艰苦朴素的工作作风，求真务实，坚持实事求是，勇于改革创新，在工作实践中不断推进工作创新发展。要坚持问题导向，善于从群众中发现问题、分析问题、解决问题，总结经验教训，直面问题的客观存在，研究解决问题的科学办法，以创新的精神推动各项事业进步发展。

第三，践行社会主义核心价值观，守正创新，弘扬劳模精神。

要自觉践行社会主义核心价值观，坚守马克思主义信仰，践行爱国主义精神，弘扬民族精神，发扬时代精神，发扬共产主义精神。弘扬奉献、创造、奋斗的劳模精神，潜心工作岗位，刻苦钻研，开拓进取，努力开创事业新局面。要在新的历史条件下，不断丰富和发展劳模精神内涵，以创新精神状态推动劳模精神在新时代更好地弘扬。

【教学意图】通过系统讲解，帮助学生深刻理解当代劳模精神的核心内涵，包括坚守理想信念、发扬奋斗精神等方面。培养学生对当代劳模精神的认同感，使其意识到劳模精神的价值取向。引导学生联系实际，思考如何在自己的岗位上践行劳模精神。

【教学设计】该部分注重理论与实践相结合。帮助学生认识到把劳模精神作为内在精神力量的重要性。

【教学用时】25 分钟。

第四部分　实践环节设计

引导学生将劳模精神作为自觉行动的动力，在课下以小组形式开展调研活动，锤炼身心，发挥专业所长，积极投身实践，检验所学。在知行合一中践行劳模精神，成长为担当民族复兴大任的时代新人。

【教学意图】理论与实践相结合，在深刻理解劳模精神的内核后，严以修身，在实践中深化对理论的认识和理解。

【教学用时】10 分钟（布置实践任务，调研分享用专门课时）。

七、课后作业

请结合所学和社会实践，以小组为单位讲述对于劳模精神的认同感及如何弘扬劳模精神？

参考文献

[1] 习近平．高举中国特色社会主义伟大旗帜 为全面建设社会主义现代化国家而团结奋斗——在中国共产党第二十次全国代表大会上的报告［M］. 北京：人民出版社，2022.

[2] 习近平．习近平谈治国理政：（1–4 卷）［M］. 北京：外文出版社，2022.

[3] 中共中央马克思恩格斯列宁斯大林著作编译局．马克思恩格斯文集：1–5 卷［M］.

北京：人民出版社，2009.

[4] 全国劳动模范和先进工作者表彰大会筹委会办公室 . 当代英模——全国劳动模范和先进工作者事迹选编 [M]. 北京：中国工人出版社，1989.

[5] 习近平 . 在庆祝“五一”国际劳动节表彰全国劳动模范和先进工作者大会讲话 [EB/OL].（2015-04-29）[2022-11-25]. http://military.people.com.cn/n/2015/0429/c172467_26920659.html.

专题十二　脱贫攻坚精神

一体化教学设计说明

一、专题内容简介

“脱贫攻坚精神”是中国共产党人精神谱系的重要组成部分之一，是中国共产党带领中国人民进行的伟大的脱贫攻坚战中锻造形成的，是中国共产党性质宗旨、中国人民意志品质、中华民族精神的生动写照，是爱国主义、集体主义、社会主义思想的集中体现，是中国精神、中国价值、中国力量的充分彰显，赓续传承了伟大民族精神和时代精神。

脱贫攻坚精神蕴含着丰富的教育资源，有利于增强学生对党的认同感、坚定“四个自信”，有利于涵养学生的为民情怀、提升责任担当意识，有利于培育学生的攻坚克难、开拓创新精神，鼓舞他们克服困难、积极应对挑战，在奋斗中创造价值。因此，本专题围绕脱贫攻坚精神进行设计，希望学生在不同学段，通过听楷模故事、看家乡变化，了解这场伟大的战争，认识脱贫攻坚战取得的伟大成就，感悟党员干部无私奉献、舍生忘死、脚踏实地、开拓创新、勇于担当的精神品格，理解中国共产党以人民为中心的立场和为中国人民谋幸福、为中华民族谋复兴的初心使命，进而使自己坚定政治立场，树立远大理想，务实担当，科学发展，在实践中勇于克服困难、积极应对挑战，在奋斗中创造价值、服务人民。

二、一体化教学目标与思路

（一）一体化教学目标

根据大、中、小一体化教学要求，小学阶段重在道德启蒙，通过学生调查家乡的变化，感受脱贫攻坚战带来的胜利成果，增强民族自豪感，在英雄楷模的故事里了解脱贫攻坚精神。初中阶段重在打牢思想基础，引领学生具体了解脱贫攻坚战，聚焦中国故事，传承中国精神，感受以伟大民族精神为引领的脱贫攻坚精神在当代中国社会中的作用与价值。高中阶段重在提升政治素养，以对话的视角深刻认识脱贫攻坚精神的内涵，体悟中国共产党领导和社会主义制度的优越性，增强对中国特色社会主义制度的认同，厚植家国情怀。大学阶段重在增强使命担当，通过理论学习，全面理解脱贫攻坚精神的丰富内涵，领悟思想实质，增强“四个自信”，树立远大理想，在实践中践行脱贫攻坚精神，做有担当的时代新人。

（二）一体化教学思路

围绕不同学段教学目标，根据大、中、小学生的认知能力和成长需要，根据学生身心发展特点，各学段设计规划教学思路，体现出区分层次、突出重点，纵向衔接、横向贯通，螺旋上升的一体化教学要求。

◆ 小学学段：小学阶段的学生对于脱贫攻坚精神的理解，有一定程度的理论性、抽象化。理论是无色的，而故事是色彩斑斓的。教师从典型故事入手，让小学生难以理解的精神兼具通俗性和直观性，使教学更具有情感共鸣。将本课的教学活动设计安置在一个模拟的展厅中，采取参观展板、案例分析等形式，激发学生的参与热情，进而锻炼了小学生逻辑思维能力。

◆ 初中学段：采用情景式教学和小组合作探究的方式，知时事、话精神，观细节、悟价值，了解中国共产党领导中国人民打赢脱贫攻坚战的过程，初步感受脱贫攻坚精神，引领学生理解中国共产党的领导是取得脱贫攻坚战胜利的根本。

◆ 高中学段：以对话贫困、对话日记、对话精神为主线，从故事到精神，从个人到国家、从历史到现实，把课程内容与历史史实和时代背景相结合，运用脱贫攻坚总结大会等时政内容，凸显时代性、社会性，树立马克思主义唯物史观，增强对中国特色社会主义的认同，厚植家国情怀，提升政治和道德素养。

◆ 大学学段：采用问题式教学，重点讲清楚“脱贫攻坚战如何彰显了中国共产党的初心使命”与“脱贫攻坚精神包含的价值内涵”两个问题，引导学生思考在实践中如何践行这一伟大精神，提升学生对中国特色社会主义道路、理论、制度、文化的自信，坚定跟党走的信心与决心，与祖国同行、与人民同在，做一个积极进取、开拓创新、不怕困难、勇于担当的时代新人。

三、一体化教学结构图

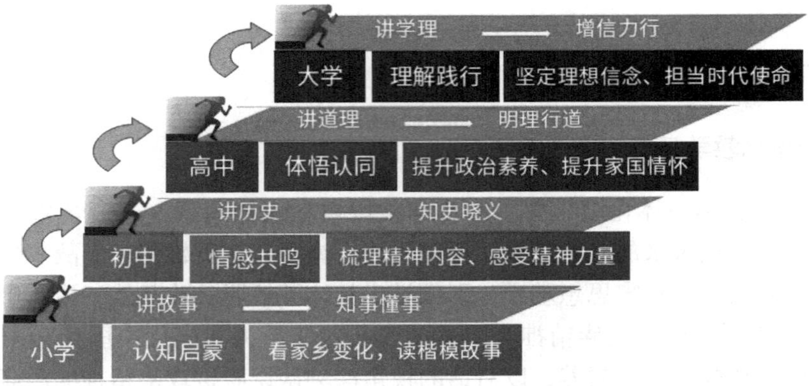

小学学段：战胜贫困　让生活更美好

基本信息表					
教师	张帆	学校	北京市第十一中学附属定安里小学	学段	小学五年级
教科书版本及章节	《道德与法治》（五年级下册），人民教育出版社，第 12 课 富起来到强起来；《习近平新时代中国特色社会主义思想学生读本》（小学高年级），人民教育出版社，第九讲				

一、学情分析

（一）教学内容分析

本课分为两课时，第一课时是以调查的方式让学生主动去发现家乡的变化，感受脱贫攻坚工作给祖国带来的翻天覆地的变化，了解脱贫攻坚的意义。第二课时是在发现变化的基础上以参观的方式引导学生从故事中去主动发现问题，即脱贫攻坚工作遇到了哪些难题，再去解决问题。

（二）学习者分析

1. 知识基础

五年级学生对我国各个历史阶段有了一定的了解，学习了革命时期的中国精神，例如井冈山精神、长征精神、西柏坡精神、沂蒙山精神等，但是对新时期的脱贫攻坚精神尚未有深入的了解。在五年级下册第 12 课富起来到强起来的第三话题“走进新时代”中，学生可以了解习近平总书记在中共二十大的报告中提到：中国共产党团结带领人民完成脱贫攻坚、全面建成小康社会的历史任务。但是，课本中并未对我国脱贫攻坚工作有过多的介绍。

2. 能力基础

经调查，学生对脱贫攻坚到底是什么、为什么做、具体做了什么、结果怎么样等问题非常感兴趣，愿意去了解和学习。五年级学生具备了一定的阅读能力和逻辑思维，能借助相关材料和视频进行自主阅读和分析，但因年龄较小，对于脱贫攻坚精神直观的理解有困难。

3. 学生兴趣与发展要求

教师基于学生调查，引导学生从发现家乡的变化入手，让学生体会到脱贫攻坚是受益于己的，从而激发学习和进一步探究的兴趣，以便更好地去理解和学习脱贫攻坚精神的价值内涵。

二、教学目标

（1）调查家乡的变化，分享、感受脱贫攻坚带给祖国翻天覆地的变化。

（2）了解脱贫攻坚工作中的不易和困难。交流脱贫攻坚所做出的成就。初步理解脱贫攻坚精神的价值内涵。

（3）体会由脱贫攻坚的胜利所产生的民族自豪感。能自觉弘扬脱贫攻坚精神，树立建设祖国的远大志向，为实现祖国第二个百年奋斗目标贡献力量。

三、教学重点与难点

（一）教学重点

体会由脱贫攻坚的胜利所产生的民族自豪感。能自觉弘扬脱贫攻坚精神，树立建设祖国的远大志向，为实现祖国第二个百年奋斗目标贡献力量。

（二）教学难点

初步了解脱贫攻坚所取得的成就。初步理解脱贫攻坚精神的价值内涵。

四、教学方法与手段

1. 课前调查法

在习得新知识之前，借助学生的既有经验，充分发挥其主观能动性，发现脱贫攻坚带来的变化、引起学生兴趣、激起好奇心，以便开展本课的教学。

2. 情景教学法和故事法相结合

将本课的教学活动设计安置在一个模拟的展厅中，采取参观展板、案例分析等形式，进而激发学生参与热情，锻炼其逻辑思维能力。

五、教学特色

脱贫攻坚精神具有一定程度的理论性和抽象化。理论是无色的，而故事则是色彩斑斓的。因此教师应从典型故事入手，使难以理解的脱贫攻坚精神兼具通俗性和深度性，使教学更具有情感共鸣。

六、教学活动设计

环节一：课前分享，感受生活日新月异的变化

（1）学生通过调查采访的方式，发现自己家乡的变化。

调查表

调查方面	爷爷奶奶小时候	现在
住房条件		
常用交通工具		
饮食		

（2）其实，祖国到处都发生了翻天覆地的变化，让我们一起走进《伟大壮举——中国脱贫攻坚成就展》，去看看这些小朋友的家乡发生了哪些方面的变化？

图片 1：布楞沟村地处甘肃省临夏回族自治州东乡族自治县干旱山区。布楞沟是东乡语“悬崖边”的意思，它的名称折射出了布楞沟村自然环境的严酷恶劣和群众生活的艰难。观察脱贫攻坚前后布楞沟村村貌的对比。

图片 2：四川省凉山彝族自治州昭觉县解放乡火普村脱贫前后的变化。

图片 3：贵州省黔西南布依族苗族自治州学校改造前后的教学设施。

图片 4：广西壮族自治区百色市凌云县彩架小学的学生们告别了泥土地为球场、大石板为“篮球框”的日子，学生们在新学校橡胶球场上打篮球。

【预设】学生：① 他们的家变漂亮了。② 他们上、下学的路变得好走了。③ 他们的教室和操场变得和我们一样好了。④ 他们的生活条件变好了。

总结：生活在这里的人们一直期待着早日能够摆脱贫穷落后的生存环境，自党的十八大以来，经过八年接续奋斗，中国脱贫攻坚战取得了全面胜利，从此改变了贫困地区的落后面貌，村民们能住在如今这样安全且宽敞的房子里，吃穿不愁，孩子们能坐在明亮的教室里学习，在你们看来习以为常的事对他们来说可是梦想变成了现实啊！贫困群众生活条件发生了巨大变化，实现了幼有所育、学有所教、劳有所得、病有所医、老有所养、住有所居、弱有所扶。

【活动意图说明】感受脱贫攻坚带给祖国翻天覆地的变化。了解脱贫攻坚的历史背景和意义。

环节二：参观交流，体会脱贫攻坚的精神内涵

【导入】参观《伟大壮举——中国脱贫攻坚成就展》“攻坚克难展厅”，读读展板上的一段话，你有什么感受和疑问？

【资料】“反贫困始终是古今中外治国安邦的一件大事。一部中国史，就是一部中华民族同贫困作斗争的历史。从屈原‘长太息以掩涕兮，哀民生之多艰’的感慨，到杜甫‘安得广厦千万间，大庇天下寒士俱欢颜’的憧憬，再到孙中山‘家给人足，四海之内无一夫不获其所’的夙愿，都反映了中华民族对摆脱贫困、丰衣足食的深深渴望。脱贫攻坚战的全面胜利，使中华民族在几千年发展历史上首次整体消除绝对贫困，实现了中国人民的千年梦想、百年夙愿。”

【预设】学生：① 既然已实现了千年梦想、百年夙愿，那难度一定是非常大！② 我想知道究竟都遇到了什么难题？③ 既然难度这么大，那么我国是怎么做到的？

活动一：小组学习——了解脱贫攻坚中的“难”

（1）提问：党中央在带领人民摆脱贫困的路上遇到了哪些难题？

（2）布置学习任务：同学们请分成小组阅读河北阜平县的脱贫故事：《阜平这八年》[①]，找一找阜平的脱贫攻坚工作遇到了什么难题。

---

① 郭庆敏，林红 . 阜平这八年［EB/OL］.（2021-04-30）［2021-12-20］. http://www.heb.hebei.com.cn/system/2021/04/30/100657697.shtml.

（3）小组根据资料，自主交流与阅读。

① 小组 1 资料：

2012 年岁末，习近平总书记来到阜平县骆驼湾村，走过黄泥山墙。当时，骆驼湾村的村民只能在零碎的地块里种些玉米和土豆维持生活，人均年收入仅有 950 元。骆驼湾村土地贫瘠，交通不便，自然条件差，多年来一直是深度贫困县。河北省委、省政府高度重视阜平脱贫攻坚工作，以高度的政治感、使命感和责任感，汇聚各方力量，统筹推进精准扶贫、精准脱贫，带领阜平人民脱贫致富奔小康。上下同心，众志成城。扶贫工作队来了，社会各界的关爱也来了，一起帮助阜平的乡亲们寻找脱贫致富的好路子。

② 小组 2 资料：

扶贫先扶志，治穷先治愚。久居大山深处的一些老百姓，对“脱贫”的理解依然停留在等上级“给救济”的观念上。各级干部进村入户，讲政策、谋出路，引导村民放弃“等靠要”思维。所有行政村都设立了“脱贫志气榜”，大张旗鼓地表彰“致富带头人”，激发广大群众劳动致富的斗志。2019 年，一家企业在骆驼湾村实施的民宿旅游项目正式开张。原来的日子是‘熬’，现在的日子是美，日子越过越有奔头！

③ 小组 3 资料：

工作队利用上级的扶贫资金打水井，改水改厕，半年时间自来水就接进了家家户户。可是村里没有企业、没有收入，人们不愿意掏电费。于是，阜平县依托山林资源，大力推广种植果树，养殖肉牛和肉羊，掀起了一股“两种两养”热潮。然而，阜平县海拔高，冬季长，一场大雪过后的气温突降，导致牛羊陆续生病，时间不长，养殖户们就开始陆续赔本儿、倒闭。雪上加霜的是，因为缺乏技术指导，果树也日渐干枯，即使侥幸存活下来的一些树木，也因为产品品质低，在市场上卖不出好价钱。牛棚空了，羊圈空了，山上的果树也“黄”了，脱贫产业栽了跟头。

活动二：问题线索——从阜平县脱贫中体会精神力量

（1）问题线索 1：阜平县以前是什么样的？

预设：

① 我们组从文中发现了阜平县土地贫瘠，交通不便，自然条件差，所以一直都是深度贫困县。我们组找到了文中写道：久居大山深处的一些老百姓，对“脱贫”的理解依然停留在等上级“给救济”的观念上。

② 我们组看到了阜平人民在发展脱贫产业的时候栽了跟头。他们一开始种果树、养牛羊，但是全都失败了，我相信他们当时心里一定很难过，满怀希望辛辛苦苦地干活，希望却成了失望。

（2）问题线索 2：确实是太不容易了！面对以上困难重重的局面，阜平人民最终是如何“脱贫”的呢？

预设：

① 我们组发现了习爷爷把脱贫攻坚工作摆到了很重要的位置上。非常重视贫困地区的群众。他亲自来到阜平，访农户、看真贫，同乡亲们一起商量脱贫致富之策。

② 我们组找到：习爷爷、河北省的领导们、扶贫工作队以及社会各界一起帮助阜平的乡亲们寻找脱贫致富的好路子。同乡亲们心在一起、苦在一起、干在一起，上下同心，

众志成城。

总结：对于“扶持谁”“谁来扶”“怎么扶”“如何退”，阜平县有了很精准明确的标准和方法。如此以来，做事情就很明确，效率也很高。阜平县拥有了上下同心的精神，让脱贫工作有了主心骨。

（3）问题线索3：拥有了主心骨的阜平县为什么没有迅速地脱贫致富呢？

预设：阜平热火朝天地养猪、养牛、养羊、种果树，却在不到一年的时间里遭遇失败，他们本就贫困，心中刚刚燃起的希望却又破灭了。

（4）问题线索4：面对失败和打击，阜平县的老百姓放弃希望了吗？他们是怎么改变方法，赢得胜利的？

补充资料：“推进扶贫开发、推动经济社会发展，首先要有一个好思路、好路子。”当年，习近平总书记的一席话给阜平县左冲右突的脱贫工作指明了方向。阜平县邀请技术专家前来实地考察、把脉问诊，为乡亲们开出了新的致富“处方”：立足实际，因地制宜，利用优势资源，种植食用菌、发展旅游业和家庭手工业等。阜平县气候凉爽，空气清新，水质也好，而食用菌恰恰喜欢冷凉气候……专家讲得在理，乡亲们都很信服，但是前些年的产业接连失败，让乡亲们心里没底。于是扶贫干部和技术专家就领着乡亲们闯，像养育孩子一样培育一个产业，像呵护花朵一样呵护群众信心。帮助村民解决了资金问题，同时由“龙头”企业负责回购农户的产品，解决了村民们的后顾之忧。还别说，种蘑菇还真行！尝到甜头的贫困户种的第一茬菇挣了3万元，第二茬菇挣了5万元。一朵朵小蘑菇为阜平的贫困群众撑起了“致富伞”。

预设：

（1）我发现他们没有气馁，没有放弃，我很佩服他们不畏艰难、勇往直前的精神。

（2）我们组发现：阜平县在种树、养殖失败了之后专门请来了专家，因地制宜，对症下药，发挥利用了阜平的优势资源。

总结：没有什么比上下同心更能凝聚精神和力量，没有什么比精准务实更加有力和有效。

党同人民群众团结一心披荆斩棘、栉风沐雨，咬定青山不放松，攻克了一个又一个贫中之贫、坚中之坚，在解决困扰中华民族几千年的绝对贫困问题上取得了伟大历史性成就，创造了人类减贫史上的奇迹。这其中蕴含的是上下同心的团结伟力、精准务实的科学态度、攻坚克难的坚韧气质，还有尽锐出战的昂扬斗志、开拓创新的进取品格和不负人民的高尚情怀。

【活动意图说明】通过阜平县脱贫攻坚战的故事，感受脱贫攻坚工作的“难”以及其中人们坚韧不拔、永不放弃、上下一心的精神，初步理解和致敬“脱贫攻坚精神”的价值内涵。

环节三：践行“脱贫攻坚精神”，做时代好少年

（1）播放视频：2022年10月，在中国共产党第二十次全国代表大会上，习近平总书记代表党和人民庄严宣告：中国共产党团结带领人民完成脱贫攻坚、全面建成小康社会的

历史任务，实现了第一个百年奋斗目标。①

（2）齐读："扶贫必扶智，治贫先治愚。贫穷并不可怕，怕的是智力不足、头脑空空，怕的是知识匮乏、精神委顿。脱贫致富不仅要注意'富口袋'，更要注意'富脑袋'。"

（3）提问：从现在起，中国共产党的中心任务就是团结带领各族人民全面建成社会主义现代化强国、实现第二个百年奋斗目标，以中国式现代化全面推进中华民族伟大复兴。同学们，未来你们将是第二个百年奋斗目标的主力军。通过今天的学习，你要怎么做呢？

预设：

学生：我们作为学生也应该学习阜平县人民的精神，失败了也不倒下，坚定目标，坚持不懈；在学习上遇到困难也不气馁，发扬攻坚克难的精神。

学生：我们要听习爷爷的话，好好学习，不怕困难，努力增长知识，锻炼强壮的体魄，为未来建设祖国做好准备。

学生：我们要努力学习，长大后为祖国的建设出谋划策，献出自己的一份力。

（4）出示"梦想卡"：同学们可以将想好的奋斗目标写在桌上的"梦想卡"上。

（5）课上交流。

【活动意图说明】为伟大祖国的繁荣富强而感到骄傲，为自己身为中国人而深感自豪。引导学生把个人发展和国家命运联系起来，以实现中华民族伟大复兴为己任，不负时代，不负韶华。

【课堂总结】我们要谨记习爷爷的教导，从小树立远大的目标，从小学好文化知识。老师相信，在座的每一个同学通过自己的努力，都能成为祖国未来合格的接班人，老师仿佛已经看到了你们长大后在各自的岗位上为祖国添砖加瓦。只要我们奋发学习，努力拼搏，不久的将来我们必将实现我们的梦想。我坚信，我们伟大的祖国会继续腾飞，祖国的未来将更加灿烂辉煌。

七、作业设计

（1）完善"梦想卡"的制作和设计，进行班级展览。

（2）观看视频《辉煌中国》，并写一篇《读后感》。

参考文献

[1] 伟大壮举——中国脱贫攻坚成就展网上展馆 [EB/OL].[2023-08-20]http://tpgj.cctv.com.

[2] 郭庆敏，林红．阜平这八年 [EB/OL].（2021-04-30）[2021-12-20]. http://www.heb.hebei.com.cn/system/2021/04/30/100657697.shtml.

[3] 习近平．高举中国特色社会主义伟大旗帜 为全面建设社会主义现代化国家而团结奋斗——在中国共产党第二十次全国代表大会上的报告 [M]. 北京：人民出版社，2022.

① 习近平．高举中国特色社会主义伟大旗帜 为全面建设社会主义现代化国家而团结奋斗——在中国共产党第二十次全国代表大会上的报告 [M]. 北京：人民出版社，2022.

初中学段：攻坚克难　精神点亮幸福之路

基本信息表					
教师	任艳鑫	学校	北京市前门外国语学校	学段	初中三年级
教科书版本及章节	《道德与法治》（九年级上册），人民教育出版社，2020 年 7 月第 1 版；第三单元第 5 课第 2 框题 守望精神家园				

一、学情分析

（一）教学内容分析

“守望精神家园”是人教版部编教材第三单元“文明与家园”第 5 课第 2 框题。本框题的内容是了解民族精神的内涵，知道民族精神的核心是爱国主义，学会理性爱国；知道民族精神是与时俱进、不断丰富与发展的，知道民族精神在不同时代的表现；感悟民族精神的力量。

（二）学习者分析

1. 知识基础

初中学生在小学阶段对中华民族精神在不同历史时期的表现有所了解，在不同课程中也有所涉猎，但是从系统梳理和国家发展的角度还缺少理论性认识。

2. 能力基础

学生在生活中可以感知到民族精神的力量，但对中华民族精神的形成过程、不同时期的具体表现的梳理还缺乏系统的认知。

3. 发展要求

初中学生认知水平发展易感性片面，通过全面辩证学习中华民族精神的发展与中学生的关系，有利于培养中学生的责任担当、政治认同和家国情怀。

二、教学目标

（1）通过开展生活调查活动，帮助学生分析脱贫攻坚任务中的各项细节，理解中国特色社会主义事业的发展以及中国共产党的领导核心作用，坚定走中国特色的社会主义道路，增强“四个自信”，增强政治认同。

（2）通过案例分享，明晰在完成脱贫攻坚任务中所形成的脱贫攻坚精神，并理解脱贫攻坚精神是中华民族精神在新时代的具体显现并发挥重要作用，理解青年人在实现中华民族伟大复兴梦想中的责任与使命，增强对国家发展的使命担当与责任意识。

（3）通过全面了解脱贫攻坚精神，帮助学生增强对社会主义祖国的热爱和对中国共产党的拥护之情，激发学生为实现共同理想而奋斗的少年情怀。

三、教学重点与难点

（一）教学重点

知道“脱贫攻坚精神”的内涵，及其在全面建成小康社会过程中发挥的作用。

（二）教学难点

理解“脱贫攻坚精神”的本质是中华民族精神在新时代的具体体现。

四、教学方法与手段

情景式教学、小组合作探究展示。

五、教学特色

（1）设计小组合作学习：体现学生主体地位，锻炼学生实践参与力。
（2）所选素材基于史实和时政，凸显科学性、时代性和生活性。
（3）注重在课堂教学中落实政治认同、责任意识和健全人格等学科素养。

六、教学活动设计

环节一：知时事・话精神

（1）资料展示：伟大事业孕育伟大精神，伟大精神引领伟大事业。脱贫攻坚伟大斗争，锻造形成了“上下同心、尽锐出战、精准务实、开拓创新、攻坚克难、不负人民”的脱贫攻坚精神。脱贫攻坚精神，是中国共产党性质宗旨、中国人民意志品质、中华民族精神的生动写照，是爱国主义、集体主义、社会主义思想的集中体现，是中国精神、中国价值、中国力量的充分彰显，赓续传承了伟大民族精神和时代精神。全党、全国、全社会都要大力弘扬脱贫攻坚精神，团结一心，英勇奋斗，坚决战胜前进道路上的一切困难和风险，不断夺取坚持和发展中国特色社会主义新的更大的胜利！

（2）思考：阅读资料，概括脱贫攻坚精神的内涵。

（3）小结归纳：脱贫攻坚精神的内涵是：上下同心、尽锐出战、精准务实、开拓创新、攻坚克难、不负人民。

【活动意图说明】了解中国共产党领导中国人民打赢脱贫攻坚战的过程，初步感受脱贫攻坚精神。

环节二：观细节・悟价值

【交流互动】同学们结合小组调查展示“上下同心、尽锐出战、精准务实、开拓创新、攻坚克难、不负人民”的脱贫攻坚精神的体现。

（1）小组 1 展示：“上下同心”的团结精神。

新时代脱贫攻坚实践坚持社会动员、凝聚各方力量，是对中华民族精神的继承，充分弘扬了中国共产党的优良传统。这种团结精神体现在通过抓好中央统筹、省负总责、市县抓落实的工作机制和五级书记抓扶贫的责任机制，有效将脱贫攻坚的顶层设计与贯彻落实结合起来；通过动员和利用东部发达地区人力、物力、财力优势，撬动西部地区发展潜力，有效推动了区域协调发展；扶贫干部积极主动帮助贫困群众寻找脱贫致富路子，贫困群众主动转变观念，想方设法增收致富；通过开展“万企帮万村”活动、推广“中国社会扶贫网”等行动，拓展完善了中国特色社会扶贫体系。正是在这种团结精神引领下，我们实现政府、市场、社会互动和行业扶贫、专项扶贫、社会扶贫联动，形成了广泛参与、合力攻坚的社会动员体系，使得贫困地区发生了天翻地覆的改变。

（2）小组2展示：“尽锐出战”的决胜精神。

在脱贫攻坚战中，把优秀的干部派到第一线开展帮扶工作，选派“精兵”打“硬仗”，是对中国传统文化智慧的运用，也坚持了中国共产党“集中兵力打胜仗”的原则。这种决胜精神体现在坚持党政“一把手”负责制，选优配强扶贫干部，尽锐出战打硬仗，凝心聚力克难关；脱贫攻坚进入冲刺阶段，面对“贫中之贫、困中之困”的“硬骨头”，以更大的决心、更明确的思路、更精准的举措、超常规的力度，确保脱贫攻坚任务如期完成；层层签订责任书、立下“军令状”，以攻城拔寨的拼劲，不获全胜决不收兵。正是在这种决胜精神的引领下，通过集中全党、全国和全社会的精锐力量帮扶深度贫困地区，最终全面打赢脱贫攻坚战，完成了消除绝对贫困的艰巨任务。

（3）小组3展示：“精准务实”的科学精神。

新时代脱贫攻坚实践坚持精准扶贫方略，具体分析致贫的各种原因，做到因地制宜、精准施策，切实起到真扶贫、扶真贫、真脱贫的实效，是对实事求是原则的灵活运用，体现了求真求实的精神和品格。这种科学精神体现在做到“六个精准”，在精准识别扶贫对象的前提下，实现措施到户精准、项目安排精准、资金使用精准、因村派人精准，确保实现脱贫成效精准的目标；通过“五个一批”，针对就业机会少、居住条件恶劣、生态环境脆弱、教育水平落后等不同类型，做到因人因地施策、因贫困类型施策，找准穷根，“靶向”治疗；在“扶持谁”“谁来扶”“怎么扶”和“如何退”的问题上，每一个环节都做到精准，确保脱贫工作务实、脱贫过程扎实、脱贫结果真实；坚持真抓实干、因地制宜，不空喊口号、不好高骛远，在精准施策上出实招、在精准推进上下实功、在精准落地上见实效；通过加强考核监督，严肃问责整改，切实提高了脱贫攻坚工作质量和成效，使其经得起历史、实践和人民的检验。正是在这种科学精神的引领下，我国制定了贫困识别标准和程序，实现了贫困数据精准到村、到户、到人。脱贫攻坚实践既没有降低标准、影响质量，也没有调高标准、“吊高胃口”，稳定实现了贫困人口“两不愁三保障”，改善了贫困地区的基础设施和公共服务，提高了贫困群众收入水平和生活质量。

（4）小组4展示：“开拓创新”的创新精神。

新时代脱贫攻坚勇于推进理论创新、实践创新、制度创新等，这是对创新精神的充分继承和发展。这种创新精神体现在我们党立足我国国情，充分把握减贫规律，继承和发展了马克思主义反贫困理论，形成了中国特色反贫困理论，走出了一条中国特色减贫道路。坚持精准扶贫、精准脱贫，推进扶贫手段、方法创新，探索了包括生态扶贫、资产收益扶贫、电商扶贫、光伏扶贫等在内的扶贫新模式。围绕精准扶贫、精准脱贫，不断创新扶贫体制机制，逐步构建了以责任体系、工作体系、政策体系、投入体系、帮扶体系、社会动员体系、全方位监督体系、考核评估体系等为内容的中国特色脱贫攻坚制度体系。正是在这种创新精神引领下，我国脱贫攻坚取得了巨大成就，在中华民族几千年历史上首次整体消除绝对贫困现象，也极大地缩小了世界贫困人口的“版图”。

（5）小组5展示：“攻坚克难”的担当精神。

新时代脱贫攻坚实践坚持发扬钉钉子精神，“一张蓝图绘到底”，充分彰显了中国共产党人的担当精神。这种担当精神体现在各级党委和政府坚定信心，把脱贫职责扛在肩上，把脱贫任务抓在手上，广大党员干部干在一线、走在前列，在脱贫攻坚战场上冲锋陷阵，带领人民脱贫致富奔小康；面对深度贫困地区难啃的“硬骨头”，广大扶贫干部拿出“敢教日月换新天”的气概，鼓起“不破楼兰终不还”的劲头，攻坚克难，乘势前进；新冠疫情使得脱贫攻坚面临的困难和挑战更加艰巨，中国共产党以锲而不舍的决心和毅力，奋力夺取脱贫攻坚战的全面胜利。正是在这种担当精神引领下，经过8年的持续奋斗，贫困地区的基础设施和公共服务水平大幅提升，经济发展水平明显加快，可持续发展能力不断增强。

（6）小组6展示：“不负人民”的为民精神。

新时代脱贫攻坚实践就是要让老百姓过上好日子，充分彰显了以人民为中心的发展思想。这种为民精神体现在坚持从人民群众最关心、最直接和最现实的利益问题出发，全面提升贫困群众的生活水平；实现“两不愁三保障”，满足人民群众对美好生活的向往，让发展成果更多更公平惠及全体人民；脱贫攻坚成效由人民检验，以人民群众的获得感为脱贫攻坚成效的评判标准。正是在这种为民精神引领下，贫困地区的面貌得到了彻底改变，贫困群众的生产生活条件得到了极大提高，生活质量不断提升。

【思考】是什么力量凝结成了伟大的脱贫攻坚精神？

【小结】中华民族精神：以爱国主义为核心的团结统一、爱好和平、勤劳勇敢、自强不息的伟大民族精神。

【活动意图说明】通过小组调查与分享的形式，引领学生具体了解脱贫攻坚的内涵和表现，思考脱贫攻坚精神形成的凝结力量来自伟大民族精神的传承与发展，增强学生的参与感和学习兴趣，聚焦中国故事，传承中国精神。学生在分组合作学习中既锻炼了合作学习的能力，也能从细节之处了解打赢脱贫攻坚战给中国社会和人民生活带来的巨大影响，从而增强爱国情感。

【探究分享】贫困是人类社会的顽疾。反贫困始终是古今中外治国安邦的一件大事。一部中国史，就是一部中华民族同贫困作斗争的历史。中国共产党从成立之日起就坚持把为中国人民谋幸福、为中华民族谋复兴作为初心使命，团结带领中国人民为创造自己的美好生活进行了长期艰辛奋斗。党的十八大以后，以习近平同志为核心的党中央把脱贫攻坚摆在治国理政的突出位置，把脱贫攻坚作为全面建成小康社会的底线任务，组织实施了人类历史上规模空前、力度最大、惠及人口最多的脱贫攻坚战，党和人民披荆斩棘、栉风沐雨，发扬钉钉子精神，敢于啃硬骨头，攻克了一个又一个贫中之贫、坚中之坚。习近平总书记先后7次主持召开中央扶贫工作座谈会，50多次调研扶贫工作，走遍14个集中连片特困地区，坚持看真贫，坚持了解真扶贫、扶真贫、脱真贫的实际情况，面对面同贫困群众聊家常、算细账，亲身感受脱贫攻坚带来的巨大变化。

2021 年 2 月 25 日，习近平总书记在《全国脱贫攻坚总结表彰大会》上庄严宣告："经过全党全国各族人民共同努力，在迎来中国共产党成立一百周年的重要时刻，我国脱贫攻坚战取得了全面胜利，现行标准下 9899 万农村贫困人口全部脱贫，832 个贫困县全部摘帽，12.8 万个贫困村全部出列，区域性整体贫困得到解决，完成了消除绝对贫困的艰巨任务，创造了又一个彪炳史册的人间奇迹！这是中国人民的伟大光荣，是中国共产党的伟大光荣，是中华民族的伟大光荣！"

【思考】在脱贫攻坚战场上形成的这些精神对当代中国具有怎样的精神价值？

【小结】精神的力量是无穷的，中华民族曾历经无数考验，面临种种灾难，但从没在艰难困苦前退缩过、屈服过、沉沦过，总是百折不挠、知难而进。伟大的民族精神始终是中华民族生生不息、发展壮大的强大精神支柱，是维系我国各族人民世世代代团结奋斗的牢固精神纽带，是激励中华儿女为实现中国梦而奋斗的不竭精神动力。

【活动意图说明】通过探究与分享，引领学生感受以伟大民族精神为引领的脱贫攻坚精神在当代中国的作用与价值，聚焦中国故事，传承中国精神，培养学生全面分析问题的能力。

环节三：析原因·担使命

广大扶贫干部爬过最高的山，走过最险的路，去过最偏远的村寨，住过最穷的人家，哪里有需要，他们就战斗在哪里……

没有哪一个国家能在这么短的时间内实现几亿人脱贫，这个成绩属于中国，也属于世界。为推动构建人类命运共同体贡献了中国力量……

脱贫攻坚的阳光照耀到了每一个角落，无数人的命运因此而改变，无数人的梦想因此而实现，无数人的幸福因此而成就……

党和人民披荆斩棘、栉风沐雨，发扬钉钉子的精神，敢于啃硬骨头，攻克了一个又一个贫中之贫，坚中之坚。脱贫攻坚取得了重大历史性成就。

【思考】结合材料，说说我国取得脱贫攻坚战胜利的原因。

【小结】我国取得脱贫攻坚战胜利的原因是：中国共产党的领导，人民群众的支持，中国特色社会主义道路；党和政府坚持以人民为中心的发展理念；伟大民族精神的引领；等等。

【活动意图说明】学生通过分析我国取得脱贫攻坚胜利的原因，明晰中国共产党的领导是取得胜利的根本，进而引领学生思考在新的伟大征程上应该如何更好地巩固脱贫攻坚成果，继续为实现中华民族伟大复兴梦想贡献力量。

【资料展示】习近平总书记指出："经过全党全国各族人民持续奋斗，我们实现了第一个百年奋斗目标，在中华大地上全面建成了小康社会，历史性地解决了绝对贫困问题。"我国完成了消除绝对贫困的艰巨任务，创造了彪炳史册的人间奇迹。同时也要看到，脱贫摘帽不是终点，而是新生活和新奋斗的起点。在新的征程上，我们要深入贯彻落实党中央决策部署，进一步巩固拓展脱贫攻坚成果，接续推动脱贫地区发展和乡村全面振兴，促进脱贫攻坚与乡村振兴有效衔接，让包括脱贫群众在内的广大人民过上更加美好的生活，朝着逐步实现全体人民共同富裕的目标继续前进。

【思考】结合资料，谈谈青少年还应该在巩固脱贫攻坚成果的道路上做些什么？

【小结】青年承载着国家和民族的未来命运，青年的品格影响着国家未来发展，当代青年要兼具家国情怀、勇于担责、拼搏奋斗，不断提升个人素养，弘扬脱贫攻坚精神，以自己的实际行动参与乡村振兴战略，将个人理想与国家前途命运相结合，巩固脱贫攻坚成果，助力中国梦的实现。

【活动意图说明】学生通过分享活动，明晰当代青年身上的使命与责任，引领学生拥护党的领导，坚定理想信念，致力于传承伟大民族精神，为实现中华民族伟大复兴贡献力量，激发学生的爱国情感、政治认同和责任意识。

七、作业设计

小组展开调查“脱贫攻坚精神与中国共产党人精神谱系”的关系。

参考文献

[1] 燕连福，李晓利，何莉．脱贫攻坚精神的丰富内涵和时代价值[N]．经济日报，2021−04−16（10）．

[2] 伟大壮举——中国脱贫攻坚成就展网上展馆[EB/OL]．[2022−12−10]．http://tpgj.cctv.com.

[3] 习近平．在全国脱贫攻坚总结表彰大会上的讲话[R]．新华社．2021−02−25.

[4] 习近平．高举中国特色社会主义伟大旗帜 为全面建设社会主义现代化国家而团结奋斗——在中国共产党第二十次全国代表大会上的报告[M]．北京：人民出版社，2022.

高中学段：脱贫攻坚　党领导下的伟大胜利

基本信息表					
教师	赵铭琪	学校	北京市第十一中学	学段	高中一年级
教科书版本及章节	统编版《思想政治》必修3《政治与法治》，人民教育出版社，2019年12月第1版				

一、学情分析

（一）教学内容分析

本课时在前两个学段启蒙、打牢思想的基础上，重在提升学生的政治素养、树立家国情怀，能够认同中国特色社会主义的理论、制度、道路、文化，增强自信，增强对坚持中国共产党领导的政治认同，提升深度分析问题的科学精神。为下一学段的理论学习、情感提升、践行担当做好铺垫。依据思想政治必修3《政治与法治》第一单元内容，为本课奠定了理论基础。

通过对话脱贫攻坚，了解我国的精准扶贫政策，进一步体悟共产党人的初心使命和党组织的战斗堡垒作用；明晰在新时代的征程中，脱贫攻坚精神的内涵；通过展望未来，提升政治和道德素养，在青春的使命担当中厚植家国情怀、实现精神升华。

（二）学习者分析

1. 知识基础

新时代高中生都是“10后”，在前期学习的基础上，掌握一定的理论知识，但较为零散，缺乏系统性。

2. 能力基础

学生具备一定的读图能力和材料分析能力，由于高中生的年龄特点与性格特征，一般对于枯燥的理论缺乏足够的兴趣，而相关的实践活动又参与较少。因此，从故事讲起，通过对话的形式展开学习。

3. 发展要求

互联网时代，高中生接触的信息多元，不同看法间存在价值冲突。因此，通过辨析活动引导学生树立正确的“三观”，明晰英雄与凡人的关系，培养家国情怀，增强制度自信，为下一学段的学习奠定思维基础和情感基础。

二、教学目标

通过一系列对话活动，学生了解了我国的精准扶贫政策；感悟中国共产党的坚强领导力、组织力、执行力，以及脱贫攻坚中党员干部无私奉献、舍生忘死的崇高品格，深刻认识到中国共产党是团结带领人民攻坚克难、开拓前进最可靠的领导力量，增强爱党之心；筑牢增强制度自信的思想根基，坚定永远听党话、跟党走的信心和决心，站稳人民立场，练就过硬本领，把个体“小我”的追求融入祖国、人民“大我”的事业之中，与时代同步伐、与人民共命运，更好地实现人生价值、升华人生境界。

三、教学重点与难点

（一）教学重点

学生以对话的视角深刻认识脱贫攻坚精神的内涵，体悟中国共产党领导和社会主义制度的优越性。

（二）教学难点

在学习中增强对共产党员群像的自觉认同，树立马克思主义唯物史观，提升政治和道德素养，勇挑时代重任。

四、教学方法与手段

（1）以对话的形式，通过启发引导开展课题探究，注重活动型课程的实施，以序列化活动设计贯穿教学全过程。

（2）运用脱贫攻坚总结大会等时政内容，凸显时代性、社会性。

五、教学特色

本节课以“脱贫攻坚”为主题，以对话贫困——对话日记——对话精神为主线，从故事到精神，从个人到国家、从历史到现实，把课程内容与历史史实和时代背景相结合，运用脱贫攻坚总结大会等时政内容，凸显时代性、社会性，树立马克思主义唯物史观，增强对中国特色社会主义的认同，厚植家国情怀，提升政治和道德素养；通过对话以及问题探究，充分发挥学生的主体作用，培养学生的归纳分析能力、逻辑推理能力，在公共参与中提高其科学精神、理性思维。总之，通过学习任务的完成落实学科核心素养，达成教学目标。

六、教学活动设计

导入新课：《诗经·大雅·民劳》云：“民亦劳止，汔可小康；惠此中国，以绥四方。”“小康”是中华民族劳动人民几千年来的梦想。中国从2013年开始打响精准扶贫的战役。今天我们对话的主题就是——战贫。（学生读诗感悟“战贫”）

环节一：对话贫困

同学们，你们知道联合国和我国对贫困人口的定义标准是什么吗？你了解我国脱贫之前的贫困面貌吗？

1.展示脱贫前的照片

《孩子，妈妈带你回家》，这幅图片是：一位年轻母亲被巨大的行囊压弯了身躯，她手里的背包眼看着拖在地上，但揽在右臂中的婴孩整洁而温暖……①

【设问】从新华社11年前的这张图片中你读到了什么？

学生读图：贫困的现实、坚韧的眼神、一位母亲的追求与国家的追求一致。

基于此，揭示我国的“战贫”任务，引出精准扶贫。

2013年，党中央提出精准扶贫理念，创新扶贫工作机制。2015年，党中央召开扶贫开发工作会议，提出实现脱贫攻坚目标的总体要求，实行扶持对象、项目安排、资金使用、措施到户、因村派人、脱贫成效“六个精准”，实行发展生产、易地搬迁、生态补偿、发展教育、社会保障兜底“五个一批”，发出打赢脱贫攻坚战的总攻令。2017年，党的十九大把精准脱贫作为三大攻坚战之一进行全面部署，锚定全面建成小康社会目标，聚力攻克深度贫困堡垒，决战决胜脱贫攻坚。

【设问】中国共产党为什么要全力打赢打好脱贫攻坚战？

【归纳】党的初心使命、性质、地位。

国家性质及本质——人民民主特点。

社会主义的本质。

① 中国青年网.孩子，妈妈带你回家.https://baijiahao.baidu.com/s?id=1690627804301886870&wfr=spider&for=pc.

2. 展示脱贫后照片

11 年前那位“感动中国”的“春运母亲”，找到了！

展示脱贫成就数据：① 脱贫攻坚以来中国农村贫困人口变化情况；② 脱贫攻坚以来贫困县数量；③ 贫困地区农村人均可支配农民收入。

【设问】从这些图片中你又读到了什么？

学生回答：中国脱贫攻坚取得伟大成功，人民生活实现巨大转变，人民幸福感与获得感显著提升。

【总结】经过全党全国各族人民的共同努力，在迎来中国共产党成立一百周年的重要时刻，我国脱贫攻坚战取得了全面胜利。现行标准下 9899 万农村贫困人口全部脱贫，832 个贫困县全部摘帽，12.8 万个贫困村全部出列，区域性整体贫困得到解决，完成了消除绝对贫困的艰巨任务。

【活动意图说明】通过对贫困状况的展示，引出精准扶贫政策的提出，引发学生的情感共鸣，增强其对我国方针政策的认同；从现实问题切入，从历史、现实、理论的逻辑认识中国共产党为什么要全力打赢打好脱贫攻坚战；通过鲜明的对比，在寻找解决问题策略的过程中提高学生的公共参与素养。

环节二：对话日记

【过渡】在取得这些成绩背后，党和人民都做出了哪些努力？我们从 300 万驻村第一书记和驻村干部说起。

（1）朗读驻村第一书记《日记》。

3 月 5 日晚，漆黑一片。

昨天聂书记（大兴社区驻村第一书记聂祥瑞）给我看了张照片，是我倒在办公椅上睡觉时他无意间拍到的，那是凌晨三点。说真的，我也不记得自己是怎么睡着的，但总算是把手里头的资料弄好了，尽管躺在椅子上睡，也是轻松的。

其实，不仅是我，社区里每一位同志都是任劳任怨、不分昼夜地在做工作，我们都是心想同一个目标在一同战斗，尤其是在抓春耕生产和疫情防控的关键时刻，我们一刻也不敢放松，两手都要抓，都要抓紧抓好。

脱贫攻坚所取得的成绩不容易，越到紧要关头，越不能松懈，我坚信只要扎实开展工作，带好头，领好路，就一定会按时打赢脱贫攻坚战，让群众生活幸福。

群众的点赞就是给予我的最大支持。作为支部书记，我最大的心愿就是希望群众把我当自家人，愿意和我说心里话，而我一定要当好人民群众心目中的好支书，做好群众的“服务员”。

这是 300 万驻村第一书记中的普通一员，读完这篇《日记》，你有什么感受？如果你代表中学生给他们写一封信，你将怎样写？

学生从不同角度思考国家能实现脱贫的原因，表达真情实感，给驻村党支部书记写一封信。

【总结】党员先锋模范作用，党组织战斗堡垒（党建），党的先进性、方针政策（历程，突出精准扶贫）。

党的地位、性质、宗旨、理念。

政府执行、制度优势。

（2）2021 年 2 月，国家召开“全国脱贫攻坚总结表彰大会”，会场上一位白发的老父亲让全国观众动容。

【展示照片】黄文秀父亲在表彰大会上以及黄文秀的照片。

“她为党的事业做出了贡献，我为她骄傲。”

【总结】在脱贫攻坚斗争中，有 1800 多位同志将生命定格在了脱贫攻坚征程上，生动诠释了共产党人的初心使命。

【设问】伟大来自平凡，没有从天而降的英雄，只有挺身而出的凡人。你怎么看英雄与凡人的关系？

【归纳】英雄与凡人之间是对立统一的关系。

【活动意图说明】通过了解驻村第一书记的工作，深刻感悟脱贫攻坚中党员干部无私奉献、舍生忘死的崇高品格，让学生深刻认识到中国共产党是团结带领人民攻坚克难、开拓前进最可靠的领导力量，增强其爱党之心；通过辨析英雄与凡人的关系，增强学生的科学精神，并站稳人民立场，练就过硬本领，把个体的“小我”融入祖国人民的“大我”之中，与时代同步伐、与人民共命运，更好地实现人生价值、升华人生境界。

环节三：对话精神

【过渡】2021 年 2 月 25 日，世界上人口最多的国家宣告消除绝对贫困，这意味着中华民族告别千百年来缺吃少穿的梦魇。党的十八大以来，中国组织实施了人类历史上规模最大、力度最强、惠及人口最多的脱贫攻坚战，创造了一个彪炳史册的人间奇迹。

伟大事业孕育伟大精神，伟大精神引领伟大事业。脱贫攻坚伟大斗争锻造了伟大的脱贫攻坚精神——“上下同心、尽锐出战、精准务实、开拓创新、攻坚克难、不负人民”。

【设问】你如何理解脱贫攻坚精神？结合自己的学习生活，谈谈你怎样践行脱贫攻坚精神？

【交流共享】伟大事业的取得靠的是什么？这种精神是什么？今天如何传承？

【总结】坚定理想信念、解放思想、实事求是、与时俱进、求真务实。

【升华】在 21 世纪中叶，新中国成立 100 周年时，要把我国建设成为富强、民主、文明、和谐、美丽的社会主义现代化强国，实现中华民族伟大复兴，是一场接力跑，我们要一棒接着一棒跑下去，每一代人都要为下一代人跑出一个好成绩。

要有对马克思主义的信仰、对中国特色社会主义的信念、对中华民族伟大复兴中国梦的信心，这是支撑中国人民站起来、富起来、强起来的强大精神动力。

今天，脱贫摘帽不是终点，而是新生活、新奋斗的起点。扶贫任重而道远，扶贫后的乡村治理是需要我们共同关心和努力的。你们什么样，祖国的未来就什么样！

【活动意图说明】使学生从故事到精神，从个人到国家，从历史到现实等，结合自身实际，深刻理解脱贫攻坚精神，理解感悟党的先进性，增强对党领导下的社会主义制度的认同与自信，能够系统分析、综合把握，提升政治和道德素养，树立爱国情、强国志、报国情的家国情怀。

七、作业设计

从今开始，我们将迎接下一个百年——新中国成立一百年。2050 年，中国会是什么样子？你会是什么样子？请以“祖国和我”为主题写一篇《演讲词》，给未来的祖国画像，为将来的自己喝彩。

参考文献

[1] 习近平 . 在全国脱贫攻坚总结表彰大会上的讲话 [N]. 人民日报，2021-02-06（2）.

[2] 人民日报评论员 . 坚决夺取脱贫攻坚战全面胜利——论学习贯彻习近平总书记在决战决胜脱贫攻坚座谈会上重要讲话 [N]. 人民日报，2020-03-08（1）.

大学学段：践行脱贫攻坚精神　增强四个自信

基本信息表					
教师	李永华	学校	北京工业大学	学段	本科一年级
课程	思想道德与法治				
教科书版本及章节	《思想道德与法治》（2023 年版），高等教育出版社；第三章第一节 中国精神是兴国强国之魂				

一、学情分析

（一）教学内容分析

脱贫攻坚精神是高校思想政治理论课的重要问题，在《思想道德与法治》这门课中，脱贫攻坚精神是中国精神的一部分，本专题拟定为“践行脱贫攻坚精神　增强四个自信”，希望通过这一专题的学习，坚定大学生的理想信念，增强社会责任感，积极投身于新时代中国特色社会主义建设的伟业之中，在实践中脚踏实地服务人民、创造价值。

在教学活动设计中，需要讲清楚三个问题：第一，脱贫攻坚精神如何彰显百年大党的初心使命，引导学生提升其政治认同，坚定政治信仰；第二，脱贫攻坚精神中蕴含的执政为民、团结进取、脚踏实地、不怕困难、勇于担当的价值内涵，引导学生从中汲取精神力量；第三，在实践中如何弘扬和践行脱贫攻坚精神。

（1）脱贫攻坚彰显了中国共产党的初心使命。

这一部分从观看脱贫攻坚英雄楷模的故事导入，梳理党的十八大以来党中央的脱贫攻坚政策及取得的成就，让学生直观感受中国共产党为中国人民谋幸福、为中华民族谋复兴所做的努力与坚持，引导学生理解只有中国共产党才能带领中国人民摆脱千年贫困。

（2）脱贫攻坚精神的价值内涵。

脱贫攻坚精神是在脱贫攻坚的伟大斗争实践中形成的，虽然我们的学生大多没有直接参与这场伟大战争，但脱贫攻坚精神对他们的成长和发展以及未来承担时代重任都具有重要的意义。因此，在教学活动设计中，不能仅限于他们知道这24个字的内容，还要引导他们更深入理解这一精神，分析其中的价值意蕴。例如：坚持党的领导，听党话、跟党走；以人民为中心、为人民服务；勇于创新、不怕困难、务实担当、拼搏奋斗等。

（3）大学生在实践中如何弘扬和践行脱贫攻坚精神？

学习脱贫攻坚精神，关键在于如何弘扬和践行，当代大学生承担着民族复兴的时代使命，要用实际行动展示出这一精神的青春风采。

① 树立正确的政治方向和远大的人生志向，坚定“四个自信”。

② 积极投身社会实践，在解决实际问题过程中增强才干。

③ 与人民同在，在为人民群众服务过程中实现人生价值。

④ 不怕困难，勇于拼搏。

⑤ 掌握本领，开拓创新。

（二）学习者分析

1. 知识基础

经历中小学阶段的学习，当代大学生对于中国共产党带领人民群众摆脱贫困奔小康的历史、党的十八大以来精准扶贫精准脱贫的实践活动、脱贫攻坚精神的基本内涵都有了相对清晰的认识和理解，为大学阶段的学习提供了一定的情感、思想和知识基础。

2. 能力基础

大一学生的年龄大致为十八九岁，具有相对成熟的抽象逻辑能力和理性思维能力，并且他们是在互联网环境中成长起来的，获取信息和资讯的能力较强。在知识信息方面具有明确的自信，在观点陈述、意见表达、论证抗辩能力方面大多都表现出敢说、能说，具备一定的批判精神和反思能力。但这个年龄的大学生，大多数都没有充分的生活实践经验，网络信息的碎片化与导向性又易于对其产生影响，使得他们易于产生思想困惑。

3. 在教学活动设计中，应把握以下三个方面

第一，在教学内容设计上，注重与中小学阶段的衔接与递进，凝练出明确的问题，引导学生理解为什么只有中国共产党才能带领中国人民摆脱千年贫困，提升学生的政治认同、坚定政治信仰和理想信念，厚植人民情怀，在实践中精准务实、开拓创新，努力提升攻坚克难的本领。第二，要直面学生的思想困惑，积极回应学生提出的问题。第三，综合运用多种教学方法与资源，线上与线下相结合，课堂理论讲授与课外实践活动相结合。

二、教学目标

1. 认知目标

通过教学，引导大学生认识脱贫攻坚取得的重大成果，全面理解脱贫攻坚精神的丰富内涵，领悟脱贫攻坚的思想实质。

2. 能力目标

培养大学生的系统思维能力，从政治和历史的角度理解为什么只有中国共产党才能带

领人民群众摆脱千年贫困；培养大学生的问题意识，要全面思考和理解脱贫攻坚精神，而不是泛泛知道即可；提升大学生的积极践行脱贫攻坚精神的意识与能力。

3. 情感与价值目标

增强“四个自信”，理解脱贫攻坚精神所蕴含的中国精神、中国价值和中国力量，引导大学生厚植人民情怀，坚定理想信念，在实践中勇于克服困难、积极应对挑战，在奋斗中不断创造价值、服务人民。

三、教学重点与难点

（一）教学重点

本专题围绕“学习脱贫攻坚精神，做有担当的时代新人”这一主题，引导学生深刻认识脱贫攻坚精神体现出的中国共产党的初心使命，深入理解脱贫攻坚精神的价值内涵与社会意义，并结合新时代大学生这一身份，在实践中将精神力量转化行动，积极投身于新时代中国特色社会主义建设的伟业之中。

（二）教学难点

（1）第二部分讲到脱贫攻坚精神的价值内涵时，首先需要对这一精神所包含的“执政为民”这一核心价值进行分析；其次，需要就这24个字的内容逐条阐释，让学生真正理解这一精神内容。

（2）第三部分涉及践行脱贫攻坚精神，要指出知行脱节的问题，破解学生学习和践行新时代各种精神的误区，强调在学习和生活实践中，各种精神力量的应用。

四、教学方法与手段

（1）问题式教学，采用教师讲授、启发式提问、课堂讨论相结合的教学方法。

（2）运用PPT、微视频等多媒体教学形式与资源，辅之以日新学堂、课程微信群，开展课堂教学与课下分享相结合的教学模式。

五、教学活动设计

【课程导入】观看习近平总书记《在全国脱贫攻坚总结表彰大会上的讲话》视频片段：我国脱贫攻坚战取得了全面胜利，现行标准下9899万农村贫困人口全部脱贫，832个贫困县全部摘帽，12.8万个贫困村全部出列，区域性整体贫困得到解决，完成了消除绝对贫困的艰巨任务。

提出第一个课堂互动问题：中国共产党为什么要带领中国人民打这场脱贫攻坚战？组织同学发言，总结结论：脱贫攻坚战彰显了中国共产党的初心使命。引出第一部分内容。

【教学意图】通过视频材料引导学生进入学习状态，通过提出问题引导学生思考，带着问题进入专题学习。

【教学用时】5分钟。

第一部分　脱贫攻坚战彰显了中国共产党的初心使命

观看脱贫攻坚英雄楷模的故事，梳理党的十八大以来党中央领导脱贫攻坚取得的成就。

伟大事业孕育伟大精神，通过对这场伟大战争的梳理，引导学生认识脱贫攻坚精神的形成过程与中国共产党带领中国人民摆脱贫困、追求美好生活的初心使命。

这部分提出第二个课堂互动问题：为什么只有中国共产党才能带领中国人民摆脱千年贫困？

组织同学发言后，从以下三个方面进行总结。

第一，中国共产党始终坚持以人民为中心的发展思想。

习近平总书记《在庆祝中国共产党成立100周年大会上的讲话》中，“人民”一词出现86次。“人民是历史的创造者，是真正的英雄。”“江山就是人民、人民就是江山，打江山、守江山，守的是人民的心。中国共产党根基在人民、血脉在人民、力量在人民。”习近平总书记的话语，生动诠释了中国共产党“以人民为中心”的本质属性，再一次向世界宣示：“人民”是中国共产党的“根”和“魂”。

中国共产党从成立之日始，就“与人民同呼吸、共命运、心连心，永远把人民对美好生活的向往作为奋斗目标”。在革命和建设的整个过程中，始终以人民的需求为导向，让人民群众有实实在在的获得感；把人民放在心中最高的位置，针对人民最关心、最直接、最现实的利益问题，不断保障和改善民生，促进社会公平正义，让人民获得更多的自由和平等权利。新时代，脱贫攻坚战彰显了中国共产党以人民为中心的发展思想。

第二，中国共产党自成立以来就带领广大人民群众开始了反贫困的征程。

贫困是困扰中华民族几千年的难题，中国共产党从成立以来就带领人民群众踏上了反贫困的征程。

新民主主义革命时期，党团结带领广大农民“打土豪、分田地”，实行“耕者有其田”，帮助穷苦人翻身得解放，赢得了最广大人民广泛支持和拥护，夺取了中国革命的胜利，建立了新中国，为摆脱贫困创造了根本政治条件。新中国成立后，党团结带领人民完成社会主义革命，确立社会主义基本制度，推进社会主义建设，组织人民自力更生、发愤图强、重整山河，为摆脱贫困、改善人民生活打下了坚实基础。改革开放以来，党团结带领人民实施了大规模、有计划、有组织的扶贫开发，着力解放和发展社会生产力，着力保障和改善民生，取得了前所未有的伟大成就。

第三，党的十八大以来，党中央把脱贫攻坚摆在治国理政的突出位置，组织开展了声势浩大的脱贫攻坚人民战争。

（1）出台一系列脱贫攻坚的政策。

2012年年底，党中央突出强调，“小康不小康，关键看老乡，关键在贫困的老乡能不能脱贫”，承诺“决不能落下一个贫困地区、一个贫困群众”，拉开了新时代脱贫攻坚的序幕。

2013年，党中央提出“精准扶贫”理念，创新扶贫工作机制。

2015年，党中央召开扶贫开发工作会议，提出实现脱贫攻坚目标的总体要求，实行扶持对象、项目安排、资金使用、措施到户、因村派人、脱贫成效“六个精准”，实行发展生产、易地搬迁、生态补偿、发展教育、社会保障兜底“五个一批”，发出打赢脱贫攻坚战的总攻令。

2017年，党的十九大把“精准脱贫”作为三大攻坚战之一进行全面部署，锚定全面建成小康社会目标，聚力攻克深度贫困堡垒，决战决胜脱贫攻坚。

2020年，为有力应对新冠疫情和特大洪涝灾情带来的影响，党中央要求全党全国以更大的决心、更强的力度，做好“加试题”、打好收官战，信心百倍向着脱贫攻坚的最后胜利进军。

（2）广泛动员全党、全国各族人民以及社会各方面力量共同向贫困宣战，举国同心，合力攻坚，党政军民学劲往一处使，东西南北中拧成一股绳。

2020年年底，全国累计选派25.5万个驻村工作队、300多万名第一书记和驻村干部，同近200万名乡镇干部和数百万村干部一道奋战在扶贫一线，其中，有1800多位同志献出了宝贵生命。

在脱贫攻坚的各个战场上，无数党员干部和先模人物以生命赴使命，舍小家为大家，将心血和汗水洒遍千山万水、千家万户。

（3）坚持精准扶贫方略，用发展的办法消除贫困根源。

对扶贫对象实行精细化管理、对扶贫资源实行精确化配置、对扶贫对象实行精准化扶持，建立了全国建档立卡信息系统，确保扶贫资源真正用在扶贫对象上、真正用在贫困地区。

实现由“输血式”扶贫向“造血式”帮扶转变，让发展成为消除贫困最有效的办法、创造幸福生活最稳定的途径。

扭住“教育”这个脱贫致富的根本之策，强调“再穷不能穷教育、再穷不能穷孩子，不让孩子输在起跑线上”，努力让每个孩子都有人生出彩的机会，尽力阻断贫困代际传递。

为人民谋幸福、为民族谋复兴，让人民消除贫困、过上美好生活、实现共同富裕，是中国共产党百年来承前启后、接续奋斗的神圣使命和坚定行动。脱贫攻坚战彰显了中国共产党的初心使命。

【教学意图】伟大的脱贫攻坚战是脱贫攻坚精神形成的实践基础。经历中小学阶段的学习，学生对脱贫攻坚战已经有了一定的认识，本部分内容重点在于引导学生理解在这场伟大的战争中，中国共产党的地位和作用，增强学生的政治认同感和“四个自信”。

【教学用时】15分钟。

第二部分 脱贫攻坚精神的价值内涵

习近平总书记《在全国脱贫攻坚总结表彰大会上的讲话》中提出了“脱贫攻坚精神”。“伟大事业孕育伟大精神，伟大精神引领伟大事业。脱贫攻坚伟大斗争，锻造形成了‘上下同心、尽锐出战、精准务实、开拓创新、攻坚克难、不负人民’的脱贫攻坚精神。脱贫攻坚精神，是中国共产党性质宗旨、中国人民意志品质、中华民族精神的生动写照，是爱国主义、集体主义、社会主义思想的集中体现，是中国精神、中国价值、中国力量的充分彰显，赓续传承了伟大民族精神和时代精神。”

考查学生对“脱贫攻坚精神”内容的掌握情况，进而提出第三个课堂互动问题：学习脱贫攻坚精神，我们要学什么？

组织同学讨论发言后，逐条解释这 24 个字内容所包含的精神品质。

（1）上下一心、尽锐出战。坚持党的集中统一领导，广泛动员和凝聚各方面力量，调动全社会的积极性，构筑强大合力，选派大批精锐力量前往基层，直面脱贫难题。发挥出了中国特色社会主义制度集中力量办大事的政治优势，体现出了中国共产党人的凝魂聚气、团结进取的精神品质。

（2）精准务实、开拓创新。坚持精准扶贫战略，强调脱贫攻坚贵在精准、重在精准，对扶贫对象精细化管理、对扶贫资源精确化配置、对扶贫对象精准化扶持；坚持开发式扶贫方针，把发展作为解决贫困的根本途径，改善发展条件、增强发展能力，实现由“输血式”扶贫向“造血式”帮扶转变。不搞面子工程、不打花拳绣腿，扶贫政策落实到位，开拓创新，激发群众内生动力，展现出了脚踏实地、勇于创新的精神品质。

（3）攻坚克难、不负人民。全面建成小康社会，一个也不能少。党的十八大以来，平均每年有 1000 多万人脱贫，相当于一个中等国家的人口脱贫。贫困人口收入水平显著提高，全部实现“两不愁三保障”，即脱贫群众不愁吃、不愁穿，义务教育、基本医疗、住房安全有保障，饮水安全也都有了保障。2000 多万贫困患者得到分类救治，曾经被病魔困扰的家庭挺起了生活的脊梁。近 2000 万贫困群众享受低保和特困救助供养，2400 多万困难和重度残疾人拿到了生活和护理补贴。110 多万贫困群众当上护林员，守护绿水青山，换来了金山银山。

脱贫攻坚精神包含着不畏艰难、始终以人民为中心的奋斗与担当精神。

脱贫攻坚精神是中国共产党性质宗旨、中国人民意志品质、中华民族精神的生动写照，是爱国主义、集体主义、社会主义思想的集中体现，是中国精神、中国价值、中国力量的充分彰显，赓续传承了伟大民族精神和时代精神。

脱贫攻坚精神体现了中国共产党坚持初心使命、执政为民的决心和中国特色社会主义制度的优越性，是马克思主义反贫困理论中国化的最新成果，体现着中国智慧和中国力量，为全球减贫事业提供了样本；投入脱贫攻坚战中的全体党员都彰显了为人民服务的情怀与决心，他们直面困难、精准务实、开拓创新、攻坚克难，最终取得战役的胜利。

【教学意图】本部分重点在于通过对脱贫攻坚精神的内容的分析，引导学生理解这一精神所包含的价值内涵和品质要求，引导学生明确学习和弘扬这一精神的着力点。

【教学用时】12 分钟。

第三部分　大学生在实践中如何弘扬和践行脱贫攻坚精神

关于脱贫攻坚精神的学习，重在弘扬与践行。通过课堂理论学习，在知识层面上，学生大多掌握得比较好，但在实践中如何发挥出精神力量，这是需要破解的重要问题。本部分从三个方面引导学生思考。

第一，脱贫攻坚战的胜利证明了中国共产党卓越的治国理政能力与中国制度、中国道路的正确，从这个方面来说，大学生应该更加拥护党的领导，听党话、跟党走，坚定“四个自信”，增强对实现中华民族伟大复兴的信心，把个人理想追求融入党和国家的事业之中。

第二，实干兴邦、空谈误国。脱贫攻坚战的胜利依靠的是广大党员干部带领人民群众积极投身于解决实际问题的实践中，脚踏实地、求真务实、埋头苦干。这要求大学生在学习过程中，要理论联系实际，积极投身于社会实践，在解决现实问题的过程中不怕困难、开拓创新、增强才干。

第三，人民群众是历史的创造者，为人民服务是中国共产党的宗旨，也是脱贫攻坚精神的核心内容，这要求大学生要与人民同在，走与人民群众相结合的道路，在为人民群众服务的过程中书写绚烂无悔的青春篇章。

【教学意图】知行脱节是脱贫攻坚精神学习过程中的重要问题，在授课过程中，首先指出这一问题，进而引导学生将脱贫攻坚精神品质与自己的学习成长联系起来，在实践中发挥出激励力量。

【教学用时】8分钟。

第四部分　内容小结

脱贫攻坚战是一场伟大的战争，中国共产党带领人民群众摆脱贫困、建设小康社会，追求美好生活，完成了消除绝对贫困的艰巨任务，创造了彪炳史册的人间奇迹。大学生是这场战争的亲历者、见证者和受益人，我们在感叹这一伟业的同时，也应该坚定跟党走的信心与决心，在中国特色社会主义新时代，坚定“四个自信”，树立远大理想，积极投身于社会主义建设的伟业之中，与人民群众同行，做一个积极进取、开拓创新、不怕困难、勇于担当的时代新人。

通过本专题的学习，希望学生加深对脱贫攻坚精神的理解，增强“四个自信”，坚定政治立场，树立远大理想，积极务实，科学发展，在实践中弘扬和践行这一精神。

【教学用时】5分钟。

六、课后作业

请同学结合本节课内容，思考在脱贫攻坚精神的学习过程中，如何突破“知行分离”的“瓶颈”。

参考文献

[1] 习近平．高举中国特色社会主义伟大旗帜 为全面建设社会主义现代化国家而团结奋斗——在中国共产党第二十次全国代表大会上的报告[M]. 北京：人民出版社，2022.

[2] 习近平．在全国脱贫攻坚总结表彰大会上的讲话[M]. 北京：人民出版社，2021.

[3] 习近平．在庆祝中国共产党成立100周年大会上的讲话[M]. 北京：人民出版社，2021.

专题十三　科学家精神

一体化教学设计说明

一、教学内容简介

2020年，习近平总书记在科学家座谈会上指出："新中国成立以来，广大科技工作者在祖国大地上树立起一座座科技创新的丰碑，也铸就了独特的精神气质。"根据2019年中共中央办公厅、国务院办公厅印发的《关于进一步弘扬科学家精神加强作风和学风建设的意见》，"科学家精神"的主要内容包括：胸怀祖国、服务人民的爱国精神；勇攀高峰、敢为人先的创新精神；追求真理、严谨治学的求实精神；淡泊名利、潜心研究的奉献精神；集智攻关、团结协作的协同精神；甘为人梯、奖掖后学的育人精神。我国科技事业取得的历史性成就离不开一代又一代矢志报国的科学家前赴后继的接续奋斗。科学家精神是科学家们在长期实践中积累的宝贵精神财富，也是中国共产党人精神谱系的重要组成部分。习近平总书记在中国人民大学考察时曾强调："为谁培养人、培养什么人、怎样培养人"始终是教育的根本问题。本专题将结合大、中、小各学段特点，围绕"科学家精神"进行教学内容和教学环节的一体化设计，就青少年思想政治教育的接续性和针对性两方向加强推进。

二、一体化教学目标与思路

（一）一体化教学目标

科学家精神自中华人民共和国成立以来，便长久激励着一代又一代学界为之倾注智慧和创造，为中华民族走向现代化的重要阶段提供了强大助力。新时代将"科学家精神"融入大、中、小教育一体化之中，是培养创新型人才的需要，也是传承和弘扬科学家精神的重要路径。本专题围绕"科学家精神"这一重要学习专题，在小学、初中、高中、大学四个学段，在教学目标、教学内容、教学方法、课程资源、实践环节等方面分别依据本学段课标要求、教材和学生实际，重点讲清楚"科学家精神"的科学内涵、理论支撑、重要意义和实践路径等问题。将其以更好的内容结构融入大、中、小的课堂中，一定能够浸润莘莘学子的心灵，引导他们奋发图强，进而造就出蓬勃向上的人才梯队，一同向着民族复兴的伟大目标加速前进。

（二）一体化教学思路

根据不同阶段学生的身心发展规律，以及不同阶段的教育目标和重点，可以将“科学家精神”内容分为不同层面，教师应有所侧重地选择不同层面的内容进行教育，但这并不是意味着在大、中、小各阶段只是针对某一层面的内容进行教育，而更多的是强调将这一层面的内容作为教育的重点，并着重突出开展，其他层面也要有所涉及，进而在小学、初中、高中和大学的不同学习阶段之间，形成一种循序渐进、螺旋上升、渐次递进、纵向衔接的育人体系。

◆ 小学学段：科学家精神教育在小学阶段应着重树立科学家形象，以“爱国精神”和“奉献精神”这一层面为主要内容，其他层面的内容只需适度启蒙。处于小学阶段的学生，思维正在由具体向抽象过渡，但仍带有很强的情境性，容易受具体事物、具体情景的支配。因儿童未能形成道德信念，其行为又常常受到外部的、具体的情境影响，模仿性、协调性是小学道德学习和内化的特点，也是品质培养的重要途径。这一阶段的科学家精神教育应着重通过图片、视频、情境感受等比较直观的方式展现科学家形象，使小学生对科学家产生敬佩和崇拜，激起他们对科学的兴趣，对成为一名科学家产生向往。同时，小学阶段正是学生“三观”形成的初始时期，对他们以后思想发展方向具有至关重要的影响，结合这一阶段思想政治教育的目标，科学家精神教育应着重体现爱国精神和奉献精神，使学生形成热爱祖国、助人为乐等良好的品德。

◆ 初中学段：这一阶段的成长之于学子而言，处于少年成长为青年的过渡时期，更是价值认同形成的重要时段。科学家精神教育在中学阶段应着重培养学生的理性思维能力，以求实精神这一层面为主要内容——通过科学家严谨治学、不断追求真理的实例，让他们感受到扎实理论功底、严谨求学态度对成为一名科学家的重要性。同时，结合中学生抽象思维逐渐发展成熟的特征，以及中学阶段思想政治教育的目标，可以将科学家精神教育与民族百年复兴的历史结合起来，让他们以更加宏大的历史视野学习科学家精神，并将主要的热情和精力投放于具体知识的掌握之中。

◆ 高中学段：皮亚杰认知发展理论认为，中学阶段的学生思维发展已经进入形式运算思维阶段，以抽象逻辑思维为主，对抽象问题的理解不太依赖具体情境的协助，思维发展已经较为成熟。中学阶段是学生打好理论基础的重要阶段，他们开始逐渐进一步学习物理、化学，接触科学的深度与日俱增。高中阶段的学习任务还有一个不容忽视的现实问题是要进行进入高等院校继续深造的选拔考试，因而将科学家精神的教育衔接于探索兴趣的培养乃至人生前景的规划至关重要。因此，在初中阶段，要着力启发引导求实精神的基础上，对学子进行科学家精神内涵中创新精神的解读和强调，也有助于其自主思考未来专业方向的规划，从而将精神动力转化为学习劲头，并助力于高等教育开始前价值观另一重要形成时段的成长。

◆ 大学学段：科学家精神教育在大学阶段应着重引导学生将理论落实到实践，投身于实现中华民族伟大复兴的实践中去，以创新精神、协同精神和育人精神这一层面为主要内容。大学生的知识结构日益完善，接触到的思想文化更加多元，思维的批判性和辩证性更强，思维的深度、广度不断延伸，相较于中小学阶段不断进行理论输入，这一阶段的学生更多的是将理论应用于实践，更多的是考验学生的动手能力和应用能力。大学生除了进行专业课的学习之外，还会参与导师的课题研究和各种技能比赛，这些实践不断地考验着他们的创新能力和合作意识。这一阶段的科学家精神教育应更加突出团队协作、甘作致力提携后学的“铺路石”的重要性，在通过课堂使大学生掌握科学思辨方法的同时，更多的是通过实践体验使他们对科学家精神感同身受，形成对科学价值的追求。同时，要将科学家精神教育与我们的党情和国情结合起来，使大学生意识到自己作为新时代的青年，肩负着科技创新和民族复兴的重任，引导其做好久久为功、敬业乐群的心理建设。

三、一体化教育结构图

讲故事：知事懂事	**讲现实：通情达理**	**讲道理：明理行道**	**讲学理：增信力行**
内容侧重： 科学家的气质形象	内容侧重： 科学家的行事风格	内容侧重： 科学家的专业造诣	内容侧重： 科学家的矢志不渝

小学学段：走近科学家生活　点亮成长梦想

基本信息表					
教师	唐新露	学校	北京市第十一中学附属定安里小学	学段	小学三年级
教科书版本及章节	《习近平新时代中国特色社会主义思想学生读本》（小学低年级），人民教育出版社；三年级第 4 讲 我们的中国梦，第 2 课 伟大的中国梦				

一、学情分析

（一）教学内容分析

党的二十大报告提出："弘扬以伟大建党精神为源头的中国共产党人精神谱系，用好红色资源，深入开展社会主义核心价值观宣传教育，深化爱国主义、集体主义、社会主义教育，着力培养担当民族复兴大任的时代新人。"在中国共产党百年伟大征程中，党始终高度重视科技事业发展与知识分子工作。一代又一代科技工作者经历了科学救国、科研报国、科教兴国、科技强国的非凡旅程，为促进科学技术进步、经济社会发展与人民生活改善做出了不可磨灭的贡献，在长期的科学实践中积累了宝贵的精神财富，铸就了独特的科学家精神。中国梦是习近平新时代中国特色社会主义思想的重要内容，本课结合典型事例，了解伟大中国梦的内涵与实质，体会中国梦的丰富外延，凝聚一代又一代、各行各业人的梦想。

在革命、建设、改革等不同历史时期，广大科学家将自身爱国之情、报国之志融入国家经济社会发展全局，为中国科技事业发展贡献科学智慧和力量，凝聚起了以科学救国、科研报国、科技强国为时代主题的丰富厚重的红色资源。以教材中袁隆平、屠呦呦、钱学森等科学家故事为例，帮助学生了解科学家故事，感受科学家精神。理解在中华民族伟大复兴的征程上，一代又一代科学家心系祖国和人民，不畏艰难，无私奉献，为科学技术进步、人民生活改善、中华民族发展做出了重大贡献。新时代更需要继承发扬以国家民族命运为己任的爱国主义精神，更需要继续发扬以爱国主义为底色的科学家精神，科学家精神点亮着中华民族伟大复兴的中国梦。

（二）学习者分析

1. 知识基础

三年级的学生乐于动脑，有着自己的兴趣爱好，通过社会大课堂、学校德育教育等途径，大部分同学知道我国著名的科学家以及科学家的故事。

2. 能力基础

学生初步具有资料收集能力，可以利用访谈、上网查阅资料、查阅书本等方法进行资料收集，大部分学生具备流利分享的能力。

3. 学生兴趣与发展要求

结合学生年龄特点和认知水平，他们能够明确说出自己喜爱的科学家，但不容易把祖国的发展与科学家精神以及自己的奋斗目标结合起来。在小学阶段，以故事启蒙，着重树立科学家形象，将科学家的爱国、奉献等精神作为课程重点。

二、教学目标

（1）通过小组合作学习、分享，初步感受故事中蕴含的科学家精神。

（2）通过学习科学家精神，激发对科学家精神的认同感和崇敬之情。

（3）激发学生从小热爱祖国、热爱学习，长大报效祖国的爱国之情与责任意识。

三、教学重点与难点

（一）教学重点

体会科学家精神，激发对科学家精神的认同感和崇敬之情。

（二）教学难点

激发学生从小热爱祖国、热爱学习，长大报效祖国的爱国之情与责任意识。

四、教学方法与手段

利用讲授、自主探究、分享交流等方法进行教学，通过 PPT、板书、视频、图片等形式丰富的课堂活动。

五、教学特色

（1）贴近小学生的真实生活，通过故事启蒙，创设情境，以激发学生的学习兴趣。

（2）运用图片、视频资料，让学生直观感受，提升学生认知理解的感受度。

（3）通过师生互动、生生互动等讨论活动，引导学生自主探究和分析问题。

（4）课后延伸活动，做到知行合一。通过多角度、分层次的学习，帮助学生走进科学家的精神世界，学习和践行科学家精神，点燃新时代青少年的理想之灯、信念之光、科学之火种。

六、教学活动设计

环节一：导入新课

出示图片：请同学们看一下《2022 年对北京中小学生偶像情况的调查》，调查结果显示，科学家是北京中小学生的“第一偶像”，其中，袁隆平爷爷是排名第一的“科学家偶像”。他是中国杂交水稻事业的开创者，始终在农业科研第一线辛勤耕耘、不懈探索。

教师提问：同学们有崇拜的科学家吗？

预设学生发言：屠呦呦、邓稼先、南仁东……

小结：为什么大家崇拜他们？他们身上有着哪些精神？今天我们一起走进科学家的故事，探寻科学家精神。（板书：科学家精神）

【活动意图说明】通过调查，揭示学习主题，激趣导入。

环节二：走进科学家故事，感悟科学家精神

讲解：课前同学查阅了几位科学家的资料，请你结合课本第 36 页和第 37 页内容，与同学分享交流他们的故事。

分享：小组结合资料进行组内分享。

【人物一】钱学森

学生提问：这是我在网络上查找到的一张儿童画，你们看出他是谁了吗？

回答：他就是中国航天事业的奠基人——钱学森爷爷。

分享：关于钱学森的回国故事。

钱学森的回国故事

新中国第一代科学家大多在民族危难之际负笈海外，但他们始终心系祖国、情牵故土。在新中国成立前后，他们毅然放弃海外的高薪待遇，冲破各种艰难险阻，选择回国服务，以实际行动生动诠释了爱国、报国之心。

“我的事业在中国，我的成就在中国，我的归宿在中国。”这是“中国航天之父”“中国导弹之父”钱学森毕生兑现的誓言。

“中国近代力学之父”钱伟长说：“祖国和人民的忧就是我的忧，祖国和人民的乐就是我的乐。”

“中国原子弹之父”钱三强表示：“祖国再穷，是自己的；而且正因她贫穷落后，更需要我们去努力改变她的面貌。”

教师提问：以钱学森爷爷为代表的新中国第一代科学家，为什么放弃海外的优厚待遇，毅然决然选择回到祖国呢？

预设回答：因为钱学森爷爷等科学家非常爱祖国，无论给他们多优厚的待遇，他们也要回国。

讲解：他们怀揣一颗爱国心，对他们来说，为祖国努力奋斗是崇高使命，也是神圣职责。科学无国界，科学家有祖国。这就是胸怀祖国、服务人民的爱国精神。（板书：爱国）

分享：同学继续分享。

【人物二】屠呦呦

同学提问：大家看，这是一枚奖章，她是第一位获得诺贝尔奖的中国本土科学家。她是谁呢？

小结：屠呦呦奶奶因发现青蒿素，2015 年获得诺贝尔生理学或医学奖。

分享：我们为大家介绍屠呦呦奶奶的事迹。

屠呦呦与青蒿素的故事

诺贝尔奖得主屠呦呦，为研发抗疟新药，对 200 多种中药的 380 多个提取物筛选，并经过 190 多次实验失败，最终才成功得到了青蒿中性提取物“191 号样品”。为了加速研发进度并保证患者用药安全，她不顾安危、亲自试服青蒿提取

物。屠呦呦奶奶也代表了广大科技工作者“板凳甘坐十年冷”，以“数十年磨一剑”的毅力，钻研一个领域，创造出了许多石破天惊的科技成就。

【人物三】袁隆平

学生提问：他有一个梦想“禾下乘凉梦”，他是谁？

小结：他就是被誉为“杂交水稻之父”的“共和国勋章”获得者——袁隆平爷爷。

分享：分享袁隆平爷爷的故事。

袁隆平的故事

袁隆平从20世纪60年代开始研究杂交水稻。他亲历过饥馑岁月而选择了农业报国，并为此几乎奉献了自己的一切。袁隆平最终创建了超级杂交稻技术体系，为解决中国14多亿人口吃饭问题做出了突出贡献，成功实现了“将饭碗掌握在中国人自己手里”；同时他也为人类运用科技手段战胜饥饿，带来绿色的希望和金色的收获。“禾下乘凉梦，一稻一人生。”这就是袁隆平爷爷一生的追求。

教师提问：屠呦呦奶奶和袁隆平爷爷都是我们熟悉的科学家，他们身上有什么品质值得我们学习，令我们敬佩呢？

小结：以屠呦呦奶奶、袁隆平爷爷为代表的科学家，他们默默耕耘，不怕困难，勇于尝试，在失败中汲取经验。这种追求真理、严谨治学的求实精神，让我们肃然起敬。（板书：求实）他们把爱国之情、报国之志融入祖国改革发展的伟大事业之中、融入人民创造历史的伟大奋斗之中，从本职岗位做起，为实现“两个一百年”奋斗目标、实现中华民族伟大复兴的中国梦，贡献智慧和力量。

讲解：科学家不仅仅指一个人，还可以代表一个团队，一个集体，谁还想与大家交流呢？

链接：老师给大家介绍“两弹元勋”“大国重器”的协同攻关的故事。

关键核心技术是要不来、买不来、讨不来的。“两弹一星”的研制就是一项规模庞大、技术复杂、综合性强的系统工程。

据统计，仅参加第一颗原子弹研制工作的就有26个部委，20个省、自治区、直辖市的900多家工厂、科研单位、大专院校。还有载人航天、嫦娥探月、蛟龙探海等，回想这些振奋民族精神的科技时刻，也许无法说出科学家的名字，但他们中的每一个都不可或缺。

教师提问：听了同学的介绍，你有什么发现和感受吗？

小结：协同是创造科技奇迹的关键“密码”。几乎所有的“国之重器”都是合作攻关的成果，离不开集智攻关、团结协作的协同精神。（板书：协同）

【活动意图说明】学生分享、交流的科学家故事，从故事中，我们感悟到科学家精神，从而激发了对科学家精神的认同感和崇敬之情。

环节三：弘扬科学家精神，做新时代好少年

过渡：人无精神则不立，国无精神则不强。科技强则国强，科技兴则国兴。

教师提问：科学家精神是科技工作者在长期科学实践中积累的宝贵精神财富。通过今天的学习，科学家精神对你有什么启发？

预设学生分享 1：我很敬佩科学家们不为个人利益，投身祖国建设的爱国精神。

预设学生分享 2：通过今天的学习，我被科学家身上严谨治学的求实精神激励着。我想，我们应该把这种精神运用在自己现在的学习中，遇到不会的知识，要不放弃、要钻研，直到学会，不辜负宝贵的学习时间，积累更多的知识。

小结：正如同学们所讲，有目标、有梦想、有行动，有落实，长知识、增本领，将来为祖国贡献自己的一份力量。科学成就离不开精神支撑。在向第二个百年奋斗目标进军的新征程上，深刻领会科学家精神的科学内涵，在全社会大力弘扬科学家精神，既能为广大科技工作者创造能干事、干成事、成大事的良好环境，也能引领爱科学、学科学、用科学的社会风尚，为实现中华民族伟大复兴的中国梦凝聚磅礴力量。

播放视频：通过同学们的分享，我们学习了科学家们的故事和精神。让我们通过一段视频再次去感受科学家精神。

教师提问：科学家精神令人敬佩，更值得学习。同学们想怎么去学习，并在生活中践行？

预设学生分享 1：我们要学习科学家精神，长大也要为祖国做出自己的贡献。

预设学生分享 2：科学家的协同精神值得我们学习。一个人的力量再强大，也没有集体的力量大。祖国的强大离不开科学家团队，我们的班集体也要学习这种协同精神，让我们的班级更加团结向上。

【活动意图说明】学习科学家精神，从小树立为梦想奋斗的志向，懂得要将个人梦想与国家紧密相连。

环节四：课堂总结

弘扬科学家精神，就要坚定“祖国和人民的利益高于一切”的信仰。胸怀祖国、服务人民是科学家精神的首要内容和鲜明标签。新时代更需要继承和发扬以国家民族命运为己任的爱国主义精神，更需要继续和发扬以爱国主义为底色的科学家精神。希望同学们在课下可以去了解更多科学家的故事与精神，并在自己的生活中积极践行，弘扬科学家精神，做新时代好少年。

七、作业设计

（1）活动一（拓展类）：制作班级《科学家人物册》。

制作《科学家故事手抄报》，介绍科学家故事，装订成册，在班级中进行共读。

（2）活动二（实践类）：走近科学家精神。

结合课堂所学，并通过更多方式了解不同科学家故事以及他们的精神，用绘本、诗歌、海报、情景剧等自己喜欢的方式展示学习成果。

参考文献

[1] 习近平．2020 年习近平总书记在科学家座谈会上的讲话［EB/OL］.（2020-09-11）［2022-05-12］. https://m.gmw.cn/baijia/2020-09/11/34179900.html.

[2] 习近平．2021 年习近平总书记在两院院士大会、中国科协第十次全国代表大会上的讲话［EB/OL］.（2021-05-29）［2021-06-28］. http://www.xinhuanet.com/politics/2021-05/29/c_1127508108.html.

初中学段：体悟科学家事迹　激发爱国热情

基本信息表					
教师	马柏林	学校	北京第十一中学	学段	初中一年级
教科书版本及章节	教育部编《道德与法治》（七年级下册），人民教育出版社，2016 年 11 月第 1 版；第一单元第 3 课 青春的证明				

一、学情分析

（一）教学内容分析

“青春的证明”是人教版《道德与法治》第一单元第 3 课。本框题的内容着重引导学生的生命成长。第一，弘扬青春时期积极、美好的元素，引领学生的精神成长以及对学生的思想启蒙。如青春活力、创造力、潜能等。第二，融入社会主义核心价值观，培育政治认同、爱国情感和民族自豪感。第三，渗透中华优秀传统文化，明德、慎独等。第四，关注正面经验，注重弘扬生活中的正能量。青春的证明承接前两课从身体——心理——精神的演进路径，向学生渗透青春积极向上的力量。引导学生见贤思齐，向榜样学习，通过对科学家精神的学习，能够正确认识自己，能够自我反思，不断完善自我。本课从“是什么”“为什么”“怎么做”的角度理解“科学家精神”。首先，讲解“是什么”的问题，理解科学家精神内涵；其次，从“为什么”层面分析和弘扬科学家精神的意义，深化对科学家精神的理解；最后，从“怎么做”的角度分析当代青年应该如何做，从而实现自己的科学家梦想。引导学生理解理论概念，探寻实践逻辑，从而落实学科素养要求。

教学准备：课前小调查，搜集科学家具体事迹。

（二）学习者分析

1. 知识基础

学生通过对党的二十大报告科学家精神的学习，以及对青春飞扬学习，树立远大的梦想，要自信、自强、自尊和努力；对青春有格的学习要坚持行己有耻，追求止于至善。青少年对青春作出规划，积极探索，学会自尊、自信、自强，用积极的行为释放青春的力量，证明自己，从而将青春活力转化为成长中的正能量。

2. 能力基础

在探索中，青年学生要对自己行为负责，坚守道德底线，增强法治观念，热爱祖国，热爱科学，献身科学，长大后为祖国的发展做出自己的贡献，使自己的青春更有价值。

3. 发展要求

处于青春时期生命成长阶段的学生，在身体、心理、精神方面都有显著变化。青春期的青少年，年轻气盛，青春的力量在生发，社会生活的复杂性和价值观念的多元化对青少年成长都会产生影响。

二、教学目标

通过观看伟大科学家事迹的视频，深刻理解科学家精神的内涵，认同正因为有无数科学家们的默默付出，我国科技才取得了举世瞩目的成就，从而培养学生爱国主义精神，坚持党的领导，激发学生的民族自信心和自豪感。

通过分组讨论展示科学家的伟大事迹，例如对钱学森、邓稼先、南仁东、黄大年等科学家事迹的介绍，分析每位科学家事迹所展现的科学家精神。

通过思考弘扬科学家精神的意义，培养学生热爱祖国，忠心向党；尊重知识，追求真理；独立思考，批判精神；创新意识，创造潜能。最后得出青少年应该怎么做：青年应不负时代，放飞梦想，热爱科学，献身科学，进而坚定理想信念。通过学生对生活中实际问题的参与、讨论，能够在行为层面学习身边的榜样，从点滴小事做起，修身为本，不断成长。

三、教学重点与难点

（一）教学重点

科学家精神。

（二）教学难点

科学家精神的内涵，践行科学家精神。

四、教学方法与手段

启发式教学、探究式教学、多媒体教学法、小组合作学习法、讲授法、讨论法。

五、教学特色

（1）课前问卷调查。依据本课内容，课前发给每个学生问卷，调查学生们喜欢的科学家、对科学家事迹的了解程度，以及学生的梦想，是否有成为科学家的梦想。

（2）分小组讨论。通过分小组讨论学生喜欢的科学家的事迹，并锻炼学生的总结演讲能力，从而逐条总结出科学家精神。

（3）理论联系实际。学生通过分小组讨论，总结出科学家精神，然后结合自己目前的学习和生活树立梦想，并从自身努力学习和自强自信方面去实践，为国家建设做出自己的贡献。

六、教学活动设计

环节一：导入新课

播放“非凡中国”视频。展示国家博物馆展出的“中国载人航天工程30年成就展”图片，以及载人航天、嫦娥探月、蛟龙探海的图片。

教师提问：我国取得的这些伟大科技成就背后默默付出的人是谁？

学生回答：科学家。

结合课前调查结果，了解到大多数学生都有当科学家的梦想。

教师提问：社会不断发展，为何科学家们在我们心中从未褪色呢？

学生回答：科学家树立的是伟大的科学家精神。

习近平总书记在党的二十大报告中明确提出：“要培育创新文化，弘扬科学家精神，涵养优良学风，营造创新氛围。”国家的发展离不开科技的进步。习近平总书记在党的二十大报告中还指出，十年来，我们建成了世界最大的高速铁路网、高速公路网，机场港口、水利、能源、信息等基础设施建设取得重大成就。而这些成就的背后是一代又一代科学家们夜以继日、行而不辍的奋斗结果。

【活动意图说明】让学生快速融入本节课所讲内容，感受我国取得的伟大科技成就，引出对科学家的崇敬。物质可以迭代，精神永垂不朽，引出课程主题“科学家精神”。

环节二：科学家精神的内涵

观看“伟大科学家”视频。

设置问题：“这个视频中有你们最喜欢的科学家吗？你是否知道这个科学家的事迹？请小组讨论，分享讨论结果。”

分小组讨论，每个小组展示讨论结果。

第一小组：钱学森。

“我的事业在中国，我的成就在中国，我的归宿在中国。”——钱学森的这句话，说出了老一辈科学家的共同心声。作为中国科学家的杰出代表，他把满腔热血都贡献给了祖国。钱学森一篇“对薄壁圆柱壳失稳问题研究”的论文只有10页，但其研究手稿却有800多页，这就是钱学森研究的真实记录。

教师提问：钱学森的事迹体现了怎样的科学家精神？

学生回答：胸怀祖国，服务人民的爱国精神；追求真理、严谨治学的求实精神。

第二小组：南仁东。

“别人都有自己的大设备，我们没有，我挺想试一试。”——“中国天眼之父”南仁东。1993年，有科学家曾提出要建造新一代射电大望远镜。“中国天眼之父”南仁东听到这个消息后想要试一试，这一试从壮年到暮年，22年光阴似箭，口径达500米、面积相当于30个足球场、8个鸟巢体育场的“中国天眼”终于建成。

教师提问：南仁东的事迹体现了怎样的科学家精神？

学生回答：勇攀高峰、敢为人先的创新精神。

第三小组：邓稼先。

“调哪儿去？不能说；做什么工作？也不能说。”多年前，结婚才5年的邓稼先就告别妻子和幼子，就开始了隐姓埋名与家人聚少离多的生活，直到1964年罗布泊升起的蘑菇云替他回答了家人的问题。正因为一代又一代的科学家们埋头耕耘、淡泊名利、潜心研究，才有了我们今天引以为傲的“大国重器”。

教师提问：邓稼先的事迹体现了怎样的科学家精神？

学生回答：淡泊名利、潜心研究的奉献精神；集智攻关、团结协作的协同精神。

第四小组：黄大年。

“作别康河的水草，归来做祖国的栋梁。地质宫五楼的灯，源自前辈们的薪传，永不熄灭。”这是“感动中国”写给黄大年的颁奖词。他不仅是一位优秀的科研工作者，更是一位令人敬佩的教育工作者，他“用殷切的眼光关注着年轻人，用赤诚之心感染着年轻人”。

教师提问：黄大年的事例体现了怎样的科学家精神？

学生回答：甘为人梯、奖掖后学的育人精神。

最后，请同学总结一下科学家精神的内涵。

【活动意图说明】通过视频分享让学生初步感受科学家们所具备的科学家精神；小组讨论，锻炼学生的逻辑思维能力，最终由学生分享熟悉和喜欢的科学家们的事迹，总结出科学家精神的内涵。各组选派一名学生分享每组最熟悉和喜欢的科学家的事迹，总结出科学家精神的内涵。

环节三：弘扬科学家精神的意义

1. 教师展示天安门前升国旗的照片

教师提问：有哪位同学去过天安门前看升旗仪式？你的感受是什么？

学生谈感受：我们出生在国旗下，祖国如同母亲一样呵护我们，陪伴我们成长；祖国也是供养一个人意识的“心脏”，没有心脏，人是不能存活的，所以热爱祖国是人的本能反应。我们要坚定不移听党话、跟党走，既怀抱梦想又脚踏实地，既敢想敢为又善作善成，立志做有理想、敢担当、能吃苦、肯奋斗的新时代好青年，让青春在全面建设社会主义现代化国家的火热实践中绽放绚丽之花。

得出意义：热爱祖国、忠心向党。

2. 教师展示学生们生物实验课上的照片

设置问题：看一看，照片中认真做实验的同学，联系之前讲的钱学森、邓稼先、南仁东等科学家的研究过程，你有什么感想？

得出意义：尊重知识，追求真理。

3. 教师展示之前课上讲过的“伽利略在比萨斜塔上做实验的图片”

设置问题：伽利略的事例想要培养同学们什么样的能力？

得出意义：独立思考，批判精神。

4. 教师展示学生们在机器人和生化实验社团活动的照片

设置问题：这些社团活动培养了你们什么能力？

得出意义：创新意识，创造潜能。

最后，请同学总结一下弘扬科学家精神的意义。

【活动意图说明】通过学生的亲身实践，结合所学的科学家精神内涵以及之前学习的青春飞扬和青春有格的内容，总结出科学家精神对青少年的意义。

环节四：当代青年应该如何做

1. 展示青年奋力奔跑的图片

设置问题：我们之前学过《少年有梦》，哪位同学能说一下怎么树立梦想？

学生回答：少年的梦想要与时代脉搏紧密相连，要与中国梦密不可分。

设置问题：这学期第三课“青春飞扬”我讲了什么，怎样助力梦想？

学生回答：自信、自强能让我们更自信，相信自己，勇敢尝试，不断进步。自强要靠坚强的意志，进取的精神，不懈地坚持。

设置问题：怎么实现梦想？

学生回答：少年有梦不应止于心动，而要付诸行动，努力要有方法，努力要坚持。

2. 展示机器人和生化社团中学生积极参加活动的精彩瞬间

设置问题：同学们为什么那么积极参加社团活动？

学生回答：同学们热爱科学。

3. 展示学校“科学集市”的照片

设置问题：同学都拿出自己精心准备的科技成品，积极与老师和同学交流，这体现了学生怎样的愿望？

学生回答：献身科学，成为科学家。

最后请同学总结一下，当代青年应该如何做，并诵读梁启超的《少年中国说》“少年智则国智，少年富则国富，少年强则国强，少年进步则国进步。”激励学生好好学习，报效祖国。

【活动意图说明】通过学生亲身参加过的社会实践活动或学校社团活动等，让学生自己推导出弘扬科学家精神的意义，锻炼学生的整合和总结的能力。通过之前学习的知识，总结出当代青年应该如何做。放飞梦想包括三个内容：树立梦想，助力梦想，实现梦想。通过学校社团的活动，让学生通过亲身参与过的科技实验，体会自己怎么做才能实现科学家梦想。引导学生充分理解科学家精神内涵，了解科学家精神对自己的意义，并从现在开始放飞梦想，热爱科学，献身科学。

七、作业设计

请同学们设计一张实现科学家梦想的“计划卡”。

参考文献

[1] 习近平 . 抓住培养社会主义建设者和接班人根本任务努力建设中国特色世界一流大学 [N]. 人民日报，2018-05-03（1）.

[2] 习近平 . 青年要自觉践行社会主义核心价值观——在北京大学师生座谈会上的讲

话 [J]. 中国高等教育，2014（10）.

[3] 习近平 . 习近平总书记系列重要讲话读本 [M]. 北京：学习出版社，2016.

[4] 习近平 . 高举中国特色社会主义伟大旗帜　为全面建设社会主义现代化国家而团结奋斗——在中国共产党第二十次全国代表大会上的报告 [M]. 北京：人民出版社，2022.

课程思政：探究核物理现象　励志科技强国

基本信息表					
教师	刘萍	学校	北京市第十一中学	学段	高中二年级
教科书版本及章节	《物理》（选择性必修 3），人民教育出版社，2019 年；第五章第四节 核聚变与核裂变				

一、学情分析

（一）教学内容分析

“核聚变与核裂变”是人教版《物理》（选择性必修 3）第五章第四节。核裂变与核聚变是核物理的基础，也是学生们比较感兴趣的原子弹、氢弹的入门知识。本节内容由核裂变、核聚变、核能的利用三个部分组成，从核物理的现象出发，逐一介绍相关概念，科学家的探究，目前人类的应用，以及目前人类遇到的问题，使同学们在学习知识点的同时，增强自身的使命感，为以后的科研事业埋下种子，并进行爱国主义教育。

（二）学习者分析

1. 知识基础

学习了原子核的基本知识，初中时知道原子弹、氢弹爆炸威力巨大。

2. 能力基础

知道原子核的构成，知道核力和结合能。

3. 发展要求

培养实事求是的科学精神，为以后从事科学研究打下良好基础。

二、教学目标

（1）知道核裂变与核聚变、链式反应的基本概念，了解原子弹、核反应堆、核聚变反应条件。

（2）通过对链式反应条件的分析以及核反应释放核能的计算，理解核电站的工作原理，提高分析、解决问题的能力。

（3）通过核裂变的示意图推理出三分裂和四分裂的概念，了解物理学常用的方法——推理法。

（4）通过观看我国原子弹、氢弹爆炸的视频，搜集整理并交流“两弹”元勋的事迹、人生格言，激发学生献身国防科技的爱国主义热情。

三、教学重点与难点

（一）教学重点

（1）核裂变与核聚变、链式反应的基本概念。
（2）链式反应及核裂变、核聚变释放能量的计算。

（二）教学难点

链式反应及核裂变、核聚变释放能量的计算。

四、教学方法与手段

讲授法、讨论法、任务驱动法、参观教学法。

五、教学特色

本节课由时事入手，引导学生关注科技发展动态，由神舟十六号到“两弹一星”，引入新课题——核裂变与核聚变的学习；通过对三分裂、四分裂核裂变反应的分析，突出我国科学家在核物理发展史上发挥的重要作用，增强同学们的科学自信；在核能的应用环节，学生通过自学，理解核电站的工作原理，提升分析问题、解决问题的能力；学生通过搜集资料，了解我国核电站的发展前沿——“华龙一号”，从而增强民族自豪感。本节课前教师组织学生在中国科技馆、北京应用物理与计算数学研究所所史馆进行参观，并预留了学习任务：搜集、整理并交流“两弹”元勋的感人事迹以及他们的人生格言。同学们在交流过程中谈自己的感想，感受科学家们胸怀祖国、服务人民的爱国精神，勇攀高峰、敢为人先的创新精神，追求真理、严谨治学的求实精神，淡泊名利、潜心研究的奉献精神，集智攻关、团结协作的协同精神，甘为人梯、奖掖后学的育人精神。

六、教学活动设计

环节一：导入新课

1. 科技工作者日

2016 年 5 月 30 日，全国科技创新大会、两院院士大会、中国科协第九次全国代表大会在京隆重召开，习近平总书记发表重要讲话，发出“向世界科技强国进军”的号召。“科技三会”的召开在全社会引起强烈反响，树立起中国科技发展史上一座新的里程碑。以此为标志设立“全国科技工作者日”，自 2017 年起，将每年的 5 月 30 日设立为“全国科技工作者日”。2023 年的主题为：“点亮精神火炬！”

2. 神舟十六号

2023 年 5 月 30 日，神舟十六号发射成功，三名宇航员分别为：景海鹏、朱杨柱、桂海潮。其中，桂海潮作为我国首位载荷专家，随神舟十六号飞行乘组出征，主要负责空间科学实验载荷的在轨操作，这也是科技工作者的骄傲！

总结：“两弹一星”事业的开展，不仅促进了新中国国防事业的发展，而且也带动了科技事业的进步，培养了一批吃苦耐劳、勇于创新的科技队伍，增强了全国人民的自信心和自豪感，也孕育和形成了伟大的“两弹一星”精神，是一个时代的精神火炬。

【活动意图说明】以两件时事为切入点，引导学生关注科技发展的动态，由同学们喜欢的、了解的“两弹一星”事业引入到物理学核裂变、核聚变的学习。

环节二：新课教学

1. 核裂变

1938 年年底，德国物理学家哈恩和他的助手斯特拉斯曼在用中子轰击铀核的实验中发现，生成物中有原子序数为 56 的钡——一个原子核分裂成几个原子核，称为“核裂变”。

展示核裂变示意图：

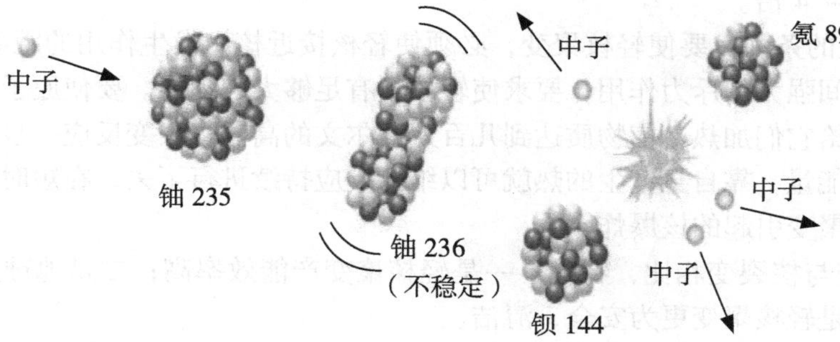

（1）核裂变的特点。

① 核裂变的过程中释放出巨大的能量。

② 核裂变的同时释放出 2 ~ 3 个（或者更多个）中子。

③ 核裂变的产物不唯一。

（2）铀核的裂变。

① 铀核的裂变是一种典型的核裂变反应，遵循质量数守恒和电荷数守恒。

$$^{235}_{92}U + ^{1}_{0}n \rightarrow ^{144}_{56}Ba + ^{89}_{36}Kr + 3\,^{1}_{0}n$$

② 链式反应。

提出问题：链式反应是怎样进行的？

③ 发生条件：临界体积（临界质量）。

提出问题：什么是临界体积（临界质量）？

总结：通常把裂变物质能够发生链式反应的最小体积叫做它的临界体积，相应的质量叫做临界质量。

（3）三分裂、四分裂。

我国科学家钱三强、何泽慧夫妇于 1947 年在实验中发现铀核也可能分裂为三部分或四部分，其概率大约是分裂为两部分的概率的 $\frac{1}{300}$ 和 $\frac{1}{5000}$。这一研究成果得到了广泛的认可和赞誉。

（4）裂变反应释放大量的能量。

由爱因斯坦质能方程可以计算：$\Delta E=\Delta mc^2$=201 Mev。

2. 核聚变

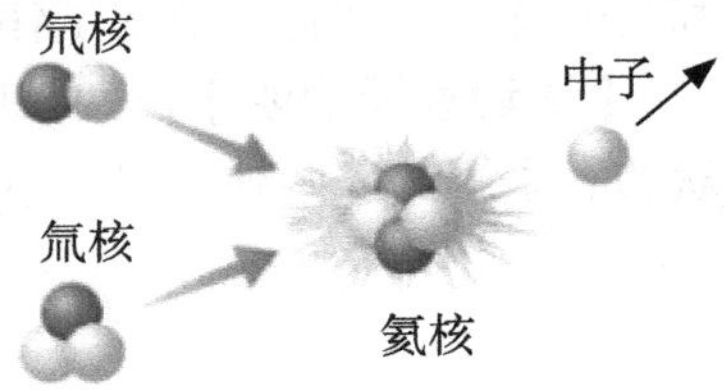

教师提问：核反应还有另外一种表现形式——核聚变。

① 什么是核聚变？

② 发生核聚变的条件是什么？

③ 与核聚变相比，核裂变有什么特点？

预设答案：

①两个轻核结合成质量较大的核，这样的核反应叫做核聚变。

核聚变反应方程式：${}^2_1H+{}^3_1H \rightarrow {}^4_2He+{}^1_0n$；

释放能量：$\Delta E=\Delta mc^2$=17.6 MeV，平均每个核子释放能量 3 MeV 以上，约为裂变反应释放能量的 3 ~ 4 倍。

② 核聚变的条件：要使轻核聚变，必须使轻核接近核力发生作用的距离 10^{-15} 米，这要克服电荷之间强大的斥力作用，要求使轻核具有足够大的动能。要使原子核具有足够大的动能，就要给它们加热，使物质达到几百万开尔文的高温。聚变反应一旦发生，就不再需要外界给它能量，靠自身产生的热就可以维持反应持续进行下去，在短时间释放巨大的能量，这就是聚变引起的核爆炸。

③ 核聚变与核裂变相比，特点：一是轻核聚变产能效率高；二是地球上聚变燃料的储量丰富；三是轻核聚变更为安全、清洁。

3. 核能的应用

以上我们学习了两种核反应，他们有一个共同的特点，就是在反应过程中会释放大量的核能。那么人类是如何利用这些核能的呢？

（1）反应堆与核电站。

在第一颗原子弹制成以前，科学家们已经实现了核能的可控释放。1942 年，美籍意大利物理学家费米就主持建立了世界上第一个成为“核反应堆”的装置，首次通过可控的链式反应实现了核能的释放。

1）核反应堆的结构。

核反应堆是可控的链式反应装置，它能使核能平稳释放。

① 铀棒：浓缩铀作为燃料棒，铀棒越多，反应的速率就越快。

② 镉棒：吸收中子，控制反应速率。

③ 慢化剂：使中子变为慢中子，易吸收（石墨、重水和轻水）。

④ 水泥防护层：防止辐射。

2）核燃料发生裂变释放的能量使反应区温度升高。

水或液态的金属钠等流体在反应堆内外循环流动，把反应堆内的热量传输出去，用于发电，同时也使反应堆冷却。

一座百万千瓦级的核电站，每年只消耗 30 吨左右的浓缩铀，而同样功率的火电站，每年要烧煤 2.5×10^6 吨。

3）发展核电的利弊。

有利之处：第一，有利于保障国家能源安全；第二，有利于调整能源结构，改善大气环境；第三，有利于提高装备制造业水平，促进科技进步。

不利之处：第一，核废料处理需严谨；第二，热污染；第三，核能发电被认为存在风险，建设成本高。

4）我国核电站发展现状。

① 由同学介绍走向世界的“中国名片”——“华龙一号”的基本构造、研发背景、研发意义等。

② 介绍中国核工业集团科技带头人罗英，2023 荣获四川省“最美科技工作者”称号。她的获奖感言是：“对我自己而言，能够用自己所学的专业为国家做贡献，还是感觉到很骄傲的，所有的付出都无比值得。”

通过同学分享让学生感悟科学家精神。

（2）原子弹。

原子弹是利用重核裂变的链式反应制成的，在极短的时间内能够释放大量核能，发生猛烈爆炸。（播放中国第一颗原子弹爆炸的视频）

历史意义：新中国成立后，帝国主义国家利用威力巨大的原子弹对新中国进行威胁，中国第一颗原子弹爆炸成功，不仅加强了我国的国防力量，使中国国防现代化进入了一个崭新的阶段，而且也提高了中国的政治地位，打破了帝国主义的核垄断，对维护世界和平具有重要意义。

（3）氢弹。

目前，人工产生的热核反应主要用在核武器上，那就是氢弹。

中国发展核武器，是被迫而为的，是为了防御，为了打破核大国的核垄断、核讹诈，为了防止核战争消灭核武器。中国政府又多次郑重宣布，在任何时候、任何情况下，中国都不会首先使用核武器。中国的这些主张已逐渐得到越来越多的国家和人民的赞同和支持。

（4）可控人工核聚变。

核聚变需要的温度太高，地球上没有任何容器能够承受如此高的温度，为了解决这个难题，科学家设想了两种方案，即磁约束和惯性约束。

① 磁约束。带电粒子运动时，在匀强磁场中由于洛伦兹力的作用而不飞散，可以利用磁场约束参加反应的物质。

② 惯性约束。利用核聚变物质的惯性进行约束。在惯性约束下，可以用高能量密度的激光或 X 射线从各个方向照射参加反应物质，使他们“挤”在一起发生核反应。

在我国，中国工程物理研究院等单位建造了“神光Ⅲ”激光约束核聚变装置。

国际热核聚变实验堆是目前全球规模最大、影响最深远的国际科研合作项目之一，它被认为是解决人类未来能源困境的理想能源。

【活动意图说明】本环节重点介绍核裂变、核聚变的反应方程式，反应中释放核能的计算及应用。在应用环节分为两部分：核电站（和平应用，解决国计民生问题，解决“两碳”问题，既体现了我国核电站的先进性，处于国际领先地位，体现了我国的科技实力，同时也体现了我们国家在面对世界范围内环境恶化的问题上的大国责任与大国担当）、核武器（重点介绍“两弹一星”精神以及我国对待核武器的态度）。通过上述教学活动，使学生理解核裂变与核聚变的基本知识，同时初步感受科学精神。

环节三：“遇见”科学家，感受科学家精神

（1）由同学展示中国核物理发展史上的重大事件、重要时间节点。

（2）中国核物理事业经过了漫长的艰苦的发展历程，离不开一代代核物理工作者的默默付出和无私奉献。

同学们进行课前作业的展示：“两弹元勋”的感人事迹及其人生格言。

① 邓稼先：干惊天动地事，做隐姓埋名人！

② 郭永怀：不论什么事，只要祖国需要，我便全心全意地去做好。

③ 彭桓武：集体，集体，集集体。日新，日新，日日新。

④ 钱学森：我们不能人云亦云，这不是科学精神，科学精神最重要的就是创新。

播放视频：跨界科学家——杜祥琬院士。

杜祥琬院士为了国家的需要，从核武器的研究跨界到新型强激光研究，耄耋之年再跨“双碳”领域。

杜祥琬院士为同学们发来了视频，介绍了核物理的前景，并表达了对同学们的殷殷期盼。

同学们互相交流自己的感想，加深对科学家精神的理解，同时也表达了自己要努力学习，将来为祖国的建设、发展贡献全部力量。

教师总结：科学不是为了个人荣誉，不是为了谋私利，而是为了人类谋幸福！

广大青年要“立大志、明大德、成大才、担大任”，只有心怀“国之大者”，才能担当民族复兴重任。

【活动意图说明】本环节通过同学们的作业展示与交流，加深同学们的感悟，更加理解老一辈科技工作者在艰苦条件下克服万难进行科学研究、献身国防科技的爱国精神、创新精神、求实精神、奉献精神。进一步坚定同学们好好学习，将来报效祖国的信念！

七、作业设计

（1）熟练掌握核聚变、核裂变的反应方程式，会计算核能，完成课后习题。

（2）查阅资料，了解相关科技前沿事件，初步确定自己的奋斗方向。

参考文献

[1] 罗方术 . 科学家精神 为科技强国凝聚磅礴力量 [N]. 中国教育报，2023-01-12（6）.

[2] 齐芳，颜维琦 . 矢志奋斗 自立自强——“两弹一星”精神评述 [N]. 光明日报，2021-08-26（5）.

[3] 习近平 . 青年要自觉践行社会主义核心价值观——在北京大学师生座谈会上的讲话 [J]. 中国高等教育，2014（10）.

高中学段：聚焦科学家精神　树立正确价值观

基本信息表					
教师	向雪非	学校	重庆市清华中学校	学段	高中二年级
教科书版本及章节	思想政治必修4《哲学与文化》，人民教育出版社，2019年12月第1版；第二单元第6课第2框题 价值判断与价值选择				

一、学情分析

（一）教学内容分析

本节课为人教版思想政治必修4《哲学与文化》的第二单元认识社会与价值选择，第6课实现人生价值的第2框题“价值判断与价值选择”。本框题的内容分为两目，第一目“自觉遵循社会发展的客观规律”主要介绍价值判断和价值选择的含义、关系、特点等，第二目主要介绍作出正确价值判断和价值选择的标准，以及如何处理个人与他人、集体的利益关系。第一目是第二目的方法论基础。

只有遵循社会发展的客观规律，才能自觉站在最广大人民群众的立场上，作出正确的价值判断和价值选择。本框承接上一框“价值与价值观”，旨在培养学生在进一步树立正确价值观的基础之上，能够作出正确的价值判断和价值选择，连接下一框“价值的创造和实现”，为学生实现人生价值做好价值观念的正确指引。

本课以“科学家精神”为主题情境，以“以身许国——科技报国——科技强国——强国有我”四个环节层层展开，以“情境依托”“问题导向”“任务驱动”“素养支撑”构建课堂逻辑，通过讲好科学家的故事，引导学生理解价值判断和价值选择的基本含义、社会历史性和主体差异性，逐步形成正确的价值判断和价值选择的能力，培养和落实科学家精神，引导学生在“价值冲突”的情境下能够认同国家利益、人民利益，培育社会主义核心价值观。

（二）学习者分析

1. 知识基础

通过《道德与法治》的学习，学生对中华民族精神、社会主义核心价值观等有一定的知识储备，但还不够全面和深化，需要进一步厘清价值、价值观以及价值判断和价值选择的内在逻辑，为进一步的学习奠定理论基础。

2. 能力基础

高中学生具备一定的科学思维，能够归纳价值判断和价值选择的含义、特点，辩证地思考社会热点中个人利益与他人、国际利益的冲突和抉择，并在实践中作出正确的价值判断和价值选择，具有论证、推理、解决实际问题的能力。

3. 发展要求

高中阶段是学生世界观、人生观、价值观趋于成熟的关键阶段，学生具有认识世界和改造世界的愿望，课堂以情境为依托、问题为导向，引导学生培育和践行社会主义核心价值观，作出正确的价值判断和价值选择，将个人发展融入国家发展的时代任务中。

二、教学目标

通过“读习语悟原理”的原文导读，结合科学家为国奉献、求实创新、协同育人的故事，引导学生感悟科学家的人生抉择与国家的现实发展是紧密联系的，引导学生明确价值判断和价值选择的社会历史性和主体差异性，形成科学的价值判断和价值选择的能力，引导学生在生活实践中作出正确的价值判断和价值选择。

通过观看新中国成立以来一大批科学家甘愿为国“做隐姓埋名人、干惊天动地事”的感人事迹，始终坚持人民立场，以人民的根本利益作为最高的价值标准；始终坚持科研攻关，彰显科学家精神，引导学生培育科学家精神和社会主义核心价值观。

通过探究科学家尊重规律、踏实钻研，始终以国家利益和人民利益为重的事迹，进一步明确作出正确的价值判断和价值选择的根本标准，引导学生明确科技创新必须始终坚守为人民的价值取向，引导学生运用马克思主义哲学的观点和方法来分析问题和解决矛盾，树立科学精神。

通过直面我国在一些关键技术领域“卡脖子”的难题，引导学生正视当前科技领域中的现实问题，在危机中增强忧患意识，在问题中积极思考和作为，引导青年立志投身科技领域，增强社会责任感，以个人之力助推中国科技强国梦的建设，维护国家安全。

三、教学重点与难点

（一）教学重点

价值判断和价值选择的主体差异性、社会历史性。

（二）教学难点

如何做出正确的价值判断和价值选择。

四、教学方法与手段

情境教学法、议题式教学法、讲授法。

五、教学特色

本课教学内容设计采取思维活动和实践活动相统一的方式呈现，实现“课程内容活动化”“活动内容课程化”的统一。本课以当前热门的科技发展为热点话题，串联新中国成立以来不同时期的科学家的事迹，探析科学家背后的价值判断和价值选择，构筑科学家群像，彰显和浸润科学家精神。以热门的“摘星星的科学家”导入新课，以科学家精神为线串联课堂，以“以身许国”“科技报国”“科技强国”“强国有我”四个环节创设情境，将价值判断和价值选择与科技强国的背景结合在一起，探究科学家背后的价值判断和价值选择，理解价值判断和价值选择之间的内在关系、基本特征和基本标准，引导学生在人生道路选择和实际生活中作出正确的价值判断和价值选择，认同科学家精神、举国体制下的科技创新、社会主义核心价值观等，将个人梦想与国家发展紧密地联系在一起，在实践中弘扬科学家精神等。

六、教学活动设计

环节一：导入新课

教师：同学们，你们知道这次神舟十六号乘组的航天员桂海潮教授吗？他有一个特殊的身份——北京航空航天大学的教授，也是我国首位空间站的载荷专家。为了能够实现飞天梦想，他勤勉认真、踏实奋斗，最终从备选中脱颖而出。6 岁曾经仰望星星的人，36 岁终于去摘星星了。而正是有了像桂海潮一样一批又一批为中国梦奋斗的科学家们，我国才能步履坚定地迈向科技强国的目标。今天，就让我们走近这些科学家，感悟科学家精神，学习作出正确的价值判断和价值选择。

【活动意图说明】以年轻有为的“摘星星的科学家”桂海潮为话题引入，用科学实验搬上中国太空站的热点话题来激发学生的兴趣，从对桂海潮个人的关注走进对我国航天工程的关注，初步感知我国科技强国背后的科学家的爱国、奉献、协作等精神。

环节二：以身许国——矢志不渝弘扬科学家精神

播放视频：《科学家群像一览》。

科学无国界，科学家有祖国。中国科学院院士、“两弹一星”元勋王希季说：“在太空这个世界各国争夺的新领域，中国不仅要有一席之地，更要扩大到一片之地。”为了国家的需要，他多次转行，在探空火箭、返回式卫星、载人航天等领域完成了多项首创工作，为祖国航天事业打好了地基。科学探索永无止境，创新就要勇攀高峰、敢为人先。在一间仅有 6 平方米的简陋房间里，陈景润攻克了世界著名的数学难题“哥德巴赫猜想”中的“1+2”，让人类距离数论皇冠上的明珠“1+1”只有一步之遥。

追求真理、严谨治学，意味着坚持解放思想，不迷信学术权威。屠呦呦带领团队数十年如一日，无数次试验，一次次失败，不断筛选、改进提取方法，终于发现青蒿素。“苦干惊天动地事，甘做隐姓埋名人。”黄旭华一“潜”30 年，为研制核潜艇不得不亏欠亲情。新中国成立以来，我国许多优秀科学家不畏困难、不慕虚荣，为科学事业舍身探索，为造福人类无私奉献，令人敬仰。

我国载人航天、探月工程、载人深潜等，均是团队联合攻关、群策群力的智慧结晶。完成第一颗原子弹试验，集中了 26 个部门、900 多家工厂、科研机构和大专院校的智慧。我国许多优秀科学家，既是科研事业的开拓者，又是提携后学的“领路人”。站在三尺讲台，黄大年对求知若渴的青年才俊倾囊相授，甚至自掏腰包，给班上每个同学买了一台笔记本电脑作研究；中科院院士、著名作物遗传育种学家卢永根，在罹患重症之际，捐出毕生积蓄，奖励贫困学生与优秀青年教师……

议学问题（思考两分钟，请学生发言）：

（1）结合材料，从视频中归纳这些科学家身上体现了哪些可贵的精神品质？又是如何形成的？

（2）为什么有的科学家毅然转行钻研不熟悉的领域？（从主、客观条件角度思考）。

【活动意图说明】致力科技强国，必须勇攀高峰，矢志不渝。本环节通过展示众多科学家以身许国的感人事迹，引导学生在观看中感悟，在感悟中提炼出科学家精神的内涵，从而引导学生明确科学家在社会实践的基础上，依据客观事实判断，作出价值判断和价值选择，厘清三者的内涵与内在的逻辑关系，培育和锻炼学生的逻辑思维能力、分析论证和综合概括的能力，增强对科学家精神的理解和认同。

环节三：科技报国——价值判断和选择因人因时而异

1949年新中国成立，在这百废待兴的关头，无数在海外留学的科学家响应国家的号召陆续回国参加祖国的建设，其中就有钱学森、邓稼先等科学家。而杨振宁却因为种种原因选择留在美国。1971年，在中美关系有缓解的趋势时，杨振宁便乘坐飞往中国的班机，他是美籍知名学者访问新中国的第一人。1977年，他与梁恩佐等人在波士顿创建“全美华人协会”，为促进中美两国学术交流做出突出贡献。20世纪80年代，杨振宁大力推动南开大学理论物理研究室的建立。20世纪90年代，又促进清华大学高等研究中心的创立，吸引了大量海外华人科学家回国发展，极大地促进中国理论物理学的发展。

2017年2月，杨振宁主动放弃美国国籍，重新加入中国国籍，并成为中国科学院的一名院士。2021年，他当选为“感动中国十大人物”。他为中国物理学事业乃至世界物理学的发展都做出了不可磨灭的贡献，他的理论造福了全人类。

议学问题：有人认为，“20世纪50年代邓稼先、钱学森等人为了支援祖国建设纷纷回国，而杨振宁选择留美加入美国国籍。而如今眼见中国强大，他又重新加入中国国籍。杨振宁不是真正的爱国而是一个精致利己主义者”。你怎样评析这个观点？

【活动意图说明】科学无国界，科学家的选择是有国界的。本环节以对比的方式展开，对比邓稼先和杨振宁的人生选择，阐释价值判断与价值选择会因人而异，通过探究杨振宁为什么在人生发展不同时期会作出不同的选择，明确价值判断与价值选择的社会历史性。在对比与叙述的展开过程中，引导学生全面、辩证地看待科学家的抉择，明确科学探究和交流是无国界的、科技服务社会和人民的价值，以及科学家科技报国的价值追求。

环节四：科技强国——坚守客观真理和最广大人民立场

党的十九届五中全会号召加快建设科技强国以来，基础研究和战略高技术领域取得一批重大成果，其中包括500米口径球面射电望远镜（FAST），俗称“天眼”。“天眼”是世界上最大、最灵敏的单口径射电望远镜，可以接收百亿光年外的电磁信号，是人类深入探测宇宙的利器。

为了把“天眼”从想象变成国之重器，1994年南仁东拒绝日本高薪待遇回国，从项目选址、论证、立项、建设，南仁东敢为人先、亲力亲为。1994—2005年的12年间，南仁东带领团队跋涉在中国大山里实地考察，不少地方连路都没有，他们深一脚、浅一脚地在山里攀爬，终于在贵州平塘县选中项目地址。在建设中，为了解决索网疲劳和精度问题，他带领团队历时两年历经数百次失败，终于研制出满足“天眼”项目的索网。这项自主创新的技术，已经成功应用到港珠澳大桥等重大工程中。南仁东在多次接受采访时提及感谢贵州人民给予的帮助。

2016 年“天眼”竣工，让中国天文科研水平一下领先世界 20 年。2017 年 9 月，南仁东病逝，“天眼”是他留给祖国的骄傲。2017 年 11 月，中共中央宣传部追授他为“时代楷模”。2019 年 9 月 17 日，国家主席习近平签署主席令，授予南仁东“人民科学家”的国家荣誉称号。

议学问题（分小组讨论 3 分钟，请小组代表发言）：

（1）南仁东是怎样作出正确的价值判断和价值选择的？

（2）在日本高薪和国家需要的冲突中，南仁东作出的选择给我们怎样的启示？

【活动意图说明】在学生明确价值判断和价值选择的基础知识上，进一步探究在国家利益、集体利益和个人利益的冲突下的价值选择。以“人民科学家”南仁东致力于“中国天眼”的建设，以自身的创造来彰显遵循科技发展的内在规律，以自身的坚守真正地诠释着人民利益的至高无上性，以自身的选择彰显了科学家的人民情怀，引导学生作出正确的价值判断和价值选择，把献身人民的事业、维护人民的利益作为最高的价值标准。

环节五：强国有我——科技强国目标有我助力建设

从“第一生产力”到“第一动力”，中国的科学家正在续写新的历史篇章。天宫、蛟龙、天眼、悟空、墨子、大飞机、北斗等重大科技成果相继问世，高铁、人工智能、移动支付、第五代移动通信网络、金融科技等处于世界领先地位。然而在一些关键核心技术领域，我们依然面临着“卡脖子”的问题，例如芯片、光刻机、操作系统。

2021 年，海南高考生吴京泰取得了 900 分的高考满分成绩，通过“强基计划”，他被清华大学未央书院录取，就读专业为“数理基础科学 + 微电子科学与工程”，立志投身祖国芯片事业成为芯片人才。吴京泰说：“我们每个人都不可以脱离时代而存在，当下国家迫切需要芯片方向的人才，我报考‘强基计划’就是希望未来能够为国家做出一点贡献。”

议学问题：请结合材料和个人实际，就个人助力科技强国建设提两条思路。

【活动意图说明】本环节展示当前我国科技领域所面临的“卡脖子”等核心科技的难题，让学生明确当前我国的自主创新之“重”，明确科技强国需要汇聚全体中国人民的磅礴之力。科学家精神代表着社会的一种精神高度，也是社会的共同精神财富。引导中学生学好科学知识、提升个人素养，在人生道路选择与个人实践中作出正确的价值判断与价值选择，以个人实际行动助力科技强国，将个人梦想和中国梦结合在一起，自觉担当民族复兴大任，将科学家精神内化于心、外化于行，形成尊重科学、尊重创造、勇于创新的良好社会氛围。

七、作业设计

搜集相关资料，以了解分析我国面临的“卡脖子”领域有哪些，以及党的十八大以来我们解决了哪些问题，又是如何解决的。小组合作绘制一份《手抄报》。

参考文献

[1] 习近平．在科学家座谈会上的讲话 [N]. 人民日报，2020-09-12（2）.
[2] 江泽民．在表彰为研制“两弹一星”作出突出贡献的科技专家大会上的讲话 [N]. 人民日报，1999-09-19（1）.
[3]《辉煌 70 年》编写组．辉煌 70 年——新中国经济社会发展成就（1949-2019）[M]. 北京：中国统计出版社，2019：215.
[4] 中国共产党第十九届中央委员会第五次全体会议公报 [N]. 人民日报，2020-10-30（1）.

大学学段：践行科学家精神　蓄力民族复兴

基本信息表					
教师	毕文静	学校	北京工业大学	学段	本科一年级
课程	中国近现代史纲要				
教科书版本及章节	第八章 中华人民共和国的成立与中国社会主义道路的探索，第五节 社会主义道路的艰辛探索和曲折发展，四、全面建设社会主义的成就				

一、学情分析

（一）教学内容分析

1. 第一部分：科学家精神的清晰内涵

这部分的重点内容有三个方面：其一，《中国近现代史纲要》课程内容中解释尖端科技突破对民族自立与国家发展重要意义的重要观点；其二，科学家精神基本内容的强调；其三，通过中华人民共和国成立后前 30 年物质条件相对匮乏的历史背景介绍，引导学生认识到精神力量在前进历程中所发挥的隐性作用，进而将上述两方面内容自然衔接。

2. 第二部分：科学家精神的理论思考

这部分的主要内容聚焦于解释“科学家精神”与“科学精神”的关系，进而对前者的合理性问题展开论证。此处首先援引马克思和恩格斯对科学本身的解读，揭示其本质与特征。其后援引默顿对科学价值、科学规范等基本问题的诠释，从另一个角度与前者论点相呼应，呈现上述两种精神的内在逻辑。这一过程对于学生在心态上形成对“科学家精神”的理性认同非常关键。

3. 第三部分：科学家精神的实践路径

这部分的讲授重点是结合所选科学家的杰出贡献与生平历程，剖析科学家精神各部分内容之间的结构性关系，以及介绍《关于进一步弘扬科学家精神加强作风和学风建设的意见》文件中为弘扬科学家精神所开列的举措方向，并分析如何通过科学家的自勉和科研环境的优化以达成提升科研效率和成果转化率，进而促进相关领域乃至全社会的发展进程加速。

4. 第四部分：科学家精神的当代价值

这部分的讲授观点聚焦于解释科学家精神对于时代的重要意义，主要包含两个层面：第一，助力于科技创新和科技自立自强；第二，助力于中国式现代化建设。与此同时，展示和呈现自弘扬科学家精神文件提出之后我国在科研重点领域所取得的关键性突破，借此呈现这一精神在实践环节积极助推的影响力。

（二）学习者分析

1. 知识基础

一方面就“科学家精神”的理论内涵和曾经为祖国建设做出过重大贡献的科学家杰出代表人物和生动事迹而言，当代大学生自基础教育阶段开始一直有所学习和积累，有一定的了解，尤其是进入新时代以来基础设施的完善与生活方式的变化，无时无刻不在提醒着青年学子科学技术的现实伟力。另一方面，从高校青年学子的成长经历来看，就“科学家精神”清晰内涵的理论支撑、内在逻辑和价值底蕴等方面的把握明显薄弱，因而需要结合思想政治理论课的教学内容以及当代大学生所处的时代特征对上述问题加以深化和拓宽。特别是要重点引导和培养青年学子运用理论知识将其内化为价值认同进而转化为指导现实实践的具体能力。

2. 能力基础

本专题内容的授课对象是“00后”，由于社会环境、知识结构和成长氛围等带有鲜明时代烙印的因素共同塑造了这一代青年学子成长的共性特征，可以大致归纳如下：其一，当代大学生自我意识较强，学习与成长的意愿强烈，但情绪起伏明显，抗挫折能力有待提升；其二，当代大学生视野开阔，非常善于运用新技术手段获取具体知识和即时信息，但其学习和生活习惯中对网络资源呈现出很高的心理认同，大概率结果是因其所获得的知识和信息过于微观且破碎，因此很难建立起较为系统的认知结构；其三，当代大学生系统而深入地学习理论的耐心不够，因而面对复杂问题的结构性思考和判断能力不足，独立思考的能力与社会实践的经验衔接不充分，面对复杂社会现实和嘈杂舆论环境冷静思索观察、提取有效信息并加以分析判断的能力有待加强。

3. 需注意事项

第一，就教学手段而言，宜充分利用多媒体技术和网络大环境这一有利条件，充分糅合传统手段与现代技术的知识传授方式和课堂组织形式，辅助青年学子在相对熟悉的环境中提升对讲授知识的吸纳效率和探索兴趣的茁壮成长；第二，就讲授内容而言，宜注重将高等院校思想政治理论课的深度与当代社会新闻具体事例所呈现的广度相结合，消弭青年学子对新知的畏难情绪；第三，高校思政课较之于前三学段的培养，宜更加注重青年学子自我成长内驱力的激发和引导，鼓励学生多进行主动性思考训练，在过程中习得分辨、提取重要信息，进而提高制定问题解决方案的能力；第四，重点引导高等教育阶段的青年学子针对时代与自身加以思考，将自身人生规划与社会整体节奏相衔接，从而构建起个人与社会群体关系的认知，在广义世界观的基础上形成积极正向的价值认同。

二、教学目标

1. 认知目标

（1）《中国近现代史纲要》相关章节中的重要观点——科技战线上的这些重大成就，尤其是国防尖端技术方面取得的成就，不仅增强了中国的综合国力和国防战略防御能力，而且具有重大的政治意义。邓小平同志说过："如果六十年代以来中国没有原子弹、氢弹，没有发射卫星，中国就不能叫有重要影响的大国，就没有现在这样的国际地位。这些东西反映一个民族的能力，也是一个民族、一个国家兴旺发达的标志。"

（2）科学家精神的基本内容：胸怀祖国、服务人民的爱国精神；勇攀高峰、敢为人先的创新精神；追求真理、严谨治学的求实精神；淡泊名利、潜心研究的奉献精神；集智攻关、团结协作的协同精神；甘为人梯、奖掖后学的育人精神。

2. 能力目标

能够对自身专业和未来所投身的行业开展超越知识和技能掌握层面以外的深入思考，进而将自身发展方向与国家规划和行业前景相衔接，构建起对自身和社会的关系的结构性认知。

3. 价值目标

能够在学习过程中通过情感共鸣和理性思考后，对科学家精神在国家集智攻关在重要领域技术获得突破以及个人面对学习和成长遭遇了挫折与困境后砥砺前行等关键性节点所发挥的正向助力影响有所感悟和认同。

三、教学重点与难点

（一）教学重点

本专题的教学重点在于分析"科学家精神"的内涵。就其内涵所包括的几项内容，对于大学青年学子而言并不陌生。由于大学生已经在基础教育阶段积累了一定数量的科学家事迹，因而大学阶段的讲授重点在于将其脑海中相对分散的具体内容积累、归纳、升华，促进其搭建结构性认知。

（二）教学难点

本专题的教学难点在于引导大学青年学子形成价值认同。这需要通过教学设计调动学生把既有的人物、事例、知识点记忆提炼为观点，并挖掘其背后的理论依据，通过合理性诠释来促进学生价值认同的形成。

四、教学方法与手段

本专题在教学方法和手段方面采取了将教师讲授与学生实践相结合的设计思路，目的在于令青年学子能够将课堂内的讲授知识与课堂外的实践经验衔接贯通，在过程中获得能力提升并形成价值认同。

（1）在课程内容讲授中，要从理论层面将问题所涵盖的相关方面讲清楚，充分运用

PPT、微视频等多媒体技术以清晰呈现教学内容的知识结构、重点难点和内在逻辑，帮助学生对本专题内容的学习形成整体性思路从而全面掌握。

（2）在课程实践环节设计中，要求学生结合科技新闻资讯走访京华大地之上展现科技创新伟力的地标建筑或主题景点，鼓励其了解其背后的奋斗历程与当代价值。在此过程中，借助日新学堂（学习通 APP）以及班级微信群等信息平台开展课堂管理，确保学生的课外实践环节得以有序开展、按期完成。

（3）在学习效果的捕捉与呈现方面进行了三种设计，分别为日新学堂线上开展和提交的主题讨论版发言和课外实践体会 Vlog——通过文字沉淀的方式，引导学生进一步厘清思路、形成认知；通过观点输出的方式，辅助学生加强对价值认同的共鸣感。

五、教学活动设计

【课程导入】课堂互动：首先，引用习近平总书记的话："新中国成立以来，广大科技工作者在祖国大地上树立起一座座科技创新的丰碑，也铸就了独特的精神气质。"发布预先在日新学堂中已经编辑完善的讨论版即话题："同学们，你们对科学家精神有哪些了解？请简要说一说。"其次，选取几位同学的答案加以展示，并将学生的注意力引导至课程主题本身《弘扬科学家精神　蓄力民族之复兴》。

【教学意图】以学生熟悉的内容为开端，唤起其既有知识的回顾，较为自然地建立起与新知的过渡和衔接。

【教学设计】通过讨论的方式，在上课之初对学生就这一专题的积累加以了解和把握。

【教学用时】5 分钟。

第一部分　"科学家精神"的清晰内涵

通过 PPT 展示中华人民共和国成立后前 30 年曲折探索社会主义国家建设道路中所取得的重大科技成就，即《中国近现代史纲要》教材中的重要史实内容：1966 年 10 月，我国第一次成功进行发射导弹核武器的试验；1967 年 6 月，成功爆炸第一颗氢弹；1970 年 4 月，成功发射第一颗人造地球卫星"东方红一号"；1972 年，中国中医研究院成功提取出新型抗疟疾药青蒿素；1973 年，我国在世界上首次培育成功强优势的籼型杂交水稻；1975 年 11 月，我国第一颗返回式遥感人造地球卫星发射成功。

教师提问：中华人民共和国成立以来，我国的科研成就如此之多，为什么我们的教材要选取这些贡献？引导学生自由发表观点。

翻开下一页 PPT 展示邓小平同志的观点："如果六十年代以来中国没有原子弹、氢弹，没有发射卫星，中国就不能叫有重要影响的大国，就没有现在这样的国际地位。这些东西反映一个民族的能力，也是一个民族、一个国家兴旺发达的标志。"

教师提问：在国家物质条件极其匮乏的时代，这些科学家是如何克服阻力、排除万难做出了上述重大贡献的呢？"科学家精神"作为答案呼之欲出。

顺承上述思路，将"科学家精神"的完整内容在 PPT 中清晰呈现给学生：胸怀祖国、服务人民的爱国精神；勇攀高峰、敢为人先的创新精神；追求真理、严谨治学的求实精神；淡泊名利、潜心研究的奉献精神；集智攻关、团结协作的协同精神；甘为人梯、奖掖后学的育人精神。并提取其中的核心关键词："爱国""创新""求实""奉献""协同""育人"。

【教学意图】通过将学生知识结构中都不陌生的知识点的顺序组合，引导其思考，勾勒其思路，辅助其将既有知识转化为下一阶段学习和思考的内在基础。

【教学设计】通过两个问题将史实论据、权威观点与核心内容三者相组合，引导学生在刚进入专题学习的状态下从感性层面认识到"科学家精神"的合理性。

【教学用时】10分钟。

第二部分　"科学家精神"的理论思考

教师提问：同学们，你们认为"科学家精神"中，最重要的特质是什么？这一问题应从什么角度来进入思考的路径？

"科学家精神"根植于"科学精神"的土壤，针对上述问题，从两方面呈现默顿的观点并加以讲解。

（1）建立科学制度的引导性目标在于科学本身。

追溯至默顿的理论，问题就已经被指出了，即：就科学精神而论，其中所包含的"自主性"与"功利性"之间呈现出了联系与冲突，这一矛盾产生的先决条件在于科学的制度化。由于科学的制度化，因而其自主性得以充分发挥，其中的功利标准负作用就被暴露出来了。尽管二者之间存在着不同的价值方向，但由于存在着上述关联，所以存在着主与次的分别。默顿的观点认为，功利性是伴随着科学发展的"副产品"，而不应成为科学工作得以开展的原动力，更不应是科学工作的目标和落脚点。科学的主要目的是"扩展被证实了的知识"。默顿赞同科学家拒绝把功利主义应用于他们的工作，认为"寻求真理本身就是报酬"，科学家应该不谋利地追求真理。[①]"科学的制度性目标是扩展被证实了的知识。"这一制度性的价值目标为科学规范的形成奠基，使规范得以合法化。"制度上的规则（惯例）来自这一目标和方法。"[②]"非牟利性"规范体现了纯科学扩展实证知识而非解决实际问题的基本宗旨，它的价值基础是"客观性"和"创新性"。当科学为利益所驾驭的时候，它的客观性就有被扭曲和牺牲的可能。如果科学家为利益所左右，就不可能忘我地、心无旁骛地扑在工作上，科学的创新就会受到严重影响；那些看不到或暂时看不到功利价值但又有重要学术价值的课题，如"哥德巴赫猜想"，就不会有人去做。

（2）现代科学精神的特质中的"非牟利性"理解。

默顿指出："四种制度上必须的规范——普遍主义、公有主义、非谋利主义以及有组织的怀疑主义，构成了现代科学的精神特质。""跟其他社会制度一样，科学制度也有自己的价值，具体表现在规范形式上。"在默顿看来，科学作为一种社会活动，其使命是探求真理，真理会派生实际的应用；追求真理是第一位的，且真理至少是潜在有用的（反之则不必然）。"基本的科学知识是独立的善，无论如何，它将适时导向服务于各种人类利益的结果。"默顿说："一旦有用性变成科学成就的唯一标准，具有内在科学重要性的大量问题

---

① 欧阳锋，徐梦秋．科学规范论：默顿的视野［M］．北京：商务印书馆，2012：5.

② 欧阳锋，徐梦秋．科学规范论：默顿的视野［M］．北京：商务印书馆，2012：27.

就不再进行研究了。”因此，“功利性应该是一种科学可以接受的副产品而不是科学的主要目的”，科学的根本目的是扩展被证实的知识。主张科学的“非牟利性”，并不是无视或忽视科学的功利价值。默顿知悉“那些最深奥的研究也有重要的应用价值”，科学知识会必然地、自然地带来实际利益。他指出：“科学除了知识自身的目的外，它还有助于社会实现其他一些目标：权利、舒适或金钱、利益、健康、名誉、效率，几乎是除了知识本身之外的任何其他东西。”但是，这些实用价值并不是科学家的职业活动所应追求的，科学和科学家所应追求的是真理。①默顿认为，真理与实用二者形影相随，但真理性是本原，功利性只是副产品；真理一旦被发现，它自然会带来实际利益，这是迟早的事，不必要求科学家刻意地去追求它。把功利价值列为科学的首要目标，是舍本逐末，损害了科学的原创价值和科学的长远发展。

【教学意图】从理论的角度帮助学生进入思考的“深水区”，对问题背后的讨论加以介绍，引导其认识到本专题内容背后的理论逻辑支撑。

【教学设计】这部分教学内容略显难度，问题的设置主要在于承上启下的衔接作用，因而理论内容以教师的讲授为主要形式。

【教学用时】10分钟。

第三部分　“科学家精神”的实践路径

播放视频短片（教师自行制作），简要介绍“七一勋章”获得者、中国航天科技集团有限公司科技委顾问、中国科学院院士、中国工程院院士陆元九。

教师提问：同学们，你们在陆元九院士的生平和贡献中，能够提炼出“科学家精神”的哪些内容？经过讨论，大部分学生达成共识——在他的身上几乎完整体现了“科学家精神”的全部六个方面。

（1）引导学生思考：“科学家精神”的发挥是一个内养而外化的过程，这其中一方面需要科学家本身具备爱国、求实、创新和奉献等自身品质；另一方面，还涉及一些与他者产生联系的问题，如“协同”和“育人”，这就需要外部制度环境加以健全来保障社会中、行业中能够呈现出好的科学氛围。

（2）介绍《关于进一步弘扬科学家精神加强作风和学风建设的意见》文件中所列举的措施：首先，加快转变政府职能，构建良好科研生态，包括深化科技管理体制机制改革、正确发挥评价引导作用、大力减轻科研人员负担等举措；其次，加强宣传，营造尊重人才、尊崇创新的舆论氛围，具体措施如大力宣传科学家精神、创新宣传方式、加强宣传阵地建设等；最后，提供保障措施，如在组织层面加强保障等。

（3）得出阶段性结论观点：一方面，我国的科学家以及相当数量的科研工作者本身即存在着“科学家精神”所提倡的几项精神“种子”；另一方面，国家在制度和保障层面为上述精神“种子”的茁壮成长悉心营造的“土壤”环境。因此我们有理由相信，“科学家精神”在这样内外相互统筹协调的环境中一定会得到更好的弘扬，进而深植在每一位科研工作者和青年学子的心中，将其化为专业探索、集智攻关的勇气和动力。

---

① 欧阳锋，徐梦秋．科学规范论：默顿的视野［M］．北京：商务印书馆，2012：35.

【教学意图】这一部分的难点在于令青年学子看到精神力量发挥作用的实践途径，尤其是内心的动力与外部环境之间的协调促进。

【教学设计】本部分将学生讨论与教师讲授相结合，以学生讨论的阶段性结论引出这一部分的重点讲解内容，思路连贯，衔接自然。

【教学用时】10 分钟。

第四部分 “科学家精神”的当代价值

（1）播放视频短片，介绍种子在农业领域的重要度不亚于芯片。尽管我国是农业大国，却不是农业强国，而这一根本区别就是在种子方面没有优势，农作物商品率不高，很多蔬菜、水果种子如土豆、西红柿、辣椒等依赖进口。据统计，我国种子企业的生产价值累计加起来不及美国孟山都的 1/7，而我国的蔬菜基地山东寿光，外国种子占有率达 8 成。不过，如今国家已经意识到种子的重要性，近年来也提出了“种子革命”，不仅加大经费投入，鼓励企业创新，而且还决定大力转向转基因作物研究领域，相信要不了多久就可以实现种子领域的胜利。

教师提问：请同学们思考，为什么我们要大力弘扬“科学家精神”？并发起日新学堂线上讨论，提取到学生答案中的关键词之一“挑战”。

同时进一步引导学生，目前我们所面临的挑战与中华人民共和国成立之后前 30 年所遭遇的情况相比，只是形式与内容的差异，其严峻程度毫不逊色。因此，我们广大青年学子在规划个人成长成才的前景路径之时，这一背景条件是无法回避的当代现实。

（2）展示《人民日报》文章图片并简要介绍其主要内容。

《人民日报》2023 年 6 月 26 日第 19 版文章《深化科技体制改革，健全科技评价体系和激励机制——为科技人才脱颖而出尽展才华创造良好环境》，其中指出以下三点重要内容。

第一，让创新能力成体系、成系统。（讲解内容：该文谈到如何依靠改革完善具有中国特色的国家创新体系、提升国家创新体系的整体效能。在科技部部长王志刚看来，让创新能力成体系、成系统很重要。“通过聚焦国家战略目标，推动有组织科研，形成一个系统布局。”）

第二，同时在减少束缚与加强激励上用力。（讲解内容：2021 年 8 月，国务院办公厅印发《关于改革完善中央财政科研经费管理的若干意见》，进一步扩大了“包干制”的实施范围，明确在人才类和基础研究类科研项目中推行经费“包干制”。2023 年初，中共中央办公厅、国务院办公厅印发《关于完善科技激励机制的意见》，提出“强化激励勇担国家重大科技任务的制度安排”“加强对作出重大贡献人员和团队的奖励”等五个方面的改革举措。上述若干文件的意图聚焦于将精神激励与物质激励相结合，更加促进科研工作者将热情投入工作。）

第三，加速产、学、研深度融合。（讲解内容：科技、经济“两张皮”的问题存在吗？修订《中华人民共和国促进科技成果转化法》；印发《中华人民共和国实施〈促进科技成果转化法〉若干规定》；制定《中华人民共和国促进科技成果转移转化行动方案》。上述文件保障了产、学、研红利向科技工作者更大力度的倾斜。）

（3）引用习近平总书记于 2022 年 6 月 28 日在湖北武汉考察时的讲话凝练价值导向。

“高端制造是经济高质量发展的重要支撑。推动我国制造业转型升级，建设制造强国，必须加强技术研发，提高国产化替代率，把科技的命脉掌握在自己手中，国家才能真正强大起来。”

“全面建设社会主义现代化国家，实现第二个百年奋斗目标，创新是一个决定性因素。”

“如果我们每一座城市、每一个高新技术开发区、每一家科技企业、每一位科研工作者都能围绕国家确定的发展方向扎扎实实推进科技创新，那么我们就一定能够实现既定目标。”

“党中央十分关心科技人才成长，各级党委和政府要尽可能创造有利于科技创新的体制机制和工作生活环境，让科技工作者为祖国和人民做贡献。”

向青年学子提出期待：生逢其时、志存高远、聚焦创新、勇担使命。

【教学意图】让青年学子认识到在心中根植“科学家精神”的紧迫性与可行性。

【教学设计】运用线上讨论版引导学生积极思考，进而自然过渡到本部分的重点讲授观点。

【教学用时】10 分钟。

六、课后作业

同学们，请结合科技新闻资讯走访京华大地之上展现科技创新伟力的地标建筑或主题景点并了解背后的奋斗历程与当代价值，拍摄一个 3 ~ 5 分钟的课外实践体会 Vlog，谈一谈你的所思与所悟。

参考文献

[1] 习近平．论科技自立自强［M］. 北京：中央文献出版社，2023.

[2] 中共中央文献研究室．习近平关于科技创新论述摘编［M］. 北京：中央文献出版社，2016.

[3] 崔伟奇，翟俊刚．《反杜林论》导读［M］. 北京：中国民主法治出版社，2018.

[4] 欧阳锋，徐梦秋．科学规范论——默顿的视野［M］. 北京：商务印书馆，2012.